KB144913

# 일본제국의 '동양사' 개발과 천황제 파시즘

일제 식민사학 비판 총서 1

일본제국의 '동양사' 개발과
천황제 파시즘

2022년 2월 16일 초판 1쇄 찍음
2022년 2월 25일 초판 1쇄 펴냄

지은이  이태진
책임편집  최세정 · 엄귀영
편집  이소영 · 김혜림
표지·본문 디자인  김진운
마케팅  최민규

펴낸이  윤철호 · 고하영
펴낸곳  (주)사회평론아카데미
등록번호  2013-000247(2013년 8월 23일)
전화  02-326-1545
팩스  02-326-1626
주소  03993 서울특별시 마포구 월드컵북로6길 56
이메일  academy@sapyoung.com
홈페이지  www.sapyoung.com

* 이 저서는 2016년 대한민국 교육부와 한국학중앙연구원(한국학진흥사업단)의 한국학총서
  사업의 지원을 받아 수행된 연구임(AKS-2016-KSS-1230007)

# 일본제국의 '동양사' 개발과 천황제 파시즘

이태진 지음

사회평론아카데미

## '일제 식민사학 비판 총서'를 출간하면서

　2016년 한국학중앙연구원에 '한국학총서' 지원사업으로 「일제 식민주의 역사학의 연원과 기반에 관한 연구」를 제출하였다. 일제 식민사학을 총괄적으로 다루어보자고 7명의 연구자가 모였다. "조선·지나(支那)·만몽(滿蒙)·동남아시아 통합지배를 향한 '동양사'와 식민사학 비판"이라는 부제가 출발 당시의 의욕을 상기시킨다.

　일본제국은 한국의 국권을 빼앗은 뒤, 식민지로 영구 통치하기 위해 한국사를 왜곡하였다. 한국은 반도라는 지리적 조건으로 대외적으로 자주성을 잃고, 대내적으로는 당파적인 민족성으로 정쟁을 일삼다가 일본의 통치를 받게 되었다는 것이 골격이다. 1960년대에 접어들어 한국 역사학계는 이를 바로잡는 '식민주의 역사 비판'을 시작하여 한국사의 모습을 크게 바꾸어놓았다. 그런데 1960~1970년대에 확보된 비판의 틀은 시간이 지나서도 확장성을 보이지 못하였

4

다. 한국은 일본제국의 대외 침략에서 가장 큰 피해국이었던 만큼 식민사학의 실체와 왜곡의 뿌리를 바닥까지 헤집어보는 확장력을 발휘할 권리와 의무가 있었다. 그러나 시간이 흘러도 그런 기세는 보이지 않았다. 비판의 시선도 한국사에서 좀체 벗어나지 못하였다. 만주 지역이 포함되었지만, 그것은 '만선사(滿鮮史)'가 제국 일본 역사 왜곡의 주요한 주제의 하나였기 때문이다. 일제의 대외 침략은 동아시아 전체를 대상으로 한 만큼 역사 왜곡이 조선, 만주에만 한정되었을 리 만무하다.

이 총서는 지금까지의 식민주의 역사학 비판의 틀에서 벗어나 제국 일본의 '동양' 제패 이데올로기 생산의 주요 조직, 곧 제국의 대학과 언론계(『일본제국의 '동양사' 개발과 천황제 파시즘』, 이태진), 조선총독부박물관(『조선총독부박물관과 식민주의』, 오영찬), 남만주철도주식회사의 조사부(『제국 일본의 동아시아 공간 재편과 만철조사부』, 박준형), 조선총독부 중추원과 조선사편수회(『조선총독부의 조선사 자료 수집과 역사편찬』, 서영희), 경성제국대학(『경성제국대학 법문학부와 조선 연구』, 정준영), 외무성 산하의 동방문화학원(『일본제국의 대외 침략과 동방학 변천』, 이태진) 등의 연구 및 홍보조직을 조사 대상으로 삼았다. 이 조직들에서 누가, 어떻게 역사 왜곡에 나섰는지, 일본의 대륙 침략에 따라 이를 역사적으로 옹호하며 조선과 만주는 물론 대륙 전체를 아우르려 하고(『만선사, 그 형성과 지속』, 정상우), 동남아와 태평양으로 '남진'하면서 '대동아공영권'을 내세우는 과정(『남양과 식민주의』, 허영란), 이 단계에서 새로 발족한 도쿄, 교토 양 제국대학의 동양문화·인문과학연구소(『일본제국의 대외 침략과 동방학 변천』, 이태진) 등을 살폈다. 일본제국 침략주의의 실체를 말 그대로 머리에서 발끝까지 뒤저본다는 심정으로 연구에 임하였다.

일본제국의 침략주의는 두 개의 베일에 가려져 있다. 하나는 '메이지유신'이란 '신화'이고, 다른 하나는 무임승차하듯 편승한 제국주의 일반론이다. 일본제국은 구미 바깥 세계에서 유일하게 근대화(서구화)에 성공한 나라라는 신화가 일본의 반성을 거의 기대할 수 없게 만들었다. 침략을 받은 나라에서조차 부러워하는 신화였다. 그리고 19세기 말, 20세기 전반기는 약육강식의 신제국주의 시대로서 일본제국의 대외 침략은 그중 하나일 뿐이라는 변론이 엄연하게 힘을 발휘했다. 이런 잘못된 인식의 덫이 그 엄청난 범죄적 침략 행위에 면죄부 효과를 가져와 비판의식을 더욱 흐리게 하였다. 일본제국의 대외 팽창은 천황의 영광을 위해 기획되었고, 그 천황제 국가주의는 구미 제국주의와는 뿌리가 다르고 행위 양상이 달랐다. 그래서 파시즘의 실황도 일본제국이 앞섰고, 더 무서웠다. 이 총서는 동아시아 세계의 평화공존 질서 확립을 위해 일본 역사학계가 서둘러 처리했어야 할 숙제를 대신하는 것일지 모른다.

한·중·일 3국의 동아시아는 현재 국제적으로 비중이 매우 커져 있다. 3국 관계는 전통적인 민족국가 기반 위에 냉전 시대 이데올로기 분쟁으로 빚어진 대치 관계가 복합하여, 새로운 평화공존의 질서를 세우기가 매우 불투명한 상황에 놓여 있다. 평화공존 체제의 확립을 위해서는 무엇보다도 과거 민족국가 시대의 패권주의 의식을 떨쳐버려야 한다. 중국은 지금 사회주의 국가이면서 역사적으로 오랜 종주국 의식이 남아 있는 실태를 자주 드러낸다. 일본 또한 제국 시대의 '영광'에 대한 기억을 쉽게 버리려 하지 않는다. 두 나라가 이렇게 과거의 유산에 묶여 있는 상황은 동아시아의 미래에 도움이 되지 않는다. 지난 세기 일본제국이 동아시아 세계에 끼친 악영향은 너무나 크기 때문에 일본의 반성 순위는 첫 번째가 되어야 한다. 이 총서는 같은 역사학도로서 일본 역사학계가 지금이라도 제국 시대 역사학의 잘못을 실체적으로 살펴 동아시아의 바람직한 질서 확립에 새로운 추동력을 발휘하기를 바라는 절실한 바람을 담았다. 바른 역사를 밝혀 바른 교육으로 일본 국민의 역사 인식과 의식을 바꾸어주기를 바라는 마음이다.

'일제 식민사학 비판 총서'는 5년여의 각고의 노력 끝에 세상에 나왔다. 무엇보다도 한국학중앙연구원의 지원에 감사한다. 공동연구에 참여한 연구원 모두 최선을 다하였으나 부족함이 많이 남아 있을 것이다. 이에 대한 강호 제현의 따뜻한 질정과 격려를 바라 마지않는다.

공동연구 책임
이태진

## 책머리에

이 책이 나오기까지 여러 분으로부터 많은 도움을 받았다. 무엇보다 한국학중앙연구원에서 '일제 식민사학 비판'을 총서 연구 지원 사업 대상으로 선정해준 것에 대해 감사한다.

평소 일본사에 문외한인 필자의 질문을 너그럽게 받아준 외우(畏友) 김용덕(金容德) 교수에게 감사를 표한다. 이 자리가 아니면 사의(謝意)를 표할 기회가 없을 것 같다. 쓰루문과대학(都留文科大學) 변영호(邊英浩) 교수는 필자의 논문 「요시다 쇼인(吉田松陰)과 도쿠토미 소호(德富蘇峰)」의 일역본 초고(고미야 히데타카小宮秀陵 번역)에 보완 번역을 가해 『쓰루문과대학연구기요(都留文科大學研究紀要)』에 게재하여 일본 연구자들이 볼 수 있도록 통로를 만들어주었다. 그리고 이 일역 논문을 도쿠토미 소호 전문가인 와다 마모루(和田守) 교수에게 전해 그가 작성한 도쿠토미 소호 연구에 긴요하게 쓰일 수 있는 「연보(年譜)·참고문헌」(『도쿠토미 소호집德富蘇峰集』, 메이지문학전집 제34권 수록)을 비롯해 여러 점의 관련 자료를 받아 보내주었다. 두 분에게 고마움을 표한다.

이 연구 과제의 중요한 부분인 일본 메이지 시기 역사교과서 문제를 진행하고 있을 때, 일본 덴리대학(天理大學)의 나가모리 미쓰노부(長森美信) 교수, 도쿄대학교의 로쿠탄다 유타카(六反田豊) 교수가 제70회 조선학회 대회(2019년 10월 5일)의 기조 발표자로 필자를 초청했다. 이 주제를 논문으로 정리하여 일본 학계에 직접 대면으로 보고하는 좋은 기회가 되었다. 두 분에게 감사를 표한다. 기조 발표 자리에 1960년대 대학원을 같이 다녔던 히라키 마코토(平木實) 덴리대학 명예교수가 참석했다. 발표에 큰 관심을 표하면서 자신이 최근 발표한 도쿠가와막부 시대 일본 유학자들의 조선관에 관한 논문을 전해주어 연구에 적지 않은 도움이 되었다. 십수 년 만의 만남이 너무 반가웠다.

일본에서의 자료 수집과 답사를 함께해준 장윤걸 박사의 도움이 없었다면 이 연구가 이 정도의 성과를 낼 수 없었을 것이다. 본래 이 책의 부록으로 싣기 위해 미야케 요네키치(三宅米吉)가 쓴 「문학박사 나카 미치요군전(文學博士那珂通世君傳)」을 한국어로 번역해준 김선영에게도 감사를 표한다. 다만 책의 분량 관계로 번역 원고를 부록에 넣지 못하고 한국역사연구원 홈페이지(historykorea.org)에 올려 이 책을 읽는 분들이 직접 살펴볼 수 있게 하였다. 후반부 집필 중에 도쿠토미 소호와 다나카 기이치(田中義一)가 주고받은 서간문 5점의 소재를 확인하게 되었는데, 집필 막바지의 다급한 상황에서 규슈에 체류 중인 친우를 통해 서간문의 내용을 확인해준 서울대 국사학과 박사과정 김진규의 도움은 참으로 고마웠다. 그 친우는 구마모토(熊本) 소재이 도쿠토미 소호 기념관을 우중에 왕래하느라 고생이 많았다고 들었다. 이 자리를 빌려 감사의 말을 전한다.

서울대학교 중앙도서관 고문헌 자료실의 도움도 컸다. 소장 자료 이용에 도움을 준 송지형 연구관에게 특별한 감사를 표한다. 이곳 자료 조사 때 국사학과 재학생인 강나은, 김선영이 도와주어 고마웠다. 또한 '일제 식민사학 비판 총서' 프로젝트의 간사로 역할해준 김신회, 배민재 두 박사의 노고에 대해 프로젝트 연구책임자로서 연구팀 전원을 대신해 이 자리에서 감사를 표한다.

(주)사회평론아카데미 공동대표 윤철호, 고하영 두 분이 필자의 연구원으로 내방하여 '일제 식민사학 비판 총서' 프로젝트 연구자 7인의 연구 결과에 깊은 관심을 가지고 출판을 수락해준 그날의 회동은 오래 기억될 것 같다. 책을 만드는 과정에서 최세정 편집장을 비롯해 출판사 편집팀이 많은 노력을 기울여주었다. 특히 엄귀영 편집위원은 이 책이 저서로서 모양새를 갖추는 데 여러모로 큰 도움을 주었다. 과중한 고생을 끼친 데 대한 미안함을 감사 표시로 덜고자 한다.

2009년 정년퇴임 후 필자는 연구 생활을 지속할 근거지로 한국 역사연구원을 세웠다. 이 연구원이 석오(石梧)문화재단의 부설로서 지원을 받게 된 것은 큰 행운이었다. 윤동한 재단 이사장에게 감사를 표한다. 연구원의 오정섭 사무국장, 도리우미 유타카(鳥海豊) 상임연구위원도 자료 입수 등 많은 도움을 주었다. 끝으로 아침저녁 식탁에서 마주 앉아 나의 '진행 보고'를 싫은 기색 없이 들어준 인생의 반려이자 동학 동행의 이현혜 교수에게도 정의를 표한다.

적고신신당(積古新新堂)에서

이태진

# 차례

# 근대 일본 역사학의 국가주의 시원
# 단초를 찾아

## 1. 연구의 실마리와 인연

필자의 근현대 한일관계사 연구는 일본제국이 러일전쟁을 배경으로 대한제국의 국권을 빼앗는 조약 강제의 문제점을 파헤치는 데서 시작했다. 1992년 5월 서울대학교 규장각 장서 속에서 한국 측 보관 조약 원문들을 접한 것이 계기가 되었다. 그 불법 강제의 실태에 관한 연구를 마무리하는 단계에서 일본제국이 왜 이런 불법한 행위를 자행했는지, 무엇이 일본을 이렇게 잘못된 길로 인도한 것인지에 대한 의문이 머릿속을 떠나지 않았다. 이에 대한 해답의 실마리를 얻기 위해 틈날 때마다 서가에 꽂힌 관련 주제의 책을 펼쳤다.

요시노 마코토(吉野誠) 교수의 『메이지유신과 정한론(明治維新と征韓論)』(아카시쇼텐明石書店, 2002) 「제1장 요시다 쇼인과 조선: 정한론의 원형(吉田松陰と朝鮮: 征韓論の原型)」을 읽으면서 요시다 쇼인(吉田松陰, 1830∼1859)이 쓴『유수록(幽囚錄)』에 충격을 받았다. 요시다 쇼인은 일본이 구미 열강의 식민지가 되지 않기 위해서는 구미 열강의 우수한 기술문명을 속히 배워 그 힘으로 열강에 앞서 주변국을 먼저 차지해야 한다고 역설했다. 조선(한국)은 특히 대륙으로 진출하는 통로로서 필수 선점 대상으로 강조되었다.

요시다 쇼인은 미국 페리(Matthew Calbraith Perry) 제독의 문호개방 요구를 놓고 도쿠가와막부(德川幕府, 에도막부)가 이를 주도하는 것에 반대했다. 천황을 받들어 그를 중심으로 신성한 신국(神國)을 지키는 역사를 써야 한다고 생각했다. 그는 막부와 의견 충돌 끝에 1859년 29세의 나이에 형장의 이슬로 사라졌다. 뒷날, 그의 의기가 '단성(丹誠)'으로 받들어져 천황제 파시즘을 낳아 미국을 상대로 '태평양전쟁'까지 벌이게 될 줄은 아무도 몰랐다.『유수록』과의 만남은 대한제국의 국권피탈에 대한 필자의 인식도 바꾸어놓았다. 일본제국에 의한 국권피탈은 단순히 한일 간의 문제가 아니라 동아시아, 나아가 전 세계를 상대로 한 천황제 곧 황도(皇道) 파시즘이 펼칠 거대 침략정책의 초입에 불과했다. 일제에 대한 한국인의 항일투쟁은 국권 되찾기를 넘어 '동양' 전체를 천황의 지배 아래 두려는 황도 파시즘의 거대 공작과 맞선 치열한 싸움으로 평가할 문제였다.

요시다 쇼인을 공부하면서 그에 관한 저술을 남긴 도쿠토미 소호(德富蘇峰, 1863∼1957)를 알게 되었다. 도쿠토미는 1880년대 초 구마모토에서 도쿄로 올라와『고쿠민신문(國民新聞)』을 발행하며 자유민권운동에 열중하던 청년이었다. 그런 그가 1893년에 평전『요시다 쇼인』을 세상에 내놓으면서 기존 민권운동의 관점을 벗어나기 시작했다. 이 책에서 쇼인을 이탈리아의 혁명가 마치니(Giuseppe Mazzini, 1805~1872)에 비유한 점은 민권운동의 관점과 다르지 않았으나, 한편으로 장래의 '대일본'을 논하면서 쇼인을 일본 국민이 본받아야 할 '진정한 남아'로 추켜올렸다. 그리고 쇼인의 존왕양이(尊王攘夷) 사상을 평가하는 데 이르러서는 민권운동에서 이탈하는 태도를 보였다. 그는 청일전쟁(1894~1895) 중에 데라우치 마사타케(寺內正毅, 1852~1919), 가쓰라 다로(桂太郎, 1848~1913), 야마가타 아리토모(山縣有朋, 1838~1922) 등 조슈(長州) 군벌의 주요 인사들과 관계하면서 황실 중심주의자로 바뀌었다. 그들은 1905년 러일전쟁 승리 후 도쿠토미 소호에게 평전『요시다 쇼인』을 고쳐 쓸 것을 종용했다. 스승 요시다 쇼인을 이탈리아의 마치니에 비교한 것이 못마땅했던 것이다. 1908년 발간된 개정판『요시다 쇼인』은 일본제국의 천황을 세계의 중심으로 삼는 황도주의를 처음으로 내세우고, 이를 일본식 제국주의라고 자랑하기까지 했다.

이 책에서 요시다 쇼인, 도쿠토미 소호와 함께 주요하게 다룬 인물은 역사학자 나카 미치요(那珂通世, 1851~1908)이다. 에가미 나미오(江上波夫, 1906~2002)가 엮은『동양학의 계보(東洋學の系譜)』(다이슈칸쇼텐大修館書店, 1992)를 펼치면서 그를 처음 주목했다. 에가미는 책에서 일본 '동양학' 발전에 이바지한 인물 24인을 다루었는데, 나카 미치요를 첫 번째로 앞세웠다. 또한 다섯 번째로 소개된 '교토학파의 거장' 나이토 고난(內藤湖南, 본명 도라지로虎次郎, 1866~1934)에 관한 정보도 주목하지 않을 수 없었다. 두 사람은 모두 동북 지방 모리오카번(盛岡藩) 출신으로, 부친들이 젊은 시절 요시다 쇼인과 두터운 교분을 나눈 사실이 필자의 눈을 끌었다.

나이토 고난의 아버지, 나이토 주완(內藤十灣, 본명 조이치調一, 1832 ~1908)은 요시다 쇼인을 존경한 나머지, 아들의 이름을 쇼인의 본명 '도라지로(寅次郞, 쇼인松陰은 호)'와 뜻과 발음이 같은 '도라지로(虎次 郞)'로 지었다고 하였다. 또 나카 미치요의 양부(養父) 나카 미치타카 (那珂通高, 1827~1879)도 요시다 쇼인의 기개를 높이 사서 그를 높이 평가하는 시문을 여러 편 남겼다고 하였다.

나카 미치요는 역사학자가 되어 고등사범학교 교수 재임 중 1894 년 봄 '교과서에 관한 회의'에서 지나사(支那史, 중국사)를 '동양사'로 바꿀 것을 제안하였다. 중국사에 주변 민족의 역사를 더하여 동양사 로 부르자고 하였다. 그의 제안은 곧 문부성에 받아들여져, 일본 역 사교과목이 일본사, 동양사, 서양사 3과 체제로 바뀌었다. 그가 『동 양학의 계보』에 첫 번째 인물로 오른 것도 이 공적 때문이었다. 그런 데 그의 제안으로 역사교육 및 연구의 영역으로 공식화한 동양사는 곧 일본 천황이 지배할 새로운 동아시아 세계의 역사를 의미하는 것 이었다. 요시다 쇼인의 『유수록』의 지론이 새로운 역사교육제도에 직접 반영되는 순간이었다. 후술하듯이 이때 한국(조선)의 역사는 진 구(神功) 황후 신라 정벌설에 근거하여 동양사가 아니라 일본사에 들 어갔다. 국권 탈취에 앞서 역사합병부터 자행되었다.

2012년 10월 도쿄에서 열린 '한일역사가회의'에 필자는 한국 측 운영위원장으로 참석했다. 전야제 행사로 '역사가의 탄생'이라는 프 로그램이 있었는데, 일본 측 발표자로 아라이 신이치(荒井信一, 2017 년 작고) 선생이 참석했다. 1998년 일본의 저명 월간지 『세카이(世 界)』가 "한국병합의 불법성"에 관한 필자의 글을 실으면서 '일한대 화(日韓對話)' 코너를 만들어 일본 학자들과 일곱 차례에 걸쳐 의견을

교환한 적이 있었다. 그때 아라이 선생은 필자의 불법성 주장을 지지하는 방향에서 '대화'를 마무리하는 글을 썼다. 선생은 '역사가의 탄생' 발표 순서에 임하기 전에 최근에 낸 책이라면서 『콜로니얼리즘과 문화재(コロニアリズムと文化財)』(이와나미신서 1376, 이와나미쇼텐, 2012)를 필자에게 건네주었다. 필자는 그 책에서 '동양사' 문제와 관련하여 매우 중요한 기술을 발견했다.

그 책에 1894년 7월 청일전쟁을 시작할 때 제국박물관 총장 구키 류이치(九鬼隆一, 1852~1931)가 육해군 고관들에게 「전시(戰時) 청국 보물 수집 방법」을 하달한 것이 소개되어 있었다. 즉, 그는 전쟁은 '동양 보물의 정수'를 모을 수 있는 절호의 기회이며, 수집된 자료는 일본이 동양 학술의 본거지가 되어 국광(國光)을 발휘할 수 있는 토대가 될 것이라고 했다. 이어 전선(戰線) 현지에서 수집한 자료를 제국박물관에 보내는 요령을 제시했다. 이 정보는 필자의 '동양사' 연구열을 뜨겁게 달구었다. 나카 미치요의 '동양사' 제안과 구키 류이치의 「전시 청국 보물 수집 방법」은 같은 시간대에 나온 것이다. 나중에 확인된 사실이지만, 나카 미치요와 구키 류이치는 사적으로 특별한 사연을 가진 사이였다. 나카 미치요가 부친과 함께 모리오카에서 도쿄로 올라와 곤궁한 생활을 하고 있을 때, 구키가 그들을 직접 도왔다. 구키는 셋쓰국(攝津國, 지금의 효고현兵庫縣)의 산다번(三田藩)의 부유한 번사(藩士) 집 아들로서 게이오의숙(慶應義塾)에 다니고 있었다. 그는 나카 미치요를 경제적으로 도왔을 뿐 아니라 스승 후쿠자와 유키치(福澤諭吉)에게 나카 미치요가 게이오의숙에 다닐 수 있도록 허락해줄 것을 청했다. 두 사람이 다 같이 '동양사' 개발에 앞장선 것은 우연한 일이 아니었다.

## 2. 1902년, 일본사에 강제 편입된 한국사

근대 일본 지식인들은 1870~1880년대 구화(毆化, 유럽의 사상이나 습관을 배워 닮아감)운동의 일환으로 의회 개설을 목표로 하는 자유민권운동을 벌였다. 그러나 1890년 「교육에 관한 칙어(敎育ニ關スル勅語)」가 나오고, 1894년 청나라와 개전(開戰)하는 상황에서 대부분 대외 팽창 추구의 국가주의로 급선회했다. '동양사'는 천황이 지배하는 새로운 동아시아 세계 구축을 위해 필요한 역사교과 및 연구 분야로 설정되었다. 청나라에 대한 회심의 대결전을 앞두고 만들어진 거대 프로젝트였다. '동양사'를 주목하게 된 필자는 역사교과서를 직접 조사하는 일이 남은 과제였다. 나카 미치요의 제안으로 만들어진 3분과 역사교과서의 실체가 궁금했다.

그러나 이 작업은 2017년에서야 비로소 착수할 수 있었다. 한국에는 전전(戰前) 일본 역사교과서를 수장하는 기관이 없었기 때문에 쉬이 서둘 수 없었다. 2017년 온라인으로 도쿄대학, 교토대학의 도서관과 일본국회도서관에 제국 시대 역사교과서가 다수 수장되어 있는 것을 확인했다. 그중에 일본국회도서관의 수장 권수가 가장 많았다. 일본국회도서관 수장본 중 40여 점을 선정한 후 도쿄로 갔다. 이 자료들은 일본국회도서관 1층 열람실에서만 온라인 서비스가 되고 있었다. 7월 도쿄로 가서 히토쓰바시대학(一橋大學) 박사과정 장윤걸 씨의 도움을 받아 수백 매의 복사물을 확보했다. 그런데 자료를 분석하면서 뜻밖의 연구 결과를 얻었다.

1894년 나카 미치요의 제안은 '지나사'를 '동양사'로 바꾸는 것 하나에 그치는 것이 아니라 '본방사'를 '일본사'로, '외국사'를 '서양사'로 바꾸는 것까지 포함된 것이었다. 문부성은 즉각 이를 채택했지만 1902년 후반에 들어서야 일본사, 동양사, 서양사 3분과 교과서가 비로소 학생들에게 배포되었다. 새로운 교과서를 만드는 데 그만큼 시간이 소요되었던 것이다. 필자는 한국사에 관한 서술은 당연히 동양사 교과서에 나올 줄 알고 자료 분석에 임했다. 그런데 이느 동양사 교과서에서도 한국사 관련 서술을 찾아볼 수 없었다. 놀랍게도 한국사는 일본사 교과서에 들어가 있었다. 고대 야마토(大和) 시대에 진구 황후가 신라를 정벌한 뒤 일본에 복속한 나라로 간주한 것이 그 근거였다. 신라를 비롯한 한반도 왕조는 복속 후 언젠가부터 이탈하여 일본에 조공을 바치지 않는 '무례'를 범하여 이를 바로잡는 것이 일본사의 과제로 내세워졌다. 도요토미 히데요시(豐臣秀吉)의 조선 정벌(임진왜란), 메이지(明治) 당대의 한국에 대한 모든 간여는 원상을 회복하기 위한 거사나 조치로 서술되어 있었다. 1910년 '한국병합'은 곧 그 오랜 숙제를 해결한 역사였다.

한국병합 문제를 오래 연구해온 필자로서는 이 일방적 역사농단에 어안이 벙벙했다. 강제병합 8년 전 1902년에 '역사합병'부터 먼저 했다는 말인가? 수년 전, 1910년 8월 강제병합 당시 『도쿄니치니치신문(東京日日新聞)』의 관련 기사를 검토한 적이 있었다. 그때 당시 취재 기자들이 병합의 강제 진행에 대해 지식인으로서 일말의 죄책감 같은 것을 느끼지 않았을까 기대했지만, 그런 기사 내용은 전혀 찾아볼 수 없었다. 이 상황에 대한 의구심이 1902년 '역사합병' 사실을 확인하면서 저절로 풀렸다. 진구 황후의 신라 정벌 및 한반도 복속 이후 이탈에 대한 응징은 요시다 쇼인이 『유수록』에서 '복속국' 한국에 대해 특별히 역설하던 바로 그것이었다. 메이지 시대에 대외 침략정책을 주도하던 정치 지도자들이 그의 주장을 이렇게 철저하게 실천에 옮긴 데 대해 실소와 경악이 한꺼번에 닥쳤다.

2019년 10월 5일 일본 덴리대학(天理大學)에서 열린 제70회 조선학회 대회 공개강연에 초청받아, 이 조사 결과를 '메이지 일본 정부의 역사교육정책과 조선사(한국사)'란 제목으로 발표했다. 한국사, 한국어 및 문학 전공의 일본 학자들은 기대 이상으로 매우 진중한 분위기에서 필자의 강연을 경청했다. 사회자는 한국에 대한 메이지 시대의 의식이 지금도 사라지지 않고 아베(安倍) 정부에 의해 재현되고 있다는 논평을 붙였다.[1]


## 3. 책의 구성과 관련 자료 확보 과정

이 책은 3부로 구성되었다. 제1부는 요시다 쇼인과 나카 미치요를 중심으로 '동양사' 개발의 배경과 전개를 다루고, 제2부는 요시다 쇼인 평전을 지은 도쿠토미 소호의 여러 논설과 저서를 '동양사' 성립 후의 황도주의 개발의 관점에서 살폈다. 제3부에서는 쇼와(昭和) 시대에 만주사변, 중일전쟁, '대동아전쟁'이 벌어지던 중에 그간 도쿠토미 소호가 개발한 황도 파시즘이 국민독본 종류의 저서들을 통해 널리 선양되는 실황을 살폈다.

제1부에서는 나카 미치요가 어떤 경위로 '동양사'를 제창했는지, 이를 수용한 후의 일본사, 동양사, 서양사 3분과 교과서의 내용은 어떻게 구성되었는지를 검토하는 데 비중을 두었다. 생전에 나카 미치요가 벌인 활동에 대해서는 그의 친우 미야케 요네키치(三宅米吉,

1860~1929)가 나카 미치요 사후에 쓴 「문학박사 나카 미치요군전(文學博士那珂通世君傳)」(『나카 미치요 유서那珂通世遺書』, 1915)에 크게 의존했다.[2]

제2부는 도쿠토미 소호의 요시다 쇼인에 관한 저술, 곧 초판·개정판 『요시다 쇼인』을 다룬 다음, 도쿠토미 소호의 다른 저술들을 분석하여 그의 황실 중심주의 사상의 전개 과정을 살폈다. 전자는 필자의 기존 발표논문 「요시다 쇼인과 도쿠토미 소호」를 크게 활용하고, 후자는 전적으로 이번에 새로 고찰하여 얻은 결과이다. 도쿠토미 소호의 황실 중심주의 사상을 살피는 과정에서 1913년의 『시무일가언(時務一家言)』부터 1918년 『근세일본국민사(近世日本國民史)』 집필 착수까지 다루었다. 『근세일본국민사』는 무려 100권에 달하는 거질(巨帙)로서 별도의 분석과 연구가 필요한 대상이다. 도쿠토미 소호는 1954년 작고하기 전에 원고 작성을 마쳤으며, 1945~1946년까지 77권이 간행된 다음, 작고 후 1960~1962년에 100권까지 출간이 이루어졌다. 앞으로의 연구를 위해 100권의 서명을 모두 조사하여 이 책의 「부록」으로 실었다(「부록 1. 『근세일본국민사』 목차 및 발간 연도 일람」 참고).

제3부에서는 1925년 『국민소훈(國民小訓)』, 1926년 『쇼와일신론(昭和一新論)』에서부터 1944년 『필승국민독본(必勝國民讀本)』까지 5종의 국민독본 성격의 책자들을 분석하였다. 1926년 쇼와 천황의 즉위에 맞추어 내기 시작한 독본 성격의 책자들은 도쿠토미 소호가 그간에 개발한 자신의 황도 사상을 대중에 확산, 보급하려는 의도가 역력하였다. 실제로 군부 안에 '황도파'란 세력이 등장하는 것도 시기적으로 일치한다. 제2부, 제3부에서 다룬 10여 종의 단행본들은 실물

을 확보하는 것도 쉬운 일이 아니었다. 다행히 『근세일본국민사』를 비롯해 몇 종의 단행본을 서울대학교 중앙도서관에서 접할 수 있었고, 나머지는 일본국회도서관 디지털 컬렉션 서비스를 통해 이용할 수 있었다. 앞의 역사교과서를 비롯해 일본국회도서관의 각종 자료 서비스 시스템 덕분에 이 연구가 가능했던 셈이다.

요시다 쇼인, 나카 미치요, 도쿠토미 소호 3인은 일본 역사학계에서 이미 많은 연구가 이루어진 인물들이다. 요시다 쇼인에 관한 저술은 수를 헤아리기 어려울 정도이며, 언론인 도쿠토미 소호에 관한 연구도 만만치 않다. 그중 나카 미치요가 가장 적은 편이다. 그러나 세 인물을 함께 다룬 연구는 일본 학계에서도 거의 없는 것으로 안다. 3자를 함께 다룬 저술은 이 책이 아마도 처음일 텐데, 이를 자부심으로 삼기에는 사안이 너무 심각하다.


## 4. 현지답사: 하기, 야마구치, 모리오카

필자는 일본사에 문외한인 탓에 구체적인 사안을 취급하는 데 매우 조심스러웠다. 그래서 가능하면 주제와 관련된 인물의 연고지를 직접 찾아봄으로써 엉뚱한 오류를 범하지 않도록 노력했다. 요시다 쇼인의 고향 하기(萩)와 조슈번(長州藩)의 원(元)중심지 야마구치(山口) 등지는 서너 차례 방문했다. 나카 미치요와 나이토 고난의 출신지 모리오카 방문은 오래 벼른 끝에 2017년 10월에 3박 4일 일정으로 마침내 실현을 보았다. 장윤걸 씨가 동행해주어 번의 중심지인 모리오카 외에 나이토 고난의 고향 아키타현(秋田縣) 가즈노시(鹿角市)

도와다(十和田) 게마나이(毛馬內)를 다녀왔다.

게마나이는 작은 읍이었지만, 나이토 고난을 기념하는 선인현창 관(先人顯彰館)이 있어 자료 수집에 큰 도움이 되었다. 나카 미치요의 양부 나카 미치타카는 모리오카 소재의 번교(藩校) 교수였는데도 모리오카시에서 관련 유적을 찾기 어려웠다. 보신전쟁(戊辰戰爭)에서 패자가 되어 기념물이 보존되기 어려웠던 것인가? 다행히 가즈노시 옆의 고사카정(小坂町)의 종합박물관인 향토관에서 개최한 '낙일(落日)의 영웅들'이란 제목의 특별전시에서 그를 만날 수 있었다. 보신전쟁에서 '관군(官軍)'에 맞서 도쿠가와막부를 지지한 '오우에쓰열번 동맹(奧羽越列藩同盟)'[3]의 대표 인물 7인 중 한 사람으로 전시에 소개되어 있었다.

가즈노시와 고사카정은 본래 모리오카번에 속했다. 그런데 보신 전쟁에서 패한 뒤, 메이지 정부의 폐번치현(廢藩置縣) 조치 때 모리오카번 소속은 이와테현(岩手縣)과 아키타현으로 분할 재편되었다. 모리오카번은 '반정부' 동맹의 중심이었던 탓에 현으로 개편할 때 이름조차 사라지고 지역의 명산인 이와테(岩手)산 이름으로 현 이름이 정해졌다. 모리오카란 이름은 현청 소재지로 그나마 명맥을 유지했다. 북쪽 아키타번과의 경계에 있던 가즈노와 고사카는 아예 아키타현으로 소속이 바뀌어버렸다.

고사카에는 '난부(南部) 철기'('난부'는 모리오카 번주의 성씨다)로 유명한 철광산이 있었다. 메이지 왕정복고로 세상이 바뀐 뒤, 광산 운영권도 조슈 세력에게 넘어갔다. 고사카에는 지금도 당시 광산사무소로 사용되었던 대형 건물과 1910년에 건립된 일본 최초의 양식 목조 극장 고라쿠칸(康樂館)이 관광명소로 운영되고 있다. 고라쿠칸은 오페라까지 공연했던, 당시 광산 지역의 경제적 번영을 전하는 유산이다. 모리오카번의 주요 재원이었던 철광산에 대한 지배권이 바뀌는 가운데 광산 소재지인 고사카와 가즈노가 모두 아키타번(현)으로 넘어갔다.

보신전쟁에서 정부군 편이었던 아키타번은 이 경계 지역에서 모리오카 동맹군과 격전을 벌였다. 나이토 고난의 아버지 나이토 주완은 번의 경계를 지키는 무사였고, 나이토 고난은 이 지역에서 태어나서 자랐다. 번도(藩都)가 아니라 경계 지역 출신 탓인지 나이토 고난은 나카 미치요와는 달리, 게마나이에 구택(舊宅)이 남아 있고 선인현창관도 자료관으로서 매우 훌륭했다. 그 밖에 가족 묘소, 기념 비석 등이 두루 남아 있었다.

가즈노시의 북쪽 산 정상에 도와다호(十和田湖)가 있다. 나이토 고난의 아호 고난(湖南)은 이 호수의 남쪽 사람이란 뜻이다. 산정으로 올라가 보니 굽이굽이 도는 만곡(彎曲)의 풍광을 자랑하는 큰 규모의 호수였다. 아버지 나이토 주완 역시 도와다호의 굽이치는 만곡의 특별한 풍광을 담아 주완(十灣)이라고 지은 것 같았다.

버스에 몸을 싣고 내려오는 길에 근대 일본의 대역사학자 나카 미치요, 나이토 고난 두 사람의 처지를 생각해보았다. 메이지 시대 초, 청소년기의 그들은 모두 국내 정치 상황으로는 패자 쪽에 속한 처지였다. 그들이 도쿄로 나와 활동하면서 천황제 국가체제 수립 과정에서 팽창주의 역사학 수립에 적극적으로 이바지한 것은 어떻게 이해할 것인가?

나이토 고난은 아키타(秋田)사범학교를 나와 『다이도신보(大同新報)』에서 국수주의자 사주의 논설을 대필하고 또 『타이완니치니치신문(臺灣日日新聞)』의 기자로 활동할 때, 열렬한 식민주의 논설을 썼다. 그의 글은 당시 타이완총독이었던 고다마 겐타로(兒玉源太郎, 1852~ 1906)와 민정장관 고토 신페이(後藤新平, 1857~1929)를 계도하다시 피 할 정도로 적극적이었다. 그는 러일전쟁 전후 한국에 대해서는 침략적 성격의 글을 20여 편 남겼다.[4] 막부 타도 후, 내전의 승자인 조슈번과 사쓰마번(薩摩藩) 출신보다도 더 적극적으로 나서서 지식계에서 활동한 이들을 어떻게 이해해야 할 것인가? 이미 돌이킬 수 없는 천황제 국가체제에서 더 낙오할 수 없다는 자각에서 나온 분발일까? 아니면 순수한 충군애국(忠君愛國)의 발로일까?

이 점은 구마모토 출신인 도쿠토미 소호도 마찬가지이다. 1877년 사쓰마번 출신 사이고 다카모리(西鄕隆盛, 1828~1877)가 일으킨 세이난전쟁(西南戰爭)은 보신전쟁에 못지않은 큰 규모의 내전으로, 사쓰마 권내의 인사들이 받은 영향은 매우 컸다. 하지만 여로(旅路)의 이국인(異國人)의 정서로는 답을 얻기 어려운 문제였다. 세 사람 중에 1945년 8월 15일 패전 당시 생존자는 도쿠토미 소호 한 사람이었다. 그는 도쿄전범재판(극동국제군사재판)에서 A급 전범 용의자로 검거되었으나 노령, 노환을 참작하여 자택 연금 조치를 받고 2년여 만에 풀려났다. 연금 해제 후에도 공직 추방이란 처분이 뒤따랐지만, 과연 도쿄전범재판의 이런 판결이 적절한 것이었는지는 또 다른 연구 과제이다.

전승국 미국은 당초에 일본에서 파시즘이 다시 나타나지 못하도록 엄벌주의를 표방했지만, 소련·중공과의 냉전이 눈앞에 닥치자 관용의 자세로 바뀌었다. 그 결과 천황의 '인간선언(人間宣言)' 후에도 황도 사상은 우경화의 뿌리로 남았다. 황도 사상 고취의 장본인인 도쿠토미 소호는 그 속에서 죽지 않고 살아남았다.[5] 1990년대 일본 사회의 우경화 현상의 대표적인 사례인 '새로운 역사교과서를 만드는 모임'은 '새로운' 것이 아니라 도쿠토미 소호의 '부활'로 지적되고 있다.[6]

# 제1부

# '동양사' 개발과 침략주의 역사교육

요시다 쇼인과 나카 미치요

# 1장

# '동양사' 용어의 유래와 인식 현황

## 1. 천황이 지배하는 새로운 동아시아 세계 '동양'

동양사, 서양사는 우리에게 매우 익숙한 용어로, 역사연구 분야나 교과목을 이르는 말이다. 19세기 서양 여러 나라 사람들이 대형 함포를 거치한 증기선을 타고 동쪽을 향해 왔다. 그들이 다다른 곳에는 거대한 영토와 인구를 가진 중국, 그 옆의 작은 나라 조선, 그리고 섬나라 일본이 있었다. 그들은 이곳을 '극동(Far East)'이라고 불렀을 뿐, 지금처럼 '동양'이라고 하지 않았다.

유럽인들의 동양, 즉 '오리엔트(Orient)'는 따로 있었다. 이 단어는 서양을 뜻하는 '옥시덴트(Occident)'의 반대 개념으로 유럽인들에게 '동양'은 본래 오리엔트 곧 오늘날의 '근동'이다. '근동'은 '극동'을 알게 되면서 동양의 범위를 구분하기 위해 생긴 용어이다. 오늘날의 중동 지역을 가리키는 '근동'은 유럽인들이 고대부터 이 지역의 여러 종족 또는 집단과 교류와 충돌을 거듭하면서 그들이 사는 곳을 지칭할 때 유럽의 동쪽이라는 뜻에서 붙인 명칭이다. 오늘날 일본과 한국에서 사용하는 '동양(東洋)', '동양사(東洋史)'와는 다른 뜻으로 사용된 용어이다. '동양', '동양사'란 용어는 19세기 중·후반에 동서가 새롭게 만난 시기에 서양 문명 수용에 가장 앞선 일본이 주변국으로 진출하기 위해 '특별한' 의도로 새로 만들어낸 단어이다.[1]

19세기 중·후반 일본은 존왕양이(尊王攘夷)운동을 통하여 지방분권 성향의 막번체제(幕藩体制)를 무너트리고 천황제 중앙집권국가로 바꾸었다. 도쿠가와막부(德川幕府, 에도막부) 타도의 중심 세력은 국력을 서양의 기계문명 수용에 집중하여 실제로 많은 성과를 거두었다. 그런데 제국 일본은 이웃 나라들을 서양 열강이 식민지로 만들기 전에 일본이 먼저 차지하는 것이 일본이 살아남는 길이라고 판단하고 서양의 우수한 기계문명 기술을 서둘러 배웠다. 이것이 곧 '메이지유신(明治維新)'이었다. 그러나 기술문명 수용이 어느 정도 이루어진 시점에서 국민의 정신세계를 하나로 통일, 집중하는 순서를 밟았다. 1885년 새로운 정치제도로 내각제를 채택한 뒤 1889년에 제국헌법을 제정하여 이를 반포했을 때, 거기에 '국가신도(國家神道)'를 규정하고 이의 실현을 위한 교육 기반으로 천황의 「교육에 관한 칙어(敎育ニ關スル勅語)」(이하 「교육칙어」)를 반포했다.

제국헌법은 국가신도를 종교가 아니라 그보다 상위의 절대적인 정신세계로 규정했다. 역대 천황 '황조황종(皇朝皇宗)'과 재위 중의 천황은 최고신 아마테라스 오미카미(天照大御神)의 후예로서 모든 신민(臣民)은 국가의 안위와 발전을 위해 천황가에 절대적 충성을 표할 것을 요구했다. 「교육칙어」는 이 목적으로 만들어진 정신교육강령이었다. 메이지 정부가 천황에 대한 절대적 충성을 요구하는 교육강령을 세운 것은 실은 대외적 목표 달성을 위한 것이었다. 메이지 정권은 천황제 '왕정복고' 당시 서양 열강에 앞서 이웃 나라를 선점하는 것을 중요한 목표로 세우고 있었으며, 입헌군주국으로서 정치체제가 자리 잡는 시점에 이를 실현하기 위한 정신교육 장치를 마련하고자 했다. 서양 열강에 앞서 일본제국이 주변국을 선점한 세계는 곧 일본제국의 천황이 다스리는 세계로서, 이를 '동양'이라고 일컬으며 이 세계를 개척하는 데 필요한 역사연구와 교육을 위해 '동양사'란 영역을 새로이 설정, 개발했다.

1868년 왕정복고, 1871년 이와쿠라 도모미(岩倉具視, 1825~1883)를 단장으로 한 구미 사절단 파견 이후 교과서류의 역사책은 본방사(本邦史, 일본사), 지나사(支那史, 중국사), 외국사(外國史) 등의 이름으로 간행되었다. 이후 약 20년이 지난 뒤, 1894년 4월에 외국사를 동양사와 서양사 둘로 나누어 가르치자는 제안이 나왔고 문부성이 이를 즉각 채택했다.[2] 청일전쟁을 일으키기 3개월 전이었다. 이 제안이 나온 후 실제로 중등학교 역사교과서는 이 교과체제가 적용되어 8년 후 1902년 말부터 일본사, 동양사, 서양사 3분과 역사교과서가 학생들에게 배포되었다. 일본제국이 러시아와 결전을 벌이기 2년 전이었다. 새 역사교과서 '동양사'는 지나사(중국사)에 주변 종족 또는 나라의 역사를 합친 형태로 모습을 드러냈다. 그렇다면, 한국사(조선사)도 당연히 이 새 교과목 '동양사'에 들어가야 할 대상이다. 그런데 실제로는 북방 유목민족의 역사만 추가되었을 뿐 한국사 내용은 찾아볼 수 없다. 대신 한국사는 놀랍게도 일본사에 포함되었다.

한국은 서력 368년에 야마토(大和) 조정의 진구(神功) 황후의 신라 정벌로 이미 일본에 복속되어 조공을 바치는 나라로 규정되었다. 이때부터 신라를 비롯해 한반도의 나라들은 일본의 속국이 되었는데, 언제부턴가 조공을 바치지 않는 '무례한' 나라가 되었다. 이렇게 일본으로부터 이탈한 한국은 중국의 역대 왕조에 종속되어 지금까지 '야만'에서 벗어나지 못하고 있으니 제국 일본이 이제 이를 바로잡아 '문명'의 혜택을 받게 해야 하며, 따라서 한반도를 차지하는 것은 제국 신민의 사명으로 여기도록 가르치고자 했다.

새 교과서 '동양사'는 중국 북방 곧 만주, 몽골의 땅에서 여러 유목민족이 명멸한 역사를 적극적으로 다루었다. 이것은 유목민족의 역사를 돋보이게 하려는 것보다 일본제국이 중국 본토를 지배할 역사적 근거를 만드는 것을 목표로 한 것에 불과했다. 만주, 몽골 일대에서 일어난 유목민족은 대부분 중국 본토로 들어가 왕조를 세웠다. 이는 곧 힘의 우위에 따른 결과로서 오늘날에도 이곳을 차지하는 나라가 곧 중국 본토를 차지할 수 있다는 논리를 개발하기 위한 것이었다. 일본제국이 동아시아에서 서양의 우수한 기술문명을 제일 먼저 수용하여 문명국의 대열에 올라선 유일한 국가로서 만주, 몽골 그리고 중국 본토를 지배하는 것은 역사의 순리라는 명분을 내세우고자 했다. 서양사 교과서에서는 '약육강식'의 역사를 강조하여 이 명분과 논리를 정당화하려는 목표도 설정되었다. 일본제국은 한마디로 동쪽의 대영제국을 꿈꾸었다. 이를 목표로 새롭게 제패할 지역 세계를 일컬어 '동양'이라고 했다. 이 침략적 역사인식과 역사교육이 엄연한 역사적 사실인데도 지금까지 이에 대한 인지와 비판이 없었다는 것은 동아시아 역사학의 수치일 수도 있지만, 이를 직시하지 않고서는

21세기 동아시아의 평화를 기원하기 어렵다는 점도 깨달을 필요가 있다.

## 2. 도쿄대학의 '동양사' 인식 현황

메이지 시대 일본에서 동양사가 개발될 때, 중심 역할을 한 곳은 도쿄제국대학과 교토제국대학이다. 이에 대해서는 본론에서 자세히 언급하겠지만, 오늘날 두 대학교가 '동양사' 또는 '동양사학'을 어떻게 인식하고 있는지, 특히 1945년 패전으로 제국 시대가 끝난 이후 어떤 변화가 일어났는지 살펴볼 필요가 있다. 두 학교는 여전히 전공 학과 또는 전공과정으로 '동양사', '동양사학'이란 용어를 쓰고 있다. 그러나 다소의 변화가 있기도 하다. 그 상황을 두 대학의 해당 학과 홈페이지에 올라 있는 입학 지망생들을 위한 학과 소개 글을 통해 살펴보자. 도쿄대학, 교토대학의 순서로 보고자 한다.

도쿄대학은 1992년 3월부터 1998년 9월까지 대학원 중점화 사업을 수행하면서 1996년 7월 인문과학연구과와 사회과학연구과를 개조(改組)하여 인문사회계연구과를 설치하였다. 이 인문사회계연구과'에 문학부(文學部)가 편제되고, 문학부 아래 (1) 학부의 '전수과정(專修課程)' (2) 대학원의 '전문분야일람'이 각각 제시되었다. 학부 전수과정은 사상문화학과 · 역사문화학과 · 언어문화학과 · 행동문화학과의 4학과로 나뉘며, 2021년 현재 27개의 전수과정이 개설되어 있다. 전수과정은 '철학-철학연구실'처럼 각 전공 연구실이 운영되기에 주로 '연구실'이라고 불린다. 역사문화학과는 '일본사학 – 일본사학연구실', '동양사학–동양사학연구실', '서양사학–서양사학연구실', '고고학–고고학연구실', '미술사학–미술사학연구실'이 있다. 이에 따르면 '동양사학'은 학부 전공과정에서 여전히 유지되고 있다.

한편, 대학원의 '전문분야일람'은 학부와 다른 체계를 이루고 있다. '일람'은 ① 기초문화연구전공 ② 일본문화연구전공 ③ 아시아문화연구전공 ④ 구미계문화연구전공 ⑤ 사회문화연구전공 ⑥ 문화자원학연구전공 ⑦ 한국조선문화연구전공 등으로 구성되었다. (1)의 학부 전수과정의 일본사, 동양사, 서양사 분류가 일본, 아시아, 구미, 한국·조선 등으로 새로운 용어로 구분되어 있다. 학부 전공이 도쿄제국대학 때의 틀을 그대로 유지한 반면, 대학원 전공은 전후(戰後)의 새로운 지역 분류 개념으로 학문체계를 바꾸었다. 학부와 대학원 과정이 신구의 체계로 묘한 조합을 이루고 있는 것이다. 결론적으로 학부 과정에 제국대학의 체계가 그대로 유지되고 있다면 제국 시대의 의식 잔존 여부가 문제될 여지가 있다.

학부와 대학원 각 전공과정에 대한 소개 글을 살펴보자.[3] '동양사학연구실: 연구실 일람'은 '1. 동양사학의 매력 2. 졸업논문에 대하여 3. 졸업생의 진로 4. 결론'으로 구성되었다. '동양사학의 매력'을 옮기면 다음과 같다.

동양사학(아시아사)의 재미, 그것은 아시아 사회가 가진 활력(vitality), 그리고 그것과 표리를 이루는 급격한 사회 변화와 앞으로의 세계를 바꾸어가는 가능성에 있다. 아시아의 매력은 아시아 사회에 한 걸음이라도 발을 들여놓은 경험이 있는 사람이라면 이미 느꼈을 것이다. 떠들썩함과 색채와 냄새가 넘치는 거리, 물과 빛과 초원과 눈과 햇살이 극에서 극으로 펼쳐지는 스펙트럼, 전통과 현대를 정리할 수 없는 혼잡…. 그 모든 것이 사람들을 아시아 사회로 끌어들이고, 호기심을 자극하고, 불안감을 증폭시키고, 그리고 지적 모험심을 불러일으킨다. 동양사학이 대상으로 하는 이 같은 아시아 사회는 이미 틀이 잡혀 안정된 유럽 사회와는 이질적이다. 따라서 아시아 사회에 대한 접근도 정해진 것이 없다. 예를 들어, 사가와(佐川) 교수는 도성(都城) 유적을 중심으로 중국 각지와 한국에서 조사를 하고 있다. 요시자와(吉澤) 교수는 연해 지역 도시와 내륙의 격차라는 관점에서 중국 전체를 보고 있다. 시마다(島田) 준교수는 인도의 수라트(Surat)나 동남아시아의 자카르타(Jakarta) 등 예전 국제무역 도시를 조사하여, 남·동남아시아와 세계가 어떻게 서로 연관되어 있는지를 고찰한다. 모리카와(守川) 준교수는 서아시아나 중앙아시아 지역 성자(聖者)의 묘(廟)나 묘지를 중심으로 종교와 사회의 관계를 포착한다. 이러한 현장에 스태프들은 직접 답사를 가고, 때로는 학생이 동행할 때도 있다. 요컨대 동양사학 전수과정의 스태프도 학생도 먼저 아시아 사회 속으로 들어가 경험을 쌓고, 아시아를 보는 눈을 길러가는 방법의 중요성을 인식하는 것이다.

이 소개 글은 연구의 대상, 영역으로서 '동양'과 '아시아'를 혼용하고 있다. 그 범위도 제국 시대 동양사가 만주, 몽골, 중국, 그리고 말기에 동남아시아까지 대상으로 한 것에서 한 걸음 더 나아가 서남아시아에 미치고 있다. 이것은 현재 확보된 교수진의 전공에서 비롯된 현상일 수 있다. 이어지는 글은 이를 의식하는 듯 더 포괄적인 전공 세계를 소개하고 있다.

물론 도쿄대학 동양사학 전수과정이 연구 대상으로 하는 것은 급격한 변화를 겪고 있는 현대의 아시아만이 아니다. 거기에는 '사기(史記)의 세계'부터 '코란의 세계'에 이르기까지 다양한 문명 세계, 고대부터 현대에 이르는 역사가 포함되어 있다. 동아시아 문명의 담당자였던 중국, 조선, 몇몇 기마민족국가(騎馬民族國家)가 흥망한 내륙 아시아, 불교·힌두·이슬람 문화를 받아들인 남아시아, 동남아시아, 그리고 고대 오리엔트 문명과 이슬람 문명이 교차하는 서아시아, 나아가 지중해·이슬람 문명과 긴밀한 교섭을 유지해온 북아프리카, 이베리아반도…. 이 지역들은 약 5,000년에 걸친 오랜 역사를 가지고, 방대한 인구와 광대한 영역을 차지했다. 이 지역에 사는 사람들의 생활과 문화를 모르고서는 세계를 이해할 수는 없다.

이 부분의 서술은 과거 제국대학 시절의 연구 영역에 거의 가깝다. 다만 조선 곧 한국을 일본사가 아니라 '동아시아 문명의 담당자' 중 하나로 간주한 것은 큰 차이다. 사실 대학원 과정에서 2002년 4월에 '한국조선문화연구전공'을 7개 전공 분야 중 하나로 개설한 것은 큰 변화였다. 이 서술 부분에서도 이슬람 문명을 포함하고 있는 것은 이전과 다른 점이다. 1930년대 이후 서역 문화 연구의 비중이 높아진 것은 사실이지만, 그 범위는 다음 서술에서 보듯이 전 지구적으로 확대되고 있다.

근대 이후의 역사학은, '서양'=유럽을 중심으로 하여 역사이론을 만들고, 세계사의 전개를 이해하려고 해왔다. 실제로 위에 서술한 여러 지역을 '오리엔트' 내지 '동방(東方)'으로 일괄하려는 발상 자체가 유럽 사회의 자기인식과 표리를 이루는 서양 기원적 사고이다. 그런 의미에서 '동양사학'이라는 틀은 자명한 것이 아니다. '유럽의 눈'으로 아시아의 역사를 보는 것은 단지 유럽의 아시아관을 왜곡해왔을 뿐 아니라, 아시아의 아시아관마저 왜곡해왔다. 그러한 관점에 대해 동양사학 전수과정은 안주하지 않는다.

이 부분은 서양의 '동양' 연구의 편견을 지적한 것으로, 연구의 범위와는 무관한 것으로 보일 수 있다. 유럽의 '오리엔트' 혹은 '동방'에 관한 편견과 오류를 지적하기 전에 도쿄대학 '동양사학'이 천명해야 할 것은 제국 시대의 '동양사'의 실체와 역사에 대한 해명이다. '동양사학연구실'이라는 교육 및 연구 단위가 그대로 존속하면서 아시아, 오리엔트, 동방 등의 용어가 섞이는 것은 개념의 혼란을 초래할 뿐 아니라, 과거의 '동양', '동양사'의 영역이 더 확대되는 오해를 불러일으킬 수도 있다. 일본제국의 '동양'은 본래 오리엔트처럼 구체적인 지역 개념이 아니라, 제국이 만들어나갈 미래의 지배 영역 개념이었다. 심지어 1941년 미국, 영국을 상대로 전쟁을 확대할 때, 일본제국은 '팔굉위우'(八紘爲宇, 팔방을 천황의 한집으로 만든다는 뜻)의 기치를 내걸고 세계 제패를 꿈꾸었다. '동양사'에 대한 반성적 개념 정리가 없다면 동양사학의 범위를 굳이 "서아시아, 나아가 지중해·이슬람 문명"을 포괄하고 "아시아의 아시아관마저 왜곡"했다는 언급은 '팔굉위우'의 재현으로 오해를 살 소지가 있다. 이런 범위 확대는 동양사학 전수과정과 동양사학 연구실 등의 '동양사학'이 결코 포용할 수 없는 범위가 아닌가?
　소개 글은 도쿄대학 동양사학연구실의 "오랜 기간의 전통이 쌓아온 몇 가지 중요한 특색"을 열거했다. 그 가운데 세 번째로 "연구 대상에 금기를 두지 않는다는 점이다. 회화(繪畫)·복식(服飾)·음악(音樂)·요리(料理) 같은 주제도 연구 대상으로 삼을 수 있으며, 또한 '사람과 사물과 사상의 동서 교류'와 아프리카와 오스트레일리아의 역사도 동양사의 연구 대상이 된다"고 했다. 아프리카, 오스트레일리아에 관한 연구도 '동양사'의 연구 영역으로 삼은 것은 지리학적 개념을 왜곡할 소지가 있다. '팔굉위우'의 재현이란 오해를 살 소지가 많은 영역 확대 소개이다.


## 3. 교토대학의 '동양사' 인식 현황

일본제국은 서양 학문을 배우기 위해 1877년에 국립대학으로 도쿄대학을 설립했다. 1880년대 천황제 국가주의 체제를 만들면서 학문의 중심인 대학을 '제국대학'으로 승격했다. 도쿄대학은 1886년 3월 '제국대학'으로 개칭했다. 이후 1897년 교토에도 제국대학을 두기로 하면서 기존의 '제국대학'은 도쿄제국대학으로 또다시 개칭하여 이제 도쿄제국대학과 교토제국대학 두 곳이 운영되었다. 교토제국대학도 설립 초기부터 '동양사학강좌'를 두어 나이토 고난(內藤湖南)을 중심으로 도쿄제국대학에 못지않은 업적을 쌓았다. 오늘날의 교토대학의 동양사 전공에 관한 안내에도 그런 자부심이 묻어난다. 도쿄대학과 마찬가지로 '동양사'에 대한 '반성적' 성찰은 찾아볼 수 없지만, 도쿄대학처럼 외연을 크게 넓히는 성향은 보이지 않는다.

역사학이 속한 대학, 대학원 단위 명칭은 '교토대학대학원문학연

구과 · 문학부'이다. '문학연구과'가 대학원, '문학부'가 대학(학부) 과
정에 각각 해당한다. 전공 분야는 문헌문화학(동양계, 서양계), 사상
문화학, 역사문화학, 행동문화학, 현대문화학 5개 영역으로 나누었
다. 이 가운데 역사문화학은 아래와 같이 5개 분야로 이루어진다.[4]

① 일본사학전수(日本史學專修) ② 동양사학전수
③ 서남아시아사학전수 ④ 서양사학전수 ⑤ 고고학전수

일본사, 동양사, 서양사의 전통적인 3분과 방식에 서남아시아사
를 새로 추가한 형태이다. 도쿄대학이 동양사학의 범위를 서남아시
아를 넘어 지중해 인접까지 외연을 확대한 것과 차이가 있다. 학부와
대학원 두 과정이 모두 같은 이름으로 개설된 점도 전수과정의 일관
성을 보여주는 듯하다. 그중 ② 동양사학전수는 어떻게 규정되어 있
는가? 이에 관한 학부과정 지망 학생들에게 보내는 메시지는 다음과
같다.[5]

우리는 보통 '동양'이란 말이 귀에 익숙하다. 그러나 어디서부터 어
디까지가 동양인가를 생각해보면 그것은 그리 간단하지 않다. 일본
은 동양인가? 문학부에는 동양사와는 별도로 일본사라는 전수(전
공)가 있다. '서양' 이외는 모두 동양일까? 남미와 아프리카는 동양
이라고 하지 않는다. '동양'은 이처럼 매우 애매한 개념이다.

매우 논리적인 자문자답이지만, 제국 시대의 '동양사' 창출의 내
력에 관한 인지는 빠져 있다. 소개 글은 실제 과정에서는 어떤 공부

를 하게 되는지에 관한 설명으로 이어진다. 이 대목에서 '동양'을 시종 '동아시아'로 표현하고 있는 점에 유의할 필요가 있다.

그럼 우리는 무엇을 연구 대상으로 하고 있는가 말하면, 동아시아 각국과 여러 민족·지역의 역사이다. 본 전수에서는 그중에서도 중국사 연구를 중요시하며, 주로 사용하는 것은 한문(漢文) 사료이기 때문에 학부생들은 한문 독해력을 키우는 훈련을 받게 된다. 물론, 연구 대상에 따라 조선어, 몽골어, 티베트어 등도 배울 필요가 있다. 현재 교원(교수)은 5명이지만, 총합인간학부(總合人間學部), 인문과학연구소(人文科學硏究所)의 여러 선생의 협력을 얻어, 풍부하고 다채로운 수업을 진행하고 있다. 동양사 관계의 서적도 문학부, 인문과학연구소에 많이 수장(收藏)되어 있어, 교토대학 문학부는 동양사를 배우는 데 최고의 환경을 갖추고 있다고 할 수 있다.

중국사의 비중이 크지만, 조선, 몽골, 티베트 등에 관한 연구도 이루어지고, 이 외에도 총합인간학부(교양학부), 인문과학연구소 교수진의 도움으로 더 다양한 전공 공부가 이루어진다고 했다. 이 대목에서 '동아시아'는 지역 개념일 뿐 이 지역 내의 각 나라 역사 공부는 곧 '동양사'로 표현되었다. '동양사'는 지역 개념이 아니라 학문 영역의 개념으로서, 제국 시대의 기능과 역할이 남긴 유산으로 이로부터 받는 구속이 느껴진다. 그러나 그에 대한 명확한 지적은 찾아보기 어렵다. "문학부, 인문과학연구소에 많이 수장되어" 있는 '동양사' 관계의 서적이 곧 그 구속의 바탕이다. 그 수장 도서는 곧 제국 시대에 '동양사' 연구를 위해 여러 가지 수단을 동원해 모은 것이다. 이 무거운 유산은 제국대학 시기의 '동양사'의 실체를 확인하기에 충분한 것인데도 이에 관한 인식, 의식은 전혀 찾아볼 수 없다.


## 4. 일본 학계의 동향과 인식

일본 역사학계의 사정은 어떠한가? 도쿄대학, 교토대학의 동양사 인식은 학계 인식이 그대로 반영된 것이리라고 짐작되지만, 구체적인 검토가 필요하다. 에가미 나미오(江上波夫) 편의 『동양학의 계보(東洋學の系譜)』(다이슈칸쇼텐大修館書店, 1992), 기시모토 미오(岸本美緒) 책임편집의 『동양학의 자장(東洋學の磁場)』[2006, 『이와나미강좌(岩波講座) '제국' 일본의 학지('帝國'日本の學知)』 시리즈 중 제3권] 두 책을 통해 일본 역사학계의 인식을 살펴보자. 『동양학의 계보』는 나카 미치요(那珂通世)를 비롯해 19명의 학자를 다루었다. 편자 에가미 나미오가 책머리에 붙인 "동양학자 군상(群像)을 자유롭게, 생생하게"라는 「서문」이 흥미롭다. 첫 문단을 옮기면 다음과 같다.

이 책은 서명으로 인해 우리나라(일본: 인용자) 동양학의 성립부터 발전의 경위를 학문적으로 분석하고, 또 총합하여 학사적(學史的)으로 계보를 밝히는 저술로 오해될 수 있다. 메이지 이래 우리나라 동양학의 여러 분야에서 다양한 방식으로 현저한 학문적 공헌을 성취한 사람들이나, 많은 동료 및 저자들과 함께 위대한 문화사업 같은 큰 업적을 달성한 사람들, 또 전인미답(前人未踏)의 학문적 영역에 혼자 힘으로 세세하면서도 새로운 길을 개척한 사람들을, 각각 개인적으로 친연(親緣)관계에 있었던 사람들이 자유롭고 생생하게 평전(評傳)을 쓴 동양학자 군상도(群像圖)일 뿐이다.[6]

「서문」에서 밝힌 대로 이 책은 책 제목과 달리 '동양학의 계보'를 밝히는 것이 아니라, 메이지 이래 '동양학' 1세대에 속하는 사람들의 업적을 친연관계에 있는 사람들이 자유롭게 쓴 평전 모음이다. 편자는 특별한 기준에 맞춰 쓴 것이 아니라 "자유롭고 생생하게" 쓴 것이란 점을 강조했다.

또한 편자는 「서문」에서 나카 미치요가 친우인 미야케 요네키치(三宅米吉)가 유럽 유학에서 돌아오면서 가져온 다수의 동양학 관계 문헌과 저작을 보고, 지나(支那, 중국) 역사와 함께 서역, 몽골·만주 등을 합친 동양사 연구가 필요하다는 것을 통감하여, 외국 역사를 서양사와 동양사 둘로 나누어 그들이 근무한 고등사범학교(高等師範學校) 지리역사 전수과(專修科) 규정에 본방사, 서양사와 함께 동양사를 공인 과목으로 만들었다고 했다. 이것이 계기가 되어 중국사만이 아니라 중국 문학, 중국 철학, 인도사, 인도 철학, 서역사, 서역 문화사, 몽골사, 새외사(塞外史) 등의 분야도 서로 밀접한 관계가 있는 것으로 받아들여져 동양사·동양학으로 총칭되는 경우가 많아졌다고 했다. 이 설명에서 두 가지 문제점이 느껴진다.

첫째는 나카 미치요에 대한 언급이다. 나카 미치요가 1894년 상반기에 고등사범학교 교과과정에 관한 회의에서 지나사 대신에 동양사란 교과목을 신설해 가르칠 것을 제안한 것이 일본제국 '동양사학'의 시원을 이루는 것은 사실이다. 이 점은 필자가 이 책에서 중점적으로 다루는 사항이다.[7] 다만 편자인 에가미 나미오는 이 사실을 일본의 역사학이 서양의 동아시아사 연구의 영향으로 '지나사' 중심에서 탈피한 학문 발전으로만 주목하고, 나카 미치요의 '동양사' 과목 설정의 목적을 전혀 의식하고 있지 않다. 후술하듯이 1890년의 「교육칙어」 반포로 제국 신민에게 천황에 대한 절대 충성을 요구한 다음, 1894년 상반기에 천황이 지배하는 영역으로서 '동양'이란 지역 개념을 설정하여 이에 관한 연구와 교육 목적으로 '동양사'가 제안된 사실을 에가미 나미오는 전혀 의식하고 있지 않다. 그 제안이 일본제국의 영토 확장의 본격적인 시발인 청일전쟁을 코앞에 두고 나왔다는 것부터 결코 우연이 아니다. 이 중요한 사실에 대한 언급이 빠진 것이 의도적인 회피인지 숲속에서 숲 모양을 보지 못하는 미로(迷路) 현상인지 알 수 없지만, 결코 지나칠 수 없는 문제이다.

다른 하나는 '동양학'과 '동양사'를 혼용하고 있는 점이다. 엄밀히 말하면 나카 미치요가 '동양사' 과목을 제안할 당시에는 '동양학'이란 용어는 사용하지 않았다. 이에 대해 조사·연구하는 과정에서 필자는 '동양학'이라는 용어가 사용된 예를 전혀 찾아볼 수 없었다. 이 용어는 후대에 일본에서 동양 관련 학계의 연구가 축적된 상태에서 그 성과를 서양에서 이루어진 것과 비교, 평가하는 과정에서 만들어진 현대적 용어로 생각된다. 이 점은 나카미 다쓰오(中見立夫)가 실증적으로 지적한 것이기도 하다.[8] 동양사와 동양학을 혼용하는 것은 '동양사'가 가지고 있는 문제점을 호도할 소지가 우려된다.

편자 에가미 나미오는 서문의 종반부에서 '동양학의 계보'의 범위와 관련하여 "이 책에서 다루어진 것은 메이지(明治)·다이쇼(大正) 시대 내지 쇼와(昭和) 초기의 것이므로 쇼와 중·후기의 이른바 전후(戰後)의 것과는 크게 다르며, '동양학 형성기' 내지는 그 뒤에 이어진

'동양학 고전기(古典期)'에 각자 자신만의 개성적인 방식으로 활약했다는 점에서, 그것만으로 백화요란(百花繚亂)의 뜻[趣]이 있다"고 했다. 이 책이 다루는 '동양학' 학자들의 주요 활동 시기는 메이지·다이쇼 시대로, 이를 두고 동양학 형성기 내지는 동양학 고전기라고 이름 붙였다. 필자가 살핀 것에 따르면, 일본에서 동양학이라는 용어는 1911년 동양협회가 기관지 『동양학보(東洋學報)』를 발간할 때 제호에 '동양학'이라고 붙인 것이 첫 사례가 아닌가 한다. 그러나 당시 관계 연구자들은 대부분 지나사, 만몽사(滿蒙史, 만주·몽골사)에 관한 연구와 조사에 열중하여 '동양사'란 용어를 더 선호하는 경향을 보이며 '동양학'은 매우 희소한 사례였다. 1920년대 초반 동양문고(東洋文庫)가 발족하여 동남아시아, 서남아시아에 관한 조사·연구가 이루어지면서 '동양학'이란 용어의 사용 빈도가 높아지는 듯했다. 다시 말하면 적어도 메이지·다이쇼 시대의 '동양사'를 '동양학'의 형성기, 고전기로 간주하는 것은 이 시기 '동양사'의 실체를 흐리게 할 위험성이 있다.

기시모토 미오 책임편집의 『동양학의 자장』은 시리즈로 기획된 『이와나미강좌 '제국' 일본의 학지』(전8권) 중 제3권이다. 『'제국' 일본의 학지』 전8권의 제목은 다음과 같다.

제1권 '제국' 편성의 계보('帝國'編成の系譜)
제2권 '제국'의 경제학('帝國'の經濟學)
제3권 동양학의 자장(東洋學の磁場)
제4권 미디어 속의 '제국'(メディアのなかの'帝國')
제5권 동아시아의 문학·언어 공간(東アジアの文學·言語空間)

제6권 지역연구로서의 아시아(地域研究としてのアジア)

제7권 실학(實學)으로서의 과학기술(實學としての科學技術)

제8권 공간 형성과 세계 인식(空間形成と世界認識)

제3권『동양학의 자장』을 검토하기 전에 이 시리즈의 기획 의도부터 살펴볼 필요가 있다. 각 권 머리에 실은「편집에 임하며(編輯にあたって)」에 기획 의도가 표명되어 있다. 편집위원 8명(야마모토 다케토시山本武利, 다나카 고지田中耕司, 스기야마 신야衫山伸也, 스에히로 아키라末廣昭, 야마무로 신이치山室信一, 기시모토 미오岸本美緒, 후지이 쇼조藤井省三, 사카이 데쓰야酒井哲哉)의 이름으로 된 글이다.

패전 후의 일본은 미국의 점령과 냉전하의 극동 전략으로 '극동'과 '아시아·태평양'이라는 지역 개념에 편입되었다. 냉전 종식을 계기로 아시아의 공동체 구상을 재촉하는 기운이 날로 높아가는 가운데, 또 '글로벌'화 추세 속에 새로운 세계상을 인식하기 위해, 이전의 제국적(帝國的) 세계 시스템에 관한 관심이 높아지면서, 전전(戰前)과 전후(戰後)를 연결해보려는 움직임이 있었다. 즉, "제국적 인식 공간의 선행 경험으로서, 식민지 제국 일본에서 구축해온 학지(學知)에 대한 재(再)질문이나 재검토가 학문 분야마다, 혹은 분야를 뛰어넘어 광범위하게 태동하고 있는" 것에 대한 부응으로 이 시리즈가 기획되었다고 했다. 매우 바람직한, 마땅히 해야 할 과제이다. 글을 더 살펴보자.

본 강좌는 1990년대 이후의 연구 상황을 근거로 하여, 개국기(開國期)에 구미의 학문을 이입(移入)하는 형태로 출발하여 일본의 '제국'

화의 과정에서 구축된 일본의 여러 학문[諸學]의 형성 과정에 다시 초점을 두는 것으로, 말하자면 제국적 인식 공간의 위상을 밝히는 것을 목적으로 한다. 따라서 본 강좌가 목표로 하는 것은 단순한 수입 학문의 이식사(移植史)가 아니며, 여러 학문의 경계 안에 안주하는 학술사(學說史)도 아니다. '학지'라는 문제 설정에는 학문의 내재적 이해를 근거로 하면서, 동시에 그것을 지(知)의 실천적 문맥에서 새롭게 다시 파악하는 복안적(複眼的) 관점에 바탕을 두고자 한다. 근대 일본의 경험을 아시아의 광역적 질서 속에서 반추하는 것, 일본의 학지를 아시아 여러 지역과의 상호교섭의 장으로서 새롭게 다시 파악하는 것, 그것들을 통하여 오늘날 우리가 당연시 여기는 이론으로서 학설이나 실천의 지침, 제도로서의 학문 본연의 자세를 성찰하고, 새로운 학지의 분야나 체계를 구상하기 위한 양식(糧食)으로 삼는 것, 이것들이 본 강좌가 목표로 하는 바이다. 그것은 또 흔히 전전과 전후의 학문을 재단해버리는 사고의 타성을 바로잡음과 동시에, 냉전 이후 오늘의 관점에서 근대 일본의 학지의 비판적 계승을 주목하는 것이기도 할 것이다.[9]

1945년 패전 이전의 일본 학문은 어떤 형태로든 제국주의에서 자유로울 수 없다. 그런데 이『이와나미강좌 '제국' 일본의 학지』시리즈는 그 제국주의 요소를 감추지 않고 드러내어 21세기 조류에 맞는 새로운 학지 구상의 양식으로 삼자는 주장이다. 마무리 부분에서 이런 취지가 다시 "단순한 이데올로기적 비판을 목적으로 하는 것이 아니라, 그것은 근대 일본 학지의 역사적 성찰을 통하여 내일로 향하는 새로운 지(知)의 가능성을 묻기 위한 도약판으로 삼는 것을 목표로 하는 책"으로 정리되었다. 뜻이 중요한 만큼 제국주의 시대 학문에 대한 성찰은 진지하고 솔직해야 한다. 21세기 일본이 동아시아, 나아가 전 세계에서 바람직한 역할을 할 수 있을지는 사실 이런 성찰을 통해 결정될 것이기 때문이다. 그러나 불행하게도 제3권『동양학의 자장』은 기대한 만큼의 성과보다 동아시아 권역의 관계 학술부문이 이 문제에 더 높은 관심을 보여야 한다는 필요성을 제기하는 데 그친 느낌을 준다.

제3권의 책임편집자 기시모토 미오는 「서장(序章) 동양 속 동양학(東洋のなかの東洋學)」에서 동양학이 무엇인지를 검토했다. 자신의 검토보다 제1장의 필자 나카미 다쓰오의 논지를 빌렸다. 나카미 다쓰오는 100여 년 전에 일본의 지식인이 유럽의 '동양학'에 접촉한 이래 오늘에 이르기까지 일본에서 '동양학'이라는 학문은, 대학의 학부·학과로 제도화된 것은 없었으며, 또 '동양학'에 관한 유력한 학회도 전후(戰後)에 이르기까지 존재하지 않았다고 했다. 또 그는 '유럽에서의 동양학'이 일종의 "고유명사" 혹은 '동양'에 관한 언어학·민족학 등등, 여러 영역을 포괄하는 "집합명사"적 존재였음을 밝히고, 향후 대학·연구소 등 연구기관에서 이루어지는 인문사회계의 학문을 중심으로, 아시아의 사회와 문화의 성격을 탐구하는 연구나 평론을 다루고 싶다고 의견을 표명했다.

나카미 다쓰오의 지적은 정확하다. 앞에서 지적했듯이 제국 일본에서 '동양학'이 아니라 '동양사'가 중요한 화두요 과제였다. '동양학'에 가까운 용어가 있어도 그것은 '동양사'의 또 다른 파생적 표현일 뿐이었다. 기시모토 미오는 '동양학'이란 용어의 불확실성을 인정하면서 잠정적으로 '동양학', '아시아학'을 둘러싼 학계의 의견을 두 가

지로 정리했다. 첫째는 이른바 '서양의 시선(まなざし)'을 둘러싼 문제, 즉 '동양' 내지 '아시아'라는 개념이 유럽의 자기인식의 음화(陰畫)로서 형성된 것, 예컨대 아시아적 정체성론(停滯性論) 같은 왜곡된 인식에 대한 끊임없는 비판이 전후 일본의 아시아 연구 속에 존재했다고 지적했다. 사이드(Edward W. Said)의 오리엔탈리즘을 둘러싼 논의도 이 범주에 넣었다.

다른 하나는 내셔널리즘에 관한 문제로서 이것도 두 가지 측면으로 언급했다. '아시아의 내셔널리즘'이라는 표현이 말해주듯이 서양 제국주의에의 대항이라는 구도로 보면 '아시아'와 '내셔널리즘'은 친화성을 가진다고 했다. 그러나 아시아 내부의 모순을 주목하면 '아시아', '동양'이라는 말은 복잡한 문제를 안고 있다고 지적하면서, 다음과 같은 흥미로운 의견을 표명했다.

일국적(一國的) 내셔널리즘을 초월하는 어감을 가지는 이 말(아시아, 동양: 인용자)은 민족주의적 이해가 대립하는 상황에서는 다양한 정치적 의미가 있을 수 있다. 일본이 침략 당시 내세운 '대동아공영권'이나 '대아시아주의'가 가진 문제성은, 오늘날의 눈으로 보아 명확하지만, 일본의 패전 후에도 아시아 내부의 모순과 긴장은 해소된 것은 아니다. 오늘날의 일본 학계에서는 일국사적(一國史的) 틀을 뛰어넘어 '아시아'적 관점에 의한 연구가 활발하다. 그것은 일본의 내셔널리즘에 대한 자성임과 동시에 보다 넓게 보면 근대 서양에서 기원한 국민국가체제를 상대화하는 새로운 관점으로서, 폭넓은 지지를 받으며 정착해가는 듯이 보인다. 그러나 중국이나 한국을 방문하여 그러한 일본의 새로운 '아시아' 관점을 소개하려 할 때, 호의적인 반응을 얻지 못한다는 것을 많은 연구자가 경험한 것은 아닐까? 그것은 중국이나 한국 사람들이 여전히 일국적인 내셔널리즘에 머물러 있기 때문이라고 볼 수도 있겠지만, 달리 말하면, 그들은 '국경을 넘는' 관점의 정치성에 민감할 수밖에 없는 상황에 있다고도 할 수도 있다. '아시아학', '동양학'의 장점 중 하나로 일국적 관점을 넘어선 광역적인 시야를 들 수 있겠지만, 그런 시야도 일정한 정치성을 띠게 된다는 것을 우리는 신중하게 생각할 필요가 있다.[10]

매우 적절한 상황 파악이요, 지적이란 느낌을 준다. 근현대 동아시아 세계에서 '대일본제국'의 침략 행위가 남긴 상처가 너무나 크기 때문에 현 일본 학계의 동아시아 세계에 대한 탈 국경적 시각의 모든 시도가 한국, 중국으로부터 의심의 눈길을 받는 것은 현실이다. 중요한 것은 그 현상 자체가 아니라 일본 학계의 일본제국 시대의 학문의 어용성에 대한 철저한 자기반성의 고백이다. 한국과 중국에서 볼 때, 일본은 정치뿐 아니라 학문 세계에서도 반성이 매우 미흡하다. 기본적으로 일본제국의 주변국 침략이 제국주의 일반론으로 호도되어 일본제국 특유의 침략주의의 반인륜적 범죄에 대한 반성이 우러나지 않는다는 사실을 깨닫지 못하고 있다. 다시 말하면 '대동아공영권'이나 '대아시아주의' 등의 국가주의 체제가 뿌리내린 제국 시대 학문의 어용성의 실체를 포착하지 못한 상태에서 글로벌한 시각의 도입을 진보적 학문의 새로운 과제로 내세우는 것은 주변국으로부터 거부 반응을 받을 수밖에 없다. 모처럼 기획된 『동양학의 자장』에서 이 점이 간과된 것은 제국 시대 학문에 대한 은폐의 장막이 너무 두껍다는 의미일까?

여하튼, 1894년에 제안되는 '동양사'가 곧 천황이 지배하는 새로운 동아시아 세계 창출을 위한 학문이었다는 사실이 어디에서도 지적되지 않았다. 이를 제안한 나카 미치요, 심지어 그가 '동양사'라는 분야 및 교육 과목을 제안한 사실을 언급하면서도 그 배경과 목적에 관한 언급은 찾아볼 수 없다. 제1장 나카미 다쓰오의 논문은 메이지 시대 서양 학문과의 접촉 과정, 이에 대한 일본의 근대 역사학의 성립에 대해 자세히 고찰하고 있지만 '동양사'의 실체 파악에는 실패하고 있다. 다만 그가 일본에서 '동양학'은 제도적으로 존재하지 않았다고 지적한 점은 그나마 실증적 학문의 역량으로 의미가 있다.

『동양학의 자장』에 실린 '동양', '아시아'에 관한 글들의 논지는 앞에서 살핀 도쿄대학, 교토대학의 동양사 전공 과정에 관한 소개와 거의 맞닿아 있다. 2006년 시점의 학계 이해가 후자에 그대로 반영된 것으로 볼 수 있다. 동양사, 아시아사, 아시아 문화 등의 용어들이 혼용, 반복되고 있는 것이 양측이 일치한다.

# 2장

# 메이지 정부의 대외 침략주의

## 1. 도쿠가와막부와 존왕파의 대결

일본은 1853년 페리 제독의 내항(來航) 이후 서양 열강으로부터 개국을 요구받았다. 당시 도쿠가와막부는 이를 받아들여 새로운 국제질서에 진입하는 것으로 방향을 잡았다.[1] 그러나 '존왕양이'를 기치로 내세워 이에 반대하는 번(藩)들이 있었다. 조슈(長州), 사쓰마(薩摩), 도사(土佐) 등이 대표적인 번이었다. 이들은 1600년 세키가하라(關ヶ原) 전투에서 도쿠가와 이에야스(德川家康)의 동군(東軍)과 대결하다가 패한 서군(西軍)에 속하는 번들이었다. 도쿠가와막부는 서군의 주요 번들을 새 통치체제에서 '도자마 다이묘(外樣大名)'로 분류하여 막부 정치에 개입할 기회를 주지 않았다. 서군은 도요토미 히데요시(豐臣秀吉) 사후에 그의 가문을 그대로 유지하려던 측으로서, 그 후

예인 조슈, 사쓰마, 도사 등은 '왕정복고'를 성공시킨 뒤, 조선·대한 제국과의 관계에서도 도요토미 히데요시의 못다 이룬 꿈을 자신들이 다시 실현하겠다는 의식을 강하게 가지고 있었다.

1858년 도쿠가와막부가 미국과 수호통상조약을 체결하자, '존왕양이' 세력은 막부가 국가 중대사를 천황의 동의 없이 진행했다고 비난하며 막부의 결정에 거세게 반발했다. 이에 막부 지도자들은 공무합체(公武合體), 즉 조정[公]과 막부[武]가 협조하여 정국을 안정시키겠다는 타협책을 내놓았다. 그러나 '존왕파'인 조슈번의 지도자들은 마음속으로 막부를 무너뜨릴 계책을 찾고 있었기 때문에 '공무합체'의 안을 받아들이지 않았다. 조슈가 끝까지 굽히지 않자 도쿠가와막부는 조슈 정벌에 나서서 한 차례 성공했다. 그러나 1866년 '삿초(薩長)동맹' 곧 사쓰마번과 조슈번의 연합이 이루어졌고, 이에 대해 막부가 다시 정벌에 나섰다. 막부는 이 제2차 조슈 정벌에서 패하여 수세에 몰렸다. 1867년 1월에 고메이(孝明) 천황이 '돌연히' 사망했다. 이에 둘째 아들이 15세의 어린 나이로 즉위하여 메이지(明治)라는 연호를 사용했다. 메이지 천황의 즉위를 전후하여 조슈, 사쓰마 두 번의 연합 세력은 신속하게 움직였다. 교토에서 천황을 옹호한 가운데 스스로 관군(官軍)을 자처하면서 천황의 '왕정' 권위로 막부를 무력화하는 전략을 폈다.

1867년 10월 14일[2]로 천황으로부터 사쓰마, 조슈 측에 '막부 타도의 밀칙'이 내려졌다. 공가(公家) 출신이면서 양이(攘夷) 곧 외세 배격론자인 산조 사네토미(三條實美, 1837~1891), 막부 공직 출신으로 쇼군(將軍)에 오른 도쿠가와 요시노부(德川慶喜, 1837~1913)의 사직을 종용한 이와쿠라 도모미(岩倉具視, 1825~1883), 그리고 사쓰마번의 사이고 다카모리(西鄕隆盛, 1828~1877)와 오쿠보 도시미치(大久保利通, 1830~1878) 등이 합작하여 새 천황으로부터 밀칙을 받아낸 것이다. 같은 날 쇼군인 도쿠가와 요시노부는 도사번의 권고를 받아들여 천황에게 대정봉환(大政奉還), 곧 통치권 반환을 신청했다. 12월 9일 천황은 실제로 '왕정복고(王政復古) 대호령(大號令)'을 삿초 막부 토벌군[討幕軍]에게 내렸다. 이로써 존왕파가 막부를 누르는 정국이 시작되었다.

1868년 1월 신정부군과 구막부군 사이에 이른바 보신전쟁(戊辰戰爭)이 시작되었다. 전국의 번들이 도쿠가와막부 지지와 천황의 왕정 지지로 나뉘어 일대 결전을 벌였다. 전세는 '관군' 곧 삿초동맹에 유리하게 돌아갔다. 4월에 막부의 에도성(江戶城)이 점령되고, 음력 7월에 에도를 도쿄(東京)로 이름을 고쳐 천황이 교토(京都)에서 이곳으로 천도했다. 천황이 막부 쇼군의 어성(御城)으로 들어가 살면서 황거(皇居)로 이름을 고치고, 9월에 메이지라는 연호를 쓰기 시작했다. 삿초의 '관군'은 신식 총기를 다량으로 확보하여 무장함으로써 막부군보다 우세한 전력을 발휘했다. 막부 지지 세력의 저항은 1869년 5월에 홋카이도의 고료가쿠(五稜郭, 홋카이도의 하코다테箱館 소재) 전투를 마지막으로 패배하면서 끝이 났다. 도쿠가와막부의 해군 지휘관 에노모토 다케아키(榎本武揚, 1836~1908)가 북으로 밀리던 끝에 병력을 끌고 홋카이도 하코다테의 고료가쿠에 들어가 에조(蝦夷)공화국을 세워 총재가 되어 항전했다. 고료가쿠는 1864년에 러시아의 남하에 대비하여 세운 별 모양의 서양식 성곽이다. 그는 이곳을 기지로 삼아 버티다가 패했다.

**그림 2-1.** 에도성

도쿠가와막부 말기의 에도성 정문(혼마루本丸) 앞 무사들의 모습. 에도성 사방에는 이런 출입문이 있었지만, 존왕파의 승리 후에 '구물훼철(舊物毀撤)' 조치로 성벽과 성문을 모두 없앴다.

출처: 新人物往來社 編, 2003, 『幕末·明治古寫眞帖』愛藏版, 新人物往來社.

## 2. 메이지 신정부의 중앙집권체제

도쿠가와막부는 이전의 가마쿠라(鎌倉)막부나 무로마치(室町)막부에 비해 쇼군의 중앙집중적 권력이 컸다. 그러나 각지 번의 독자적 기반을 그대로 유지하도록 했기 때문에 지방 세력에 대한 장악에는 한계가 있었다. 메이지 신정부는 이와는 달리 천황제 중앙집권국가의 수립을 목표로 하여 번 체제의 해체를 중대한 과제로 삼았다. 그러나 그것은 하루아침에 이룰 수 있는 일은 아니었다.

메이지 신정부는 왕정복고 초기인 1868년 윤4월에 중앙정치의 중심으로 태정관(太政官) 제도를 두었다. 수상격인 태정대신(太政大

臣)이 이끄는 태정관 아래 행정관, 형법관, 의정관의 3관을 병렬로 두고, 행정관 아래에는 신지관(神祇官), 회계관, 군무관, 외국관 등을 두었다. 근 1년 후 1869년 7월에 2관(官) 6성(省)의 제도로 고쳤다. 천황가의 신사(神社) 업무를 담당하는 신지관을 태정관과 같은 급으로 높여 2관 체제로 정리하고 태정관 아래에 6성(省: 대장성, 병부성, 외무성, 민부성, 형부성, 궁내성)을 두었다. 총리 부서에 해당하는 태정관에는 좌대신, 우대신을 두고 그 아래에 6성을 둔 것은 중국, 조선에서 오래 내려온 유교식 통치 전범인 의정부-6조 체제와 뿌리를 같이하는 것이다.

1871년 7월에 지방제도의 일대 혁신으로 '폐번치현(廢藩置縣)'을 단행한 후 2관 6성 체제는 3원(院) 제도로 고쳤다. '폐번치현'은 막부 시대의 번을 모두 현(縣)으로 바꾸어 중앙정부에서 각 현에 관리를 보내 직접 통치를 꾀했다. 3원제는 정원(正院) 아래에 좌원과 우원을 두었다. 정원은 태정대신, 좌대신, 우대신, 참의(參議)로 구성하여 합좌제로 운영, 국무회의 구실을 했다. 공가 출신으로 왕정복고에 기여가 컸던 두 인물, 산조 사네토미가 태정대신, 이와쿠라 도모미가 우원의 외무경으로 각각 임명되었다(좌, 우 대신은 결원). 막부 타도의 중심 역할을 한 각 번의 대표적인 인물인 기도 다카요시(木戸孝允, 1833~1877, 조슈), 사이고 다카모리(사쓰마), 이타가키 다이스케(板垣退助, 1837~1919, 도사), 오쿠마 시게노부(大隈重信, 1838~1922, 사가) 등 4인이 태정관의 참의가 되었다. 참의는 태정대신, 좌대신, 우대신과 함께 태정관의 주요 구성원으로 정사 논의의 중심을 이루었다. 그들은 각 번을 대표하는 실질적인 정권 담당자 역할을 수행하였다.

3원 제도는 당초에 삼권분립을 지향하여 고안되었다. 우원이 행정, 좌원이 입법을 주관하는 것으로 상정되었지만, 정원 중심으로 정치가 이루어지는 가운데 좌·우원은 거의 기능을 하지 못하다가 1875년 4월에 폐지되었다. 우원은 행정부처를 아래에 두도록 했지만, 실제로 행정 담당 부서들은 정원 아래 들어갔다. 정원 아래에 신지성(神祗省, 교부성敎部省), 대장성, 육군성, 해군성, 내무성, 문부성, 농상무성, 공부성, 사법성, 궁내성, 외무성, 개척사 등이 서로 시기를 달리하여 설립, 소속되었다.

이러한 추이 속에 우원은 허설 상태가 되어 끝내 폐지되고 말았다. 좌원은 입법기구로 설정되었지만, 당시 의회제도 실현은 매우 어려운 일이었기 때문에 1875년 4월에 우원이 없어질 때, 원로원(元老院)으로 대체되었다. 원로원에는 천황이 화족(華族, 공가와 다이묘 출신의 귀족 계급), 학식자, 유신 공로자 등을 선정하여 의관(議官)의 이름으로 두었다.[3]

1871년에 삿조도히(薩長土肥, 사쓰마薩摩·조슈長州·도사土佐·히젠肥前)의 병사들로 어친병(御親兵)이 편성되고, 도쿄부(東京府)에 경찰 조직으로서 나졸(邏卒) 제도가 도입되는 한편, 지방의 주요 거점 4곳에 해안 방위 거점으로 진다이(鎭臺)를 설치했다.

천황의 경호를 위한 어친병은 이듬해 1872년에 근위병으로 이름을 고쳤다. 이해에 나온 천황의 '징병의 조(詔)'는 앞으로 군사조직은 번 중심에서 벗어나 징병제 시행을 통해 국민개병제(國民皆兵制)를 목표로 국민병을 양성해나갈 것임을 공표했다. 1873년 지방을 지키는 진다이가 여섯 지역으로 늘고 징병령(徵兵令)을 처음 공포했다. 메이지 신정부는 내무성을 설치하여 지방행정, 식산흥업, 경찰 등을 총괄했다. 또한 도쿄의 나졸 제도를 바꾸어 경시청(警視廳)을 설치했다.

도쿄 천도 후 5년째인 1873년에 비로소 치안의 틀이 잡히기 시작한 것이다.

같은 해에 야마가타 아리토모(山縣有朋)가 육군경(陸軍卿)으로, 가쓰 요시쿠니(勝義邦, 나중에 가쓰 가이슈勝海舟로 개명, 1823~1899)가 해군경(海軍卿)으로 각각 임명되었다. 조슈번 출신의 야마가타 아리토모가 육군을 맡은 것은 이후 조슈 군벌 탄생의 신호탄으로서 중요한 의미가 있었다. 가쓰 요시쿠니가 해군을 맡은 것은 그가 도쿠가와막부 때 해군 창설의 주역이었던 것에 대한 배려였다. 그는 막부의 공직 출신으로, 태정대신 산조나 이와쿠라처럼 메이지 신정부의 중심인 조슈 세력과 갈등을 많이 일으켰다. 그는 조슈 세력의 스승인 요시다 쇼인(吉田松陰, 1830~1859)의 주변국 정복정책 주장과는 반대로 일본이 서양 세력에 대응하기 위해 중국, 조선과 협력하여 통상을 일으켜 해양국가로서 발전하기를 바랐다.[4] 그는 해군경으로서 프랑스 자문단의 의견을 따라 연안 방어체제 구축에 주력하였으며, 함대 편성 위주의 공격적인 정책을 취하지 않았다. 그는 이런 의견 차이로 1875년에 의원면직으로 메이지 신정부를 떠났다.


## 3. 메이지 신정부의 주변 지역 및 국가에 대한 침략정책

메이지 신정부는 1869년 개척사(開拓使)를 설치하고 아이누의 에조치(蝦夷地)를 홋카이도(北海道)라고 고쳐 불렀다. 홋카이도 개발은 영토 확대의 의미도 있지만, 러시아 남하에 대한 방어 또는 역공의 기지로 삼으려는 의도였다. 1871년에 청나라와 '수호조규'를 체결했다. 이 조약은 양국 간의 최초의 근대적인 대등조약이라는 의미가 있었다. 청나라가 서양 열강으로부터 많은 압박을 받는 상황이지만, 일본도 황제의 나라가 되어 양국 간에 대등한 국교 관계를 수립한 것은 큰 의미가 있었다. 한편, 이 관계는 지금까지 청나라와 관계가 있던 지역을 일본이 차지하는 전략에도 유리한 것이었다. 바로 같은 해에 류큐(琉球) 어민 50여 명이 타이완에 표류하여 살해되는 사건이 발생했다. 일본은 류큐 보호를 명목으로 가고시마현(鹿兒島縣)에 편입했다가 이듬해 번(藩)을 설치, 편입했다. 1874년 타이완에 병력을 출동하여 청나라가 류큐를 포기할 것을 압박하고 내무성 직할로 편입했다. 그러나 류큐번은 청나라에 진공사(進貢使)를 보내면서 일본의 압박에 맞섰다. 이듬해 1875년 일본 정부는 진공사, 경하사(慶賀使)를 청나라에 보내는 것을 금지했으나 류큐번은 청나라와의 관계를 유지할 것을 탄원했다. 일본 정부는 물론 이를 거부했다. 메이지 신정부 초기의 이러한 대외정책은 왕정복고 세력 가운데 중심을 이룬 조슈 번벌 세력의 스승인 요시다 쇼인이 옥중에서 쓴 『유수록(幽囚錄)』에서 비롯한 것이다.

1869년 메이지 신정부는 조선에 사절을 보내 국교 수립을 요청했다. 청나라와의 국교 수립에 2년 앞서 조선에 새로운 국교 수립을 요청한 것이다. 조선은 대외 팽창정책에 가장 중요한 대상이었기 때문이다. 당시 조선의 섭정이던 흥선대원군은 일본의 국서에 중국 황제만 쓸 수 있는 황(皇), 칙(勅)이라는 글자를 사용했다고 하여 접수를 거부했다. 이 사건 이후 1873년 일본 정계에서는 조선의 이러한 태도를 천황에 대한 모독이라며 이를 응징하는 정복사업을 단행해야 한다는 주장이 비등했다. 이에 대해 참의 사이고 다카모리는 조선에 대해 군사를 일으키기 전에 먼저 자신을 조선에 사절로 보내줄 것을 주장했다. 조선에 개국을 설득한 다음에 그래도 응하지 않으면 그 '죄'를 천하에 알리고 토벌하자는 의견을 냈다.[5] 그는 정치를 비롯한 모든 인간관계에서 두(道)의 중요성을 강조하는 유가적(儒家的)인 논변을 일관하여, 외교에서도 "정도(正道)를 짓밟는[踏] 나라를 상대로 죽을 정신이 없으면 외국과 교제는 절대로 할 수 없다"라고 했다. 즉, 상대의 강대에 위축되어 원활을 주장하고, 굽혀 저의 뜻에 순종할 때는 경모(輕侮)를 당하여 호친(好親)이 무너져 끝내 상대의 통제를 받게 된다는 것이다.[6] 이 논리는 약자와의 관계에도 적용되는 논변이다. 그는 공 · 맹의 선진(先秦) 시대 유학에서부터 주자, 양명을 두루 섭렵한 지식인으로서, '류큐 처분'에 대해서도 비판적이었다.

1873년 9월 이와쿠라 도모미를 단장으로 한 해외 사절단, 즉 이와쿠라 사절단이 2년 동안 구미 시찰을 마치고 돌아왔다. 사절단에 참가한 조슈 출신의 인사들은 그동안 사쓰마 출신의 사이고 다카모리의 정치적 입지가 크게 신장한 것을 보고 경계했다. 조슈 계열과 사이고 다카모리 사이에는 조선문제를 비롯해 여러 부면에서 의견 충돌이 잦았다. 사이고 다카모리는 알력 끝에 10월 하순에 사표를 제출하고 가고시마로 낙향했다.

1875년 9월 해군성은 조선에 운요호(雲揚號, 운양호)를 보내 강화도 포격 사건을 유발했다. 운요호는 국기를 달지 않고 연안을 왕래하면서 조선 포대의 포격을 유도했다.[7] 메이지 신정부는 타이완 출병에 이어 조선에 대해서도 군사 충돌을 유발하여 개국 요구에 유리한 입지를 확보하려고 의도적으로 이 사건을 일으켰다. 9월 20일 운요

**그림 2-2.** 미국 워싱턴 해군 조선소를 방문한 이와쿠라 사절단
1871년 당시 사절단은 전통적인 무사 복장을 하고 있다.
출처: 메트로폴리탄미술관.

호의 병사 15명은 무장을 한 채 보트를 타고 광성진(廣城鎭)과 초지
진(草芝鎭) 사이를 오갔다. 초지진에 이르자 포대로부터 사격이 가해
졌다. 운요호나 보트 어느 쪽도 국기를 달지 않고 있었기 때문이다.
보트의 수병들은 포대의 맹렬한 사격을 감당하지 못하여 함선으로
돌아왔다. 곧바로 함선이 초지진으로 접근하여 공격했지만, 승부가
나지 않은 상태에서 해가 저물어 운요호는 먼 바다로 나가 정박하고
밤을 보냈다. 이튿날 새벽에 다시 전투 준비를 끝낸 일본 수병들은
초지진에 접근하여 양측 간에 종일 교전했다. 조선 포대의 화력이 의
외로 강렬하고 또 해안의 개펄로 인해 일본군은 상륙하지 못했다. 운

요호는 다시 먼 바다로 물러나 밤을 보내고 3일째 아침 일찍 인근에 위치한 영종도(永宗島, 지금의 인천공항)를 공격했다. 수병들은 무방비 상태의 섬사람들을 공격하여 수십 명을 살해하고 30여 점의 노획물을 수습하여 운요호로 돌아와 나가사키(長崎)로 향했다.

이상은 9월 29일자로 쓴 운요호 함장 이노우에 요시카(井上良馨)의 보고서 내용을 간추린 것이다. 이 보고서 어디에도 운요호가 국기를 달았다는 기술이 없다. 식수를 구하기 위해 강화도로 들어갔다는 구절도 없다. 10월 초에 함장은 해군성으로부터 상경하라는 명령을 받았다. 함장은 상부의 방침에 따라 10월 8일자로 보고서를 고쳐 썼다. 운요호가 랴오둥(遼東) 뉴좡변(牛莊邊)으로 가던 중에 식수가 떨어져 초지진에 국기를 달고 접근했는데 포격을 받았다고 썼다. 그리고 3일간의 교전을 하루에 일어난 일로 기술했다. 고쳐 쓴 보고서대로라면 조선 포대는 국제법을 위반한 것이 될 수밖에 없었다. 운요호 사건은 당시 일본 신문에 자세한 내용 없이 조선에서 무슨 사건이 났다는 개략적인 기술로 보도되었다. 영국공사관이 일본 외무성에 '사건'에 관한 설명을 요청했다. 외무성은 이에 대한 대책으로 이노우에 함장을 상경시켜 보고서의 내용을 고쳐 쓰게 했다.

같은 해 12월에 일본 정부는 홋카이도 개척사로서 공을 세운 구로다 기요타카(黒田清隆, 1840~1900)와 이노우에 가오루(井上馨, 1836~1915)를 정사, 부사로 하는 사절단을 구성하여 조선에 보냈다. 이때 도쿄의 서양 외교관들이 시나가와(品川) 부두에 나와 이 사절단을 환송할 정도로 조선에 대한 인식이 나빠졌다. 메이지 신정부 초기에는 반대 세력의 저항으로 내정을 다스리기에도 어려움이 많았다. 그런데도 일찍부터 홋카이도, 류큐, 타이완, 조선을 상대로 일본의 영향권을 넓히는 침략 행위를 일삼았다. 이러한 주변 지역 또는 국가에 대한 강제점령 또는 도발은 후술하듯이 모두가 조슈 세력의 스승 요시다 쇼인이 증기선 시대에 일본이 서양 열강의 식민지가 되지 않고 살아남을 길로 제시한 것을 실현하는 행위였다. 열강에 앞서 힘이 닿는 대로 주변국을 먼저 차지하는 것이 곧 일본이 살아남는 길이라는 가르침을 국가의 교조(敎條)로 삼았다. 이처럼 메이지 신정부는 태생적으로 대외 침략주의가 국기(國基)였다.


## 4. 자유민권운동과 세이난전쟁

앞에서 언급했듯이 1871년 메이지 신정부는 3원제를 도입하여 어느 정도 중앙정치제도의 모양새를 갖추었다. 그러나 이 무렵부터 사회적 동요가 일기 시작했다. 농민들은 메이지 신정부가 발표한 징병제, 학제, 지조(地租) 개정 등으로 인한 세금 부담에 반발해 1873년부터 대규모 반란(잇키一揆)을 곳곳에서 일으켰다. 사족(무사)들 또한 사민평등, 징병제, 폐도령(廢刀令), 질록처분(秩祿處分, 번주藩主가 무사들에게 주던 녹봉을 현금 또는 공채로 일괄 지급하는 조치) 등으로 특권을 상실하게 된 데 불만을 품고 저항했다. 하지만 메이지 신정부는 중앙집권체제를 확립하기 위해서는 징세가 불가피했다. 일각에서는 이러한 농민운동과 사족의 반란을 배경으로 일부 사족이 입헌정치의 실현을 요구하며 자유민권운동을 벌였다. 1874년 1월 17일 메이지 신정부에서 참의를 지낸 이타가키 다이스케, 고토 쇼지로(後藤象二郎, 1838~1897) 등이 정부에 대하여 민선의회(民選議會) 개설을 요구하는 건백서(建白書)를 제출했다.

「민선의원설립건백서(民選議院設立建白書)」는 당시 정치 권력이 천황이나 인민이 아니라 오로지 관료[有司]에게 있는 것을 비판하고, 이를 타개하는 길은 '천하의 공의(公議)'를 펴는 것이 바른길로서 이를 위해서는 민선의원(民選議院)을 설립하는 것이 필요하다는 것을 역설했다. 또한 민선의원에 의해 관부(官府)의 전권(專權)을 억제함으로써 국민은 행복을 누릴 수 있다고 주장했다. 이 건백서를 시작으로 이후 약 10년간 자유민권운동이 이어졌다.

자유민권운동은 조선 정벌 문제를 둘러싼 갈등의 연장이었다. 사이고 다카모리가 조선 정벌에 앞서 조선이 과연 무례한 나라인지를 확인하자고 주장했을 때, 타이완 출병 문제도 동시에 일어났다. 이에 대해 도사번 출신의 이타가키 다이스케, 에토 신페이(江藤新平, 1834~1874), 소에지마 다네오미(副島種臣, 1828~1905) 등도 사이고 다카모리 편에 섰다. 사이고 다카모리가 조슈의 정한론자를 꺾지 못하고 사직할 때, 그를 따라 함께 사직한 군인과 관료는 무려 600명에 달했다(메이지 6년 정변, 1873). 이들이 힘을 모아 관부 독재를 비판하면서 민선의회 개설을 바라는 건백서를 제출한 것이다.[8] 민권운동은 천부인권론(天賦人權論)의 입장에서 전제(專制) 정부를 비판하면서, 천황과 신민이 하나가 되는 정치체제를 만들되 사족과 호농, 호상 등 평민에게 참정권을 주어 의회를 개설하자고 주장했다. 1875년 4월 14일 정부는 원로원, 대심원(大審院), 지방관 회의를 설치하고 단계적으로 입헌정체를 세워나갈 것이라는 내용을 담은 천황의 '입헌정체(立憲政體)의 조(詔)'를 내려 사태를 진정시키려 했다. 그러나 내·외정에 대한 정부의 독단에 대한 각지 사족의 비판은 쉽게 가라앉지 않았다.

1877년 1월 29일, 가고시마현의 사족들이 참의를 사직하고 내려온 사이고 다카모리를 수령으로 하여 대규모 반란을 일으켰다. 그의 제자들이 정부의 군수공장을 공격한 뒤, 그를 사령관으로 추대하여 2월 15일부터 도쿄를 향해 행진했다. 천황이 있는 도쿄에서 현 정부를 비판하는 일대 시위를 계획한 것이었다. 정부군은 이 행진을 구마모토에서 가로막았다. 여기서 정부군과의 치열한 전투가 시작되었다(세이난전쟁西南戰爭 발발). 반란군은 전통적인 무사들로서 정예라고 할 수 있지만, 정부군은 농민들로 구성된 징병부대였다. 그러나 정부군은 엄청난 전비를 들여 구입한 새로운 무기를 사용하였기에 전황이 예상과 달리 전개되었다. 사이고의 병력은 5월부터 수세에 몰렸고, 여름에 패전을 거듭하면서 9월에는 패색이 짙어졌다. 사이고 다카모리는 수백 명 부하를 이끌고 가고시마로 돌아와 도시가 내려다보이는 언덕에 진지를 구축했다. 9월 24일 정부군이 최후의 공격을 가했다. 사이고 다카모리는 부상한 몸으로 항전하다가 끝내 자결했다. 이로써 전쟁은 끝이 났다. 이 전쟁에 참여한 관군(일본제국 육군)은 7만 명, 사쓰마번 군은 4만 명이었으며, 인명 피해는 관군 측 사망 6,278명, 부상 9,523명, 사쓰마번군 사상자 2만 명에 달했다.[9]

세이난전쟁은 왕정복고 세력이 새로운 체제를 만들어가는 과정에서 일어난 국정 방향 설정에 대한 이견 충돌이었다. 조슈 세력이 강력한 관부 집권체제와 대외 팽창정책을 추구한 데 비해, 도사와 사쓰마의 일부 세력은 막부 이래의 '공의(公議)' 전통 위에 의회정치를 실현하고 대외적으로는 주변국에 대해 침략보다는 평화공존을 지향하는 차이를 보였다. 조슈 세력 안에서도 지금까지 좌장이었던 기도 다카요시는 타이완 정벌에 반대하는 의견으로 동조의 여지를 보였

**그림 2-3.** 1877년 세이난전쟁 중 구마모토성에서 농성한 정부군 장교단의 기념사진
정부군 장교들은 농민 출신의 징병부대를 지휘했지만, 우세한 화력으로 정예군인 사쓰마
무사들을 물리칠 수 있었다. 앞줄 오른쪽 두 번째가 가바야마 스케노리(樺山資己) 참모장, 중앙이
다니 다테키(谷干城) 사령관.
출처: 위키미디어 커먼스.

지만 1877년에 접어들면서 그는 건강 문제로 좌장 노릇을 중단하고
이토 히로부미(伊藤博文, 1841~1909)가 그 자리를 대신했다. 한편, 군
부에서는 세이난전쟁에서 육군을 지휘한 야마가타 아리토모가 두각
을 나타내면서 이후 조슈 번벌 안에 관료파와 군부파 두 세력이 형성
되었다.[10]

　세이난전쟁 후 정부는 조슈 계열 세력이 주도하는 경향이 강해
졌다. 사쓰마 출신 가운데 사이고 다카모리에 동조하지 않은 부류들
이 정국의 일각을 차지하고 해군 창설을 주도하지만 조슈계 우세는
갈수록 뚜렷해졌다. 메이지 신정부는 사이고 다카모리 세력을 물리
친 뒤 그를 대표적인 정한론자로 몰았다. 조슈의 정한론을 억제하려
던 자가 정한론자로 몰리는 이상한 상황이 빚어졌다.[11] 이와쿠라 등

이 구미 시찰에서 돌아온 뒤 신정부 내에서는 '정한(征韓)'이란 용어 대신 '대한정책(對韓政策)'이란 용어를 사용하는 변화를 보였다. 구미 국가 어디에서도 이웃 나라 정복을 뜻하는 용어를 외교관계에서 드러내 사용하지 않는다는 것을 알게 된 것이었다.

## 3장

# 1880년대 국가주의 체제 확립과 요시다 쇼인

## 1. 내각제의 성립

1877년 세이난전쟁이 끝난 뒤 자유민권운동은 크게 위축될 듯했으나 그 여세가 쉽게 잦아들지 않았다. 자유민권운동의 중심 역할을 한 이타가키 다이스케는 앞서 1875년 자유민권운동의 전국적 전개를 위해 애국사(愛國社)를 결성했다. 세이난전쟁이 끝난 뒤, 1880년 3월 15일 제4회 애국사 대회가 오사카(大阪)에서 열렸다. 2부(府) 22현(縣)에서 애국사 및 이와 같은 계통의 정치결사 대표 114인이 대회에 참가하여 '국회개설청원(國會開設請願)'을 발의하여 약 8만 7,000명의 서명을 모았다. 3월 17일부터 4월 9일까지 두 차례 더 대회가 열린 가운데 애국사를 확대한 조직으로 국회기성동맹(國會期成同盟)을 발족했다.

1881년 중앙에서도 헌법 제정 논의가 일어났다. 군주의 대권을 전제로 하는 비스마르크 헌법 형태로 할 것인지, 영국형의 의원내각제 헌법으로 할 것인지 논쟁이 벌어졌다. 조슈 계열의 이토 히로부미와 이노우에 가오루가 전자를 지지한 반면, 사가현 출신의 오쿠마 시게노부 그리고 후쿠자와 유키치(福澤諭吉, 1835~1901)와 그의 문하생(門下生)이었던 게이오의숙(慶應義塾) 출신들이 후자를 지지했다. 그런데 이 다툼에서 후자의 부류가 정부에서 추방당하는 사건이 일어났다(메이지 14년 정변, 1881). 이 사건으로 근대 일본의 통치체제는 국가주의로 방향이 틀어졌고, 1889년 2월 11일에 반포하여 이듬해부터 시행되는 「대일본제국헌법」은 군주의 대권을 잔류시킨 비스마르크 헌법을 전범으로 삼았다. 한편, 1881년 천황은 10년 후인 1890년에 국회를 개설하겠다는 「국회 개설의 칙유(國會開設ノ勅諭)」를 발표하여 자유민권운동의 요구를 무마했다. 10년의 기간은 곧 정부, 국가의 조직을 국가주의 체제로 확립하기에 충분한 시간으로, 그 후에 국회를 개설하겠다는 뜻이었다. 이 흐름 속에 애국사 계열은 자유당(自由黨)을 결성하여 국회개설운동의 명맥을 유지했다.

이토 히로부미는 천황의 승인으로 1882~1883년 2년간 유럽에 체류하면서 독일의 국법학자 로렌츠 폰 슈타인(Lorenz von Stein, 1815~1890)과 그의 제자 알베르트 모세(Albert Mosse, 1846~1925), 그리고 루돌프 폰 그나이스트(Rudolf von Gneist, 1816~1895) 등으로부터 독일의 헌법 이론을 배웠다.[1] 육군의 야마가타 아리토모는 1882년 「군인칙유(軍人勅諭)」의 발포를 주관하여 천황에 대한 절대복종을 군의 신조로 삼게 하는 한편, 1883년 징병령을 개정하여 의무 병력의 증원을 도모했다.[2] 독일에서 돌아온 이토 히로부미는

1884년 제도취조국(制度取調局)을 설치하여 이노우에 고와시(井上毅, 1844~1895), 이토 미요지(伊東巳代治, 1857~1934), 가네코 겐타로(金子堅太郎, 1853~1942) 등의 협조를 받아 입헌 조사 기반을 구축했다.[3]

1885년 12월 중앙정부 조직으로 정원(3원) 제도를 대신하여 내각(內閣) 제도를 도입했다. 내각은 총리대신(국무대신) 아래 행정부처로 9개 성(省, 외무·내무·재무·육군·해군·사법·문부·농상무·체신)을 두었다. 성은 대부분 이전의 것들이지만 태정대신을 총리대신으로 바꾸고, 내각관방실(內閣官房室)을 두었다. 국무회의로서 내각 회의의 비중을 높인 것이다. 육군대신과 해군대신은 현역으로 임명하고, 천황 보좌 기구도 이때 강화했다. 천황을 상시 보필(常侍輔弼)하는 내대신(內大臣), 황실 사무 총괄 및 화족 관리를 관장하는 궁내대신(宮內大臣) 제도가 함께 설립되었다. 초대 내각총리대신으로는 새로운 체제 수립에 역할이 컸던 이토 히로부미가 임명되었다.


## 2. 제국헌법의 제정과 「교육칙어」 반포

1886년 말 총리대신 이토 히로부미 주재로 헌법 초안 작성에 착수했다. 1888년 4월 30일에는 천황의 자문기관으로 추밀원(樞密院)이 창설되었다. 추밀원은 '중요 국무의 심의'를 본무로 수행하는 기관이지만 이듬해 '원로(元老)' 제도를 세워 그 원로들이 추밀원의 주체가 되었다.[4] 이들은 국가 중대사가 생겼을 때 내각과 함께 어전회의에 참석하여 내각 대신들보다 더 우위에서 의견을 제출했다. 추밀원은 설립되자마자 6~7월에 의장 이토 히로부미 지휘로 헌법 초안을 심의했다. 그해 육군은 지금까지의 진다이(鎭臺) 방어체제를 버리고 사단(師團) 체제로 바꾸었다. 이것은 일본제국의 육군 조직이 방어가 아니라 해외 출정에 비중을 둔 동원체제로 전환함을 의미했다. 제국의 모습을 일신하는 시기에 이런 군사적 전환이 가해진 것은 오랜 염원인 '정한론(주변국 선점론)'의 실현을 위한 정복전쟁이 멀지 않다는 것을 의미했다. 1889년, 그동안 육군을 기획, 발전시킨 주역으로서 육군대신 경력을 가진 야마가타 아리토모가 유럽 순방에서 급거 귀국하여 제3대 총리대신이 되었다. 그는 부임하자 제2차 징병령을 개정 발포하여 해외 출정 병력을 크게 늘이는 기반을 만들었다.

1889년 2월 마침내 「대일본제국헌법」이 반포되었다. 7개의 편장(編章) 가운데 '제1장 천황' 부문은 헌법의 성격 곧 일본제국의 국가 구성을 천황 중심으로 규정했다. 이 장의 주요 조항은 다음과 같다.

제1장 천황

제1조 대일본제국은 만세일계(萬世一係)의 천황이 이를 통치한다.

제2조 황위(皇位)는 황실전범(皇室典範)이 규정하는 바에 따라 황남(皇男) 자손이 이를 계승한다.

제3조 천황은 신성하여 침해하여서는 아니 된다.

제4조 천황은 국가의 원수로서 통치권을 총람(總覽)하고, 이 헌법의 조항에 따라 이를 행한다.

제11조 천황은 육해공군을 통수한다.

제13조 천황은 전쟁을 선언하고, 강화하며 제반 조약을 체결한다.

제14조 ① 천황은 계엄을 선포한다. ② 계엄의 요건 및 효력은 법률로 정한다.

천황은 신성한 존재이자 국가의 원수로서 모든 통치권을 총람하는 주체로 규정되었다. 또 천황은 육해군을 통수하고 전쟁을 선언하거나 외국과의 조약 체결의 주체로 내세워졌다. 국가 운영의 세 영역인 내각(행정), 재판소(사법권), 제국의회(입법권)가 모두 천황의 예하에 편제되었다.

지금까지 살폈듯이 메이지 정부는 그때그때 필요에 따라 각종 제도를 수립했다. 그 모든 제도는 「대일본제국헌법」의 완성에 따라 천황을 중심에 두고 재정리되었다. 이는 곧 '왕정복고' 후 번벌 정권이 추구한 궁극적 목표가 무엇이었는지를 보여주는 것이었다. 일본이 가지고 있는 모든 힘을 천황을 중심으로 하나로 모아 대외 정복사업을 도모하여 일본제국의 번영과 영광을 획득하는 것이 목표였다.

1889년 2월 반포된 「대일본제국헌법」은 제28조에 "일본 신민은 안녕질서를 방해하지 않고 신민으로서의 의무에 위배되지 않는 한에서 신교(信敎, 종교)의 자유를 가진다"라고 하여 종교의 자유를 허용했다. 그러나 다른 한편으로, 1899년 8월 문부성 훈령 제12호로 모든 관립·사립 학교에서의 종교교육을 금지하고 국가신도는 종교를 초월한 교육의 기초로 규정했다. 이어서 1890년 10월에 반포된 천황의 「교육칙어」는 국가신도를 신민 교육의 기초로 삼는다고 했다. 천황가의 황조황종(皇祖皇宗)의 만세일계의 신성성을 온 신민이 받들어 국력 통일의 정신적 기둥으로 삼았다.

국가신도는 본래 서양 기독교의 일본 '침투'를 방어할 목적으로 발의, 준비되었지만,[5] 국교화 과정에서 종교·정치·교육을 아우르게 되었다. 「교육칙어」는 후술하듯이 메이지 천황의 뜻에 따라 유교의 삼강(三綱) 곧 충효사상을 교육으로 실현, 실천하는 것으로 서두를 열고 있지만, 황조황종이 열어준 신성한 천황의 나라를 지키는 신민의 도리를 교육을 통해 체득, 실천하도록 하는 것을 요체로 삼았다. 즉, 신민은 "언제나 국헌(國憲)을 무겁게 여겨 국법을 준수해야 하며, 일단 국가에 위급한 일이 생길 경우에는 의용(義勇)을 다하고, 공(公)을 위해 봉사함으로써 천지와 더불어 무궁할 황운(皇運)을 부익(扶翼)해야 한다"고 했다. 이어서, "이렇게 한다면 그대들은 짐의 충량(忠良)한 신민이 될 뿐만 아니라 족히 그대들 선조의 유풍(遺風)을 현창(顯彰)할 수 있을 것이다. 이러한 도(道)는 실로 우리 황조황종의 유훈(遺訓)으로 자손인 천황과 신민이 함께 준수해야 할 것들이다"라고 했다.[6]


## 3. 국가주의 학제 정비

1885년 12월 내각제 도입에서부터 1889년 2월 「대일본제국헌법」 반포에 이르기까지 일련의 제도적 변혁으로 일본제국은 천황제 국가주의 체제를 확립했다. 이토 히로부미가 주도한 이 작업은 독일 헌법을 모델로 했다고 하지만 국가주의 성향 전반은 독일에서도 유형을 찾아보기 어려운 면이 많다. 메이지 초기에는 구화주의(毆化主義)라 일컬어지던 프랑스, 미국의 자유주의 사조가 유행이었고, 이 사조가 자유민권운동의 흐름으로 이어지기도 했지만 1880년대 국가주의 체제 확립으로 상황은 크게 변했다. 제국헌법에 이어 천황의 「교육칙어」가 반포되었듯이, 국가주의 창달에는 교육 분야가 군사조직 못지않게 큰 비중을 차지했다. 모든 제도의 이행에서 국가주의 정신

교육이 강조되었다.

1885년 초대 내각에서 모리 아리노리(森有禮, 1847~1889)가 문부대신으로 임명되었다. 모리 문부대신 주관으로 1886년 칙령으로 발포된 '제학교령'은 교육제도를 일신하는 내용을 담았다. 앞서 근대적 공교육(학교) 제도의 도입을 위해 1872년에 '학제(學制)', 1879년에 '교육령'이 각각 제정되었지만, 이 법령들은 여러 종류의 학교제도를 개별적으로 규정한 것으로, 하나의 큰 틀에서 학교제도를 제시한 것은 아니었다. 따라서 학교제도의 급속한 확충과 발전을 가져오지는 못했다. 오히려 초창기에는 프랑스, 미국의 자유주의가 교육 목표로 설정된 경우가 많았다. 1886년에는 이전과 달리 3월 2일부터 4월 10일 사이에 제국대학령(帝國大學令), 사범학교령, 중학교령, 소학교령, 제학교통칙(諸學校通則) 등이 상호 연관성을 가지고 차례로 공표되었으며, 이를 총칭해 '제학교령'이라고 했다. '제국대학령'은 고등교육에 해당하는 기관을, '사범학교령'은 교원양성기관을, '중학교령'은 중등교육 관련 기관을 각각 규정하고, '제학교통칙'은 관립 학교들의 학교 설비 등을 규정했다. '제학교령'은 교육 전반에 대한 변혁을 도모하는 것으로서 교육에 대한 국가 지배를 강하게 추구하는 특징을 가졌다.

문부대신 모리 아리노리는 사쓰마번의 무사 출신으로 막부 말기에 번의 유학생으로 선발되어 영국 런던대학에 유학하였다. 이때 그곳에서 먼저 밀항해 와 있던 '조슈 5걸(五傑)', 즉 이노우에 가오루, 엔도 긴스케(遠藤謹助, 1836~1893), 이토 히로부미, 야마오 요조(山尾庸三, 1837~1917), 이노우에 마사루(井上勝, 1843~1910) 등을 만났다. 모리 아리노리는 당초 열성적인 구화주의자(歐化主義者)였다. 신정

**그림 3-1.** 서양식 군장 차림의 메이지 천황(1888)
천황제 국가주의 체제 확립으로 전국 소학교에 '하사(下賜)'한 현시용 사진. 이탈리아
동판화가이자 일본 정부에 채용된 '고용 외국인' 에도아르도 키오소네(Edoardo Chiossone)가
정부의 요청으로 콩테화 기법으로 마른 체구의 천황을 풍만한 모습으로 바꾸었다.
출처: 위키미디어 커먼스.

부 초기에 그는 외교활동에 참여하면서 교육에도 많은 관심을 가졌
다. 그는 1879∼1883년 영국 주재 공사로 근무하던 중 헌법 제정 자
료 수집 관계로 유럽에 온 이토 히로부미를 파리에서 만나 입헌정체
하의 교육 형태에 관해 의견을 나눈 적이 있었다. 이 인연으로 그는
1885년 12월 초대 내각 출범 때 총리대신 이토 히로부미에 의해 문

부대신에 발탁되었다. 국가주의적 교육제도의 확립은 모리 아리노리 자신이 역설하던 것이었다. 그는 교육은 "국가 장래의 안위를 도모하는 것을 크게 주의"하여 강력한 국가 목적을 교육에서 관철해야 한다고 주장하면서 사범교육 곧 교원 양성에서부터 국가주의를 실현해야 한다는 것을 지론으로 삼았다.

메이지 신정부는 1872년 문부성의 '소학교사교도장(小學敎師敎導場)' 건립의 입안에 따라 도쿄부(東京府)에 '사범학교'를 처음 설립했다. 이 학교는 앞으로 전국에 설립될 교원양성기관의 모델이 될 예정이었다. 이때 미국인 교육자 마리온 맥카렐 스콧(Marion McCarrell Scott)을 교사로 초빙할 정도로 당시에는 미국식 실용주의 교육을 추구했다. 그런데 1886년 '제학교령'의 국가주의 성향은 이와는 매우 대조적인 것이었다. 문부성은 도쿄부 소재의 사범학교를 고등사범학교(高等師範學校)로 이름을 바꾸고 관립 학교로서 국가주의 목표 달성을 위해 현역 육군 보병 대령인 야마카와 히로시(山川浩, 1845~1898)를 초대 교장으로 임명했다.[7] 이 학교는 소학교 교원 양성을 담당하는 주요 지방거점 도시의 심상(尋常)사범학교의 교장과 교원을 양성하는 것을 비롯해 중등학교 교원 양성을 담당했다. '고등'사범학교의 운영은 '심상'사범학교와 함께 국가의 강력한 통제 아래 두어져 국가주의적 정신교육 구현의 중심이 되었다. 초대 고등사범학교의 교장으로 부임한 야마카와 히로시는 '충군애국 교육의 추진'이란 기치로 기숙사 생활부터 복장에 이르기까지 완전히 군대식으로 이끌었다. 이러한 국가주의 교육은 1890년 천황의 「교육칙어」의 반포로 뒷받침되어 누구도 이의를 제기할 수 없는 것이 되었다.

## 4. 국가주의 교육의 바탕, 요시다 쇼인 현창

요시다 쇼인은 1830년 8월 4일에 조슈(長州) 하기(萩) 성하(城下)의 마쓰모토촌(松本村)에서 번사(藩士) 스기 쓰네미치(衫常道, 별칭 유리노스케百合之助)의 차남으로 태어났다. 1834년 숙부 요시다 다이스케(吉田大助)의 양자가 되었다. 요시다 쇼인은 야마가(山鹿) 유파 병학(兵學)의 사범인 양부로부터 병학을 배웠다. 1835년 양부가 사망하자 요시다 쇼인은 또 다른 숙부인 다마키 분노신(玉木文之進, 1810~1876)에게로 가 그가 연 쇼카촌숙(松下村塾)에서 학업을 이어갔다. 9세 때 하기의 번학(藩學)인 명륜관(明倫館)의 병학 사범이 되었으며, 11세 때 번주 모리 다카치카(毛利慶親, 1819~1871) 앞에서 강의하는 기회를 얻는 등 재능을 인정받았다. 13세 때, 조슈군(長州軍)을 이끌고 서양 함대를 격멸하는 연습 작전을 시범하고, 15세 때 야마다 마타스케(山田亦介, 1809~1865)에게 나가누마 단사이(長沼澹齋, 1635~1690) 유파의 병학 강의를 받았다. 야마가와 나가누마 두 유파는 에도 시대 전통 병학의 쌍벽을 이루었다.

요시다 쇼인은 어릴 때, 주경야독의 생활을 하면서 사서오경을 통독하고 라이 산요(賴山陽, 1780~1832)의 시 등을 익혔다. 아편전쟁에서 청나라가 대패하는 것을 보고 서양 병학을 배우기 위해 규슈(九州)로 여행하고, 이어 에도로 가서 사쿠마 쇼잔(佐久間象山, 1811~1864), 아사카 곤사이(安積艮齋, 1791~1861)를 찾아 사사했다. 사쿠마 쇼잔은 러시아의 표트르 대제(Pyotr I, 1672~1725)가 서유럽의 기술문명을 배워 시베리아를 개척한 사실을 높이 평가하면서, 이를 일본이 배워야 할 가장 중요한 역사라고 강조하여 요시다 쇼인의 세계관 형성에 큰 영향을 주었다. 이후 요시다 쇼인은 일본 공부를 위해 전국 각지를 여행했다. 1852년 22세 때, 도호쿠(東北) 지방 여행을 계획한 그는 친구와 약속한 출발일을 지키기 위해 조슈번의 통행증 발행을 기다리지 못하고 탈번(脫藩)을 범했다. 이 여행에서 미토(水戶), 아이즈(會津)의 교육기관을 견학하고 도호쿠 지방의 유명 광산도 견학했다. 아키타(秋田)에서는 소마 다이사쿠(相馬大作) 암살사건(1821) 현장을 방문했다. 이 사건은 모리오카번(盛岡藩, 지금의 이와테현岩手縣)과 히로사키번(弘前藩) 간의 오랜 대립을 배경으로 일어난 암살 미수 사건이었다. 1820년 모리오카 번주 난부 도시타카(南部利敬, 1782~1820)가 38세로 사거하고 12세의 양자 난부 도시모치(南部利用, 1808~1821)가 뒤를 이어 아직 막부에 공로가 없는 상황이었다.

이때 막부는 러시아의 남하에 대응하는 북방 경비를 히로사키 번주 쓰가루 야스치카(津輕寧親, 1765~1833)에게 명하고 종4위(從四位)의 공직을 내렸다. 이에 모리오카번의 시모토마이히데노신(下斗米秀之進)을 비롯한 무사 몇 명이 참근교대(參勤交代, 1년 단위로 각 번의 번주를 에도에 머물게 하는 일종의 인질제도)를 마치고 에도로부터 돌아오는 길에 히로사키번으로 가서 번주를 습격하여 암살을 시도했으나 미수에 그친 사건이 일어났다(1821). 러시아 남하에 대한 대응이 개입된 점이 요시다 쇼인의 관심을 끌어 굳이 현장을 방문한 것으로 보인다. 그는 히로사키번에 접한 바닷가 해협(지금의 아오모리현과 홋카이도 사이)으로 나가 외국선이 통과하는 것을 직접 살폈다. 청년 요시다 쇼인의 여행은 규슈, 혼슈(本州)를 일주하다시피 하여 나라의 형세를 파악하는 데 열중했다.

1853년 미국의 페리 제독이 우라가(浦賀, 지금의 도쿄만)에 내항했을 때, 요시다 쇼인은 스승 사쿠마 쇼잔과 그곳으로 가서 망원경으로 '흑선'을 보고 서양 문명에 큰 충격을 받고서 그 기술을 서둘러 배우기를 다짐했다. 이 일이 있은 뒤, 그는 스승 사쿠마 쇼잔의 권유로 외국 유학을 결심하고 나가사키로 가서 기항 중이던 러시아 푸차친(Putyatin) 함대에 승선할 계획이었다. 그런데 마침 크리미아전쟁(Crimea War, 크림전쟁)이 일어나 함대가 예정보다 빨리 떠나버려 실패한 일화가 있다. 이듬해 1854년 페리 제독이 일본과의 화친(和親)조약을 위해 다시 시모다(下田)항에 왔을 때, 그는 미국으로 가기 위해 승선을 시도했으나 거부당했다. 당시는 해외 도항이 국법으로 금지되었기에 요시다 쇼인은 시모다 봉행소(奉行所)에 자수하고 투옥되었다. 비록 실패했지만, 그가 유학을 하고자 한 목적은 서구의 선진기술을 배워 신성한 천황의 나라 일본을 지키고, 굴욕을 강요당한다면 이를 물리치기 위한 것이었다. 이때 막부 안에서 사쿠마 쇼잔과 요시다 쇼인 두 사람이 막부의 화친정책에 반대하고 있는 사실에 대해 사형에 처하려는 움직임이 있었지만 로주(老中, 쇼군 직속으로 정무를 총괄하고 다이묘를 감독하던 직책)들의 반대로 구명되어 조슈번주에게 보내져 처벌토록 하는 지시가 내려졌다. 그는 조슈번으로 함송(檻送)되어 노야마옥(野山獄)에 수감되었다. 옥중에서 죄수 11명에게 『논어』, 『맹자』를 가르친 일화가 있다. 『강맹여화(講孟余話)』는 이때의 강의를 근거로 한 저술로 알려진다. 그는 옥중에서 밀항 동기와 자신의 뜻을 담아 『유수록(幽囚錄)』을 지었다. 이는 곧 일본이 살아남기 위해서는 서양의 군사기술을 속히 습득하여 열강에 앞서 주변국을 선점해야 한다는 대외 침략정책을 다룬 문제의 저술이었다.

1855년에 병 요양을 명목으로 출옥하였으나 본가인 스기가(杉家)에 유폐하라는 처분을 받았다.

1857년에 숙부의 쇼카촌숙의 관리를 인계받아 스기가의 부지에 쇼가촌숙을 새로 지어 문을 열었다. 이 학교에서 구사카 겐즈이(久坂玄瑞, 1840~1864), 다카스기 신사쿠(高杉晉作, 1839~1867), 이토 히로부미, 야마가타 아리토모, 요시다 도시마로(吉田稔麿, 1841~1864), 이리에 구이치(入江九一, 1837~1864), 마에바라 잇세이(前原一誠, 1834~1876), 시나가와 야지로(品川彌二郎, 1843~1900), 야마다 아키요시(山田顯義, 1844~1892), 노무라 야스시(野村靖, 1842~1909), 와타나베 고조(渡辺蒿蔵, 1843~1939), 가와키타 기지로(河北義次郎, 1844~1891) 등 50여 명의 제자를 교육했다. 대체로 조슈번 하기 일대의 하급 무사 자제들인 이들이 스승의 뜻을 받들고 번주 집안의 막부에 대한 숙원을 실현한다는 뜻으로 도쿠가와막부 타도의 주역이 되었다. 조슈의 모리가(毛利家)는 1600년 세키가하라 전투에서 서군의 맹주로, 도쿠가와 이에야스의 동군에 패하여 도자마 다이묘(막부 정치에 참여권이 없음)로 밀려나 200여 년간 복수의 기회를 노려온 것으로 전한다. 1858년 막부가 천황(고메이孝明 천황)의 칙허를 받지 않고 미국과 수호통상조약을 체결한 사실이 알려지자 요시다 쇼인은 교토로 올라가 막부가 천황을 능멸했다면서 타도를 외치다가 재차 투옥되었다. 결국 안세이 대옥(安政の大獄)에 연좌되어 1859년 에도로 압송되어 덴마정(傳馬町) 로야시키(牢屋敷, 지금의 도쿄도 중앙구립 짓시공원十思公園)에서 참수형에 처해 29세로 일생을 마쳤다.

요시다 쇼인은 메이지 시대의 집권 세력 조슈 번벌의 스승이다.

그가 1854년 제1차 투옥 때 옥중에서 쓴『유수록』은 그의 제자들이 왕정복고 후 집권하여 국가 경영의 대외정책을 수립하는 데 큰 영향을 끼쳤다. 일본이 힘을 키워 서양 열강에 앞서 주변국을 선점하는 것이 살길이란 그의 신념이 일본제국 대외 팽창정책의 기조가 되었다. 1890년「교육칙어」가 공포된 시기에 조슈 세력의 근거지인 하기(萩)에 그를 기리는 신사(神社)가 세워지고, 이듬해에 그가 남긴 글을 모은『요시다 쇼인전(吉田松陰傳)』전5권이 조슈번의 번주 출신을 비롯해 이토 히로부미, 야마가타 아리토모 등의 이름으로 출판되었다. 이는 곧 요시다 쇼인을「교육칙어」의 반포로 마무리된 국가주의를 실행하는 방략의 중심에 두려는 의도로 이루어진 편찬 사업이었다.[8]

국가주의 체제가 확립되어가던 1880년대에 왕정복고에 이바지한 인물에 대한 전기(傳記)들이 나오기 시작했다. 1886년 5월에 출판된『근고강개가열전(近古慷慨家列傳)』(슌요도春陽堂)이 대표적인 예이다.[9] 요시다 쇼인은 35명의 대상 인물 중 6번째로 소개되어 있다.[10] 할당된 지면은 13면(106~109쪽)이고, 편찬자 지산거사(芝山居士)는 시마네현(島根縣)의 '평민' 신분인 니시무라 사부로(西村三郎), 발행자는 기후현(岐阜縣)의 '평민' 와다 도쿠타로(和田篤太郎)로 되어 있다.[11] 이 책에 실린 4개의 서문[12]을 통해서도 왕정복고 공로자의 현양(顯揚)이란 의도 외에 '평민'의 입장과 관련된 특별한 편찬 의도를 발견하기 어렵다.[13] 어쨌든 1882년에 초판이 나온 이래 1886년 5년 차에 제7판이 나올 정도였다면 많은 독자층을 확보했던 것은 분명하다.

1890년 요시다 쇼인의 고향에 세워진 신사는 규모가 그리 크지는 않다. 쇼인의 본가인 스기가(杉家) 자리에 친형 스기 민지(杉民治)가 에도 시대 도조즈쿠리(土藏造: 건물의 벽을 흙과 석회로 두껍게 바른

구조) 양식의 사당(祠堂)을 짓고 쇼인의 유언에 따라 애용하던 아카마 벼루[赤間硯]와 서간(書簡)을 신체(神体)로 삼고 '쇼인샤(松陰社)'라고 이름 붙였다. 규모나 건립 주체로 보아 제자들이 힘을 모은 차원의 것이라고 보기는 어렵다. 이어 1891년 8월에는 요시다 쇼인에 관한 저술이 처음 나왔다. 노구치 가쓰이치(野口勝一, 1848~1905), 도미오카 마사노부(富岡政信)가 편찬한 『요시다 쇼인전(吉田松陰傳)』전5권(야사대장판野史臺藏版)이다. 그러나 이 책도 조슈 출신 인사들이 편찬자로 나선 것은 아니었다. 편차자 2인은 미토번(水戸藩)의 사족 출신으로서, 『유신사료(維新史料)』편찬 사업을 하던 중에 요시다 쇼인의 사료가 많이 나와서 그의 전기를 따로 편찬하게 된 것이라고 했다.[14]

미토번은 막부 시대에도 역사 편찬의 전통이 있고, 또 주자학적 정통론과 명분론을 중시하여 막부 말기에는 '존왕양이'의 깃발 아래 강한 국수 성향을 보인 곳이다. 이런 번의 전통이 바탕이 되어 절대적인 존왕양이 창도자인 요시다 쇼인을 주목하여 펼치게 된 사업으로 보인다. 1890~1891년 당시는 메이지 정부가 자유민권운동을 억압하여 천황 중심의 국가주의 체제를 완수한 시기로서 이 추세의 산물로 보아 마땅하다.

『요시다 쇼인전』은 요시다 쇼인을 다룬 최초의 저술이지만, 내용 구성은 본격적인 전기라고 보기는 어렵다. 「범례」에 "종래 문사(文士)의 저작처럼 취하고 버리고[取捨] 깎고 다듬어[削潤] 편과 장을 지었다"라고 밝혔듯이, 유가(儒家) 문집의 '연보(年譜)' 형식으로 자료를 정리하여 모은 것이다. 편찬자들은 이를 '편년적(編年的) 쇼인 사료집'이라고 표현하면서[15] 각 편차의 두주(頭註) 자리에 '연보(年譜)'라고 명시했다.[16] 편찬자 노구치 가쓰이치는 편찬 후기에서, 쇼인에 대한 공감이 컸던 것이 편찬에 나서게 된 동기였으며, 그의 전기를 쓴다는 것이 어렵다는 것을 알아서 모든 것을 쇼인 자신의 저작이나 수기(手記), 의견서(意見書)들이 직접 말하는 사료집의 수법을 취했다고 했다.

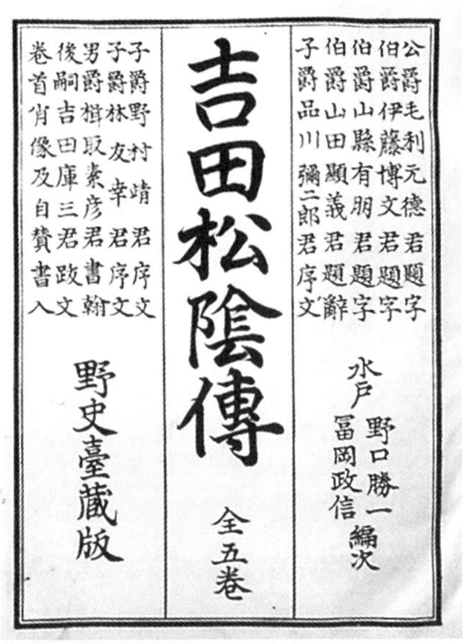
公爵毛利元德君題字
伯爵伊藤博文君題字
伯爵山縣有朋君題字
伯爵山田顯義君題辭
子爵品川彌二郎君序文

吉田松陰傳

全五卷

水戶 野口勝一 冨岡政信 編次

子爵野村靖君序文
男爵楫取素彦君書翰
後嗣吉田庫三君跋文
卷首肖像及自贊書入

野史臺藏版

**그림 3-2.**『요시다 쇼인전(吉田松陰傳)』 속표지
출처: 서울대학교 중앙도서관 소장본.

요시다 쇼인에 관한 최초의 서적 『요시다 쇼인전』은 미토번 출신 문사들에 의해 편찬되었지만, 조슈 출신의 요시다 문하생 및 후손의 도움이 없지는 않았다. 정확히 말하면 이들의 지원 없이 이루어질 수 있는 사업이 아니었다. 책의 속표지에 다음과 같은 관계 인사들이 망라되어 있다.

제자(題字): 공작(公爵) 모리 모토노리(毛利元德), 백작(伯爵) 이토 히로부미(伊藤博文), 백작(伯爵) 야마가타 아리토모(山縣有朋)

제사(題辭): 백작(伯爵) 야마다 아키요시(山田顯義)

서문(序文): 자작(子爵) 시나가와 야지로(品川彌二郎), 자작(子爵) 노무라 야스시(野村靖)

서한(書翰): 남작(男爵) 가토리 모토히코(楫取素彦)

발문(跋文): 후사(後嗣) 요시다 구라조(吉田庫三)

첫 번째, '제자(題字)'를 쓴 세 사람, 공작 모리 모토노리(1839~1896)는 모리 다카치카(毛利敬親, 1819~1871)의 뒤를 이어 조슈번의 제14대 번주가 되고, 메이지 정부 후에는 일본 중앙은행(中央銀行) 행장, 귀족원 의원을 지낸 조슈 번벌의 상징적 인물이다. 백작 이토 히로부미, 백삭 야마가타 아리토모 등은 요시다 쇼인의 제자 가운데 메이지 정권에서 정부와 군부를 대표하는 인물들이다. '제사(題辭)'를 쓴 백작 야마다 아키요시(1844~1892) 또한 쇼인의 제자이자 육군장성 출신으로, 사법대신을 역임했다. '서문(序文)'을 쓴 자작 시나가와 야지로(1843~1900)는 같은 조슈 출신의 하급 무사이자 쇼카촌숙에서 가르침을 받은 문하생으로, 독일 주재 공사와 내무대신을 역임했다. 그는 특히 스승 요시다 쇼인 관계 자료를 많이 수집하여 이 책 편찬에 가장 크게 기여하여 서문을 썼다고 한다.

자작 노무라 야스시(1842~1909) 역시 요시다 쇼인의 제자이자 추밀원 고문관, 프랑스 주재 공사, 내무대신, 체신대신 등을 역임한 정치인이다. 그는 자신의 유언에 따라 요시다 쇼인이 도쿄에서 처형당한 것에 근거하여 세타가야(世田谷)에 세워진 요시다 쇼인 신사[松陰神社] 묘역 안에 묻혔다. '서한(書翰)'을 제공한 남작 가토리 모토히코(1829~1912)는 조슈번의 사족 출신으로 쇼카촌숙이 아니라 번교(藩校)에 다녔지만 요시다 쇼인의 누이[妹]와 결혼하여 쇼인 생전에 그의 활동을 직접 원조했다고 한다. 관계(官界)에 나가서 의관(議官), 고문관(顧問官), 귀족원 의원 등을 역임했다. 끝으로 '발문(跋文)'을 쓴 후사(後嗣, 후계자 혹은 가문 상속인) 요시다 구라조(1867~1922)는 인척이 된 가토리 모토히코와 함께 집안의 장서를 제공했다. 구라조는 가나가와(神奈川) 현립제2중학교의 교장으로 재직하면서 하기에 건립된 쇼인 신사의 연중 예제(例祭)의 제주(祭主)를 맡았다.

이렇게 조슈 세력의 실세가 모두 나선 편찬 사업이 국가주의 체제 완성 시점에 이루어진 것은 결코 우연이 아니다. 천황을 앞세운 통치체제를 완성하여 스승 요시다 쇼인의 유지(遺志)를 받들어 내치를 넘어 외치(外治)를 적극적으로 도모하여 '신성한' 천황의 나라의 영광을 가져오겠다는 뜻이다. 1891년 8월 『요시다 쇼인전』이 처음 세상의 빛을 보았을 때, 일본제국은 대외 팽창정책을 위한 군비 예산 증강 문제를 놓고 처음 소집된 국회에서 정부와 의원들 사이에 혈투가 벌어지고 있었다.

1890년 7월 1일에 일본 역사상 최초로 중의원(衆議員) 선거가 실시되고 11월 29일에 제1회 제국의회가 소집되었다. 일본의 국회는 중의원과 귀족원의 양원제로서, 귀족원은 1889년에 천황이 내린 귀족원령에 따라 작위를 가진 화족 의원과 천황의 명으로 임명되는 칙임(勅任) 의원, 그리고 국가 유공자 및 고액 국세 납입자 중에서 선발된 자로 구성되었다. 중의원 선거도 국세 납입액을 기준으로 유산자 계층에게 선거권, 피선거권이 주어졌다. 중의원의 활동은 1년에 1회 개원하여 국가 예산을 심의하는 것이 전부였다. 1890년 11월에 소집된 제1회 제국의회부터 정부는 군비 증강 예산을 중의원에 제출했다. 1891년 11월 하순에 열린 제2회 제국의회는 정부가 내놓은 대규모 군함 건조비를 포함한 예산안에 대해 대폭 삭감을 요구한 가운데 충돌하여 결국 의회가 해산되었다.

1892년 2월 제2회 총선거에서는 정부의 선거 간섭으로 수백 명의 사상자를 낸 불상사가 생기기도 했다. 1892년 5~6월 제3회 제국의회에서도 정부의 군함 건조비는 일정하게 삭감당했다. 1892년

12월 제4회 제국의회에 정부가 다시 군함 건조비 예산을 올리자 중의원은 납세자의 과중한 부담을 이유로 이를 삭감했지만, 결국 정부는 천황에게 도움을 요청하여 「협화(協和)의 조칙」이 나와 가결되었다. 천황은 이 조칙에서 정부가 요구하는 군함 건조비 조달을 위해 궁정비(宮廷費)와 문무 관료의 봉급 일부를 삭감하겠다고 발표하여 의회의 협조를 구했다. 의회의 권한 대부분이 천황에게 속해 있는 상황에서 중의원이 이를 거부할 재간이 없었다.

1889년 12월에 발족한 제1차 야마가타 아리토모 내각은 제2차 징병령으로 병력을 증강하고 군비를 확장하는 정책을 폈다. 특히 해외 원정에 필요한 군함 건조를 위해 예산 비중을 크게 두었다. 야마가타 내각의 군비 확장은 곧 조선, 만주 진출을 목표로 하는 청일전쟁의 도발로 이어졌다. 1890년 11월에 국회가 개원하자마자 군비 증강 예산이 제출된 것은 야마가타 내각의 군비 확충 정책의 연장이었다. 예산 증액에 대한 중의원의 반대가 거세자 1892년 8월 천황의 개입으로 이토 히로부미가 다시 총리대신 지명을 받아 제2차 이토 내각을 구성해 난항을 타개하였다. 모두 조슈 세력을 대표하는 관부와 군부의 대표자들이었다. 같은 시기에 야마가타 아리토모를 비롯한 조슈의 핵심 세력 인사들의 이름을 앞세운 『요시다 쇼인전』 간행을 비롯한 현창사업이 전개된 것은 대외 침략전쟁의 정신적 기반을 구축하기 위한 것이었다. 1889년의 제국헌법, 이듬해 「교육칙어」의 반포를 잇는 시계열도 결코 우연이 아니었다.

## 5. 요시다 쇼인의 주변국 선점론

요시다 쇼인은 두 차례 투옥 때 후세에 큰 영향을 끼치는 저술을 남겼다. 첫 투옥 때『유수록(幽囚錄)』, 두 번째 때『유혼록(留魂錄)』을 지었다. 전자는 자신이 밀항을 기도한 뜻을 밝히면서 서양 열강 진출 시대에 일본이 살아남을 길을 논한 것이라면, 후자는 제2차 투옥 당시 죽음을 예감하면서 "몸은 죽어서 무사시(武蔵) 들판에서 썩지 않고 야마토(大和)의 혼(魂)으로 남을 것이라"는 문장으로, 고대 야마토 조정의 천황제 재현만이 일본이 살길이란 존왕양이(尊王攘夷)의 의지를 밝힌 글이었다. 두 저술은 외치와 내치를 각각 논한 것으로서, 여기서는 전자의 외치 방략의 주요 부분을 살피고자 한다.『유수록』의 일부를 옮기면 다음과 같다.[17]

황화(皇和)의 나라(일본)는 큰 바다 가운데 대륙과 멀리 떨어져 있어서 외세가 쉽게 범할 수 없었다. 그런데 지금 화륜선(火輪船, 증기선)이 만들어져 해외 만 리가 이웃이 되어 바다가 오히려 더 큰 위험이 되었다. 서쪽의 중국에서 서양의 적[洋敵]이 번성하게 되면 그 환해(患害)는 말로 다 할 수 없다. 신주(神洲, 신의 땅 곧 일본)의 동쪽은 아메리카[彌利堅], 캄차카[加摸察加], 오호츠크[隩都加]로서, 아메리카와 러시아가 매우 커다란 걱정거리가 되었다. 근래 듣기로는 러시아가 캄차카, 오호츠크에 병사를 두어 대진(大鎭, 큰 캠프)을 만들었다고 하고, 캘리포니아[葛利火爾尼亞] 같은 곳은 바로 바다를 격하여 우리와 마주하고 있는데 수년래 (그 나라 사람들이) 화륜선을 타고 자주 우리에게 다가오고 있다. 광대한 땅을 가지고 있는 그 나라가 우리 신주의 토지를 탐하고, 우리 신주의 재화를 탐한다면 그 화가 장차 러시아보다 덜하지 않을 것이니 살피지 않을 수 없다.

신주의 남쪽, 오스트레일리아[濠斯多辣利]는 천도(天度, 위도)의 중간지대로서 초목이 무성하고 인민이 번성하여 사람들이 서로 차지하려 다투는 곳이다. 지금 영국 오랑캐[英夷]가 개척하고 있지만 10분의 1에 불과하다. 우리가 이를 먼저 얻는다면 큰 이득이 될 것이다. 신주의 서북에는 조선과 만주가 이어져 있는데, 조선은 옛날 우리에게 신하의 나라로 복속[臣屬]했는데 지금은 그렇지 않으니 먼저 그 풍교(風敎)를 상세하게 파악하여 이를 다시 회복해야만 한다. 만국이 일본을 둘러싸고 있는 형세가 바로 이러한데, 팔짱을 끼고 보고만 있을 수 없지 않은가. 구라파(유럽)의 땅은 아주 멀리 떨어져 있어서 예부터 우리와 통한 적이 없지만, 선함(船艦)이 발달하여 포르투갈[葡萄牙], 스페인[西班雅], 영국[英吉利], 프랑스[拂郞察] 등이 이미 우리와 머리를 맞대어 (우리의) 걱정거리가 되었다. 근래 화륜선을 가지지 않은 나라가 없어서 먼 곳 구라파도 이웃같이 되었다.

요시다 쇼인은 이와 같이 증기선이 빠른 속도로 대양을 오가는 그 당시 세계정세를 살핀 다음, 이 상황에서 일본이 나라를 보전하기 위해 해야 할 과제를 다음과 같이 제시했다.[18]

해는 뜨면 지고, 달은 차면 기울고, 나라는 융성하다가도 교체된다. 나라를 잘 보전하려면 오로지 가진 것을 잃지 않도록 해야 할뿐더러 없던 것을 (차지하여) 늘려야 한다. 지금 서둘러 무비(武備)를 닦고, 함선 계획[艦略]을 세우고 총포 계획[礮略]을 충분히 하여야 한다. 하

**그림 3-3.** 요시다 쇼인

출처: 야마구치현문서관(山口縣文書館).

이[蝦夷, 지금의 홋카이도]를 개간(開墾)하여 제후(諸侯)를 봉건(封建)하고, 기회를 봐서 캄차카, 오호츠크를 탈취하고, 류큐를 타일러[諭](우리) 조정 회의에 동참[朝覲會同]하게 하여 내지 제후(諸侯, 곧 여러 번주를 가리킴)와 나란히 하고, 조선(朝鮮)을 꾸짖어(責) 인질을 바치고[納質] 조공을 하게 하여[奉貢] 옛날 성할 때[盛時]와 같게 하고, 북쪽 만주의 땅을 빼앗고(割), 나머지 타이완, 필리핀[呂宋]의 여러 섬을 거두면서 점진적으로 진취하는 기세를 가져야 한다. 그런 다음에 백성[民]을 사랑하고[愛], 사(士)를 양성하여, 신중히 변방 주위[邊圍]를 지키면 나라를 잘 보전할 수 있다. (그렇게 하면) 얼마 안 되어 많은 오랑캐[群夷]가 다투어 모인 자리 가운데 앉아서, 몸을 움직이거나 손을 흔들지 않고서도 나라가 오래 변함이 없게 될 것이다.

요시다 쇼인은 서양의 여러 나라가 당장에 일본을 집어삼킬 듯한 묘사로 자신의 정세관을 피력하고 있다. 무사 사회 특유의 긴장감을 느끼게 하는 글이다. 신성한 신국(神國)에 대한 관념은 앞 시대 도쿠가와막부 시대의 유학자들에게 물려받은 것이었다. 도쿠가와막부 시대에도 『일본서기(日本書紀)』의 진구 황후의 신라 정벌에 관한 기사를 그대로 믿어 고대의 조선반도(朝鮮半島)는 일본의 번국(蕃國), 혹은 조공을 바치는 나라, 속국으로 인식했다. 일본이 신성한 천황의 나라라는 인식은 조선, 중국으로부터 유교를 받아들인 뒤에도 바뀌지 않았다. 야마자키 안사이(山崎闇齋, 1619~1682)는 제자들을 향하여 "지금 만약 공자를 대장으로 하고, 맹자를 부대장으로 하여 중국이 공격해온다면 어떻게 할 것인가?"라고 문제를 내고 다음과 같이 답했다. 즉, 불행하게도 이런 상황을 만나면 갑옷을 입고 손에 무기를 들고 싸워서 공자, 맹자를 사로잡아 국은(國恩)에 보답하는 길밖에 없다고 했다.[19] 국은이란 곧 신주의 천황이 내려주는 것으로서, 공자, 맹자보다 위에 자리하고 있다. 사토 노부히로(佐藤信淵, 1769~1850)는 18세기 후반 이후 발달한 국학(國學)의 영향을 받아 저술한 『우내혼동비책(宇內混同秘策)』에서 『일본서기』에 기록되어 있는 진무(神武) 천황 즉위년에 일본이 열도 바깥에 영향을 미친 상태를 '팔굉일우(八紘一宇, 핫코이치우)' 곧 '세계는 하나의 집'이라고 표현하면서 세계 제패의 첫 걸음으로 조선 침략 방안을 구체적으로 제시했다.[20] 요시다 쇼인은 이런 침략사상의 뒤를 잇는 위치에 있었다.[21]

요시다 쇼인은 『유수록』에서 『손자병법(孫子兵法)』의 '지피지기(知彼知己)'를 여러 차례 언급했다. 위기 극복의 길을 타국, 타지의 탈취에서 찾고 있는 점이 특징이다. 러시아의 캄차카와 오호츠크, 오스트레일리아, 조선과 만주, 필리핀, 동남아시아 등이 그 대상으로 거론되었다. 아이누의 땅 에조(蝦夷, 에미시, 지금의 홋카이도) 개척은 곧 캄차카, 오호츠크로의 진출을 위한 전진 기지 확보를 목적으로 하는 정책이었다. 17세기 러시아의 표트르 대제가 시베리아를 개척하여 하바롭스크와 블라디보스토크를 거점으로 하여 개발하자 일본 측에서는 그들이 일본을 향해 올 것에 대한 경계심이 커졌다. 요시다 쇼인이 도호쿠 지방을 '유력(遊歷)'하면서 이 지역의 정황을 살핀 것도 러시아에 대한 대비의식의 발로였다. 방어적 성격이 있다고 하더라도 홋카이도를 개발하여 캄차카, 오호츠크로 진출해야 한다고 이른 것은 매우 침략적인 전술적 사고라고 하지 않을 수 없다. 이러한 전술적 사고는 남쪽을 향해서도 적용되었다. 그는 오스트레일리아는 큰 대륙으로 지금 영국이 10분의 1정도 차지하고 있으니 일본인이 진출할 여지가 많다고 했다. 한편, 조선과 만주 진출은 역사 속에서 근거를 찾고 있다. 즉, 조선은 본래 고대 일본의 성시(盛時) 곧 야마토 조정 때 '신속(臣屬)'한 땅으로서, 다시 회복하여 이를 발판으로 삼아 만주 땅으로 진출해야 한다고 했다. 이는 에도 시대 유학자들의 역사 인식을 답습한 면이 있지만, 거기서 그치지 않고 그를 능가하고 있다. 쇼인은 일본이 스스로 신국의 영광을 위해 밖으로 진출해나가야 한다고 주장했다.

『유수록』은 고대 한일관계의 역사에 대해 전체 지면의 3분의 1을 할애했다. 특히 『일본서기』의 한일관계 기록을 53건이나 열거했는데, 주로 두 가지 관점에서 다루었다. 하나는 선진문화 수용의 역사적 경험이다. 이른바 '병린사법(炳隣師法)'의 역사 읽기라고 했다. 고대 한반도에서 선진문물을 수용하여 '황화(皇和)의 성세(盛世)'가 이루어진 역사는 곧 오늘의 위기를 극복하는 길을 일깨워준다고 했다. 즉, 서양 열강과의 기술문명의 현격한 차이는 결국 그들의 문명을 수용함으로써 해결될 수 있으며, 그것을 기반으로 다시 '황화의 성세'를 재현할 수 있다는 것이다. 그가 러시아 혹은 미국의 군함에 승선하여 서양 나라로 가고자 한 것도 서양의 문명을 직접 접하고 그것을 배워 오기 위한 것이었다. 막부 타도의 절대적인 필요성, 천황 중심 국가 수립의 이유가 여기에서 나온 것은 더 말할 것도 없다. 다른 하나는 대륙, 반도의 선진문화를 수용하여 수립된 야마토 조정이 조선반도에 있었던 여러 나라의 무례를 꾸짖어 조공을 바치는 나라로 만든 역사는 일본 장래의 청사진으로 간주했다. 그런데 그는 『일본서기』의 관계 기록이 사실인지에 대한 관심은 전혀 없었다. 『유수록』은 메이지 시대 이래 일본 정치 지도자들의 바이블과 같은 것이 되었다. 옥중에서 쓴 저술로서 『일본서기』의 관련 기사를 53건이나 제시하는 등 정한론 가운데 잘못된 사료적 근거에도 투철한 논리 때문에 추종자들은 이 글을 금과옥조로 삼아 전승하였다.

요시다 쇼인은 미국을 비롯한 서양 열강과의 우열 비교에서 현재의 일본은 함선이나 총포 어느 쪽에서나 승산이 거의 없다고 보았다. 그러므로 굴욕을 당하지 않기 위해서는 그 기술을 서둘러 배워야 한다고 강조했다. 또한 미국과의 조약 체결에서 굴욕을 거듭 당한 것은 막부의 잘못이며, 그로 인해 나라의 권위가 실추되었으므로 도쿠가와막부는 존속할 이유가 없다고 주장했다. 앞으로 일본은 천하의 군신(君臣)이 상하 일체가 되어 군대를 강화하고, 내란을 막기 위해 인심을 꽉 잡지 않으면 안 된다고 하였으며, 수동적인 개국은 일본이란 나라를 죽음에 이르게 할 것이라고 전망했다. 러시아와 미국과는 조약 장정(章程)을 엄격히 하여 신의를 두터이 하면서 그사이에 국력을 길러, 무역에서 잃은 몫은 조선, 만주 등 다른 곳의 토지를 빼앗아 채워나가야 한다고 역설했다.

요시다 쇼인의 이와 같은 침략주의 정세관은 흔히 정한론으로 통칭한다. 그러나 그의 정세관은 한반도만을 대상으로 하는 것이 아니었다. 그는 류큐, 타이완, 조선, 만주, 몽골, 중국, 필리핀 등 아시아를 넘어 태평양 진출을 기획하고 있었다. 더 놀라운 것은 그가 제시한 일본제국의 진로가 실제로 그의 제자들에 의해 그대로 침략전쟁의 형태로 실천에 옮겨졌다는 사실이다. 1890년대 초반에 시작한 그에 대한 추숭 사업은 심상한 일이 결코 아니었다. 1890년 「교육칙어」 반포, 1894년 6월 조선 출병, 7월 청일전쟁 도발 등은 모두 하나의 선상에 놓인 계획과 실천이었다. 이런 정책이 가동 중이던 1894년 4월 고등사범학교 교과목 회의에서 나카 미치요가 교수 자격으로 '동양사' 교과목의 설정을 제안한 것은 곧 천황이 지배하는 새로운 동아시아 세계 구축에 역사 연구와 교육이 직접 이바지하기 위한 것이었다.

요시다 쇼인의 '주변국 선점론'은 19세기 전반기 국제적 상황 타개의 대안이면서 동시에 도쿠가와막부에 대한 조슈번의 오랜 '적의(敵意)'의 산물이기도 하였다. 앞에서 언급했듯이 1600년 세키가하라 전투에서 도쿠가와 이에야스의 동군(東軍)에 대해 조슈·사쓰마·도사 등은 모리 데루모토(毛利輝元, 1553~1625)의 지휘로 싸우다가 패했다. 그래서 패자가 된 세 번(藩)은 도쿠가와막부에서 도자마 다이묘로 지정되어 번의 지위는 유지하되 막부의 내정에는 참여하지 못했다. 그들은 200여 년 동안 이 형세가 바뀔 날을 기다렸다. 1854년 미국의 '흑선'이 문호개방을 요구해온 것은 놓칠 수 없는 기회였다. 요시다 쇼인은 번사로서 존왕양이운동이 곧 막부 타도의 길이 될 것을 기대하였다. 도쿠가와 막부는 페리 함대가 희망봉을 돌아 동쪽으로 향하고 있을 때 이미 화란(和蘭, 네덜란드) 측으로부터 정보를 얻어 미국의 요구를 수용하는 방향으로 준비하여 '미일화친조약'(1854)을 체결하였다.[22]

한편, 막부는 내정에서 봉건체제의 동요를 막기 위해 조정의 '신화적인 권위'를 활용하는 대책으로 '공무합체(公武合體)' 곧 막부와 공가(조정)가 긴밀한 관계를 유지하는 방략을 추구하였다. 그러나 양이론자 가운데 막부 타도론[倒幕論]이 우세해지면서 좌막론(佐幕論) 곧 막부 지지론으로 상대화되어 국론으로서 지위를 잃어갔다. 1859년 요시다 쇼인이 처형된 뒤, 그의 문하생들은 번주 모리 다카치카의 재정 지원 속에 막부 타도에 앞장섰다.[23] 1864년, 1867년 두 차례에 걸친 막부의 '조슈 정토(長州征討)'는 조슈번의 정권 도전에 대한 응징으로서 거꾸로 말하면 조슈번의 막부에 대한 반기였다. 조슈번의 요시다 쇼인 제자들이 왕정복고에 성공하여 국가 권력의 중심이 된 후 그들이 가진 국가 경영 방략 가운데 『유수록』의 주변국 선점론 외에 달리 내세울 것이 없었다.

# 4장

# 서양식 역사학 수용과
# 나카 미치요의 '동양사' 제안

## 1. 구화주의 시대의 일본 역사학

### 1) 일반 지식계의 서양 문물 수용

1867년 10월 대정봉환, 12월 왕정복고 대호령으로 도쿠가와막부는 무너졌다. 도쿠가와막부 지지 세력에 대한 군사적 진압으로 보신전쟁이 1868년 1월부터 1869년 5월까지 계속되었다. 보신전쟁이 시작될 때부터 '신불(神佛) 분리령' 곧 신도와 불교를 구분하라는 명령 아래 불교 사찰과 불상을 훼철하는 운동[폐불훼석廢佛毀釋]이 일어났다. 그동안 도쿠가와막부에서 신도와 불교가 융합된 신앙이 이 분리령으로 신사에서 승려와 불상이 제거되었다. 1869년 도쿄와 요코하마(橫濱) 간에 승합마차가 운행되고, 전신이 처음 개통되었다. 1870

년에는 자전거가 등장하고, 가죽 구두가 일본산으로 제작되었다. 서양요리점이 출현하고 서양식 건축이 등장하여 의자와 테이블이란 것을 보게 되었다. 1872년에 서양식 문물을 보여주는 박람회가 열리고, 도쿄 시내의 신바시(新橋)에서부터 항구도시 요코하마까지 철도가 부설되었다. 이어 태양력이 채택되었다. 1871년 11월, 정부 관리들의 해외 시찰단인 이와쿠라 견외(遣外) 사절단이 출발하여 미국과 유럽 각국을 돌고 1873년 9월에 돌아왔다. 이로써 이른바 '문명개화'가 국가 차원에서 본격적으로 시작되었다. 1874년에는 도쿄의 긴자(銀座) 거리에 가스등이 켜졌다. 신바시에서 아사쿠사(淺草) 사이에 궤도 승합마차 영업이 개시되었다. 1876년 폐도령(廢刀令)으로 인해 칼을 차고 거리를 활보하는 사무라이 모습이 사라졌다. 칼의 신분 상징 기능이 없어진 것이다. 1876년 2월 3일 조일수호조규(강화도조약)가 체결된 후 2월 하순에 수신사(修信使)로 도쿄를 방문한 김기수(金綺秀, 1832~1894) 일행은 도쿄의 이런 풍경을 보고 돌아왔다. 그는 일기에 긴자 거리의 가스등에 대해 특별한 놀라움을 표했다.

'구화주의 시대'라는 용어는 곧 이러한 변화를 담아낸 말이다. 후쿠자와 유키치는 이 시대를 대표하는 사상가로서 왕정복고 이전에 이미 서양을 소개하는 책을 세상에 내놓았다. 그는 도쿠가와막부의 명으로 1860년에 미국, 1862년에는 유럽으로 건너가 신문명을 두루 살폈다. 그 견문을 담은 『서양사정(西洋事情)』을 집필했는데, 1866년에 초편(初編) 3책을 간행하고, 1867년에 다시 미국으로 건너간 뒤 1868년에 외편(外編) 3책, 1870년에 2편 4책을 간행했다. 그는 저술을 통해 서양 각국의 정치, 조세제도, 국채, 지폐, 회사, 외교, 군사, 과학기술, 학교, 도서관, 신문, 문고, 병원, 박물관, 증기기관, 전신기, 가

스등 등을 두루 소개했다. 또한 실학을 중요시하는 계몽서로서 『학문의 걸음(學問のすすめ)』(1872~1876), 일본과 서양의 문명을 논한 『문명론의 개략(文明論之槪略)』(1875)을 잇달아 출간했다. 이처럼 그는 저술을 통한 서양 문명 소개와 비교 사유로 사회적으로 큰 영향을 미쳤다.

같은 시기에 나카무라 마사나오(中村正直, 1832~1891)가 새뮤얼 스마일스(Samuel Smiles, 1812~1904)의 『자조론(Self Help)』을 번역한 『서국입지론(西國立志論)』(1870)은 100만 부 이상의 판매고를 올려 후쿠자와 유키치의 『학문의 걸음』과 함께 베스트셀러 반열에 올랐다. 나카무라는 존 스튜어트 밀(John Stuart Mill, 1806~1873)의 『자유론(On Liberty)』을 번역하여 『자유지리(自由之理)』(1872)라는 이름으로 출간하기도 했는데, 이런 연유로 대장성(大藏省) 번역국장을 역임했다.

1880년대에는 자유민권운동과 관련된 책들이 나왔다. 가토 히로유키(加藤弘之, 1836~1916)의 『인권신론(人權新論)』(1882), 우에키 에모리(植木枝盛, 1857~1892)의 『천부인권변(天賦人權辯)』(1883), 『민권자유론(民權自由論)』(1879) 등이 나와 자유민권운동에 영향을 주었다. 또 민권운동가였던 다구치 우키치(田口卯吉, 1855~1905)는 『일본개화소사(日本開化小史)』를 지어 고대부터 에도막부 멸망까지의 일본사를 문명론적 관점에서 조명했다. 그의 책은 이 방면의 최초의 역사서로 이름을 남겼다.

1873년 모리 아리노리, 후쿠자와 유키치, 나카무라 마사나오, 가토 히로유키, 니시무라 시게키(西村茂樹, 1828~1902), 니시 아마네(西周, 1829~1897), 쓰다 마미치(津田眞道, 1829~1903) 등 6인은 메이로쿠샤(明六社)라는 '구락부(俱樂部)'를 결성하고, 이듬해부터 『메이로쿠잡지(明六雜志)』를 간행하여, 구래의 인습이나 유교적인 가치관을 부정하고, 새로운 인간관과 사회관을 사람들에게 널리 알렸다.[1] 나카무라 마사나오의 번역서 『서국입지론』은 베스트셀러로, 천황도 읽었다고 알려졌다. 『메이로쿠잡지』는 초기 서구 자유주의를 일본 사회에 유입하는 데 영향을 미쳤지만 정부가 자유민권운동을 봉쇄하기 위해 1875년에 「참방률(讒謗律)」, 「신문지조례(新聞紙條例)」를 발부함으로써 폐간되고 말았다. 전자는 중상 및 비방을 금지했고, 후자는 신문, 잡지를 검열하는 법이었다. 1874년 4월에 창간된 이 잡지는 1875년 11월 정간될 때까지 총43호를 발행했다.

2) 서양 역사학 수용 양상

이 시기에 역사 서적으로는 (1) 외국 역사 소개 및 번역 (2) 전통 역사서의 현대화 두 가지가 있었다.[2] (1)의 첫 사례로 1874년에 니시무라 가네후미(西村兼文, 1832~1896)가 편찬한 『외국사략(外國史略)』(총8권)이 있다.[3] 판권에 "관허 메이지 7년 6월, 같은 해 10월 각성(刻成)"이라고 적혀 있듯이 목판 각본(刻本)이다. 곤도 고우시(近藤幸止, 1864~1947)가 찬술한 서문에는 저자를 "서경처사(西京處士) 니시무라 가네후미"라고 소개했다. 그리고 이 책에는 서양의 "정치 연혁, 시무(時務) 득실, 군민(君民) 현부(賢否)"가 망라되어 있고, "성쇠(盛衰)의 기(機), 흥망의 자취[迹]"를 손바닥에 놓고 보듯이 확연[昭昭]하다"라고 평했다. 편자가 머리에 붙인 '범례'도 "인민 창생(蒼生)의 근원으로부터 각국의 흥폐(興廢) 존망의 사적(事迹), 여러 나라의 정체(正

體), 법률, 공예의 발명, 학술의 진보" 등을 밝혀 "어린 학동들[幼童輩]에게 그 일반(一斑)을 알게 하여 지식을 넓히는 일단이 되도록 노력했다"고 했다. 연대는 서양의 기독교 교조(敎祖) 강세(降世)의 해를 기준으로 한 서력(西曆)을 쓴다고 했다.

인류 역사의 시작 부분을 '천지 창조'란 제목 아래 기독교 구약성서의 내용을 그대로 취하여 아담과 이브의 등장, 노아의 홍수 등을 소개한 다음, 바빌론의 역사를 소개하는 순서를 밟았다. 매우 흥미로운 개화기 초기의 문화 수용 현상이라고 하지 않을 수 없다. 『외국사략』(총8권)에서 다룬 각 시기를 옮기면 다음과 같다.

권 1: 천지 창조~기원전 8년(아우그스티우스 황제[奧古王斯帝] 로마력 오류 개정)
권 2: 기원 1년(예수 출생)~898년
권 3: 901년 영국[英吉利] 왕 알프레드 사망. 업적 소개~1499년 맥시밀리언 스위스 동란 평정
권 4: 1450~1649년
권 5: 1651~1740년
권 6: 1741~1799년
권 7: 1800~1839년
권 8: 1840~1872년

이 책의 마지막 내용은 1872년 1월 일본의 이와쿠라 사절단이 미국 샌프란시스코에 도착한 사실이다. 즉, "아메리카의 샌프란시스코에 일본 전권대사 이와쿠라 도모미, 부사(副使) 기도 다카요시, 오쿠

보 도시미치, 이토 히로부미, 야마구치 마스카(山口尙芳, 1839~1894) 및 수행 관원, 소년 유학생 총계 105인이 도착하여 각국 재류(在留) 영사관을 면알(面謁)하여 하장(賀狀)을 대사(大使)에게 증정했다"라는 기술로 끝맺었다. 이 책의 저자가 곤도 고우시에게 서문을 부탁한 것은 그가 이와쿠라 사절단의 수행원이었기 때문이지만, 최초의 서양 역사 소개라고 할 수 있는 이 책이 이와쿠라 사절단의 구미 시찰까지 다룬 것은 의미 있는 기술이라고 할 수 있다. 이른바 구화주의 시대의 지적 분위기를 보여주는 좋은 예이다.

(2)에 해당하는 역사서는 중국 역대 왕조의 역사를 다룬 『십팔사략(十八史略)』같은 전통 역사서를 서양 역사서 형식으로 바꾸는 데 초점을 둔 책들이다. 주로 '지나사(支那史)'라는 이름을 붙인 것이 많다. 1888년부터 1892년 사이에 간행된 『지나사』(요시카와장판吉川藏版, 요시카와 한시치吉川半七가 세운 요시카와고분칸吉川弘文館의 전신)가 먼저 눈에 띈다. 동양학회(東洋學會) 회장 니시무라 시게키가 쓴 서문(1888년 9월)에 따르면, 이 책은 이치무라 산지로(市村瓚次郎, 1864~1947)와 다키가와 가메타로(瀧川龜太郎, 1865~1946)가 함께 편찬한 것으로 다음과 같은 의미가 부여되었다.

> 서양과의 교섭으로 우리나라(일본: 인용자)의 많은 사물이 변하지 않은 것이 없고, 화(和)·한(漢)과 서양의 역사를 비교하면 서양의 역사가 우수한 것이 많은데, 교과서도 마찬가지로 동양의 사체(史體)의 장점을 견지하면서 서양의 사체로 전환하는 데 지나의 『십팔사략』을 줄여 서술하는 것이 오늘날 과제로 되어 있다. 동양의 고체(古體)를 바꾸지 않고 서양의 신체(新體)를 채택하는 것은 어렵다.[4]

지나사 곧 중국사의 텍스트가 『십팔사략』에서 벗어날 필요성을 지적하고, 이 책이 그런 역할을 하고 있다는 것이다.

저자의 「예언(例言)」에도 비슷한 내용이 서술되어 있다. 즉 "이 책은 종래 세상에서 교과서로 쓰인 지나 역사 중 눈에 띄게 불완전한 것을 고쳐 사회현상을 망라하되, 오직 제왕(帝王)과 장상(將相)의 일만 서술하는 것이 아니라 정치·풍속·문학·기예의 부류도 아우른다"고 했다. 『십팔사략』을 넘어서는 것이 신식 교과서의 중요한 과제였다. 또한 저자들은 자신들이 "대학에 있을 때부터 쓰기 시작한 것으로, 세월이 오래되어 오류도 적지 않을 것이므로 독자의 교시를 바란다"고 겸손을 표했다. 시대는 상고(주周나라 이상)·중고(진晉~송宋)·근고(원元~청淸)로 3분하고, 기원(紀元) 표기는 중국 연호를 완전히 버리고 일본 기원을 본으로 삼되 대조의 편리를 위해 '야소기원(耶蘇紀元, 서력을 뜻함)'을 함께 쓰는 것을 밝혔다.

『지나사』와 같은 시기에 나카 미치요의 『지나통사(支那通史)』가 출간되었다.[5] 나카 미치요와 가까운 친우였던 미야케 요네키치는 이 책의 출간과 관련해 1880년대 당시 교과서의 실태를 이렇게 말했다.

중등 제(諸) 학교에서는 지나사의 교과서로서 『십팔사략』, 『원명사략(元明史略)』, 『청사남요(淸史擥要)』 등을 사용해왔다. 이 책들은 일면 한문(漢文) 문학으로서, 또 다른 일면으로 지나사로서 존중되었다. 그러나 이를 구미(歐米)의 역사교과서에 비교하면 체제가 크게 다르고 편찬의 취지도 같지 않으므로 역사상 간요한 사항의 선택에서 유감인 바 적지 않았다. 그래서 우리나라 중등학교용 교과서로서 적절한 지나사의 편수는 당시 가장 필요한 것이었다. 우리 국사도 당시 『국사략(國史略)』, 『황조사략(皇朝史略)』, 『일본외사(日本外史)』 등을 교과서로 쓰고 있어서, 국사의 개수(改修)도 또한 급무였다.[6]

이런 상황에서 나카 미치요는 특별히 지나사를 택하여 한문으로 개수를 시도하여 『십팔사략』을 대신하는 것을 목표로 『지나통사』를 출간하게 된 것이라고 소개했다. 이 책은 1886년에 쓰기 시작하여, 1888년 9월부터 12월 사이에 제1(第一), 제2(第二), 제3상(第三上)의 3책을 출간했다. 당시 역사교육계에서 전통적인 한학류(漢學類) 통사를 대신하는 교과서 편찬이 큰 과제로 의식된 정황을 알 수 있다.

앞의 이치무라 산지로·다키가와 가메타로 공편의 『지나사』는 일본어로, 나카 미치요가 쓴 『지나통사』는 한문으로 각각 기술되어 직접적인 비교는 어렵지만 각기 전환기적 의의를 가지는 것은 분명하다. 『지나통사』는 비록 한문으로 기술되었지만, "그 수편(首篇)에 지리, 인종을 설명하고, 후장(後章)에 세태, 문물을 설명한 것 같은 것은 구미 편사(編史) 체제를 응용한 것으로, 아국사(我國史)와 지나사에서는 전례가 없던 것"이며,[7] "이 책이 한번 나오자 여러 학교에서 지나사의 교재에 큰 진보가 생겨 면모를 일신하는" 계기가 된 것으로 평가했다.[8] 나카 미치요의 이러한 지나사(중국사) 탐구가 '동양사' 과목 제안의 토대가 된 것은 말할 것도 없다. 이에 대해서는 뒤에서 다시 언급하고자 한다.

나카 미치요의 『지나통사』의 최종 제5책(제4권)은 1890년 12월에 간행되었다. 이로부터 4년이 지난 1894년 5월에 니시무라 유타카(西村豊)의 『지나사강(支那史綱)』(상·하권, 게이교사敬業社)이 발행되었다.[9] 이 책에서도 전통적인 형식에서 어떻게 탈피할 것인지가 크게 의식되고 있다. 저자의 서언(緖言)에서 "지나 역사상의 치란흥패(治亂興敗), 역대 제왕의 계통 및 영웅호걸의 행사 등의 대강요(大綱要)를 기술하는 것을 주로 하여 '지나사강'이라고 한다"고 밝히고, 체제에 대해서는 "벨터(Welter) 씨의 만국사(萬國史)[10] 및 당나라 이한(李瀚, 889~962)의 『몽구(蒙求)』(운문 형식을 빌린 서술: 인용자)를 본 따 일체 이론(理論)에 빠지는 것을 벗어나 오직 사실만을 수집하여 강요(綱要)에 이르러 매번 표제를 세워 동몽(童蒙)이 쓰고 암송하는 데 편리하도록 한다"고 했다. 지나사의 많은 내용을 새로운 형식의 편장(編章)으로 담아내기 어려워 형식을 상·하권으로 분류하는 것에 그치고, 역사상 주요 사항을 "홍황(鴻荒) 시대 요순의 치세" 같은 형식으로 204개(상권 92, 하권 112)의 제목을 뽑아 나열했다. 「인용서목」에는 『강감이지록(綱鑑易知錄)』, 『강감보(綱鑑補)』, 『십팔사략(十八史略)』, 『이십이사략(二十二史略)』, 『자치통감(資治通鑑)』, 『통감고약(通鑑藁鑰)』, 『기사본말(紀事本末)』, 『이씨몽구(李氏蒙求)』, 『이십일사차기(二十一史箚記)』, 『좌전(左傳)』, 『국어(國語)』, 『사기(史記)』, 『한서(漢書)』 등 32종을 참고서적으로 열거했다. 이는 앞 사례보다 후퇴한 감을 줄 수도 있으나, 기능적으로 제삼의 형식을 추구한 점에서 의미가 있다.

다음으로는 1895년에 발행된 이치무라 산지로의 또 다른 저서 『지나사요(支那史要)』가 있다. 이 책의 저자는 앞에서 소개한 『지나사』의 공동 편자이다. 전자와 목차를 비교하면 〈표 4-1〉에서 보듯이 적지 않은 변화가 확인된다. 공통적으로 권·편 체제를 갖추었지만 장·절에서는 상당한 변화가 나타난다. 독자를 위해 장·절이 지나치게 번다하게 망라되는 것을 지양하려는 노력이 역력하다.

**표 4-1.** 이치무라 산지로의 『지나사』와 『지나사요』 목차 비교

| 『지나사』(1888) | 『지나사요』(1895) |
|---|---|
| **권1 목록** | **상권 목록** |
| 제1편 총서 | 수편(首篇) 총론 |
| 　제1장 지지(地誌) | 제1편 고대사 |
| 　: 위치 및 면적, 경내의 구획, 지나 본부, | 　제1장 개벽의 전설 및 요순의 치세 |
| 　만주, 몽골, 이리(伊犁), 서장(西藏: | 　제2장 하(夏)·은(殷)의 흥망 |
| 　티베트), 산맥, 수류, 지세, 지미(地味), | 　제3장 주실의 성쇠 |
| 　기후, 물산 | 　　제1절 주실의 기원 및 무왕 주공의 정치 |
| 　제2장 인종 | 　　제2절 주초의 제도 예악(禮樂) |
| 　: 인종의 구별, 묘인종(苗人種), | 　　(…) |
| 　한인종(漢人種), 몽골인종, 만주인종, | 　　제9절 주실 및 육국(六國)의 멸망 |
| 　회회인종, 부(附) 역조연혁표 | |
| | 제2편 상세사(上世史) |
| 제2편 태고사(太古史) | 　제1장 진(秦)·한(漢) 삼국의 치란 |
| 　제1장 태고의 전설 | 　　제1절 시황의 정치 |
| 　　제1절 인민의 번식 | 　　(…) |
| 　　제2절 제왕의 전설 | 　　제14절 사마(司馬)씨의 전자(專恣) 및 |
| 　제2장 태고의 개화 | 　　삼국의 멸망 |
| 　　제1절 정치 및 풍속 | 　제2장 양진·남북조의 분합(分合) |
| 　　제2절 천문 및 역법(曆法) | 　　제1절 진초(晉初)의 형세 및 |
| 　　제3절 언어 및 문자 | 　　팔왕(八王)의 난 |
| 　　제4절 기물 및 화폐 | 　　(…) |
| | 　　제12절 제(齊)·주(周)의 흥망 및 |
| | 　　남북의 통일 |
| 제3편 삼대사(三代史) | **하권 목록** |
| 　제1장 하(夏)의 연혁 | |
| 　제2장 은(殷)의 연혁 | 제3편 중세사 |
| 　제3장 주(周)의 초세(初世) | 　제1장 수(隋)·당(唐)·오대(五代)의 흥망 |
| 　　제1절 주실(周室)의 기원 | 　　제1절 문제(文帝)의 정치 및 |
| 　　제2절 주무공(周武公)의 정략 | 　　양제(煬帝)의 교사(驕奢) |
| 　　제3절 주초(周初)의 치란(治亂) | 　　(…) |
| 　제4장 주의 중세(中世) | 　　제17절 주(周)·한(漢)의 교쟁(交爭) 및 |
| 　　제1절 (…) 제4절 | 　　세종의 경략 |
| 　제5장 주의 말세(末世) | 　제2장 양송(兩宋)의 성쇠 |
| 　　제1절 (…) 제3절 | 　　제1절 태조의 정치 및 해내(海內)의 통일 |
| 　제6장 삼대의 개화 | 　　(…) |
| 　　제1절 (…) 제5절 | 　　제16절 송원(宋元)의 교전 및 |
| | 　　송실(宋室)의 멸망 |
| **권2 목록** (결) | |

| 『지나사』(1888) | 『지나사요』(1895) |
|---|---|
| **권3 목록** | 제4편 근세사 |
|  |   제1장 원조(元朝)의 융체(隆替) |
| 제1편 양진(兩晉)·남북조사(南北朝史) |     제1절 원초의 외정(外征) |
|   제1장 양진의 성쇠 |     (…) |
|     제1절, 제2절 |     제4절 원말의 쟁란 및 명실(明室)의 |
|   제2장 동진(東晉)의 흥망 |     흥기 |
|     제1절 (…) 제5절 |     (이하 생략) |
|   제3장 남조 | |
|     제1절, 제2절 | |
|   제4장 북조 | |
|     제1절, 제2절 | |
|   제5장 양진·남북조의 개화 | |
|     제1절 (…) 제6절 | |
| **권4 목록** (결) | |
| **권5 목록** | |
| 제1편 송(宋)·원사(元史) | |
|   제1장 북송(北宋)의 성쇠 | |
|     (이하 생략) | |

『지나사요』는 「범례」와 「목록」 사이에 「지나역대일람표(支那歷代
一覽表)」(총6쪽), 「지나역대제계표(支那歷代帝系表)」(총13쪽), 「지나역
대제도표(支那歷代帝都表)」(총4쪽) 등 표를 통해 해당 사항을 일괄 제
시함으로써 제왕(帝王) 중심 서술의 분량 문제를 해소하고자했다. 저
자 이치무라 산지로는 1887년 제국대학 고전한서과(古典漢書科)를
졸업하고, 1888년 가쿠슈인(學習院) 강사가 되어 1890년에 조교수,
1892년에 교수로 승진한다. 『지나사』, 『지나사요』는 모두 이 기간에
이루어진 것으로, 특히 『지나사요』는 1898년 도쿄제국대학의 문과
대학 조교수로 부임하기 직전의 저술이다.

이상의 검토에서 주목되는 것은 '중국'에 대한 비칭인 '지나(支

那)'가 저자에 상관없이 일관되게 쓰인 점이다. 이는 중국사를 중심으로 한 '동양사' 저술에서도 변하지 않는다.

## 2. 1894년 나카 미치요의 '동양사' 제안 배경

### 1) 양부 나카 미치타카와 요시다 쇼인

나카 미치요는 모리오카 난부번(南部藩)의 번사 후지무라(藤村)의 아들로 모리오카에서 태어나 번에서 세운 학교(번횡藩黌)인 명의당(名義堂)를 다녔다.[11] 당시 학교의 교수인 에바타 고로 미치타카(江幡五郎通高)의 주목을 받아 14세 때(1864) 그의 양자가 되어 이름을 에바타 고로 미치카이(江幡五郎通繼)로 바꾸었다. 양부 미치타카는 1851년 고향 나카군(那珂郡) 방문 길에 도호쿠 지방 여러 곳을 여행 중이던 요시다 쇼인을 우연히 만나 서로 의기투합하여 교유관계를 가졌다.[12] 미치타카는 명의당을 확장하여 '번교(藩校) 작인관(作人館)'으로 면모를 일신했다. 그 공로로 그는 교수의 지위를 계속 누렸는데, 이때 번주 난부(南部) 씨로부터 고향(나카군)의 이름을 성씨로 내려받아 나카 미치타카(那珂通高)로 개명했다. 그의 양자가 된 에바타 고로 미치카이 또한 나카 미치요(那珂通世)로 개명했다.

나이토 고난의 부친인 나이토 주완(內藤十灣)은 번 내의 게마나이촌(毛馬內村)에 거주하는 번사였다. 그는 나카 미치타카와 가까운 사이로, 함께 요시다 쇼인과 교유하면서 그를 존경한 나머지 자신의 둘째 아들 고난(湖南)의 이름을, 쇼인의 본명인 도라지로(寅次郎)와 뜻과 발음이 같은 '도라지로(虎次郎)'로 지었다. 서재의 이름도 쇼인의 것을 따 '창룡굴(蒼龍窟)'이라고 했다.[13] 나이토 고난은 후에 중국사의 대가가 되어서 '고난'이란 이름에 못지않게 '도라지로(虎次郎)'란 이름을 즐겨 썼다.[14] 나카 미치요와 나이토 고난은 같은 역사학자로서뿐 아니라 같은 고향 사람으로 친분이 두터웠다.

### 2) 나카 미치요의 학문적 성장 과정

나카 미치요는 양부 나카 미치타카의 훈도 아래 청소년기를 보냈다.[15] 양부는 수준 높은 한학(漢學)을 익힌 난부번(모리오카)의 대표적 지식인이었다. 양부의 가르침으로 나카 미치요도 출중한 한학 실력을 갖게 되었다. 보신전쟁에서 난부번이 패자가 됨으로써 미치타카는 '죄인'의 열에 들어 메이지 신정부 아래서 사회적 활동과 지위에 많은 제약을 받았다. 1871년 나카 미치타카는 사면을 받고 도쿄로 와서 가숙(家塾)을 열었다. 미치요가 20세 되던 해였다. 이때, 뒷날 신정부의 관리로 제국박물관(帝國博物館) 건립에 중심 역할을 하는 구키 류이치(九鬼隆一, 1852~1931)에게 경제적 도움을 받았다. 이 무렵, 조슈 출신 인사들이 스승 쇼인과의 교유관계를 의식해서인지 미치타카에게 대장성 고(雇) 직함을 주어 생활의 어려움을 다소 해소했다. 수개월 후 문부성으로 자리를 옮겨 『소학독본(小學讀本)』 등의 교재를 교열하는 일을 맡았다. 1879년 그는 52세로 일생을 마쳤다. 그때 양자 미치요는 28세였다.

나카 미치요는 상경 초기 산토 이치로(山東一郎, 1840~1904) 씨의 와세다숙(早稲田塾, 영어학교)에 들어갔다가 곧 구키 류이치의 집에

**그림 4-1.** 나카 미치요

출처: 故那珂博士功績紀念会 編, 1915, 『那珂通世遺書』, 大日本圖書株式會社(서울대학교 중앙도서관 소장본).

기숙하면서 1872년 21세에 게이오의숙(慶應義塾)에 입학하여 후쿠자와 유키치의 배려로 학비를 면제받고 다녔다.[16] 그는 2년 만에 게이오의숙을 졸업하고 1년간 야마구치현(山口縣)의 도모에조학사(巴城學舍)에 교사로 부임했다가 곧 귀경하여 학업에 전념했다. 그동안 공부한 성과로 1876년 9월에 작은 규모의 학술잡지 『양양사담(洋洋社談)』 제21호에 「고대의 문자」란 글을 실었다. 그 뒤, 1878년까지 같은 잡지에 수 편을 기고했다.[17] 1878년 1월 발행된 『양양사담』(제38호)에 한문으로 써서 기고한 「상고연대고(上古年代考)」는 일본고사(日本古史)의 기년(紀年)을 논했다.

이 논문은 나카 미치요 역사학의 출발점에 해당하는 것으로서 중요하다. 그는 이 논문을 증편 개작하여 「일본상고연대고(日本上古年代考)」라는 제목으로 미야케 요네키치가 주관한 『문(文)』 제1권 제8호에 연재했고, 나중에 다시 수정 보완하여 도쿄제국대학 사학과 발행의 『사학잡지(史學雜誌)』에 실었다. 또 자신의 고대사 고증 저술인 『외교역사(外交繹史)』 권1의 첫 번째 논문으로 「상세연기고(上世年紀考)」를 넣었다.[18]

상고 기년에 관한 글은 일본과 '조선', '지나'의 연대를 비교하여 『일본서기(日本書紀)』의 첫 천황인 진무(神武) 천황의 즉위년에 도참설(圖讖說)의 '신유혁명(辛酉革命)' 사상을 적용한 것으로서, 이를 바로잡으면 실제 즉위년은 기원전 660년이 된다고 고증한 것이다. 이 고증은 지금도 '나카 미치요의 기년론(紀年論)'으로 학계에 정설로 인정받고 있다. 하지만, 이 연대 비교 과정에서 '진구 황후의 신라 정벌' 기록에 대해 하등의 의문을 제기하지 않았다. 이것이 곧 뒷날 한국사의 일본사로의 흡수 편입의 길을 만들었다.


### 3) 1890년 「교육칙어」 반포와 나카 미치요의 '동양사' 제안

나카 미치요는 1877년 12월 당시 26세에 지바(千葉)사범학교 교사장(教師長) 겸 지바여자사범학교 교사장이 되었다. 1879년 11월에는 도쿄여자사범학교 훈도(訓導) 겸 간사로 자리를 옮겼다. 이 기간에 그는 여학교 교육의 특성 개발, 한문 대신 화문(和文, 일본어) 교육

안 개발(1881) 등에 노력을 기울였다. 1884년 주영특명전권공사 모리 아리노리가 귀국하여 초대 문부대신에 취임했다. 이토 히로부미 초대 내각의 국가주의 체제 확립의 방침을 교육제도에 실현하는 것이 임무였다. 그에 따라 그는 교사의 사범교육을 중시하여 고등사범학교 제도를 강화하는 정책을 취했다. 이때, 나카 미치요가 재직하던 도쿄여자사범학교에도 변화가 생겼다. 1885년 8월에 모리 아리노리 대신의 감독 아래 도쿄여자사범학교를 도쿄사범학교에 병합했다. 이로써 도쿄여자사범학교장 나카 미치요는 도쿄사범학교 교유(敎諭)로서 여자부의 교두(敎頭)가 되었다. 새 제도의 도입으로 좌천을 당한 셈이었다. 그는 이듬해 1886년에 사직하고 6년간의 교육계 활동을 끝냈다. 사직 후 35세의 나이로 그는 다시 '독서필연(讀書筆硏)'의 생활로 돌아갔다.

첫 작업으로 1886년 7월에 『조선근세정감(朝鮮近世政鑑)』에 훈점(訓點)을 붙여 간행했다. 19세기 조선 왕조의 당파 정치를 서술한 이 책을 그가 훈점을 붙여 출판한 것은 의외이지만 이때 이미 한국사에 관한 그의 관심이 고대에 국한하지 않았다는 것을 보여준다.[19] 이 무렵부터 그는 "심력을 기울여 지나사(支那史) 편찬"에 많은 시간을 보냈다. 앞에서 한 차례 언급했듯이 이때까지 중등학교 '지나사의 교과서'로는 『십팔사략』, 『원명사략』, 『청사남요』 등이 주로 사용되었다. 이것을 구미의 역사교과서 형식으로 바꾸는 것이 현안이었다. 일본 역사 쪽도 "당시 『국사략』, 『황조사략』, 『일본외사』 등을 교과서로 쓰고 있어서, 국사의 개수도 급무"였는데, 그는 특히 지나사를 택하여 그 개수에" 힘썼다. 1886년에 쓰기 시작하여, 1888년 9월부터 12월 사이에 3책, 1890년 12월에 1책을 도쿄 주오도(中央堂) 발행으로 『지나통사(支那通史)』라는 서명으로 세상에 내놓았다.

　나카 미치요가 근 4년에 걸친 연찬 끝에 내놓은 『지나통사』는 비록 한문으로 기술했지만, 한자 문화권에서 중국사를 서양식 서술 형식으로 바꾸어놓은 최초의 저술이었다. 이 작업을 통해 중국사를 정리하고, 그리고 친우 미야케 요네키치가 언급한 것에 따르면 서역 중앙아시아사에 대한 개관과 고찰이 더해지면서 그는 4년 뒤 외국사를 동양사와 서양사로 나눌 것을 제안하게 되었다. 1888년 12월, 나카 미치요는 고등사범학교 간사로 복직했다가 바로 원로원(元老院) 서기관(書記官)으로 전임했다. 당시 37세로 『지나통사』 1, 2권을 간행한 직후였다. 원로원에서는 제이, 제삼 양 과(課)를 겸하여 근무하고, 1889년 1월에는 제실제도취조괘(帝室制度取調掛)를 담당했다. 같은 해 10월 원로원이 폐지됨에 따라 다시 사직했다. 이에 역사 연구를 계속하면서 이듬해 1890년 12월에 『지나통사』를 끝냈다.

　1890년 그해 10월 천황의 「교육칙어」가 반포되면서 나카 미치요의 활약에는 새로운 면모가 보였다. 아키야마 시로(秋山四郎)와 더불어 칙어의 대의를 설명하는 『교육칙어연의(教育勅語衍義)』를 짓고, 이듬해 1월에 이를 발행했다.1891년 5월에 다시 교육계로 나와 화족여학교(華族女學校, 1885년 개교, 지금의 가쿠슈인여자중·고등학교) 교수에 임명되었으며, 학감보조(學監補助)의 역할도 수행했다. 교장 니시무라 시게키, 학감(學監) 시모다 우타코(下田歌子, 1854~1936) 등은 모두 역사교과서에 많은 관심을 가진 인사들이었다.[20]

　나카 미치요는 같은 해 10월에 제1고등중학교(第一高等中學校)로부터 지나 역사 수업을 위촉받아 그곳에서도 강의를 하게 되었다. 1893년 7월에는 사정이 있어 화족여학교 교수를 그만두었다. 그 무렵 그는 '지나 역사가'로서 명성이 높아져 그해 9월에 고등사범학교로부터 지나사 강의를 위촉받았고, 제1고등중학교로부터도 다시 한문 및 지나 역사 수업을 위촉받았다. 이듬해 1894년 4월 제1고등중학교 교수 겸 고등사범학교 교수에 임명되고, 고등관(高等官) 6등이 되었다.[21] 바로 이때 그는 고등사범학교장 가노 지고로(嘉納治五郎, 1860~1938)[22]의 주재 아래 열린 '교과서에 관한 회의'에서 '동양사' 과목의 신설을 발의했다.

나카 미치요는 이후 1896년 도쿄제국대학 문과대학 강사가 되어, 한학지나어학(漢學支那語學) 제3강좌에 속하는 직무의 분담 및 역사 수업을 위촉받았다. 이듬해 9월 제1고등중학교 교수의 겸관(兼官)을 파하고 이때부터 고등사범학교 교수와 도쿄제국대학 강사를 본직으로 했다. 그로서는 학문적으로 최고의 지위에 올랐다. 나카 미치요의 도쿄제국대학 진출에서 눈여겨볼 점이 있다. 그가 1891년 1월 『교육칙어연의』를 발행한 뒤, 같은 해 9월에 도쿄제국대학의 이노우에 데쓰지로(井上哲次郎, 1856~1944) 교수가 같은 이름의 『칙어연의』를 출판했다. 그는 제국대학 최초의 서양철학 교수였다. 그의 『칙어연의』에는 문부대신 요시카와 아키마사(芳川顯正, 1842~1920)가 쓴 「칙어연의서(勅語衍義敍)」 및 「훈시(訓示)」를 함께 실어 정부 공인(公認)의 무게를 실었다.

1889년 2월에 반포된 「대일본제국헌법」(1890년 11월 시행)은 황실이 상고부터 지켜온 신도(神道)는 기독교, 불교 등과 같은 일반 종교가 아니라고 규정하여 그 신성(神聖)을 헌법으로 뒷받침하였다. 1890년 10월에 반포된 「교육칙어」는 교육을 통해 이를 지켜나가려는 것이었다. 그런데 1891년 1월 도쿄제국대학 국사학과(國史學科)

구메 구니타케(久米邦武, 1839~1931) 교수는 「신도(神道)는 제천(祭天)의 고속(古俗)」이라는 논문을 써서 당시 유일한 역사학 전문 잡지인 『사학잡지』에 발표했다. 국가신도(國家神道)와 「교육칙어」를 국가주의의 중심으로 삼으려는 정부의 의도에 대한 학문적 비판이었다. 이듬해 1892년 초에 다구치 우키치(田口卯吉)는 자신이 주관하는 잡지 『사해(史海)』에 구메 구니타케의 글을 전재했다. 이 잡지는 상아탑 바깥의 독자를 많이 확보하고 있는 사회적 영향력이 큰 역사잡지였다. 이에 대해 천황주의 전통을 가진 국학자(國學者) 그룹이 나서서 구메 구니타케 교수가 황실의 존엄을 모독했다고 강하게 비난하였다.

제국대학 국사학과는 독일의 실증 사학자 루드비히 리스(Ludwig Rieß, 1861~1928)를 초빙하여 역사학의 기틀을 닦아가고 있었다. 구메 구니타케 교수는 그 학풍의 영향을 받아 역사의 과장이나 왜곡을 비판했다. 그는 1891년 3월 3일 신문 광고를 내고 논문을 취하했으나 자신의 주장을 굽히지는 않았다. 그는 3월 4일 제국대학 교수직에서 물러났고, 그의 글이 실린 『사학잡지』와 『사해』의 해당 호수는 발매 금지 처분을 당했다. 앞서 동료 시게노 야스쓰구(重野安繹, 1827~1910) 교수도 『태평기(太平記)』의 사료 가치를 부정하여 국가주의자들로부터 '말살박사(抹殺博士)', '파괴주의'라는 비난을 받았다.[23] 구메 구니타케 교수의 필화(筆禍)는 시게노 야스쓰구 교수가 주재하는 사지편찬괘(史誌編纂掛, 지금의 도쿄대 사료편찬소史料編纂所의 전신)의 폐지로 이어졌다.[24] 실증을 앞세운 제국대학 국사학과의 학문적 위기였다. 제국대학 국사학과 교수들의 국가신도에 대한 학술적 비판은 역사의 정치적 이용에 대한 강한 비판이었다. 더욱이 국가 운영의 근대적 방향성 설정과 관련하여 전체주의로 이끌기 위해 고대 국가의 왕권을 신성주의로 몰아가는 데 대한 매우 정당한 비판이었다.

그러나 그 비판은 해당 교수의 사직으로 귀결되었으며, 그것은 곧 일본제국의 천황제 전체주의의 시작을 알리는 것이었다. 이 파동후, 나카 미치요가 고등사범학교의 교과서 회의에서 역사 관련 교과와 관련하여 외국사를 '동양사'와 '서양사'로 나누어 가르치자는 내용을 제안한 것은 주목할 가치가 있다. 그것은 국사학과의 객관적 역사 연구 및 교육 취지와는 반대편에 선 의견이었다. 제안자 나카 미치요는 이미 1891년에 『교육칙어연의』를 가장 먼저 내어 정부의 방침에 찬동 의사를 표한 인물이므로 더 말할 것도 없다. 그가 1894년 고등사범학교 교수 겸 제1고등중학교 교수에 임명되고, 1896년에는 도쿄제국대학 문과대학 강사가 되어, 한학지나어학 제3강좌에 속하는 직무의 분담 및 역사 수업을 위촉받은 것도 결코 우연으로 볼 수 없다. 객관적 역사학을 추구한 교수들이 물러난 뒤 제국대학의 역사학에 적극적으로 개입하는 모양새다. 1912년 유럽 유학에서 돌아와 도쿄제국대학의 '동양사'를 직접 주관하는 시라토리 구라키치(白鳥庫吉, 1865~1942)가 그가 재직했던 지바중학교의 제자라는 것은 잘 알려진 사실이다.

나카 미치요가 1893년 9월 고등사범학교, 제1고등중학교에서 강의하게 되었을 때, 그에게 정치적으로 특별한 인연이 생겼다. 문부대신 자작 이노우에 고와시(井上毅, 재임 1893. 3.~1894. 8.)가 제1고등중학교를 순시하면서 그의 지나사 강의를 직접 듣고 크게 경복(敬服)하여 나중에 「지나사를 읽고(支那史を讀む)」란 글을 써서 나카 미치요에게 보냈다. 요와 순, 문왕의 치세를 칭송하는 내용이었다고 한

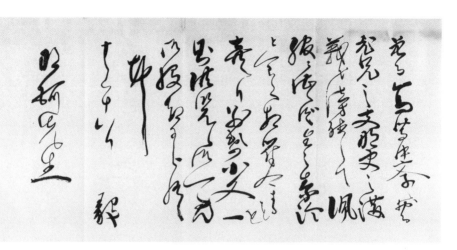

**그림 4-2.** 문부대신 이노우에 고와시의 글
나카 미치요의 『지나통사』(1886)를 받고 감사와 축하를 보낸 문부대신 이노우에 고와시의
글이다. 둘째 줄에 "노형의 지나사 강의"란 말이 나온다.
출처: 三宅米吉, 1915, 『文學博士那珂通世君傳』, 大日本圖書株式會社.

다. 이노우에 고와시가 이토 미요지, 가네코 겐타로 등과 함께 이토 히로부미가 진두지휘하던 제국헌법의 제정을 직접 보좌한 것은 잘 알려진 사실이다. 그는 이 일에 관계하면서 독일식 국가체제 수립을 주장했지만, 한편 유학에도 통하여 나카 미치요의 지나사 강의에 '경복'했다. 「대일본제국헌법」, 「황실전범」, 「교육칙어」, 「군인칙유」 등의 기초에 참가한 이노우에 고와시를 나카 미치요가 '동양사'를 제안하기 직전 만난 점은 매우 주목할 만한 일이다. 그의 '동양사' 제안은 이노우에 고와시 문부대신의 내락을 받은 것이라고 믿게 되는 정황이다.

## 3. '동양사' 과목 제안 전후의 학계 상황

나카 미치요의 친우 미야케 요네키치가 쓴 「문학박사 나카 미치요군전(文學博士那珂通世君傳)」에는 교과서 회의 당시 상황이 이렇게 소개되어 있다.

메이지 27년(1894) 고등사범학교 교장 가노 지고로 씨가 이 학교[同校] 교수 및 대학교수, 고등중학교 교수 등을 모아 중등학교에서의 각 학과 교수에 관하여 연구조사를 한 일이 있다. 그때 군(나카 미치요: 인용자)은 역사과의 회합에서 외국 역사를 서양 역사, 동양 역사로 이분할 것을 제의하니, 참석자[列席者] 모두 이에 찬성하여 이것이 동양사(東洋史)란 과목의 발단이 되었다.[25]

이때까지 일본의 역사학은 교육이나 연구에서, 본방사(本邦史), 지나사(支那史, 중국사), 외국사(外國史) 등을 해당 과목의 이름으로 사용했는데, 나카 미치요의 제안으로 지나사와 외국사 대신에 '동양사'와 '서양사'로 이름을 바꾸게 되었다는 것이다. 이 변화가 이 분야의 학문과 교육체계에 큰 발전을 가져온 것은 사실이다. 그러나 이 분류가 교과서 제도의 틀이 되는 과정에서 동양사의 한 부분이 되어야 할 한국사가 일본사에 합병되는 사태가 빚어졌다. 이런 형태로 이끌어진 역사교과목의 새로운 영역 구분은 그 의도와 내용을 자세히 살펴볼 필요가 있다. 이것이 사실이라면 일본제국은 1910년 8월 한국병합 강제에 앞서 역사합병부터 추진했다는 것을 의미하게 된다.

미야케 요네키치는 나카 미치요의 제안 이후의 추이에 관해 이렇게 기술했다.

메이지 27년(1894년: 인용자) 7월 개정의 고등사범학교 교칙(教則)
에는 이미 역사의 설명에 본방 역사(本邦歷史), 서양 역사(西洋歷史),
동양 역사(東洋歷史)라고 기재하고, 메이지 29년의 동교(同校) 지리
역사전수과 규정(地理歷史專修科規程)에는 본방사, 동양사, 서양사로
기재했다. 메이지 30년 문부성이 개최한 하기 강습회에 군(나카 미치
요: 인용자)은 동양역사강사(東洋歷史講師), 미쓰쿠리 겐바치(箕作元
八, 1862~1919) 씨는 서양역사강사(西洋歷史講師), 나는 본방역사강
사(本邦歷史講師)를 임명받았고, 이어서 문부성도 공공연히 서양 역
사, 동양 역사의 구분을 인정하기에 이르렀다. 이어서 같은 해 9월 문
부성은 심상중학교(尋常中學校) 교과세목(教科細目) 조사위원(調查委
員)을 명하여 쓰보이 구메조(坪井九馬三, 1859~1936), 미쓰쿠리 겐바
치 두 분과 군과 나를 역사과(歷史科) 위원으로 삼았는데, 그 조사보
고에는 외국 역사를 나누어 동양사 서양사로 했다. 그래서 그 동양
사의 세목은 오로지 군이 입안하는 바가 되었다. 이후부터 모든 학
교의 교과에는 동양사란 과목을 쓰는 것으로 되고, 동양사라고 제
목을 붙인 교과용서(教科用書)도 이 무렵부터 점차 출판되기에 이르
렀다.[26]

이 글에 따르면, 1894년 상반기에 나카 미치요가 외국사를 동양
사와 서양사로 나누어 가르칠 것을 제안한 뒤 그 내용이 1894~1895
년 사이에 고등사범학교의 교칙과 규정에 반영되고, 1897년 문부성
이 개최한 강습회와 교과세목 조사에서 본방사, 동양사, 서양사라는

명칭을 사용하여 교과목을 구분했으며, 이것이 이후 교과서 출판에 적용된 과정이 확인된다. 다시 말하면 제안이 공식화되는 데는 3~4년 이상의 시간이 소요되었다. 이는 교과서 발행 과정에서도 확인되는 사실로서, 새로운 제도는 실행 과정에서 준비 단계 또는 과도기란 것이 존재할 수밖에 없다.

당시 최고학부인 도쿄제국대학과 교토제국대학에 '동양사'가 도입되는 과정에도 상당한 시간이 소요된 것이 확인된다. 1877년에 설립된 도쿄대학은 1886년 '제국대학령(帝國大學令)'의 반포에 따라 제국대학(帝國大學)으로 이름이 바뀌었다. 이때는 제국대학이 도쿄에만 있었기 때문에 지명이 앞에 붙지 않았다. 그런데 1897년 교토에도 제국대학을 설립하기로 하면서 기존 제국대학은 도쿄제국대학으로 이름을 고치고 교토에 새로 세운 제국대학은 교토제국대학이라고 불렀다.

1877~1886년간의 제국대학의 '역사학과'는 학제(學制)와 교수충원 관계로 일본사, 동양사, 서양사의 구분을 바로 채택하지 못했다. 도쿄제국대학이 성립되고 나서 1904년이 되어서야 지나사학과(支那史學科)를 처음 두었으며, 1910년에 동양사학과(東洋史學科)로 이름을 고쳤다. 나카 미치요의 제안 후 10년이 지나 겨우 지나사학과가 설치되었고, 다시 6년이 더 걸려 동양사학과가 대학에 자리 잡게 되었다. 후술하듯이 중등학교 역사교과서가 동양사, 서양사로 구분되어 발행되기까지 8년이 걸렸는데, 이에 비추어보면 오히려 중등학교에서 더 빨리 이루어진 셈이다.

도쿄제국대학의 지나사학과는 이치무라 산지로와 시라토리 구라키치 두 사람에 의해 개척된 것으로 알려진다. 이치무라 산지로는 초학(初學) 때 전통 한학을 배우고, 1883년에 설치된 도쿄대학 고전과 (古典科)의 한서과(漢書課)에 입학해 지나사 연구 업적을 세워 1897년 7월에 도쿄제국대학의 조교수가 되었다. 이치무라와 시라토리는 가쿠슈인에서 "지나사와 동양 여러 외국[諸外國]의 역사"를 나누어 맡아 가르치다가 (도쿄)제국대학 쪽으로 옮겼다. 이치무라는 1897년에 도쿄제국대학으로 옮겼으나, 시라토리는 1901년 유럽 유학을 시작하여 1904년 귀국, 가쿠슈인 교수로서 도쿄제국대학 사학과 교수를 겸임하다가 1911년에 도쿄제국대학 교수를 본직으로 하고 가쿠슈인 교수를 겸임했다. 그는 잘 알려져 있듯이 '동양사'를 처음 제안한 나카 미치요가 지바중학교, 제1고등학교(대학예비문)에서 직접 가르쳤던 제자였다. 그가 1911년 도쿄제국대학의 교수를 본직으로 하면서 동양사학과의 중심이 된 것은 잘 알려진 사실이다.[27]

1897년에 설립된 교토제국대학은 1906년에 문과대학을 신설하면서 '동양사학과'가 생겼다. 나이토 고난은 1883년 아키타사범학교를 조기(早期) 졸업하고 2년여 교사 생활을 하다가 1887년 도쿄로 가서 기자 생활을 했다. 『명교신지(明敎新誌)』, 『오사카아사히신문(大阪朝日新聞)』, 『만조보(萬朝報)』 등에서 활약하면서 명성을 얻었다. 그 후 특히 『타이완일보(臺灣日報)』 재직 때(1897~1898, 주필), 타이완의 식민지 경영에 관해 여러 가지 '선도적' 기사를 많이 써서 타이완 총독부(臺灣總督府) 민정장관(民政長官) 고토 신페이(後藤新平, 1857~1929)의 주목을 받았다. 1902년부터 정부로부터 간도(間島), 만몽(滿蒙) 지역 시찰을 의뢰받아 활동하면서 명성이 더 높아졌다. 1907년 고향 선배인 교토제국대학 교수 가노 고키치(狩野亨吉, 1865~1942) 추천으로 이 대학의 사학과 강사가 되어 '동양사 제1강좌'를 담당했다.[28] 이것이 곧 교토제국대학 동양사의 시작이었다. 이처럼 두 제국대학의 동양사학과 설립 상황에 비추어볼 때, 1890년대 초반에 제안된 '동양 역사' 교과서가 1902년에서야 비로소 중등학교 교실에 배포되기에 이른 것은 하등 이상할 것이 없다.

## 5장

# 일본 · 동양 · 서양 3과 역사교과서 제도 수립과 천황제 국가주의

## 1. 일본국회도서관 소장 구 역사교과서 조사(I)

### 1) 구 역사 3과 교과서의 발행 시기 분포[1]

1894년 상반기 나카 미치요의 '동양사' 제안은 곧 일본제국의 역사 3과 교과서 제도가 만들어지는 결정적 계기가 되었다. 즉, 개국 이후 서양 역사가 알려지면서 본방사, 지나사, 외국사로 구분되었던 역사 분야가 일본사, 동양사, 서양사로 '체계화'되었다. 이것이 천황의 「교육칙어」와 맞물려 역사교과서 제도에 먼저 반영되었다는 것은 일본제국 역사교육의 실체적 특성으로 주목할 필요가 있다. 이 작업을 위해서는 제국 시대 일본 역사교과서를 조사하는 작업이 불가피하였다.

필자의 구 일본 역사교과서 조사 작업은 일본의 주요 도서관 홈페이지에서 소장 자료를 검색하는 것으로 시작되었다. 일본국회도서관 45종, 도쿄대학 도서관과 교토대학 도서관 각 4종씩 소장되어 있는 것을 확인했다. 필자는 세 곳 중 압도적으로 수가 많은 도쿄의 일본국회도서관 소장의 45종을 중심으로 조사하기로 하고 이곳을 직접 방문했다. 이 도서관은 조사 당시(2018년 3월, 6월) 원본이 아니라 마이크로필름 자료를 1층 열람실에서만 제공하고 외부에서 컴퓨터로 보는 것은 불가능했다. 일본에 유학 중인 한국 대학원생의 도움을 받아 도서관 열람실에서 조사 작업을 진행했다. 이 도서관에서 소

**표 5-1.** 조사 대상 역사교과서의 출판 연도 분포

| 시기 \ 과목 | 일본사(15종) | 동양사(16종) | 서양사(11종) |
|---|---|---|---|
| 1894년 이전 | — | 3종(1888, 1893, 1894. 각 1종) | 1종(1874) |
| 1895~1900년 | 1종(1900) | 1종(1895) | 1종(1899) |
| 1902~1903년 | 6종(1902-4종, 1903-2종) | 4종(1902-2종, 1903-2종) | 1종(1902. 2.) |
| 1904년 | — | 1종 | — |
| 1908년 | 2종 | 2종 | 2종 |
| 1911~1913년 | — | 2종(1911, 1912. 각 1종) | 3종(1911, 1912, 1913. 각 1종) |
| 1915년 | 1종 | — | 1종 |
| 1916~1917년 | 4종(1916, 1917. 각 2종) | 2종(1916) | 1종(1916) |
| 1920년 이후 | 1종(1929) | 1종(1920) | 1종(1922) |

장 중인 제국 시대에 발행된 구 역사교과서 가운데 최종적으로 분석 대상이 된 것은 42종이었다(〈자료 1〉참조). 42종의 출판 시기는 〈표 5-1〉과 같다(1895년 이전 교과서들도 이후의 역사 3과 분류를 적용했다).

〈표 5-1〉의 1894년 이전의 역사서(교과서류)에 대해서는 앞의 4장 1절 '구화주의 시대의 역사서'에서 다루었다. 여기서는 1895년 후반~1902년 상반기의 교과서들을 먼저 살펴나가기로 한다. 다만 1894년 이전 '본방사(本邦史: 일본사)' 교과서를 찾지 못한 점은 유의할 필요가 있다.[2] 이것은 1894년 이전에 일본 역사교과서가 없었다는 것을 의미하는 것으로 단정하기는 어렵다. 필자의 조사 범위 곧 조사 대상이 제한적인 데서 비롯된 것일 수 있기 때문이다. 앞으로 조사가 더 필요한 부분이다.

## 2) 1902년 상반기 이전 '과도적' 역사 3과 교과서

1894년 4월경 나카 미치요가 '동양사'를 제안한 후 바로 새로운 명칭의 교과서 제작이 이루어진 것은 아니었다. 새로운 교과서를 만들려면 그만한 준비가 있어야 하기 때문이다. 1894년은 다만 새로운 시작으로서 의미가 있을 따름이다. 실제로 이 방침과 관련이 있어 보이는 교과서는 1900년을 전후한 시기에 비로소 사례를 찾아볼 수 있다. 1902년 상반기까지 발행된 교과서는 다음 4종이다(발행 연월순).

(1) 本多淺治郎, 1899(8, 9月), 『新躰西洋歷史敎科書 訂正再版』, 開盛堂.

(2) 峰岸米造, 1900(10, 12月), 『本邦史綱』, 田沼書店.

(3) 伊藤允美·西浦泰治, 1902(1, 2月), 『東洋歷史敎科書』, 普及舍.

(4) 西浦泰治, 1902(1, 2月),『西洋歷史敎科書』, 普及舍.

이 4종의 교과서 중 (2)는 여전히 서명에 '본방(本邦)'이라고 쓰고 있지만 나머지 3종은 '서양 역사', '동양 역사'라고 하여 나카 미치요의 제안이 반영되었음을 보여주는 사례이다. 이 서명들은 앞에 소개한 미야케 요네키치가 쓴 「문학박사 나카 미치요군전」에 나오는 내용과 일치한다. 미야케 요네키치는 이 글에서 1894년 7월에 개정된 고등사범학교 교칙에 역사의 성명(姓名)이 '본방 역사(本邦歷史)', '동양 역사(東洋歷史)'로 기재되어 있고, 1896년의 동교(同校) 지리역사 전수과(地理歷史專修科) 규정(規程)에는 '본방사(本邦史)', '동양사(東洋史)', '서양사(西洋史)'로 기재되어 있다고 했다. 또한 1897년 문부성이 개최한 하기 강습회에 초청한 강사의 분야는 각각 동양 역사(나카 미치요), 서양 역사(미쓰쿠리 겐바치), 본방 역사(미야케 요네키치)였다고 했다. 1902년 초 이전에 나온 교과서 4종의 서명은 정확하게 이와 일치한다. 1902년 12월 이후에 발행되는 교과서들이 '일본사', '동양사', '서양사'로 각각 일률적으로 표기한 것과는 차이가 있다. 다시 말하면 이후로는 교과서에서 '본방사'라는 용어가 사용되지 않는다.

## 2. 일본국회도서관 소장 구 역사교과서 조사(II)

### 1) 1902년 후반~1910년 역사 3과 교과서 체제의 발전

앞에서 살폈듯이 1895년 후반~1902년 상반기에는 문부성이 나카 미치요의 제안에 따라 '동양 역사'라는 용어를 사용하기 시작했다. 이에 따라 이 기간에 '동양 역사', '서양 역사'라는 제목의 교과서가 등장했다. 그러나 발행된 교과서의 종수가 많지 않고, '일본 역사'는 여전히 '본방사'라는 명칭을 사용했다. 이후 1902년 후반기에 발행된 교과서에서 비로소 '일본 역사'라는 서명을 쓰기 시작했다. 〈표 5-1〉과 〈자료 1〉(154쪽 참조)에서 알 수 있듯이 일본사 교과서 종수도 늘어나고 있다. 일본사 교과서들은 머리글에 1902년 문부성의 '집필 지침'에 따라 기술되었다고 밝히고 있다. 이전 교과서에서는 보지 못한 면이다. 〈자료 1〉의 일본사 15건 중 ④(棚橋一郎・稲葉常楠, 『日本歴史教科書』)는 「범례(凡例) 3칙(三則)」에 중학교 1, 2학년용으로 편찬한 것이라고 한 다음에 "이 책은, 메이지 35년 2월 문부성 훈령(訓令) 중학교 교수요목(教授要目)에 근거하여 주위[旁] 제가(諸家)의 체제를 절충했다"고 밝혔다.

〈자료 1〉의 동양사 15건 중 ⑤(稲葉常楠・増沢長吉, 『東洋歴史教科書』)는 「예언(例言)」에서 "본서는 주로 중학교 '동양사 역사교과용서(東洋歴史教科用書)'에 충당하기 위해 편찬되었으며, 그 때문에 문부성 훈령 제3호 중학교 동양역사과(東洋歴史科) 교수요목에 준거했다. 하지만, 저자의 고찰에 따라 취사(取捨)한 바도 적지 않다"고 했다. 이어 본서에 나오는 지명(地名)은 모두 메이지 35년(1902) 11월 문부성 '취조(取調)의 서방(書方)'에 준거한다고 밝혔다. 이에 따르면, 일본 역사와 동양 역사교과서의 경우, 1902년 2월~11월 사이에 문부성에서 매우 자세한 집필 지침을 배포했음이 확실하다. 서양사의 경우도 〈자료 1〉의 서양사 12건 중 ②, ③의 「범례」에서 문부성 교수요목을 언급했다. 나카 미치요의 제안 후, 8년이 되는 시점에 역사교과서

3과 체제가 문부성 훈령에 따라 틀을 잡은 것이다.

서양사 교과서는 1902년 2월에 발행 사례가 1건이 있고, 같은 해 후반에는 발행 사례가 없다. 1908년 이후에야 여러 사례가 나온다. 여기서 '서양사'란 용어가 언제부터 사용되었는가를 검토해보고자 한다. 〈자료 1〉의 서양사 부분에 실린 목록 중 최초의 시적으로 1874년에 나온 『외국사략(外國史略)』은 교과서 종류가 아니라 서양의 역사를 쓴 최초의 개설서에 해당한다. 그렇지만 광의의 교과서류로 간주했다. 그런데 이 책이 나온 '구화주의 시대'에 서양의 역사를 '외국사'로 이름 붙인 점에 주의할 필요가 있다. 이 책의 서문에 "세상의 생도들은 왕왕 화한(和漢) 서적을 섭렵하여 특별히 한고조(漢高祖), 당태조(唐太祖), 미나모토 우장(源右將), 도요토미 태각(豊太閤, 도요토미 히데요시의 경칭)을 알아도 앨버트(義都華伯德珠), 워싱턴(華盛頓)과 나폴레옹(安那勃列翁)은 모르니 슬프지 않은가!"라는 구절이 있다. 이에 따르면 당시 외국은 중국, 일본 외의 세계 곧 오늘날 서양이라고 부르는 곳을 총칭한다.

'외국' 대신 '서양'은 언제부터 사용되었을까? 당장 이에 대한 답을 얻기는 어렵다. 필자가 조사한 일본의 역사교과서에서 『외국사략』의 뒤를 잇는 것은 1899년에 간행된 혼다 센지로(本多淺治郎)의 『신체서양역사교과서(新軆西洋歷史敎科書)』이다(〈자료 1〉의 III. 서양사 ②). 그 이전 시기의 '서양사' 교과서 사례를 보지 못해 어떤 단정도 할 수 없지만, 필자가 조사한 대로 서양사 교과서의 첫 사례가 1899년 간행본이라면 1894년 상반기에 나카 미치요가 외국사를 동양사, 서양사로 나누자고 한 제안에서 비로소 서양사도 처음 명명하게 된 것은 아닐까? 근대 일본에서 오늘날 '서양사'에 해당하는 용어로는 유

**그림 5-1.** 중등 동양사 교과서
중동 동양사 교과서 중 1902년 12월에
발행된『동양역사교과서(東洋歷史敎科書)』
이다.
일본국회도서관 소장.

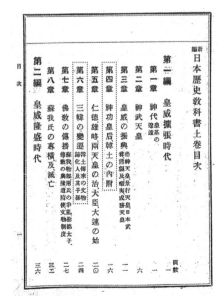

**그림 5-2.** 중등『일본사』교과서
1902년 11월에 발행된 중등『신편(新編)
일본역사교과서(日本歷史敎科書)』의
목차. 제1편 제4장, 제6장에 한국사가
들어가 있다(점선 표시 참조). 제4장이
"진구황후, 한토의 내부"로 되어 있다.
일본국회도서관 소장.

**그림 5-3.** 중등 서양사 교과서
중등 서양사 교과서 중 1899년
9월에 발행된 『신체서양역사교과서
(新躰西洋歷史敎科書)』이다.
일본국회도서관 소장.

럽사(ヨーロッパし), 구주사(歐洲史)가 더 일반적이다. 그렇다면 서양
사란 용어는 동양사의 대칭어로 사용되면서 정착하게 된 것은 아닐
까? 『신체서양역사교과서』 이후 1902년부터 1915년까지 간행된 아
래의 서양사 교과서 사례를 보더라도 '서양 역사'와 '외국 역사'가 혼
용되다가 ' 서양 역사' 혹은 '서양사'로 정착되는 과정을 보여주는 것
으로 느껴진다.

니시우라 다이지(西浦泰治), 1902, 『서양역사교과서(西洋歷史敎科
書)』, 普及舍.
사이토 히쇼(齊藤斐章), 1908, 『통합역사교과서(統合歷史敎科書) 서양

사(西洋史)』, 大日本圖書株式會社.

아리가 나가오(有賀長雄), 1911, 『신정중학서양역사교과서(新訂中學
西洋歷史教科書)』, 三省堂書店.

이소다 료(磯田良), 1915, 『신편외국역사교과서(西洋歷史教科書) 서양
지부(西洋之部)』, 三省堂書店.


〈표 5-1〉과 〈자료 1〉에 따르면, 1907~1908년 사이에는 3분과 모
두 1건 이상(일본사 1, 동양사 2, 서양사 2)의 사례가 있다. 이 가운데
3분과 모두 1책씩 나온, 사이토 히쇼의 『통합역사교과서(統合歷史敎科
書)』가 주목된다. 저자가 집필한 일본사, 동양사, 서양사 교과서가 모
두 같은 날, 같은 출판사(대일본도서주식회사大日本圖書株式會社)에서
발행되었다. 일본사의 경우 「교재 해설서(敎材解說書)」가 남아 있다.
이 해설서에는 저자의 은사이자 도쿄고등사범학교 교수인 문학박사
미야케 요네키치의 「서언(序言)」과, 도쿄제국대학 교수 겸 가쿠슈인
교수인 문학박사 시라토리 구라키치의 「통합역사교과서 서(統合歷史
敎科書序)」가 교과서 앞부분에 실렸다. 두 글은 저자의 편찬 의도와
집필 노력을 주로 서술 대상으로 삼았지만, 이를 통해 당시 역사교과
서 편찬 과정의 일단을 살필 수 있다.

저자 사이토 히쇼는 1899년 도쿄고등사범학교를 졸업하고 도쿄
부(東京府) 시범학교 훈도(訓導) 교유(敎諭), 1902년 같은 학교 조교유
(助敎諭), 1906년 교유를 거쳐 1908년 교수로 승진한 뒤 구미 유학을
떠나 1911년에 귀국했다. 미야케 요네키치는 「서언」에서 그가 1902
년 도쿄고등사범학교에 취직하여 중학 역사교수를 담당하면서 교수
방법 개량에 노력하여 새로운 교안(敎案)을 편성하려고 여러 차례 찾

아와서 본인의 의견을 말하고 또 성안(成案)을 가져와 자신에게 비평을 구하면서 개수(改修)를 거듭했고, 또 여러 해에 걸쳐 실험을 되풀이하여 마침내 책을 내게 되었다고 경위를 소개했다. 그 '불권불요(不倦不撓, 권태로워하지 않고 흔들리지 않음)'의 노력에 감동하여 완성원고를 다시 여러 차례 '열독비평(閱讀批評)'하면서 「서언」을 쓴다고 했다. 종래의 다른 교수 방안에 비해 개량된 것이 매우 많고, 특히 일본사, 동양사, 서양사의 상호관계에 대해 조직(구성)을 크게 바꾸어 교재 순서를 재배치하는 등 교수 과정의 어려움을 덜어준 점은 이 교과서의 특별한 성과로서 중등 역사교수에 공헌하는 바 적지 않다고 했다.

미야케 요네키치의 「서언」이 1907년 12월 1일자이지만, 시라토리 구라키치의 「통합역사교과서 서」는 1908년 1월자로 되어 있다. 시라토리 구라키치는 글의 앞머리에서 교과서는 학생의 지식과 사상의 상태에 영향을 주는 것이기에 편찬 과정을 소홀히 해서는 안 되며, 따라서 다른 학과와 서로 상조하여 각 학과의 지식을 확실히 하되 각종의 학과를 통하여 '사상의 통일'을 온전히 하도록 주의해야 함을 강조했다. 특히 중학 과정 정도에서는 분과(分科)가 매우 여러 갈래여서 주의를 기울여야 할 점이 더욱 많다고 했다. 이어서 역사과(歷史科)는 국사(國史)·서양사·동양사의 3분과가 있어 학교급(學校級)의 고하(高下)에 따라 이를 특별히 주의하여 가르쳐야 하며, 가르치는 교사가 서로 다를 때는 왕왕 '교호(交互)의 연락'을 결여하여 학생들이 역사의 진상을 제대로 알 수 없게 되기 쉽다고 우려했다. 그러면서 그는 이 점이 실제로 그 당시 역사교수의 결점 중 하나인데, 『통합역사교과서』는 이런 결함을 크게 고쳐 '사상의 통일'을 잃을 우려를 해소하는 "역사교과서 편찬에 하나의 새로운 기축[一新基軸]"을 이루었기에 교육계에 공헌하는 바가 적지 않다고 극찬했다. 시라토리 구라키치가 강조한 '사상의 통일'은 후술하듯이 1890년의 「교육칙어」의 실현을 의식한 언급으로 보인다.

『통합역사교과서』가 일본사, 동양사, 서양사 간의 '교호의 연락'을 어떻게 강구했는지를 여기서 자세히 분석하기는 어렵다. 3과의 시대구분(상고사, 중고사, 근고사, 근세사, 현대사)을 일치시키고 각 시대를 제1기, 제2기로 나누는 방식을 공통으로 취하여 시기순 비교를 가능하게 한 점이 특별히 눈에 띈다. 사이토 히쇼의 『통합역사교과서』 3종은 1902년 문부성 훈령에 따른 역사 3과 교과서 체제가 확립된 후 교육적 효과를 기하여 특별히 노력한 사례로 간주된다.

## 2) 동양사가 아니라 일본사에 편입된 한국사: 역사합병의 만행

역사교과를 일본사, 동양사, 서양사로 구분한 3과 체제는 형식상으로는 무리가 없었지만, 문제는 내용이었다. 특히 '지나사'로 통칭해온 역사 내용을 '동양사'로 바꿀 때, 지나 곧 중국의 역사 외에 주변의 다른 종족과 나라의 역사를 어느 정도 포함했는지 유의해서 봐야 할 문제이다. 특히 한국사가 어떻게 취급되었는지 확인할 필요가 있다. 이를 위해 먼저 '일본사' 교과서의 목차를 정리해보았다. 〈표 5-2〉가 그 결과이다.

비교 조사 대상이 된 3종은 1900년 이후에 발행된 교과서들이다. 지금까지의 고찰에서 문부성 역사교과서 제도 확립 과정에서 중

**표 5-2.** 1900년 이후 발행 '일본사' 교과서의 목차 비교

| (1)『本邦史綱』<br>(峰岸米造, 1900) | (2)『日本歷史敎科書』<br>(棚橋一郎・稻葉常楠,<br>1902. 12.) | (3)『統合歷史敎科書<br>日本史(中學校用)』<br>訂正2版(齋藤斐章, 1908) |
|---|---|---|
| **1編 建國より蘇我氏の滅亡<br>に至る**<br><br>5章 韓土內附<br>8章 三韓叛服<br>9章 韓土傳來の文物・工藝,<br>歸化人及び其の子孫 | **(上) 2篇 上古史**<br><br>第二期 大和時代の下<br>1章 (神功皇后)韓土內附<br>3章 韓土の變遷<br>(3章) 歸化人及び其の子<br>孫, 韓土傳來の工藝・文物 | **(上) 上古史**<br><br>第六 韓土內附<br>第十 韓土の叛亂 |
| **2篇 大化の新政より奈良朝<br>の終に至る**<br><br>2章 百濟高麗の滅亡 | **3篇 中古史**<br><br>第一期 王政時代<br>2章 百濟高麗の滅亡<br>(9章 平安奠都 蝦夷の鎭定)<br>9章 渤海入貢 | **中古史**<br><br>第一期<br>　第二 邊境と韓土<br>第二期<br>　第一 (平安遷都 蝦夷鎭定)<br>　渤海入貢 |
| **3篇 平安遷都より前九年の<br>役に至る**<br><br>1章 渤海入貢 | | **(下) 近古史**<br><br>第一期 (第一 鎌倉幕府) |
| **8篇 織田信長の上洛より關原<br>の役に至る**<br><br>(2章 豐臣秀吉の一統)<br>3章 朝鮮征伐 | **(下) 3篇 中古史**<br><br>第四期 戰國時代<br>(5章 豐臣秀吉)<br>6章 朝鮮征伐 | **近世史**<br><br>第一期<br>　第三 豐臣秀吉の外征 |
| **10篇 王政復古より明治二十<br>七八の役に至る**<br><br>4章 征韓論<br>6章 朝鮮との修交<br>8章 明治二十七八年の役<br>(條約改正) | **5篇 現代史**<br><br>2章 征韓論<br>3章 朝鮮事件<br>(3章) 明治二十七八の戰役<br>(條約改正)<br>(4章) 結論 國家の前途 | **現代史**<br><br>第三 征韓論<br>第五 ロシア及び朝鮮との關<br>係<br>第六 明治二十七八戰役<br>第八 明治三十七八戰役 |

※일본 교과서 체제와 용어를 그대로 보여주기 위해 우리말로 옮기지 않았다.

요한 기준 시기인 1902년도 후반기 이후의 것도 2종이 포함되었다.
3종의 목차를 서로 비교해보면 큰 차이가 없어 보인다. 그런데 3종

모두, 한국사(조선사)에 해당하는 사항들을 목차에 포함하고 있는 사실은 매우 주목된다. 『일본서기』에 기술된 이른바 진구 황후의 신라 정벌에 해당하는 부분을 '한토내부(韓土內附)'로 처리하고, 그 이후의 이탈에 해당하는 사항을 '삼한반복(三韓叛服)', '한토(韓土)의 변천', '한토의 반란' 등으로 절을 세웠다. '백제·고(구)려의 멸망', '변경(邊境)과 한토', '발해(渤海) 입공(入貢)' 등은 그 후의 한반도의 형세를 나타낸 절이다.

이러한 서술체제는 요시다 쇼인의 『유수록』의 조선관(朝鮮觀)을 강하게 연상시킨다. 이 글은 진구 황후의 신라 정벌 대목에서 『일본서기』의 관련 기사를 망라하여 이탈 이후 납공을 이행치 않는 '무례(無禮)'를 오랫동안 계속하고 있으니 이를 응징하는 정한(征韓)을 단행하여 바로잡아 다시 일본에 복속시켜야 한다고 특별히 강조했다.[3] 이 교과서들이 근세 이후의 역사에서 도요토미 히데요시의 '조선 정벌'을 다루고, 이어 근대에서 '정한론', '조선과의 수교(修交)', '러시아 및 조선과의 관계', '조선 사건(朝鮮事件: 임오군란, 갑신정변을 뜻함)', '메이지 27~28년 전쟁(청일전쟁을 뜻함)', '메이지 37~38년 전쟁(러일전쟁을 뜻함)' 등의 항목을 세운 것은 모두 재복속 실현 과정의 역사로 읽힌다.

앞의 〈표 5-2〉에서 보듯이 1900년에 발행된 미네기시 요네조(峰岸米造, 1870~1947)의 『본방사강(本邦史綱)』에서 한국사가 일본사에 편입되어 있다. 본방사가 '일본사'로 명칭을 바꾸기 전에 한국사는 이미 일본사에 편입되었던 것이다. 이것은 나카 미치요가 동양사 과목을 제안할 때, 이미 한국사를 동양사가 아닌 일본사로 간주하고 있었다는 것을 의미한다. '동양사' 이전에 '지나사'는 본래 어디까지나

지나 곧 중국의 역사를 다루었다. 그것을 동양사로 바꿀 때, 한국사는 당연히 동양사에 포함되었으리라고 생각했지만, 이런 필자의 예상과는 달리 1900년에 간행된『본방사강』은 '진구 황후의 신라 정벌'을 사실로 받아들여 한국사를 일본사의 한 부분으로 간주했다. 앞에서 언급했듯이 '동양사'의 '동양'은 일본 천황이 지배하는 새로운 세계로서, 한반도는 이미 고대에 일본에 복속된 지역이기에 중도 이탈을 바로잡아야 할 대상으로 인식한 것이다. 후술하듯이 제안자 나카미치요는 1890년에 「교육칙어」가 나오자 이듬해 바로『교육칙어연의』를 집필해 발표할 정도로 천황 중심의 국가주의에 대해 관심이 많았다.

다음 〈표 5-3〉은 1902~1903년에 발행된 '동양사' 교과서 3종의 목차 가운데 한국사와 관련된 것들을 발췌한 것이다.

3종 교과서 중 (1)의 「제6과 조선의 기원 및 무제의 관계(朝鮮の起源および武帝の關係)」가 먼저 주목된다. 이것은 그나마 한국사를 직접 반영하겠다는 의지로 읽을 수 있는 유일한 예이다. 그러나 '기원' 이후의 한국사 기술을 표명한 항목이 보이지 않으므로 이 항목도 한 무제의 고조선 정복을 서술하기 위한 설정에 불과하다. (2)의 이나바 조난(稲葉常楠)·마스자와 나가요시(增澤長吉)가 쓴『동양역사교과서(東洋歷史敎科書)』 경우, 「제9장 조선반도에서의 제국의 성쇠(朝鮮半島に於ける諸國の盛衰)」, 「제13장 고려의 성쇠(高麗の盛衰)」 이렇게 두 장에서 한국사를 다루고 있지만 이것도 지나사 설명을 위한 보조에 불과하다. 그 밖에 근세, 근대 시대 조선 관련 전쟁에 관한 항목은 곧 조선을 다시 일본제국에 복속시키는 과정에 해당한다. (3)의 쓰보이 구메조(坪井九馬三, 1859~1936)가 쓴『사범학교 동양역사교과서(師範

**표 5-3.** 1902~1903년 '동양사' 교과서 내용 비교

| (1) 『東洋歷史敎科書』<br>(伊藤允美·西浦泰治,<br>1902. 2.) | (2) 『東洋歷史敎科書』<br>(稻葉常楠·增澤長吉,<br>1902. 12.) | (3) 『師範學校東洋歷史<br>敎科書』<br>(坪井九馬三, 1903. 3.) |
|---|---|---|
| 第6課 朝鮮の起源および武帝<br>の關係<br><br>第33課 日淸韓 三國の關係 | 第二篇 中古 第二章<br>(漢の初世 武帝の業 四夷の服<br>屬) | 第二篇 第九章(武帝の業 四<br>夷の服屬) |
| | 第九章 朝鮮半島に於ける諸國<br>の盛衰<br>第十三章 (遼金の興廢) 高麗の<br>盛衰 | 第十章 (後漢の政 諸外國と<br>の關係) |
| | | 第三篇 第二十九章<br>(元の世祖の一統及東侵) |
| | 第四篇 近世 | 第三十四章 明の末世<br>(萬曆朝鮮の役 東林の獄 流賊) |
| | 第九章 日淸韓の關係<br>第十章 (日淸戰役)<br>第十一章 (北淸事件 日英同盟) | 第四篇 第四十四章 日淸韓の<br>關係 |
| | | (日淸の戰役)<br>(東アジアの現勢) |

※일본 교과서 체제와 용어를 그대로 보여주기 위해 우리말로 옮기지 않았다.


學校東洋歷史敎科書)』에서는 근대 이전 목차 가운데 '조선'이라는 명칭
조차 찾아볼 수 없다.

1902년, 1903년의 동양사 교과서들이 조선사(한국사)를 완전히
배제한 것은 앞에서 살핀 일본사 교과서의 '복속' 방침에 따른 것이
란 사실은 의문의 여지가 없다. 1895년 2월에 고지마 겐키치로(兒島
獻吉郎, 1866~1931)[4] 저술로 간행된 『동양사강(東洋史綱)』 상권(야오
쇼텐八尾書店)은 이의 반증 사례이다. 이 책은 다음과 같이 목차를 구
성하였다.[5]

제1장 총론(總論)

제2장 지나(支那)

제3장 조선(朝鮮)

제4장 안남(安南) · 라마(羅馬) · 면전(緬甸)

세5장 인노(印度)

제6장 아시리아(亞西利亞) 바빌론(巴比倫) 및 메디아(めちあ), 페르시아(波斯)

이러한 장(章) 구성은 『통속만국통감』(1888)의 서양의 '오리엔트' 개념 확대 유형과 매우 유사하다.[6] 1894년 상반기의 나카 미치요의 '동양사' 제안 직후에 나온 교과서로서, 새 방침의 상세가 나오지 않은 상황에서 이전의 '동양사' 개념으로 편성한 교과서로 보인다. 여기서는 제3장으로 조선이 독립되어 있는데, 1902년 후반기 이후 동양사 교과서에서는 이것을 찾아볼 수 없게 된다. '동양사' 교과목 설정이 한국사 배제의 의도로 진행된 것을 반증해주는 좋은 사례이다.

### 3) 1910년 '한국병합' 후 간행 교과서: 복속의 역사 강조

일본 메이지 정부는 1904년 2월 러일전쟁을 일으켰다. 이때 대한제국 정부는 전시중립(戰時中立)을 선언했지만, 일본제국은 이를 무시하고 대규모 병력을 한반도에 진주시켰다. 일본은 전쟁이 끝난 뒤에도 1개 사단 규모의 병력을 한국에 잔류시켜 국권 탈취를 목적으로 하는 조약을 강제할 때, 무력 압박의 배경으로 삼았다. 1905년 '보호조약(保護條約)', 1910년 '병합조약(併合條約)'을 강제한 대한제국 국권 탈취는 일본 천황이 지배하는 새로운 동아시아 세계 곧 '동양' 건설이라는 목표를 향한 큰 걸음이었다. 이러한 행보에는 자연스레 역사교과서의 변화가 뒤따랐다. 〈표 5-4〉는 1908년에 발행된 『통합역사교과서(統合歷史敎科書) 일본사(日本史)』(〈표 5-2〉의 (3) 참조)와 1917년에 발행된 『통일중등역사교과서(統一中等歷史敎科書) 일본사(日本史)』(상)·(하)의 목차를 비교해본 것이다.

〈표 5-4〉에 제시된 (2)의 저자 후지오카 쓰구히라(藤岡繼平, 1874~1939)는 「예언(例言)」에서 "중학교에서의 일본사, 동양사, 서양사 교재는 왕왕 중복되는 것이 있다. 본서는 '문학사 야마시타 도라지(山下寅次, 1877~1970) 씨의 동양사', '문학박사 신미 기치지(新見吉治, 1874~1974) 씨의 서양사'와 연결하여 통일되도록 계획하여 중복의 폐단을 피했다"고 한 다음, "본서는 황실을 중심으로 국민정신 계배(啓培)를 주지(主旨)로 하여 편술하고, 대세의 추이에 따라서 시대정신을 가늠하여 국가의 성쇠, 사회의 변천에 관한 개념을 얻게 함에 편하도록" 했다고 밝혔다. 황실을 앞세운 역사의식은 상고, 중고, 근고, 근세, 현대의 일반적 시대구분 아래, 다시 각 시기를 구분하면서 해당 시기의 재위(在位) 천황의 이름을 명시하는 방식을 택했다. 이 방식은 이전 교과서에서 전혀 보지 못했던 것이다. 러일전쟁의 승전을 배경으로 추진된 한국 국권 탈취가 1910년 마침내 '한국병합'이라는 결실을 얻음에 따라 이에 대한 강한 성취감이 교과서 편찬에서도 황도주의(皇道主義) 표방으로 나타났다.[7]

『통일중등역사교과서 일본사』는 이전 일본사 교과서가 '한토(韓土)의 내부(內附)'라고 한 것을 '조선반도의 복속'이라고 바꾸었다. 한국의 일본에 대한 예속성을 한층 강화한 표현이다. 이전 교과서의

**표 5-4.** 1910년 이전과 이후에 발행된 '일본사' 교과서의 목차 변화 예시

| (1) 『統合歷史敎科書 日本史(中學校用)』 訂正2版(齋藤斐章, 1908) | (2) 『統一中等歷史敎科書 日本史』 (上)·(下), 訂正(藤岡繼平, 1917) |
|---|---|
| **(上) 上古史** | **(上) 第一編 太古 (神武天皇前)** |
| 第六 韓土內附<br>第十 韓土の叛亂 | **第二編 上古 (神武天皇より皇極天皇まで)** |
| **中古史** | 第二期 (仲哀天皇より統明天皇まで)<br>　第五章 (神功皇后) 朝鮮半島の服屬<br>　第七章 朝鮮半島の變遷 |
| 第一期<br>　第二 邊境と韓土<br>第二期<br>　第一 (平安遷都 蝦夷鎭定) 渤海入貢 | **第三編 中古 (孝德天皇より安德天皇まで)** |
| **(下) 近古史** | 第一期 (孝德天皇より文武天皇まで)<br>　第十二章 (蝦夷の服屬) 百濟·高句麗の滅亡<br>第三期 (桓武天皇より後冷泉天皇まで)<br>　第十八章 朝鮮半島の變遷 渤海の入貢<br>　第二十五章 朝鮮半島の變遷 (刀伊の入寇 地方の亂) |
| 第一期 (第一 鎌倉幕府) | |
| **近世史** | **(下) 第四編 近古(後鳥羽天皇より後陽成天皇まで)** |
| 第一期 第三 豐臣秀吉の外征 | |
| **現代史** | 第一期 (後鳥羽天皇より後醍醐天皇まで)<br>　第四章 蒙古と高麗<br>第三期(後小松天皇より正親町天皇まで)<br>　第十七章 (明との交通) 高麗と朝鮮<br>　(歐羅巴人の來航)<br>　第二十章 豐臣秀吉の朝鮮征伐 |
| 第三 征韓論<br>第五 ロシア及び朝鮮との關係<br>第六 明治二十七八戰役<br>第八 明治三十七八戰役 | **第五編 近世(後陽成天皇より孝明天皇まで)** |
| | **第六編 現代** |
| | 第一章 明治時代<br>　明治二十七八戰役<br>　明治三十七八戰役<br>　韓國併合 (明治天皇崩御)<br>第二章 大正時代<br>　(今上天皇卽位)(我が國の地位と國民の覺悟) |

※일본 교과서 체제와 용어를 그대로 보여주기 위해 우리말로 옮기지 않았다.

'한토의 내부'가 진구 황후의 '신라 정벌'에 따른 것이라면, 그 '내부'의 범위는 신라 영토에 한정된다. 이를 과장한 경우라도, 백제의 복속 정도로 그쳤는데, 여기서는 '조선반도의 복속' 곧 한반도 전체가 진구 황후의 정벌로 일본에 복속된 것으로 해놓았다. '복속' 후에 '조선반도의 변천' 항목이 세 번이나 반복된 것은 일본 영토로서 조선반도에 어떤 변화가 있었던가를 살핀다는 뜻을 부여했다.

구체적인 내용을 담은 항목으로 '발해 입공' 외에 '몽골과 고려', '고려와 조선'이 설정된 것도 이전 교과서에서 보지 못했던 것이다. 이것은 원래 일본 땅이었던 조선반도 안에서 일어난 역사로서 고려와 조선의 역사를 읽게 하는 효과를 노린 것이다. 일본에 복속된 상태에서 이탈한 결과는 중국 역대 왕조에 휘둘려온 역사로 서술해놓았다. 이런 역사인식은 자연히 근대 부분에서 정한론(征韓論)의 대두, 이의 본격적 전개로서 청일전쟁[明治二十七八戰役], 러일전쟁[明治三十七八戰役] 등을 모두 잘못된 역사를 바로잡아 조선을 구제하는 과정으로 받아들이게 하는 것이다. '한국병합'의 당위와 정당성 부여를 목표로 하는 서술 체계이다.


## 3. 도쿄제대·고등사범학교 출신 일색 저자들: 어용 역사교과서 제작

역사 3과 교과서의 집필자(편자)들은 어떤 부류의 사람들이었을까? 〈표 5-5〉는 집필자 또는 편자들에 관한 기본 정보를 『아사히일본역사인물사전(朝日日本歷史人物事典)』(상·하, 아사히신문사朝日新聞社,

1994), 『일본근현대인명사전(日本近現代人名辭典)』(요시카와고분칸吉川弘文館, 2007, 8쇄), 위키피디아(Wikipedia) 등 인명 사전류를 이용하여 작성한 것이다.

총17명 중 12명의 인적 사항을 찾을 수 있었는데, 그중 10명이 도쿄대학 또는 도쿄제국대학 출신이고, 2명은 고등사범학교 출신이란 결과는 뜻밖이다. 다른 명문 사립대학, 예컨대 와세다대학(早稻田大學), 게이오의숙, 그리고 같은 제국대학인 교토제국대학 출신은 한 사람도 없다. 이는 도쿄제국대학 출신이 중등학교 역사교과서 편찬 사업을 거의 주도하다시피 했다는 것을 의미한다. 고등사범학교는 동양사 과목을 제안한 나카 미치요가 재직하고 있던 교과서 쇄신 입안의 발원처로서, 이 학교 출신의 참가자가 소수일지라도 도쿄제국대학 출신들의 역할과 큰 차이는 없었을 것이다. 두 학교는 학문과 교육에서 정부를 대변하다시피 했으므로 이 두 학교 출신들이 쓴 교과서는 곧 관제(官制) 역사교본이라고밖에 볼 수 없다. 이들이 쓴 교과서의 주요한 경향 몇 가지를 살펴보면 다음과 같다.

첫째, 한국사에 대해 부정적이거나 잘못된 서술이 많다. 이토 미쓰요시(伊藤允美)·니시우라 다이지(西浦泰治) 공저의 『동양역사교과서(東洋歷史敎科書)』(1902. 1.)의 서술을 예로 들어보자. 「제17과 당(唐)과 제외국(諸外國)과의 관계」에서 한 무제 때, 고조선을 정복하고 4군을 설치했으나 곧 위령(威令)이 행해지지 않게 되면서, "만인(滿人) 고주몽(高朱蒙)"이 고(구)려를 세웠다고 했다. 진구 황후의 신라 정벌로 일본에 조공을 바친 나라로 신라와 백제를 간주하고, 북쪽에서는 한의 위령이 서지 않은 상황에서 주몽이 고구려를 세웠다고 했다. 그런데 놀랍게도 고구려를 세운 주몽을 만주인이라고 했다. 『일

**표 5-5.** 교과서 편찬자들의 출신과 주요 학력·이력

| 이름 | 생몰년 | 교과서 분야 | 주요 학력 | 특기 사항 |
|---|---|---|---|---|
| 니시우라 다이지<br>(西浦泰治) | | 일·동·서 | | |
| 다나하시 이치로<br>(棚橋一郎) | 1863~1942 | 일·서 | 도쿄제국대학<br>화한(和漢)문학과 | 철학회 창설회원,<br>중의원 |
| 이나바 조난<br>(稲葉常楠) | | 일·동 | | |
| 혼다 센지로<br>(本多淺治郎) | | 일·서 | 도쿄제국대학<br>사학과 | 문부성 급비생 선정 |
| 사이토 히쇼<br>(齊藤斐章) | 1864~1944 | 일·동 | 도쿄고등사범학교 | 도쿄고등사범학교<br>교수, 구미 유학 |
| 와다나베 요스케<br>(渡辺世祐) | 1874~1957 | 일 | 도쿄제국대학<br>국사과 | 도쿄제국대학 교수<br>사료편찬괘(1904) |
| 미네기시 요네조<br>(峰岸米造) | 1870~1947 | 일 | 도쿄고등사범학교 | 도쿄고등사범학교<br>교수 |
| 후지오카 쓰구하라<br>(藤岡継平) | 1875~1939 | 일 | | 문부성 입사,<br>'국사 교과서의<br>대부(代父)' |
| 후지이 진타로<br>(藤井甚太郎) | 1883~1958 | 일 | 도쿄제국대학<br>사학과 | 호세이(法政)대학<br>문학부 교수,<br>유신사연구,<br>메이지문화연구회<br>회원 |
| 이토 미쓰요시<br>(伊藤允美) | | 동 | | |
| 마스자와 나가요시<br>(増沢長吉) | | 동 | | |
| 쓰보이 구메조<br>(坪井九馬三) | 1859~1936 | 동·서 | 제국대학<br>문학부(1881),<br>이학부(1885) | 구미 유학,<br>도쿄제대학 문과대<br>교수, 역사지리<br>강의, 학사원 회원 |

| 이름 | 생몰년 | 교과서 분야 | 주요 학력 | 특기 사항 |
|---|---|---|---|---|
| 이소다 료(磯田良) | 1867~1924 | 동·서 | 도쿄제국대학 사학과 | 고등사범학교 교수 |
| 나카야마 규시로 (中村久四郎) | 1874~1961 | 동 | 도쿄제국대학 사학과 | 독일 유학, 도쿄고등사범학교 교수, 도쿄제국대학 교수 |
| 야마시타 도라지 (山下寅次) | 1877~1970 | 동 | 도쿄제국대학 한문학과 | 히로시마대학 문리대 교수 |
| 아리가 나가오 (有賀長雄) | 1860~1921 | 서 | 도쿄대학 철학과(1882) | 독일 유학, 오스트리아 국법학, 내각 법률 고문 |
| 신미 기치지 (新見吉治) | 1874~1974 | 서 | 도쿄제국대학 사학과 | 독일 유학, 히로시마대학 문리대 교수 |

※분야 약칭: 일본사-일, 동양사-동, 서양사-서

본서기』의 기술대로 "삼국 중 신라가 가장 일본에 가까워, 우리 서쪽 인민을 선동하여, 진구 황후가 이를 정복하고, 아울러 백제를 항복시키고, 오진(應神) 천황 시대에 임나부(任那府)를 두고, 신라 백제를 통어한" 것으로 서술하고, 그 신라가 당과 수호(修好)하여 보호를 구했다고 했다. 신라가 삼국통일 전쟁에서 당나라와 우호관계를 만든 것도 3국의 각축 속에 생긴 국제관계로 보지 않고 일본의 보호에서 이탈한 역사의 시발로 간주했다.

「제33과 일(日)·청(淸)·한(韓) 삼국의 관계」에서는, 조선은 인조(仁祖) 이래 청국에 귀복(歸服)하여 정삭(正朔, 매년 정초)에 조공을 바치는 나라가 된 것으로 전제하여, 그 9세손(九世孫) 이형(李㷩, 고종: 인용자)이 왕위에 오르면서 아버지 흥선대원군이 섭정(攝政)으로 기독교를 박해한 사실, 프랑스와 미국의 군함을 연속 파격한 뒤, 일본 군함까지 강화도에서 포격한 '잘못'을 저질러 일본이 "그 죄를 물으니 조선이 사죄하고 다시 원산(元山), 인천(仁川) 2항을 열어서 비로소 그 독립을 승인받은" 것으로 서술했다. 일본의 시혜를 부각하기 위한 왜곡이 끝이 없다. 조선왕(고종)이 장성하여 친정에 나서면서 정권이 모두 민후(閔后) 일족의 손에 돌아간 것, 이에 흥선대원군이 마음이 편하지 못하여 "마침내 난민을 선동하여 민족(閔族, 왕비 일족을 일컬음: 인용자)을 살해하고, 또 일본공사관을 습격한" 것으로 기술했다. 일본이 저지른 왕비 살해를 마치 흥선대원군이 한 것처럼 서술하여 책임을 전가했다.

또 "조선에 2당이 있으니 하나는 일본주의의 개진파(開進派), 다른 하나는 청국주의의 수구파(守舊派)"라고 소개하고, 개진파의 영수 박영효, 김옥균 등은 독립당(獨立黨), 그 반대편의 수구파 민씨 일족은 사대당(事大黨)이라고 했다. 오늘날까지 한국 근대사에서 회자되는 수구파, 개진파(개화파), 독립당, 사대당의 용어가 나온 배경을 스스로 보여준다. 이 구도는 오늘날 한국인의 일반적인 인식으로 남아 있을 정도로 영향이 크다. 이런 파벌 분류는 당시 조선 지식인 사이에 없던 것이다.

임오군란, 갑신정변에 관해서는 교과서 대부분이 빠짐없이 서술했지만, 그 가운데 1882년 임오군란의 잘못에 대해 "박영효 김옥균이 (도쿄) 조정에 와서[來朝] 사죄했다"라고 서술한 것도 있다. 두 사람은 임오군란과는 무관하고, 갑신정변에서 실패하여 도쿄로 간 것을 사죄하러 간 것처럼 기술했다. 조선이 일본의 '복속국'이라는 점을 보여주려는 강한 편집의식으로 인해 사실관계를 왜곡한 경우이다.[8] 이런 내용으로 한국 역사를 잘못 배운 일본인들이 한국을 대하는 태도는 큰 문제가 아닐 수 없다.

1900년 의화단(義和團) 사건 이후에 전개된 러시아와의 관계에 관한 서술은 기본적으로 '조선의 독립'과 '동양 평화'를 위한 것이란 점을 강조했다. 한국 침략의 대단원에 해당하는 「일본의 한국병합」은 그간의 잘못된 한일관계가 제자리로 돌아온 역사로 설명했다.

먼저, 1905년 보호조약을 통해 한국통감부가 설치된 것에 대해, "천수백 년간 일본, 지나 및 만주 방면의 여러 강린국(強隣國)의 세력 경쟁의 장이 되어온 조선반도가 이제 완전히 일본의 보호 감리(監理) 아래로 들어왔다"라고 논평했다. 이후 "한국 황제(고종: 인용자)가 이를 반기지 않아 왕왕 불온당한 행동을 시도하여 물의를 일으켰지만" 제2차 '일한협약(日韓協約, 1907)'으로 한국통감부가 내정을 지휘하고, 한국인 스스로 '일한합병(日韓合邦)'을 청원하기도 했으나, 일이 이루어지지 않다가 "일한 상호의 안녕을 증진하고, 동양의 평화를 유지하기 위해, (…) 마침내 영구히 한국을 우리 제국에 병합하게 되었다"라고 서술했다. 동양 평화라는 미명하에 침략을 호도하는 서술로서 이는 일본제국의 공식 견해이기도 했다.[9]

1917년에 발행된 『통일중등역사교과서 일본사』는 제1차 세계대전 중에 일본이 독일의 칭다오(靑島)를 함락하고 남양의 독일령 여러 섬[諸島]을 점령한 역사를 서술한 다음, "우리나라(일본)는 다시 노국(러시아)과 새로이 협약을 맺어 한층 동양의 평화를 우리들의 두 어깨[雙肩]에 지게 되었다. 참으로 제국의 신민이 된 자, 화충협동(和衷協同)으로 이 대임(大任)을 이루지 않을 수 없다. 돌아보건대, (일본의) 3,000년[三千歲]의 역사는 찬연하여 우리[吾等, 일본] 조선(祖先)의 공업(功業)을 장식하여 국민이 더욱 분발해야 옳도다"라고 끝을 맺었다.[10] 역사교과서에 천황과 신민의 일치단결을 교육하는 국민독본(國民讀本)의 기능이 부여되었다.

이웃 나라 역사에 대한 비하는 중국사에서도 마찬가지였다. 『중학교용 동양역사교과서(수정판)』의 「제44장 약설(約說)」[11] 가운데 (1) 「지나(支那)의 국체」에서 지나 곧 중국은 "세계의 구국(舊國)"으로서 "혁명이 누누이 일어나서, 왕조가 상시로 바뀌었다. 이것이 지나의 국체와 우리 국체의 하늘과 땅[天壤]의 차이"라고 했다. 그리고 (2) 「한족(漢族)과 이족(異族)」에서 "한족은 이민족[異族]의 폭력으로 정복된 것이 여러 차례여도 항상 문화의 힘으로써 이들을 정복했다"라고 하여 문화적 역량을 평가했다. 그러나 그것은 어디까지나 구시대의 것이란 전제가 붙었다. (3) 「지나의 소란」에서는, "지나는 국토가 크고 민중이 많아서 통치가 극히 곤란한 데다가 혁명의 변란(왕조 교체를 뜻함: 인용자)이 여러 차례 일어나고, 이민족의 침략이 잇따라 소란이 그칠 때가 없었다. 또 지나는 이성(異姓), 이족(異族)이 서로 혼합하여 이루어진 나라가 되어, 그 쟁투가 극도로 잔인하고 혹박(酷薄)하여 그 역사를 읽는 사람으로 하여금 비참한 감상을 감당할 수 없게 한다. 따라서 일본 역사와 지나 역사를 대조하면 바로 만세일계(萬世一系)의 천황에 통치된 우리 국민이 얼마나 행복한지를 깨달아야 한다"고 했다. 역사교과서가 신성한 일본제국 천황가를 높이는 황도주의 함양 역할을 숨김없이 드러내고 있다. (4) 「지나의 문화」에서는 문화가 일찍 발달한 것과 달리 진보의 속도가 느리다는 것, 과학 방면은 서양 문화보다 현저하게 떨어진다는 것 등을 지적하고, (5) 「지나인의 장래」에서는 외국인을 경멸하는 악풍(惡風)이 있어 그 결과로 "서양 문화에 대한 감수력이 우리 국민보다 둔하다"고 하면서, "원(元) · 명(明) 시대에 우리 국민보다도 일찍 서양의 문화에 접촉했으면서도 이어짐이 없는 것이 이를 증명한다"고 했다.

끝으로 (6) 「우리[吾人]의 각오」에서는 "지나는 과거에는 문화적으로 서양 여러 나라를 능가함이 있었어도 지금은 크게 열등하여, 자칫하면 열강에 분탈(分奪)되거나 혹은 스스로 '토붕와해(土崩瓦解)'되는 정세에 있으며, 그것은 우리 일본제국의 운명에 관계되는 것이 아주 많으므로 우리는 항상 지나문제에 주의하여 과거의 역사에 비추어 장래의 대책을 그르치는 것이 없도록 해야 한다"고 했다. 일본제국은 러일전쟁을 일으킬 때, 러시아의 한반도 위협은 곧 일본의 안위를 위협하는 것이라고 했다. 요시다 쇼인의 주변국 선점 논리가 대외정책의 기본이 되고, 역사교과서의 가르침이 되고 있다.

서양사 교과서의 분위기도 마찬가지다. 1910년 '한국병합' 이듬해에 발행된 아리가 나가오의 『신정 중학서양역사교과서』(1911. 11.)는 국제정세 변동의 역사에 비중을 두었다. 「서언(緖言)」에 따르면, 이 책은 1906년 12월에 처음 발행되었지만 1911년에 발표된 「개정 중학교 교수요목」에 따라 신정본(新訂本)을 내게 되었다. 마지막 「제41장 최근 문명의 진보」는 '제1절 입헌주의, 제2절 국민주의, 제3절 식민주의(殖民主義), 제4절 팽창주의 및 평화주의, 제5절 문학 · 미술의 발달, 제6절 과학의 진보 및 그 응용' 등을 거론하고, '제7절 세계에서의 일본국의 지위'를 특별히 다루었다. 아세아 · 아프리카 및 대양주가 구미 여러 나라의 팽창으로 인해 희생되는 상황에서, "홀로 동양에서 입헌주의를 확립하여, 이 추세에 대항하여, 흘연히 물이 흐르는 가운데 저주(砥柱, 격류에도 흔들리지 않고 서 있는 기둥돌)가 되고 있는 것이 바로 우리 일본국이다"라고 했다. 특히 1904년 '강로(強露)' 즉 강대한 러시아를 이긴 결과, 관과 민의 노력으로 세계 제1등 국의 열에 들었지만, 아직 경제에서는 세계 제2등 여러 나라에도 미치지 못하니 근검자강(勤儉自彊)의 성지(聖旨, '천황의 뜻'을 의미함)를 좇아 오늘의 지위를 유지하자고 했다.[12]

1912년 10월에 발행된 이소다 료의 『신편 외국역사교과서 사범교과 서양지부』(1912)는 「예언(例言)」(3)에서 "본서는 본방(本邦, 일본) 국민교육의 견지로부터 관찰하고, 문부성 제정의 중학교령 시행 규칙에 기재된 외국 역사 교수의 목적을 달성하기 위해 서양인의 세력 발전과 서양 문명의 발달 유래를 명확히 하는 것을 주안으로 한다"고 했다.[13] 1915년 10월에 나온 수정판도 문부성 제정의 「개정 사범학교 교수요목」에 맞추어 고쳤다고 했다. 그리고 "본방 국민교육의 견지로부터 관찰하고, 문부성 제정의 사범학교 규정에 기재된 외국 역사교수의 목적을 달성하기 위해 서양인의 세력 발전과 서양 문명의 발달과의 유래를 명확히 하는 것을 주안으로 한다"고 밝혔다.[14] 서양인이 어떻게 세력 발전을 했는가를 알게 하는 것이 서양사 교육의 목표였다.

이 책은 속표지 다음 면에 「메이지 천황(明治天皇) 어제(御製)」를 초서체로 수록한 것이 특별하다. 외국에 뒤지지 않은 나라를 만들겠다는 뜻을 담은 글로서 다음과 같다.

먼 옛날부터 행해져온 시도들을 참고로 새로운 시대의 일도 정해나 갈 것이다(いそのかみ古きためしおたつねつつ新しき世のこともさだめむ). 좋은 것을 취하고 나쁜 것을 버리고 외국에 떨어지지 않는 나라를 만들고 싶다(よきをとりあしきをすてて外つ國におどらぬ國となすよしもがな).

이 책은 교사들이 가져야 할 「학생 여러분[諸子]에 대한 주의」에서 특히 외국 역사를 읽을 때는 능히 피아(彼我)의 국체(國體), 국정(國情), 국풍(國風)의 다른 바에 주의하고, 일본의 교육자로서 가장 적당한 사실을 얻는 것을 노력해야 한다는 점을 강조했다.[15] 또 목차 뒤에 「참고-총설(總說)」을 덧붙여 "서양사 학습의 주안(主眼)"으로 동양사 학습을 통해 과거 성했던 동양인 및 동양 문명 쇠퇴의 자취[跡]를 배운 다음, 서양사 수업을 통해 서양인 및 서양 문명 융성의 유래를 연구하여 일본제국의 발전과 세계의 진보에 공헌하는 것을 필요로 한다고 했다.[16]

1916년에 발행된 신미 기치지의 『통일중등역사교과서 서양사』는 「예언」 (2)에서 "현금의 서양 여러 강국의 발전, 그 문화의 유래를 배우는 것이 서양사 교육의 목적"이라고 밝히면서 "특히 근세사 편술에서는, 여러 강국의 내정 발달을 서술하여 정치적 식견을 기르고, 다음으로 여러 강국의 정치적·경제적 판도 확장을 설명하고, 그 사이에 처한 우리(일본) 국민의 각오를 환기시키는 것에 노력해야 한다"라고 밝혔다.[17] 일본제국이 세계 제일의 강국 대열에 오르는 데 이바지하는 역사교육, 즉 강한 국가주의 성향의 교육을 지향하고 있다. 서양 열강의 역사도 팽창주의 관점에서 가르칠 것이 강조되었다. 이 목표는 역사 3과 교과서 전체에 일관하는 논조로서, 교과서 발행 시기에 따라 약간의 차이가 있을 뿐이다.

역사교과서를 일본사, 동양사, 서양사 3과로 나눈 것은 역사교육의 체계화인 동시에 역사교육의 양적 증대를 가져왔다. 다시 말하면

외국사를 동양사, 서양사로 나눌 때부터 역사교육을 통한 천황제 국가주의 정신교육의 효과를 기하였다. 청일전쟁, 러일전쟁의 승리로 주변국 선점 정책이 가시화될수록 국가주의는 강도를 높여갔다. 역사교과서 정책이 바로 국가주의 정신교육을 목표로 하고 있었으므로 교과서 집필에 임한 편자와 저자들이 모두 고등사범학교와 도쿄제국대학 출신이었다는 것은 우연한 일로 보이지 않는다.

　역사교과서 편저자 가운데 지식인으로서 특별한 활동을 한 경우도 적지 않다. 이는 역사교과서 집필이 국가적으로나 사회적으로 매우 중요한 일이었다는 것을 방증한다. 다나하시 이치로(棚橋一郎)는 1887년에 이노우에 데쓰지로(井上哲次郞), 아리가 나가오, 미야케 세쓰레이(三宅雪嶺, 본명 유지로雄二郞), 가토 히로유키, 니시 아마네, 니시무라 시게키(西村茂樹), 도야마 마사카즈(外山正一) 등 저명인사들과 함께 철학회(哲學會)를 창설했다. 다나하시 이치로는 이 모임의 철학관(哲學館, 1920년 도요대학東洋大學으로 바뀜)에서 가노 지고로[18]와 함께 윤리 과목을 담당했다. 후지이 진타로(藤井甚太郞)는 1924년 요시노 사쿠조(吉野作造)가 초대 회장을 맡은 메이지문화연구회(明治文化硏究會)에 참가했다. 아리가 나가오는 추밀원 및 내각 관료로 재직하다가 청일전쟁, 러일전쟁 때 군부의 법률 고문으로 종군하고, 헤이그 평화회의에 일본 대표로 참가했다. 그는 1905년 대한제국에 대해 일본 정부가 '보호조약'을 강제할 때, 국제법 자문 역할을 맡아 한국 침탈에 크게 기여했다. 이 무렵 가장 저명한 국제법학자로서 육군대학, 해군대학, 도쿄제국대학 등에서 국제법을 강의했다. 육군과 해군 대학에서는 전시(戰時) 국제법을 주로 가르쳤다.[19]

<자료 1> 일본국회도서관 소장 메이지~쇼와 연간 역사교과서 검색 결과

## I. 일본사 15건

① 峰岸米造, 1900(明治 33. 12.),『本邦史綱』, 六盟館, 請求記號 87-147.

② 西浦泰治, 1902(明治 35. 2.),『日本歷史敎科書』, 普及舍, 請求記號 92-90.

③ 本多淺治郞, 1902(明治 35. 11.),『新編日本歷史敎科書』, 內田老鶴圃, 請求記號 86-221.

④ 棚橋一郞・稻葉常楠, 1902(明治 35. 12.),『日本歷史敎科書』, 田沼書店, 請求記號 81-724.

⑤ 下田歌子, 1903(明治 36. 2.),『女子日本歷史敎科書』(上), 文學社, 請求記號 86-343.

⑥ 下田歌子, 1903(明治 36),『女子日本歷史敎科書』(下), 文學社, 請求記號 86-343.

⑦ 帝國書籍株式會社編輯所 編, 1903(明治 36. 4.),『歷史敎科書(甲種敎員用)』4冊, 帝國書籍, 請求記號 特26-485.

⑧ 齋藤斐章, 1908(明治 41. 1.),『統合歷史敎科書(中學校用)』訂正2版, 大日本圖書株式會社, 請求記號 320-31.

⑨ 齋藤斐章, 1908(明治 41. 2.),『統合歷史敎科書日本史敎材解說書』, 大日本圖書株式會社, 請求記號 320-35.

⑩ 渡辺世祐, 1915(大正 4. 10.),『新編日本歷史敎科書』(上卷) 3版, 三省堂, 請求記號 320-205.

⑪ 峰岸米造, 1916(大正 5. 10.),『日本歷史 師範學校歷史敎科書』(下卷) 改訂4版, 六盟館, 請求記號 322-110.

⑫ 藤岡継平, 1917(大正 6. 2.),『統一中等歷史敎科書 日本史』(上卷) 訂正

版, 六盟館, 請求記號 特275-803.

⑬ 藤岡継平, 1917(大正 2. 2.),『統一中等歷史敎科書 日本史』(下卷) 訂正版, 六盟館, 請求記號 322-121.

⑭ 藤岡継平, 1926(大正 15. 2.),『統一中等歷史敎科書日本史 女子用國史敎科書 敎授用參考書』(上卷), 六盟館, 請求記號 特273-215.

⑮ 藤井甚太郎, 1929(昭和 4. 9.),『(改訂) 中學日本歷史敎科書』(上卷), 瞭文堂, 請求記號 特216-89.


## II. 동양사 15건

① 市村瓚次郎 · 龍川龜太郎, 1889(明治 22. 12.)-1892(明治 25. 3.),『支那史』卷 1-6(序: 西邨茂樹), 吉川半七, 請求記號 37-33.

② 西村豊, 1894(明治 27. 7.),『支那史綱』上卷 · 下卷, 宮崎道正(敬業社), 請求記號 44-237.

③ 市村讚次郎, 1895(明治 28),『支那史要』訂正四版, 吉川半七(吉川弘文館-調査者), 請求記號 222.01 I 763s2-(T) (S).

④ 伊藤允美 · 西浦泰治, 1902(明治 35. 2.),『東洋歷史敎科書』, 普及舍, 請求記號 92-92.

⑤ 稲葉常楠 · 増沢長吉, 1902(明治 35. 12.),『東洋歷史敎科書』, 田沼書店, 請求記號 86-287.

⑥ 坪井九馬三, 1903(明治 36. 3.),『師範學校東洋歷史敎科書』, 文學社, 請求記號 86-376.

⑦ 坪井九馬三, 1903(明治 36. 3),『中學東洋歷史敎科書』文學社, 請求記號 86-377).

⑧ 箭内亙 · 野野邨戒三, 1904(明治 37. 4.),『歷史敎科書 東洋編』全 (訂

正再版), 富山房, 請求記號 77-403.

⑨ 齋藤斐章, 1908(明治 41. 1.),『統合歷史敎科書 東洋史(中學校用)』訂正再版, 大日本圖書株式會社, 請求記號 320-31.

⑩ 齋藤斐章, 1908(明治 41. 2.),『統合歷史敎科書 東洋史·總括(女學校用)』訂正再版, 大日本圖書株式會社, 請求記號 Y5-N08-J13.

⑪ 中村久四郎, 1911(大正 1. 8.),『師範敎科 新編外國歷史敎科書 東洋之部』, 三省堂書店, 請求記號 320-209.

⑫ 磯田良, 1912(明治 45),『新編外國歷史敎科書 乙 2版』, 三省堂書店, 請求記號 320-101.

⑬ 山下寅次, 1916(大正 5. 12.),『統一中等歷史敎科書 東洋史(中學校用)』訂正版, 六盟館, 請求記號 322-121.

⑭ 齋藤斐章, 1916(大正 5. 12.),『中等歷史敎科書 東洋史(中學校用)』, 請求記號 コ—120 えス.

⑮ 三省堂編輯所 編纂, 1920(大正 9. 10.),『中學校用 東洋歷史敎科書』修正版, 三省堂書店, 請求記號 特276-388.


III. 서양사 12건

① 西村兼文, 1874(明治 7. 10.),『外國史略』, 序-近藤幸止, 凡例 西村兼文 識, 壽樂堂, 請求記號 特31-643.

② 本多淺治郎, 1899(明治 32. 11.),『新躰西洋歷史敎科書』訂正再版, 開盛堂, 請求記號 86-5口.

③ 西浦泰治, 1902(明治 35. 2.),『西洋歷史敎科書』, 普及舍, 請求記號 93-102.

④ 齋藤斐章, 1908(明治 41. 1.),『統合歷史敎科書 西洋史(中學校用)』, 大

日本圖書株式會社, 請求記號 320-31.

⑤ 齋藤斐章, 1908(明治 41. 2.), 『統合歷史敎科書 西洋史(女學校用)』訂
正再版, 大日本圖書株式會社, 請求記號 Y5-N08-J13.

⑥ 有賀長雄, 1911(明治 44. 12.), 『新訂中學西洋歷史敎科書』全, 三省堂
書店, 請求記號 320-91.

⑦ 磯田良, 1912(明治 45. 2.), 『新編外國歷史敎科書 乙 (西洋諸國)』修正
再版, 三省堂書店, 請求記號 320-101: (明治 44. 10. 27. 初版).

⑧ 磯田良, 1912(大正 1. 10.), 『師範敎科 新編外國歷史敎科書 西洋之部』,
三省堂書店, 請求記號 320-111.

⑨ 磯田良, 1913(大正 2. 10.), 『師範敎科 新編外國歷史敎科書 西洋之部』
修正再版, 三省堂書店, 請求記號 320-111イ.

⑩ 磯田良, 1915(大正 4. 11.), 『新編外國歷史敎科書 西洋之部』三訂版,
三省堂書店, 請求記號 320-101イ.

⑪ 新見吉治, 1917(大正 6. 9.), 『統一中等歷史敎科書 西洋史』, 六盟館, 請
求記號 322-121.

⑫ 新見吉治, 1922(大正 11. 9.), 『統一中等歷史敎科書 西洋史』改版, 六
盟館, 請求記號 322-316.


※아래 2종은 검색 목록으로 파악되었지만, 현지 조사에서 실물을
확인하지 못해 분석 대상에서 제외했다.

① 坪井九馬三, 1903(明治 36. 4.), 『師範學校 西洋歷史敎科書』, 文學社,
請求記號 74-256.

② 棚橋一郎 等, 1902(明治 35. 3.), 『西洋歷史敎科書』, 田沼書店, 請求記
號 86-303.

**제2부**

# 러일전쟁 이후 도쿠토미 소호의
# 황실 중심주의

# 6장

# 도쿠토미 소호의 평전『요시다 쇼인』

## 1. 저널리스트 도쿠토미 소호의 사상적·정치적 편력

### 1) 도쿠토미 소호 연구의 필요성

도쿠토미 소호(德富蘇峰, 1863~1957, 본명 이이치로猪一郎)는 메이지에서 쇼와에 이르는 기간에 일본제국의 대표적 언론인이자 평론가로서, 러일전쟁 후 요시다 쇼인의 사상을 일본제국 신민(臣民)에게 널리 전파하는 역할을 했다.[1] 그는 1880년대에는 자유민권운동의 대열에 섰으나 1890년「교육칙어」선포 이후 지식계가 대부분 이에 부응하여 대일본주의에 동조하자 그도 전향의 길을 걷는다. 그는 1945년 패전 후 1957년 사망 때까지『근세일본국민사(近世日本國民史)』전 100권과 그 밖에 무려 200권에 달하는 저술을 남긴 것으로도 유명하다. 특히 평전 형식으로 저술한 요시다 쇼인의 전기는 큰 호응을 얻었는데, 그 책에서 그는 대외 팽창주의 수행을 일본 신민이 천황을 위해 반드시 해야 할 임무로 미화하여 역사교과서에 못지않은 영향력을 발휘했다.

도쿠토미 소호는 1880년대에 월간지 『고쿠민노토모(國民之友)』(이하, '『국민의 벗』'으로 칭함), 일간지 『고쿠민신문(國民新聞)』을 창간하여 평민주의 민권운동을 활발하게 벌였다. 그러나 1890년대 들어와 청일전쟁(1894. 7.)을 앞두고 국수주의로 '전향'했다. 구화 시대의 문명론자 후쿠자와 유키치가 이 전쟁을 문명(일본)이 야만(청, 조선)을 격멸하는 성전(聖戰)이라고 하자, 이에 동조하면서 일본인이 세계를 상대로 자부심을 키우는 기회로 삼아야 한다고 전쟁을 미화하는 데 앞장섰다. 당시 전쟁에 관한 보도에서 『고쿠민신문』은 가장 선동적인 기사를 많이 실어 신문 부수를 크게 늘였다. 그리고 1904년 러일전쟁 때는 총리대신 가쓰라 다로(桂太郎) 정파의 일원이 되어 러일전쟁을 미화하는 국제 언론활동을 주관했다. 그는 한국인들은 일본의 보호국이 된 것을 환영한다는 논조의 기사를 전 세계에 거리낌 없이 퍼트렸다.

1905년 '보호조약'에 따라 1906년 2월 초 한국통감부가 들어선 뒤, 1908년에 도쿠토미 소호는 대한제국의 언론을 통제하는 권한을 부여받아 한국 신문들을 폐간하는 탄압징책에 간여했다. 1910년 8월 '한국병합'이 강제된 후에는 총독 데라우치 마사타케에게서 조선총독부 기관지인 『경성일보(京城日報)』의 '감독' 지위를 부여받아 1918년 8월까지 8년간 한국에 대한 '무단정치(武斷政治)' 확립에 크게 이바지했다. 총독 데라우치는 1916년 10월 내각총리대신으로 부임하여 1918년 9월까지 재임했다. 이 기간에도 도쿠토미 소호의 한국에서의 지위와 권한에는 변동이 없었다. 데라우치가 총리에서 물러나면서 도쿠토미도 '식민지 조선'에서 손을 뗐다. 그러나 귀국 후, 일본제국의 대외 팽창주의를 정당화하고 미화하는 작업은 멈추지 않았다.

한국은 일본제국의 대외 팽창주의의 가장 큰 피해국이다. 도쿠토미 소호는 한국사의 관점에서 보더라도 침략의 기둥 역할을 한 존재로서 그에 관한 연구는 이미 많이 이루어졌어야 했다. 하지만 한국에서 그의 존재에 대한 인지도는 매우 낮아 그에 관한 연구 논문이나 저술을 찾아보기 매우 어렵다.[2]


## 2) 민권운동가 도쿠토미 소호와 『고쿠민신문』

청년 도쿠토미 소호는 1880년대 일본의 대표적인 평민주의 민권운동가의 한 사람이었다. 규슈 히고(肥後, 지금의 구마모토) 출신인 그는 구마모토 양학교(洋學校), 도쿄 양학교, 도시샤(同志社) 영학교(英學校)를 차례로 다니면서 영국을 모델로 한 일본 근대화(서양화)의 꿈을 키웠다. 1881년 구마모토로 돌아와 머물면서 자유민권운동 결사인 상애사(相愛社)의 회원이 되어 민권운동에 직접 뛰어들었다. 이듬해 3월에 구마모토에 '오에의숙(大江義塾)'을 열어 민권운동을 겨냥한 교육활동을 펴면서 저술활동에 열중했다. 1885년 6월에 『제19세기 일본의 청년 및 그 교육(第十九世紀日本的靑年及敎育)』을 지어 자비로 출판하고, 이듬해 7월에 다시 『장래의 일본(將來之日本)』을 탈고하여 원고를 들고 고치현(高智縣)의 이타가키 다이스케를 찾아갔다. 이타가키는 1881년에 자유당을 창당하여 자유민권운동을 벌이던 주요 인사였다. 도쿠토미는 이타가키에게 좋은 반응을 얻지 못하자, 도쿄로 가서 다구치 우키치를 찾았다. 다구치는 20대 초반에 일본 최초의 문명사로서 『일본개화소사(日本開化小史)』(1877~1882, 전6권)를 세상에 내놓아 명성을 얻었다. 이 책은 후쿠자와 유키치의 『문명론의 개략』과 함께 재야 사학에 큰 영향을 기쳤다. 다구치는 명성을 배경으로 민권운동에 뛰어들어 출판사와 경제잡지사(經濟雜誌社)를 열었다. 다구치는 도쿠토미의 원고를 보고 출판을 결정했다.

도쿠토미 소호는 곧 구마모토로 돌아와 '오에의숙'을 폐교·정리하여 가족을 데리고 도쿄로 이주했다. 1887년 2월, 24세의 도코토미 소호는 민유샤(民友社)란 이름의 출판사를 설립하여 월간지 『국민의 벗』을 창간했다. 일본 최초의 종합 월간지였다. 그는 3년 뒤 1890년에 일간지 『고쿠민신문』을 창간하여 민권운동에 박차를 가했다. 그는 '인민 전체의 행복과 이익'을 추구하는 평민주의를 내걸고 국회 개설을 목표로 민권운동을 펼치며 당시 격동을 겪던 일본 사상계, 언론계에 나름대로 역할을 했다. 그의 '평민적 구화주의(歐化主義)'는 『국민의 벗』에 다음과 같이 그 지향성이 밝혀져 있다. 즉, 일본 전통의 '무비(武備)의 기관'에 대하여 '생산의 기관'을 중시하고, '생산의 기관'을 중심으로 하는 자유로운 사회생활과 경제생활을 기반으로 하면서, 개인에게 부여된 고유한 천부(天賦) 인권이 존중되고, 평등주의가 넘치는 사회의 실현을 목표로 한다는 것이었다.

『국민의 벗』은 서양 여러 나라를 모범으로 한 일본 근대화의 필요성을 강조하면서 평민적 급진주의를 주장했다. 따라서 정부가 추진하는 '구화주의'에 대해서는 '귀족적 구화주의'라고 비판하고, 미야케 세쓰레이(三宅雪嶺), 구가 가쓰난(陸羯南) 등의 정교사(政教社)가 내건 국수(보존)주의에 대해 국민의 자유 확대와 생활 향상을 위해서는 위로부터가 아니라 아래로부터의 서양화(개화)가 필요하다고 반박했다.

1870년대 중반부터 대두한 자유민권운동은 의회 개설을 중요한 과제로 삼았으며, 1874년 이타가키 다이스케가 대표가 되어 「민선의원설립건백서」를 천황에게 올렸다. 1877년 사이고 다카모리가 일으킨 세이난전쟁에도 중앙정부 위주의 정치에 대한 반대 의지가 작용했다. 각지 무사 출신 지식인들이 자유민권운동에 많이 쏠리자 천황은 1881년에 10년 뒤 1890년에 국회 개설을 약속하는 칙유를 내렸다('국회 개설의 칙유'). 이에 따라 정당 조직이 시작되었다. 1881년 하순에 자유당, 1882년 초에 입헌개진당(立憲改進黨)이 결성되었다. 그러나 메이지 신정부를 주도한 조슈 번벌이나 사쓰마 번벌은 집권관료제와 육해군 창설에 전념하면서 천황을 내세운 국가주의 지향의 헌법을 준비했다. 1885년 내각제 발족, 1889년 제국헌법 반포, 1890년에 「교육칙어」 등 국가 경영의 축을 이루는 제도가 정비되었지만 의회정치에 대한 배려가 약했다. 제국헌법은 국회를 규정했지만, 천황이 소집하는 천황의 국회로 규정하여 구미의 정치체제와 같은 삼권분립을 구현하지는 못했다. 자유민권운동가들은 힘의 한계를 느낄 수밖에 없었다.

도쿠토미 소호는 총선거를 앞두고 자신의 매체를 통해 자유민권운동의 지도자 역할을 한 3인, 즉 자유당의 이타가키 다이스케, 고토 쇼지로, 입헌 개진당의 오쿠마 시게노부 등을 '개진(改進) 정치가'로 평가하고, 이들이 민간 당으로 연합하기를 촉구하였다. 그런데 1889

년 「대일본제국헌법」 반포를 앞두고, 오쿠마, 고토 등이 구로다 기요타카 내각(1888. 4.~1889. 10.)에 입각하여 이 제안은 사실상 외면 당했다. 그는 총선거에서 민권운동측의 승리를 위해 '진보당 연합'을 열렬히 부르짖었지만, 지도자들 간의 연합은 쉽지 않았다. 총선거는 예정대로 1890년 7월 1일에 시행되었다. 그런데 중의원의 선거권과 피선거권은 납세액 기준으로 제한되어 있었다. 민권운동의 취지와는 달리 유권자의 98%가 지주였으며, 소득세에 의한 유권자는 2%에 불과하였다. 이 상황은 청년 도쿠토미 소호에게 큰 충격을 안겨주었다. 그는 영국을 모델로 도시 상공업자에 비중을 두고서 입헌운동을 한 오쿠마를 지지했던 만큼 지주 중심의 선거권 제도에 크게 실망하였다.

총선거 결과는 (입헌)자유당 130석, 입헌개진당 41석, 대성회(大成會) 79석, 국민자유당 5석, 무소속 45석으로 나타났다. 자유당과 입헌개진당은 민당(民黨)으로 불리고, 나머지는 정부가 내세운 세력으로서 이당(吏黨, 관료 즉 정부 지지 당)으로 불렸다. 민당 171석, 이당 129석의 비율로, 민당이 우세한 형세였다. 제1회 제국의회(1890. 11. 27.), 제2회 제국의회(1891. 11. 26.), 이렇게 두 차례 소집된 의회의 주요 활동은 정부 예산을 심의하는 것이었다. 군비 증강, 특히 군함 건조비 예산을 놓고 민당과 정부 간의 대립이 심각했다. 1891년 12월 말에 의회가 해산되고 이듬해 2월에 제2회 총선거가 시행되었다. 결과는 민당 132석(자유당 94, 입헌개진당 38), 이당 137석(중앙교섭부 95, 무소속 42), 독립 구락부(俱樂部) 31석으로 이당(여당) 우세로 형국이 바뀌었다. 1892년 5~6월에 제3회 제국의회, 같은 해 11월부터 이듬해 1893년 2월까지 제4회 제국의회가 열렸으나 군함 건조비 예산 심의가 여전히 주요 사안으로 논란을 거듭했다. 언론인 도쿠토미 소호가 요시다 쇼인을 주목한 것은 바로 이런 상황에서였다.

도쿠토미 소호는 1892년 봄에 도쿄 혼코회당(本鄕會堂)에서 요시다 쇼인을 주제로 한 강연회를 가졌다.[3] 그리고 나서 당시 강연 원고를 고쳐 같은 해 5~9월 『국민의 벗』에 10회에 걸쳐 연재했다. 강연 및 연재 원고 목차와 단행본으로 출판한 『요시다 쇼인』(초판)의 목차를 비교하면 〈표 6-1〉과 같다.

「강연필기(講演筆記)」의 목차는 요시다 쇼인의 일대기라고 할 수 있는 내용이다. 1880년대에 도쿠가와막부 말기의 혼돈 속에서 메이지 왕정복고에 이바지한 인물들의 전기(傳記)가 나오기 시작했다. 앞에서 한 차례 언급했듯이 1886년 5월에 출판된 『근고강개가열전』이 대표적인 예이다. 이 책의 요시다 쇼인 전기는 (1) 시대의 아들, (2) 야마가류(山鹿流) 병학가(兵學家), (3) 나가사키행, 도호쿠(東北)행, (4) 흑선 내항과 '시모다 답해(下田踏海)', (5) 노야마옥(野山獄), 그리고 쇼카촌숙(松下村塾) 주재, (6) '초맹굴기(草莽崛起)의 인(人)', (7) '단죄: 쇼인의 죽음' 등의 순서로 서술되었다. 도쿠토미 소호의 「강연필기」는 이를 활용하되, '8. 쇼인과 양이', '11. 혁명가의 자격', '12. 쇼인과 마치니' 등을 더 붙였다.

요시다 쇼인을 주제로 한 당시 도쿠토미 소호의 강연은 여전히 민권운동을 기반으로 하고 있었다. 이 강연의 결론은 요시다 쇼인은 이른바 '작은 마치니'라는 것이다. 주세페 마치니(Guisippe Mazzini, 1805~1872)는 이탈리아가 외국 세력에 의해 분열된 상황을 타개하여 대중민주주의 공화국(popular democracy in a republican state)의 통일국가를 만들고자 했다. 도쿠토미가 쇼인의 양이운동, 즉 신성

**표 6-1.** 도쿠도미 소호의 강연 및 연재 원고 목차와 『요시다 쇼인』(초판)의 목차

| 「강연필기」<br>(1891. 봄) | 『국민의 벗』 연재<br>(1892. 5.~9.) | 『요시다 쇼인』(초판)<br>(1893. 12.) |
|---|---|---|
| 1. 쇼인 신사(松陰神社) | 1. 일촌(一寸)의 뱀(蛇) | 1. 요시다 쇼인은 누구인가 |
| 2. 쇼인과 그 사우(師友) | 2. 여행(旅行) | 2. 가정(家庭)의 아(兒) |
| 3. 탈번(脫藩)하여<br>여행(旅行) | 3. 양이(攘夷) | 3. 도쿠가와제도(德川制度) |
| 4. 답해원유(踏海遠游)의<br>계기(計企) | 4. 존왕(尊王) | 4. 쇄국정책(鎖國的 政策) |
| 5. 쇼인의 국방<br>의견(國防意見) | 5. 쇼카촌숙(松下村塾) | 5. 덴포 시대(天保時代) |
| 6. 쇼카의숙(松下義塾)의<br>교육법(敎育法) | 6. 타격적(打擊的)<br>운동(運動) | 6. 미즈노 에치젠노카미<br>(水野越前守)의 개혁 |
| 7. 외(外)의 교(交)는<br>내(內)의 우(憂) | 7. 혁명가(革命家) | 7. 보·조2주(防·長二州) |
| 8. 쇼인과 양이(攘夷) | 8. 최후(最後) | 8. 여행(旅行) |
| 9. 19세기의<br>소진·장의(蘇秦·張儀) | 9. 쇼인과 마치니 | 9. 쇼잔(象山)과 쇼인 |
| 10. 국면(局面)<br>타파(打破)의<br>급선봉(急先鋒) | 10. 결론(結論) | 10. 양이(攘夷) |
| 11. 혁명가(革命家)의<br>자격(資格) | | 11. 존왕(尊王) |
| 12. 쇼인과 마치니 | | 12. 막정(幕政)의<br>변국(變局) |
| 13. 쇼인의 최후(最後) | | 13. 쇼카촌숙(松下村塾) |
| | | 14. 타격적(打擊的) 운동 |
| | | 15. 혁명가로서의 쇼인 |
| | | 16. 최후 |
| | | 17. 쇼인과 마치니 |
| | | 18. 가정에서 쇼인 |
| | | 19. 인물 |
| | | 20. 사업과 교훈 |

한 땅[神洲] 일본을 침범하는 서양 오랑캐[洋夷]를 물리치려 한 요시다 쇼인 정신은 곧 마치니의 조국통일운동에 해당하는 것으로 간주했다. 요시다가 목숨을 걸고 외세 배격에 나선 것은 마치니가 망명지 마르세유에서 '청년 이탈리아당'을 조직하여 왕정 타도에 나선 것에 해당하는 것으로 평가했다. 도쿠토미는 일본에서 자유민권운동을 실현하기 위해서는 막부 말기의 요시다 쇼인 같은 혁명가가 필요하다는 것을 역설하고 싶었던 것이다.

**그림 6-1.** 월간지 『국민의 벗』

1887년 민유샤에서 펴낸 『국민의 벗』은 일본 최초의 월간잡지로 알려진다.

출처: 迷原謙, 2003, 『德富蘇峰: 日本ナショナリズムの軌跡』』中公新書 1711, 中央公論新社.

**그림 6-2.** 노년의 도쿠토미 소호(1938)

75세의 도쿠토미 소호는 1918년에 시작한 『근세일본국민사』의 집필을 이어가면서 일본제국의 대외 팽창주의를 정당화하고 미화하는 작업을 멈추지 않았다.

출처: 도쿠토미 소호 기념관(德富蘇峰記念館).

강연 후 원고 내용이 『국민의 벗』에 연재된 시기 곧 1891년 봄부터 이듬해 5~9월 사이에는 민권운동의 정당들이 의회를 통해 번벌 정부와 치열한 싸움을 벌이던 시기였다. 그러나 그 싸움에서 자유민권운동 세력이 이길 가능성은 그리 높지 않았다. 도쿠토미 소호는 막부 말에 외세 배격을 위해 기성 체제의 타도를 외치다가 사형에 처한 요시다 쇼인의 구국정신에 주목했던 것이다.

### 3) 『요시다 쇼인』(초판): 대일본주의로의 전향

『국민의 벗』의 「요시다 쇼인」 연재는 1892년 9월에 10회로 끝났다. 도쿠토미 소호는 이를 다시 대폭 고쳐 1893년 12월에 같은 제목으로 단행본 『요시다 쇼인』을 출판했다. 연재부터 단행본 출간까지 약 15개월의 시간이 걸렸다. 그런데 도쿠토미 소호는 이 무렵에 팽창주의에 관한 글을 발표하여 민권운동에서 벗어나는 모습을 보였다.

『국민의 벗』 1893년 1월호(179호)에 논설 「큰 일본(大たる日本)」이 실렸다. 「큰 일본」은 곧 '대일본주의'를 의미하는데, 이 용어는 이후 그의 글에 자주 등장한다. 이 글에서 그는 동양에서 '큰 일본' 건설의 필요성, 조선(朝鮮)문제, 무역식민(貿易植民) 문제 등의 중요성을 강조하면서 일본이 열강들의 압박 속에서 살아남기 위해 밖으로 팽창하는 것을 잊지 말아야 한다고 한 요시다 쇼인의 유훈(遺訓)에 대해 지지를 보냈다. 번벌 정부가 곧 청국에 대해 전쟁을 일으킬 것을 예단한 듯한 글이다. 그는 청일전쟁이 일어나기 직전에 『자주적 외교(自主的外交)』(1894. 5.)라는 소책자에서 '일본인의 일본'이란 용어를 사용하여 '큰 일본'을 만드는 데 일본 국민이 나서야 한다고 역설했다.

그는 지금까지의 평민주의, 민권운동 대신에 대외 팽창주의로 전환하는 논리를 찾고 있었다. 무슨 일이 일어나고 있었던가?

1892년 11월에 열린 제4회 제국의회가 군함 건조비 예산을 놓고 교착상태에 빠졌다. 민당과 정부 사이에 벌어진 알력이 타결될 전망이 보이지 않았다. 이토 히로부미 제2차 내각은 천황에게 도움을 청하여 1893년 2월 28일에 천황의 「협화의 조칙」이 내려졌다. 황실 궁내청에서도 궁정 비용을 절약하고 문무 관리 봉급의 일부를 건함(建艦) 예산에 돌릴 것이니 의회가 협조해달라는 내용이었다. 천황의 조칙에 맞서 싸울 정당은 없었다. 이 무렵 의회와 정부 사이에 긴장관계를 불러일으킨 다른 문제가 하나 더 있었다. 조약 개정(條約改正) 문제 곧 그간 서양 열강과 체결한 조약의 불평등성을 고치는 문제가 현안으로 제기되고 있었다.

1892년 11월 치시마함(千島艦)이 영국 군함과 충돌하는 사건이 발생했다. 사건 처리에서 영사재판(領事裁判)에 관한 조약 내용에 문제가 제기되어 정당 간에 조약 개정안을 둘러싸고 논란이 벌어졌다. 국민적 관심도 높았다. 쟁점은 '내지 잡거(內地雜居)' 문제였다. 정부는 외국인의 거주, 여행, 영업 등을 거류지에 제한하지 않는다는 안을 검토했다. 정부는 불평등조약 개정에서 관세율 조정에 역점을 두어 외국인의 '내지 잡거'는 허용하는 쪽으로 기울었다. 그러나 민간에서는 주거 제한이 없으면 각 지역이 외국인에 의해 경제적으로 지배될 것이라는 위구심이 높았다. 이에 정부안과는 반대되는 '내지 잡거 시기상조론'이 힘을 받았다. 도쿠토미 소호는 조약의 호혜 정신으로나 일본의 역사적 경험으로 '내지 잡거'는 일본인의 자존심으로 두려울 것이 없으며, 일본 사회의 발전에도 유리하다고 생각했다.

여기서 도쿠토미 소호는 일본이 나아갈 길에 대한 자신의 생각을 점검해보기 시작했다. 1893년 12월에 간행된『요시다 쇼인』(초판)의 서문은 '제5회 제국의회의 개회일'인 1893년 11월 28일에 쓰였는데, 내용은 다음과 같았다. 즉, 오늘의 형세는 요시다 쇼인이 "어둠에 잠겨 소리 없이 흘러갔다[暗潛默移]"고 표현한 것과 서로 맞아떨어지며, 이는 지금 어려운 상황을 돌파하기 위해 천황이 조칙을 내린 것을 이해하는 데 큰 도움이 된다고 했다. 이러한 언급은 도쿠토미 자신이 민권운동 곧 정당정치에 대한 기대를 접고 집권 세력인 조슈 번벌이 요시다 쇼인을 내세워 추진하는 천황 중심의 국가주의 체제를 받아들이겠다는 의사 표현이었다. 이 무렵 민권운동을 벌이던 지식인 대부분이 국가주의에 찬동하는 쪽으로 태도를 바꾸었다. 도쿠토미 소호도 그중 한 사람이 되었다. 그는 조약 개정 문제를 통해 '국가적 자주'가 평민사회에서 크게 의식되는 것을 살피면서 평민주의 민권운동을 더 지속하기보다 대외 진출의 국민 팽창이 오늘의 일본을 발전시키는 데 더 쉽고 필요한 일이라고 판단했다.

도쿠토미 소호가 초판 서문을 쓴 날에 열린 제5회 제국의회(1893. 11. 28.~12. 30.)의 의사 진행은 조금도 호전되지 않았다. 정당 인사들 가운데 민간의 위구심을 의식하여 정부 안을 반대하기 위해 방안을 따로 준비하는 사람들이 있었다. 이들은 국가주의에서 대외 강경노선을 취하며 여섯 당파의 연합을 도모하여 '고롯파(硬六派, 경육파)'[4]라고 불렸다. 이들은 이미 주거 제한을 규정한 현행 조약이 제대로 시행되고 있지 못한 점에 착안하여 이를 제대로 시행하라는 내용의 건의문[현행조약여행건의안現行條約勵行建議案]을 정부에 올렸다. 제5회 제국의회는 이처럼 조약 개정 문제를 놓고 정당 안에서 뜻을 달리하는 부류가 생기는 상황에 직면했다. 지금까지의 민당 대 이당의 구도가 붕괴하고 있었다. 정부와 의회는 끝내 해결의 실마리를 찾지 못하고 제5회 제국의회는 그해 12월 30일에 해산했다.

1894년 3월 1일에 제3회 총선이 시행되고 5월 15일에 제6회 제국의회가 열렸다. 의회는 내각 탄핵안을 가결했으나 궁내성은 이를 채택하지 않는다는 뜻을 의회에 전달했다. 그리고 6월 2일 각료 회의를 열어 의회를 해산하고 '조선 출병' 방침을 정했다. 조슈 번벌 정권이 치밀하게 준비한 대외 침략주의 정책의 첫 시험대였다. 도쿠토미 소호가 『요시다 쇼인』(초판)을 출간하면서 내린 판단은 현실적으로 틀리지 않았다. 도쿠토미 소호는 5월에 『자주적 외교』를 출간하여 자신의 '대일본주의' 소신을 거듭 표명했다. 그는 독전(督戰)의 영역에 들어서 있었다.

초판본 『요시다 쇼인』은 〈표 6-1〉에서 보듯이 『국민의 벗』 연재 글보다 항목이 두 배로 늘었다. 1, 2절에서 요시다 쇼인의 가계와 어린 시절의 교육을 다루고, 3절에서 7절까지 왕정복고 전의 도쿠가와 막부의 개혁 의지와 능력의 부재를 다루었다. 이에 더해 외교적 '굴욕'을 척결하려는 조슈번 무사들의 동향이 5개 절에 걸쳐 서술되었다. 이것은 요시다 쇼인의 업적을 막말·왕정복고기의 역사 속에서 드러내려는 의도다. 대의(大義)로서 '양이'(10절), '존왕'(11절)에 이어 '막정의 변국'(12절)을 추가하여 그 추이를 파악할 수 있게 했다. 이 역사적 대전환을 이끌 수 있는 인재 양성의 과정으로 요시다 쇼인의 사숙(私塾) '쇼카촌숙'(13절)을 소개한 다음, '타격적 운동'(14절)에 나선 요시다 쇼인을 '작은 마치니'라고 했다. 요시다 쇼인을 마치니에 비교한 것은 원래 민권운동 차원에서 나온 발상이지만 초판본에서 다루고 있는 점이 눈에 띈다. 하지만 뒤에서 보듯이 개정판에서 황도주의를 표방하면서 이 항목은 사라지게 된다. '혁명가로서의 쇼인'을 드러내는 한편, 종반에서 '가정에서 쇼인'(18절), '인물'(19절), '사업과 교훈'(20절) 등을 서술하면서 쇼인을 '일본 남아의 좋은[好] 표본'으로 규정했다. 그를 국민의 스승으로 삼아 '신일본(新日本)', '대일본(大日本)'의 '국민적 팽창'의 정신적 원동력으로 삼으려는 의도가 보인다.[5] 제20절 '사업과 교훈'의 다음과 같은 문장은 도쿠토미의 저술의도를 분명하게 보여주는 내용이다.

> 그의 사업은 짧았어도, 그의 교훈은 길다. 한 바는 많지 않았어도 가르친 바는 크다. 유신(維新) 건아로서의 그의 사업은 역사의 편영(片影)으로 묻힐 수도 있다. 하지만 혁신자의 모범으로서, 일본 남아의 전형으로서, 우리 국민의 마음을 태울 것이다. 그의 생애는 피가 있는 국민적 시가(詩歌)이다. (…) 쇼인은 죽었어도 죽지 않았다. 그가 순난자(殉難者)로서 피를 흘린 지 30여 년, 유신 대업의 반은 황폐하여, 다시 제2의 유신이 필요한 시절이 다가왔다. 제2의 요시다 쇼인을 필요로 하는 시절이 왔다. 그의 쓸쓸한 무덤[孤墳]이 이미 움직이고 있는 것을 보라.[6]

도쿠토미 소호는 1893년의 시점에서 메이지 왕정복고의 대업이 원래 목표한 바를 제대로 이루지 못하고 있다고 평가하고, 그 못다 이룬 반(半)을 새롭게 달성하기 위해 제2의 요시다 쇼인이 필요하다고 했다. 왕정복고 후 30년의 세월이 흐르면서 반은 황폐해진 유신의 대업을 완수하기 위해 쇼인의 정신이 다시 필요하다고 했다. "쇼인은 죽었어도 죽지 않았다"든가 "순난자로서 피를 흘린 지 30여 년" 같은 감상적인 표현이 동원되었다. 쇼인을 "일본 남아의 전형"으로 규정하거나 그의 일생을 "피가 있는 국민적 시가"라고 표현하거나 "그의 쓸쓸한 무덤이 이미 움직이고 있는 것을 보라"는 등의 문장을 동원한 것은 이미 시작된 요시다 쇼인 현창 사업을 의식한 느낌을 주기도 한다. 그를 본받아 국민이 이루어야 할 과제는 이미 평민주의 민권운동이 아니라 '큰 일본'을 이룩하는 일이다. 그것은 바로 요시다 쇼인이 제1차 투옥 때 옥중에서 쓴 『유수록』의 취지 곧 서구 열강에 앞서 주변 나라들을 선점해야 한다는 대외 팽창론의 실현이 곧 앞으로 일본 국민이 힘을 하나로 모아 달성해야 할 과제라는 뜻이다. 도쿠토미 소호는 이미 국가주의의 대로 한가운데 서 있었다.

### 4) 청일전쟁과 『고쿠민신문』의 전쟁 홍보

도쿠토미는 1893년 12월 『요시다 쇼인』(초판)을 출간한 뒤, 여러 편의 논설에서 일본제국의 전쟁을 통한 영토 확장의 정당성을 논했다. 영토 확장과 식민지 획득은 불평등조약으로 상처받은 명예를 회복하는 길이자 국민적 자존심을 되찾는 방안이라고 했다. 국가 팽창은 개인의 활동으로 달성되는 것으로, 개인 팽창의 결과가 국가 팽창이라고 했다. 이것은 이토 히로부미나 야마가타 아리토모가 유럽을 방문하여 가르침을 받은 로렌츠 폰 슈타인의 국가론의 논리이기도 하다. 국민 개개인은 잠재적 병사(兵士)이며, 국가의 명예와 위신을 확충하는 것은 국민에게 부과된 의무라고 했다. 후쿠자와 유키치가 청국과의 전쟁을 '문명과 야만의 전쟁'이라고 표현한 것은 잘 알려져 있다. 즉, 타자 곧 서양 열강의 눈을 의식하여 서구화한 일본이 아직도 야만 상태인 청국, 그 영향 아래에 있는 조선을 문명의 세계로 이끌기 위한 전쟁이라고 강변했다. 이 전쟁의 승리는 서구로부터 문명국의 지위를 공인받는 기회라고도 했다.[7]

우치무라 간조(内村鑑三, 1861~1930)는 「일청전쟁의 의(日清戦争の義)」란 글에서 이 전쟁은 곧 일본을 야만시하는 서양 열강의 편견을 불식하는 계기라고 의미를 부여하면서 청국에 이기는 것은 곧 세계에 대해 이기는 것이라고 했다. 구미에 대한 설욕과 명예 회복을 목표로 한 것이었다. 도쿠토미는 우치무라 간조의 「일청전쟁의 의」영문판 원고를 『국민의 벗』에 전재했다. 우치무라는 "지나(중국)는 사교율(社交律)의 파괴자요, 인정(仁情)의 해적(害敵)이며, 야만주의의 보호자"라고 지적하기까지 했다. 도쿠토미는 이에 근거하여 "조선을 개혁하고 청국을 토벌하는 것은 문명의 권리"라고 주장했다.[8]

도쿠토미는 전쟁 직전에 요시다 쇼인의 글들을 모두 검토한 상황이었으므로 자연히 자신의 글에서 전쟁 정당화의 논리를 구현하고자 했다. 도쿠도미는 이 전쟁을 한마디로 "일본제국 통일 자위의 길을 다하고, 밖[外]을 팽창시킴"이라고 했다. 요시다 쇼인의 『유수록』의 논조를 그대로 느끼게 하는 표현이다. 「청국 정벌의 참 의의(征清の眞意義)」(『고쿠민신문』, 1894년 12월)에서는 "자위와 웅비라 하는 것은, 유신 대정신(大精神)을 호두 껍질 속[殼中]에 끼워 넣는 핵심 용어(要語)"라고 하고, 나아가 「일본의 활제목(活題目)」(『국민의 벗』 제263호, 1895년 9월 23일)에서는 존왕양이는 자유민권의 국민적 팽창(일청전쟁)으로 유신과 청일전쟁을 한 선상에 놓고, "팽창이란 다른 나라[他邦]를 침략하는 것을 이름이 아니라, 일본 국민이 세계에 웅비하

고, 세계에 향하여 대의를 펴는[布] 것"이라고 전쟁을 정당화했다.[9]

청일전쟁 발발 전후 도쿠토미 소호의 팽창주의 논설은 당시 정부의 주요 인물들의 발언과 다를 바가 없었다. 내각총리대신으로서 이 전쟁 수행의 중심에 있었던 이토 히로부미는 말할 것도 없고, 군부파의 대표인 야마가타 아리토모는 「교육칙어」의 이데올로기인 '충효(忠孝)'의 '충'은 전쟁에서 '의용봉공(義勇奉公)'으로 나타내는 것이라고 했다. 전쟁 전 야마가타는 내각총리대신(재임 1889. 12.~1891. 5.) 자격으로 1890년 제1회 제국의회에서 시정(施政) 방침으로 '주권선'(국경)뿐 아니라, '이익선'(조선) 확보를 위해 노력할 것을 발표했다. 이것은 총리대신이 되기 직전 두 번째 유럽 순방 중 독일에서 로렌츠 폰 슈타인의 집중 강의를 통해 배운 것이었다.[10] 도쿠토미 소호의 '큰 일본'(1893. 1.)은 조슈 번벌 핵심 인물들의 '대국주의'와 차이가 없었다.

도쿠토미 소호는 전쟁이 일어나자 취재를 명분으로 조슈 출신의 군인, 관료들에게 접근했다. 메이지 정부는 천황을 대원수로 추대하여 대본영(大本營)을 설치하고 개전과 동시에 대본영을 도쿄에서 히로시마(廣島)로 옮겨 천황 출진(出陣)의 형식을 갖추었다. 현역 군인으로서는 가와카미 소로쿠(川上操六)가 대본영 참모차장으로 최고위에 임명되었다. 가와카미는 사쓰마번 출신으로 세이난전쟁 때부터 조슈번 출신과 함께 국민군 창설 발전에 공로가 많았다. 도쿠토미 소호는 이전부터 그와 친교가 있어 전쟁 취재에서 최고의 편의를 제공받았다.[11]

도쿠토미는 곧장 히로시마에 『고쿠민신문』의 임시 지국을 설치하여 취재 경쟁에서 우위를 확보했다. 그뿐만 아니라 천황의 히로시마 출진 때, 가와카미 참모차장의 주선으로 수행원[從者] 이름으로 같은 열차에 편승하는 편의를 누렸다. 이듬해 4월까지 히로시마를 근거지로 도쿄를 일곱 차례나 왕복하면서 취재했다. 그사이 가와카미 외에 운수통신장관 겸 육군 소장이던 데라우치 마사타케(1910년 제3대 한국통감, 초대 조선총독), 가바야마 스게노리(樺山資紀, 사쓰마번 출신 해군 대장, 1895년 초대 타이완 총독), 야마모토 곤노효에(山本權兵衛, 해군대신 부관, 1898년 이후 해군대신, 러일전쟁 시 해군 출진 명령, 1913년 내각총리대신) 등을 자주 방문하여 정보를 얻었다.[12] 1895년 5월 전승을 눈앞에 두고 랴오둥반도를 방문했을 때 만난 사단장 가쓰라 다로는 1900년부터 정치적으로 깊은 유대관계를 가졌다.[13] 청일전쟁 중에 맺게 된 군부 인사들과의 이런 친교로 그는 러일전쟁 때 어느 신문보다도 유리한 입장에서 취재에 임할 수 있었다. 도쿠토미 소호의 『고쿠민신문』은 전쟁에 관한 보도에서 가장 선동적이었다. 청일전쟁의 승리는 일본의 팽창이자, 『고쿠민신문』의 팽창이었다. 발간 당초 발행부수가 7,000부에 불과했는데, 전쟁 중에 2만 부를 돌파했다.[14]

## 2. 조슈벌과의 밀착과 침략주의 미화 선봉

### 1) 삼국간섭의 '굴욕': 백벌 타도론 제창

청국과의 전쟁에서 일본이 승리했다. 시모노세키(下關)조약을 통해 일본은 전승국으로서 타이완을 얻고, 랴오둥반도를 할양받았다.

요시다 쇼인이 『유수록』에서 밝힌 천황제 국가 일본이 해외에서 이루어야 할 과제가 처음으로 실현되는 순간이었다. 그러나 곧 랴오둥 반도 할양에 대한 3국(러시아, 독일, 프랑스)의 '간섭'이 들어왔다. 내각총리대신 이토 히로부미는 이를 즉각 받아들여 랴오둥을 '포기'했다. 군부는 크게 반발했다. 도쿠토미 소호는 이 소식을 랴오둥 시찰 중에 들었다. 대총독부가 기획한 시찰에 참여하여 가쓰라 다로가 사단장으로 주둔하고 있던 가이저우시(蓋州市)에 머물고 있을 때였다. 이토 히로부미의 조치에 분노한 그는 현지의 작은 돌을 손수건에 싸서 가져왔다. 이때부터 이토 히로부미는 그가 가장 멀리하는 조슈 출신 정치인이 되었다. 반면, 이때 만난 가쓰라 다로와는 1900년 이후 러시아에 대한 복수의 뜻을 함께 나누는 깊은 공조관계를 맺게 되었다.[15] 가쓰라는 육군 창설을 주도한 야마가타 아리토모계에 속했다. 그는 요시다 쇼인의 쇼카촌숙이 아니라 하기의 번교 명륜관 출신이었으나 군인으로서 야마가타 아리토모계가 되었다. 야마가타가 총리대신을 역임하고 가쓰라 또한 1900년대에 총리대신이 되어 이른바 '야마가타계 관료파'가 형성되었다. 가쓰라는 두 가지 관계를 겸한 복심(腹心)이었다.[16]

삼국간섭은 예기치 않은 굴욕이었다. 도쿠토미는 이를 놓고 "전승으로 하룻밤에 거인이 된 국민이 평화 담판 때문에 하룻밤에 난쟁이[侏儒]가 되었다"고 표현했다.[17] 그는 와신상담하면서 러시아에 대한 복수의 논리를 만들었다. 청일전쟁에서는 야만을 박멸하기 위한 문명의 권리로 전쟁을 정당화했지만, 러시아는 '문명'의 지위에서 일본보다 우위에 있었기 때문에 새로운 논리 개발이 필요했다. 그는 일본에 대한 '세계의 동정'에 호소하기로 하고, 일본 국민을 '세계의 인정(人情)을 살려내는[活現] 국민'으로 미화하면서 '천하를 동포로 삼는 기개를 가진' 일본 민족은 '일시동인(一視同仁)'으로 주위 나라에 대한 시정(施政) 기회를 가지고자 영토 확장에 임한다고 했다. 삼국 간섭 수락 후 약 4개월 후에 도쿠토미 소호가 도달한 전략이었다.[18] 이것은 요시다 쇼인의 '주변국 선점론'의 새로운 차원의 전개였다. 천황의 '일시동인'의 온정을 위한 세계 지배 전략으로 내세울 수 있는 논리였다. 상고 신대(神代) 신화 '팔굉위우(八紘爲宇)' 곧 팔방의 세계가 천황의 품에 들어온다는 황도(皇道) 사상을 동원할 기세였다.

도쿠토미 소호는 "세계는 국민의 세계만이 아니라, 인류의 세계이며, 국가의 생존은 큰 요구이지만, 인정은 이것보다 더 큰 요구이다. 우리가 오늘날 이루어야 할 대계(大計)는 일본제국이 인정과 문명의 방위자가 되게 하는 것"이라고 했다. 러시아를 '무도한 강국'으로 규정하고, 일본을 이 강국에 도전하는 '진보'와 '문명'과 '인정'의 나라라고 하면서, 그 일본이 조선 독립의 대의(大義) 실현을 이미 세계에 공언한 만큼 그 사명은 포기될 수 없다고 했다. 그는 이렇게 백인 3국이 일본에 준 모욕을 씻어야 한다는 백벌(白閥) 타도론을 부르짖었다.[19]

## 2) '정치가' 도쿠토미 소호, 『고쿠민신문』의 정부 기관지화

도쿠토미는 1896년 5월에서 1897년 6월까지 무려 13개월 동안 유럽 전역과 미국을 여행했다.[20] 도시샤(同志社) 영(어)학교 후배로 『고쿠민신문』에 근무 중인 후카이 에이고(深井英五)가 동행했다. 민권운동을 할 때부터 유대관계를 가졌던 오쿠마 시게노부의 소개로

은행에서 약 6,300엔을 빌려 떠난 여행이었다. 그는 1896년 9월 여행 중에 마쓰(松)-쿠마(隈) 내각(총리대신 마쓰카타 마사요시松方正義, 외무대신 오쿠마 시게노부大隈重信) 성립 소식을 들었다. 유럽을 여행하는 동안 러시아에 대한 설욕을 위해서는 영국과 제휴할 필요가 있음을 느낀 그는 '일영동맹(日英同盟)의 구상'을 오쿠마에게 보냈다. 이토 히로부미나 야마가타는 이때 러시아와의 협상을 중시했기 때문에 도쿠도미는 이들과는 거리를 두었다. 오쿠마가 외무대신이 된 상황에서 도쿠토미는 자신의 구상을 정책으로 실현해보려고 했다.

도쿠토미는 귀국 직후 마쓰카타 총리대신과 오쿠마 외무대신을 차례로 만나『고쿠민신문』의 역할에 대해 사전에 약속하고, 이어 칙임 참사관에 취임했다. 그는『고쿠민신문』을 마쓰·쿠마(松·隈) 내각의 '유일한 정통 (언론)기관'으로 한다는 각서에 서명했다.[21]『고쿠민신문』은 "일본 국민에 대하여 현 내각을 대표하고, 세계에 향하여서는 대일본제국을 대표한다"라는 규정을 두고, 정부에서 자금과 정보를 제공받아 다른 신문을 조종하는 역할을 한다는 내용이 명기되었다. 완전한 정부 기관지가 되어 언론 통제의 중심 역할을 한다는 뜻이었다.『고쿠민신문』소유자로서 1892년 번벌 세력에 대한 비판의 민당 합동론을 사시(社是)로 내건 때로부터 5년이 지난 시점이었다. '변절'에 대한 비난의 소리가 높아지면서『고쿠민신문』은 발행부수가 2만 5,000부에서 5,000~6,000부로 떨어졌다.[22]

마쓰카타 내각은 단명했다(1896. 9.~1898. 1.). 지조(地租) 증징과 군비 확장 문제를 놓고 마쓰카타 파벌과 오쿠마 파벌이 대립하여, 지지 정당이던 진보당이 내각과 단절을 선언하여 내각 총사퇴를 가져왔다. 제3차 이토 히로부미 내각이 뒤를 이었다.『고쿠민신문』은 어용신문이 된 뒤로 인기가 떨어져 경영 위기에 빠졌지만, 방향 전환도 할 수 없는 처지가 되었다. 1898년 1월 도쿠토미 소호는 총리대신 이토 히로부미를 관저로 찾아가 만났다. 그동안 거리를 둔 사이였지만『고쿠민신문』을 유지하기 위해서는 부득이한 방문이었다. 두 사람 사이에 지조 증징과 군비 확장에 대해 의견이 일치하여 협력을 약속했다.[23] 그런데 이 당시 내각이 연속적으로 단명하여 교체가 잦았다. 정치에 발을 들여 놓은 도쿠토미는 이런 상황에서 여러 정치인을 찾을 수밖에 없었다. 1898년 5월, 발행부수 감소로 잡지『국민의 벗』, 『가정잡지(家庭雜誌)』,『극동(極東)』을 폐간하고, 사업을『고쿠민신문』하나로 합쳤다. 도쿠토미는 고향 구마모토에서 중의원으로 입후보할 생각을 가질 정도로 정치에 빠져들었다. '삼국간섭'의 설욕이라는 국가 목표 달성이 언론인으로서의 자신의 사명이라고 믿고 있던 "정치 저널리스트가 정치가의 주구(走狗)로" 변해가는 상황이었다.[24]

### 3) 가쓰라 다로 내각과의 밀착

1901년 6월 제1차 가쓰라 다로 내각이 성립했다. 이 내각은 1906년 1월까지 존속하면서 러일전쟁을 일으키고 또 승리를 얻었다. 가쓰라 내각의 개전과 승전은 곧 10년 전부터 도쿠토미 소호 자신이 부르짖은 백벌 타도를 현실로 만들어낸 것이었다. 가쓰라는 이토 히로부미와는 달리 러시아와 협상이 아니라 대결할 것을 주장하여 랴오둥반도를 일본이 되찾는 정책을 펴는 데 적극적이었다. 가쓰라는 집권하자마자 영국과 동맹을 추진하여 1902년 1월에 '제1차 영일협약'(속칭 영일동맹)을 성사시켰다.[25]

도쿠토미 소호는 그 당시 가쓰라와 친밀한 사이는 아니었다. 가쓰라가 총리대신이 된 뒤 마쓰카타를 통해 면담을 요청하여 회견이 이루어졌다. 소호는 내각 밖에서 가쓰라 내각을 원조할 것을 약속했다. 특히 영일동맹 이후 두 사람의 관계는 '밀착'으로 급진전했다. 도쿠토미 스스로 표현했듯이 이를 계기로 "몸도 혼도 가쓰라 내각보다도 가쓰라 수상과 일치한" 상태가 되었다. 도쿠토미는 1913년에 가쓰라가 사망할 때까지 10년간 "거의 내가 가진 모든 것"을 가쓰라 내각 아래의 현실정치에 바치는 사태로 발전했다고 술회할 정도로 두 사람의 관계는 밀접했다.[26] 영일동맹의 성립, 러일전쟁, 일본의 승리, 한국의 '보호국화' 및 통감부 설치가 두 사람이 밀착해 있던 당시 이루어진 역사였다.

도쿠토미 소호는 가쓰라 총리대신과 일심동체(一心同體)가 되고, 『고쿠민신문』은 곧 정부의 대변지 역할을 했다. 가쓰라 총리대신은 도쿠토미에게 언론으로 국민을 이끌어 '거국일치의 열매(實)'를 거두고, 제3국에 대하여 일본의 입장을 설명하고, 외국 외교관이나 특파 기자들을 조종하는 등의 임무를 위촉했다. 『고쿠민신문』은 정부의 내부 정보망을 이용하면서 주어진 임무를 수행했다.[27] 러일전쟁은 일본이 한국을 차지하고 나아가 만주 랴오둥반도를 러시아로부터 빼앗아 만주 지배의 발판으로 삼는 것을 목표로 했다. 이런 야망을 실현하기 위해 '군사적으로나 경제적으로 한국의 보전은 일본의 생존과 관계되어 러시아가 그 국민적 생존권을 침해하는 이상, 국민은 분기할 수밖에 없다'고 국민을 선동했다.[28] 구미의 언론을 상대로 한 선전에서는 한국인들이 일본의 보호국이 되는 것을 환영한다고 왜곡하기도 했다.

**그림 6-3.** 관병식에 임한 메이지 천황

러일전쟁 당시 육군 개선 관병식에 임한 메이지 천황(사진 가운데 흰말). 도쿄 아오야마(青山)
연병장.

출처: 新人物往來社 編, 2005, 『明治·大正·昭和 天皇の生涯』, 新人物往來社.


4) 『요시다 쇼인』(개정판): 황도주의 제창


초판 『요시다 쇼인』은 1908년까지 13판을 거듭했다. 근 14년간
13판을 냈으니 베스트셀러라고 할 만한 성적이다. 그런데 이해에 개
정판을 냈다. 1908년 9월 24일자 개정판 「예언(例言)」은 그간의 사정
을 다음과 같이 밝혔다.[29]

먼저, 이 책은 '수선(修繕)'이라기보다 '신축'에 가까운 '대수선'이
라고 했다. 대폭 개정했음을 뜻한다. 초판과 개정판의 목차를 비교하
면 〈표 6-2〉와 같다. 내용 구성에서 다른 책이 되다시피 했다. 「예언」
은 도쿠토미 소호 자신이 1년 전부터 개정 작업을 생각하고 있었는

**표 6-2. 도쿠토미 소호의 『요시다 쇼인』 초판과 개정판 목차 비교**

| 초판 『요시다 쇼인』(1893. 12.) | 개정판 『요시다 쇼인』(1908. 10.) |
|---|---|
| 서언(緒言) | 예언(例言) |
| | 서론 1~4 |
| 1. 요시다 쇼인은 누구인가 | 왼쪽과 같음 |
| 2. 가정(家庭)의 아(兒) | 〃 |
| 3. 도쿠가와제도(德川制度) | 〃 |
| 4. 쇄국정책(鎖國的 政策) | 〃 |
| 5. 덴포 시대(天保時代, 1831~1845: 인용자) | 〃 |
| 6. 미즈노 에치젠노카미(水野越前守)의 개혁 | 〃 |
| 7. 보·조2주(防·長二州) | 〃 |
| 8. 여행(旅行) | 수양 시대(修養時代) (※2~7부분 계승관계) |
| | 진제이(鎭西) 여행 |
| | 망명 |
| | 동서상하(東西上下) |
| | 답해(踏海)의 실패 |
| 9. 쇼잔(象山)과 쇼인 | 왼쪽과 같음 |
| 10. 양이(攘夷) | 〃 |
| 11. 존왕(尊王) | 〃 |
| 12. 막정(幕政)의 변국(變局) | 〃 |
| 13. 쇼카촌숙(松下村塾) | 〃 |
| 14. 타격적(打擊的) 운동 | 〃 |
| 15. 혁명가로서의 쇼인 | 삭제 |
| 16. 최후 | 왼쪽과 같음 |

| 초판 『요시다 쇼인』(1893. 12.) | 개정판 『요시다 쇼인』(1908. 10.) |
| --- | --- |
| 17. 쇼인과 마치니 | 쇼인과 국체론(國體論) |
| | 쇼인과 제국주의 |
| | 쇼인과 무사도(武士道) |
| | 교우(交友)에서의 쇼인 |
| | 서생(書生)으로서의 쇼인 (19 부분 반영) |
| 18. 가정에서 쇼인 | 왼쪽과 같음 |
| 19. 인물 | 화룡점정(畫龍點睛) (15, 19 부분 반영) |
| 20. 사업과 교훈 | 삭제 |
| | 결론1~10 |

데, 이해(1908) 5월에 노기 마레스케(乃木希典) 대장군으로부터 '개절(凱切)한 종용'을 받았다고 했다. 또 요시다 쇼인 문하인 노무라 야스시(野村靖) 자작이 구(舊)저서(초판)에 대한 '가장 엄밀하고, 정세(精細)한 비평'을 해주고, 여러 차례 '수시(垂示)' 곧 가르침을 내려준 것에 자극을 받아 개정에 착수하게 되었다고 밝혔다. 요시다 쇼인의 상속자인 요시다 구라조(吉田庫三)가 가보를 포함한 많은 자료를 제공해주었으며, 가쓰라 다로, 데라우치 마사타케, 시바타 가몬(柴田家門) 등 여러 사람이 자료를 제공해주었다고 했다.

초판을 낸 후, '정치가'로 변신하여 관계가 깊어진 조슈 군벌의 가쓰라 다로, 데라우치 마사타케 등으로부터 자료를 건네받은 점은 주목된다. 무슨 자료였는지 알 수 없지만, 이 사실은 개정판이 정치적 기여에 큰 비중을 두었음을 반증하는 대목일 수 있다. 문학박사 이노우에 데쓰지로, 문학박사 오쓰키 후미히코(大槻文彦), 무라타 미네지로(村田峰次郎) 등 국가주의를 대표하는 학계의 거물들이 거론된 것도 전에 보지 못한 점이다. 이들은 천황의 「교육칙어」를 계기로 지식계를 어용으로 끌어간 주요 인사들이다. 도쿠토미 소호는 이 세 사람이 자신의 질문에 대해 '회시(誨示)'를 아끼지 않은 것에 대해 사의를 표한다고 적었다.

〈표 6-2〉에서 보듯이 개정판은 초판과는 달리 서론(緖論)과 결론(結論)을 여러 절로 나누어 썼다. 서론은 4개 절, 결론은 무려 10개 절로 구성했다. 그리고 초판의 「8. 여행」을 4개 절로 늘였다. ① 진제이(鎭西: 지금의 일본 규슈 지역) 여행 ② 망명 ③ 동서상하 ④ 답해의 실패 등 넷으로 나누었다. ①은 러시아 군함 푸차친호에 승선하기 위해 규슈 지역으로 간 여행, ②는 도호쿠 지역을 유력(遊歷)하기로 한 친구와의 약속을 지키기 위해 감행한 탈번(脫藩), ③은 도호쿠 지역의 형세를 살피기 위해 모리오카번의 광산지대, 히로사키번의 바닷가에서 좁은 해협을 통과하는 외국선을 살피며 오르고 내린 긴 여행, ④는 미국으로 가서 우수한 기술문명을 배우기 위해 시모다에 정박 중인 페리 함대에 승선했다가 거절당한 일화 등에 관한 것이다. 이 여행들은 요시다 쇼인이 열정을 쏟아 일본열도를 일주했음을 보여준다. 마지막 시모다 '답해'가 실패로 끝난 뒤 하기의 노야마옥에 갇히어 『유수록』을 지어 도미(渡美)의 뜻을 밝혔다. 노기 마레스케를 비롯한 추종자들은 이 사실들이 약하게 서술된 선생의 전기는 용납하기 어려웠을 것이다.

더 중요한 것은 초판의 「17. 쇼인과 마치니」 절이 사라진 점이다. 대신에 ① 쇼인과 국체론(國体論) ② 쇼인과 제국주의 ③ 쇼인과 무사도(武士道) ④ 교우(交友)에서의 쇼인 ⑤ 서생(書生)으로서의 쇼인

등 다섯 항목이 추가되었다. 쇼인의 국가사상과 무사도 정신, 교유 및 문하 관계를 넣은 것이다. 초판에서 도쿠토미 소호가 민권운동에 대한 미련이 남아 쇼인을 이탈리아의 영웅 마치니에 비교한 것은 쇼인 제자들로서는 결코 받아들일 수 없었을 것이다. 정신을 이어받아 대국 러시아를 격파한 대일본제국의 스승으로 삼아야 할 요시다 쇼인을 그것도 '작은 마치니'라고 비유했으니 불만이 매우 컸을 것이다. 노무라 야스시 자작이 구저서에 대해 '가장 엄밀하고, 정세(精細)한 비평'을 해주고, 가르침까지 내려주었다고 한 것은 바로 이에 대한 지적이란 느낌을 강하게 준다. 마치니와의 비교 부분이 삭제된 것은 강도 높은 황도주의로의 전향을 의미했다.

개정판의 '서론'과 '결론'은 개정의 방향과 목적을 구체적으로 밝히고 있다.

「서론1」은 국가와 국민의 관계를 논했다. 즉, 국가 생존 문제는 국민의 조국에 대한 애(愛)·경(敬)·신(信)에 달렸다고 했다. 조국을 위해서는 재산과 생명 및 이에 부속하는 일체의 사물을 모두 국가에 바치기를 불사하는 정신이 있어야 한다고 했다. 이런 정신이 있으면 국가가 생존하고, 없으면 쇠퇴, 멸망한다고 했다. 이렇게 국가에 대한 일방적 헌신이 강조되는 이유로 "지금의 세계 대세가 안으로는 인종적 통일을 기하고, 밖으로는 국민적 팽창을 기하는 상황"이기 때문이라고 했다. 세계는 하나의 경기장이며 열강은 그 경주자로서, 경주의 목적은 세계 그 자체, 곧 누가 더 많은 땅을 차지하느냐는 것이라고 했다. 개인이 국가의 온정의 나래 아래 보호되려면 국가에 대한 이러한 정신적 무장은 필수라는 것이다.

「서론2」는 동서가 만난 이후 지금까지 백석인종(白晳人種, 백인종)

우위 인식으로 다른 인종은 지배받고, 백석인종은 지배하는 것이 마치 선천적 약속처럼 단정되다시피 했지만, 일본의 흥륭(興隆, 러일전쟁의 승리를 뜻함)이 이 단정 오류를 고쳐놓게 한 점을 강조했다. 일본이 40년이 걸려 세계무대에서 서양 열강과 대등한 지위에 오른 경위를 밝히고, 세계가 경탄해 마지않는 이 역사는 곧 거국일치, 군국(君國)을 위해 온몸을 바치는 정신으로 이루어진 것이라고 했다. 세계는 실로 애국적 정신의 권화(權化, 화신)를 일본 국민에게서 보았다고 자부했다. 세계 역사에 위대한 인상을 남긴 이 큰 역사는 메이지 천황과 그 신민의 힘에 의한 것이지만, 한편 유신개혁의 대업을 이룬 많은 선진자(先進者)의 공덕을 망각해서는 안 된다고 했다.

「서론3」은 러일전쟁으로 세계열강의 대열에 선 일본을 스스로 제국주의로 규정하는 내용이다. 도쿠토미 소호는 제국주의의 이름은 새로운 것이라도, 그 실(實)은 오래된 것으로 일본의 고대 황실 역사, 황조황종의 상대(上代)에 있다고 하면서 「기년제축사(祈年祭祝詞)」를 인용하기까지 했다.[30] 일본제국은 가족적 국가 구성으로, "황실은 야마토 민족의 본간(本幹)이며, 우리 야마토 민족은 그 가지와 잎[枝葉]이며, 일본 국가는 이 가족이 팽창한 것"이라고 했다. 또 천황은 일본 국민의 원수(元首)이며, 야마토 민족의 가장(家長)이라고 했다. 그 역사적 사실에 비추어 황실 중심주의는 이론에서 연역한 것이 아니라, 사실에서 귀납한 이론이라고 자평했다. 애국심은 국사(國史)에서, 국사는 황실에서 구해지는 것이므로, 황실을 중심으로 하여 야마토 민족의 활동, 발달, 팽창을 구하는 근본적 견해를 확립할 필요가 있다고 했다. 이것은 곧 황도주의 제창으로서 누구보다도 앞선 주장이다.

「서론4」에서 도쿠토미 소호는 자신의 저술『요시다 쇼인』을 이와 같은 황실 중심주의와 연결 지었다. 서두에 '대인(大人)'을 논하며, 대인은 국가의 특정한 대표자를 뜻하는 것으로 야마토 민족이 무엇인지를 설명하려면 시대의 대표적 인물을 드는 것이 첩경으로, 대인이 대인인 까닭을 국민이 알도록 하면 국민적 자각심을 떨쳐 일으키고, 국민 개개인에게 영웅적 심사(心事)를 고조할 수 있다고 했다. 일본 국사에서 가장 중요한 부분으로는 진무(神武) 천황의 개국사(開國史) 다음으로 유신개혁사(維新改革史)를 들어야 하는 것이 자신의 견해라고 하고, 이 유신개혁의 최선봉인 요시다 쇼인, 하시모토 사나이(橋本左內, 1834~1859)[31] 등이 존왕애국(尊王愛國)의 푸른 피[碧血]를 단두장에 흘린 지 50년을 경과한 지금, 자신은 그들을 얘기함으로써 오늘 신시대의 새로운 요구에 부응하고자 한다고 했다. 요시다 쇼인은 곧 일본 남아로서 많은 점에서 유신개혁 시대의 대표적 인물로 인정된다고 했다.

'결론'은 10개의 절에 걸치지만, '서론'의 황실 중심주의의 뜻을 반복하는 느낌을 주는 내용이 많다. 「결론1」에서 요시다 쇼인은 개혁자의 모범이자 일본 남아의 전형으로서, 오랫동안 국민의 마음[心]을 태울 수 있는, 그의 생애는 피[血] 끓는 국민적 시가(詩歌)로서 "쇼인은 죽어서도 죽지 않았다"고 했다. 이는 초판의 결론 부분의 표현을 그대로 옮겨놓은 것이다. 「결론4」에서는 천황의 절대성을 감상적으로 표현했다. 즉, "존왕심(尊王心)이 가는 곳은 들불이 타는 것과 같다"고 하고, "천황 아래에는 막부도, 제번(諸藩)도 없고 오직 일본제국만이 있다"고 했다. 천황 중심의 중앙집권체제에 대한 평가이다. 이어 신분 계층의 관점에서 "천황의 아래에는 장군도, 제후도, 무사도, 평민도 없고 오직 일본 국민만이 있다"고 했다. 천황과 국민을 한 줄로 연결해 천황에 대한 국민의 충성심을 자극한다. 이어 「결론5」에서 "그들은(요시다와 하시모토: 인용자) 단순히 죽기 위해 죽은 것이 아니라 목적을 달성하기 위해 죽음을 불사했다. 그 목적이 무엇인가? 왕정복고 바로 그것"이라고 했다.

「결론7」에서는 "야마토 민족은 결코, 결코, 세계의 경기장에서 제 이류로 떨어지는 것을 허용할 수 없다"고 한 다음, 「결론8」에서 "이런 확신과 희망은, 어떤 경우에서도 사람들이 염세적이게 할 수 없다. 나는[吾人] 유신의 지사에게서 그들이 대단히 죽음을 가벼이 여기고 때로는 죽음을 기다리는 절실함[太切]이 있었음을 본다"라고 했다. 「결론9」에서도 또한 "그들(요시다와 하시모토: 인용자)이 죽음과 삶 사이에서, 이미 가진 각오 앞에서, 죽음을 두려워하지 않은 것은 유신지사의 전형이다"라고 하여 순국(殉國)·순절(殉節)을 거듭 찬미했다. '죽음'을 이처럼 되풀이하여 강조하는 글은 결코 흔한 것이 아니다.

마지막 「결론10」은 "개개인의 헌신적 정신이 아니라 일본 국민으로서 가지는 헌신적 정신만이 소국을 대국이 되게 하고, 빈국을 부국이 되게 했으며, 세계에서 고독한 국민이 세계에서 가장 우방이 많은 나라가 되게 했다"고 하여 거듭 나라를 위한 희생 불사를 촉구했다. 천황을 향한 국민의 충애(忠愛)·단성(丹誠)을 통일 종합하는 것만이 요시다 쇼인을 오늘에 있게 하는 것이라고 했다. 이것이 곧 "쇼인이 몸[身]을 바쳐[殉] 후인에게 남긴 유훈이라"고 했다.

개정판 『요시다 쇼인』은 곧 러일전쟁의 전승국으로서 일본이 세계열강의 대열에 오른 것을 스스로 찬양하면서, 집권 세력인 조슈 번벌의 요청에 따라 그 시점에 내세울 필요성이 있는 황실 중심주의에 대한 교본(敎本)으로 꾸며진 것이었다. 그래서 이 책은 1942년에 무려 27판을 낼 정도로 '일본제국 신민'에게 널리 읽힌 '국민독본'이 되었다. 저자 도쿠토미 소호는 1909년에 쓴 서문에서 책을 낸 지 아직 1년도 지나지 않았는데 10판을 거듭하여 뜻밖의 흔쾌를 느낀다고 하면서 구저서(초판본) 13판을 합하면 23판이나 되는 점을 지적했다. 1917년 제1차 세계대전이 진행 중인 시기에 쓴 서문에서는 "많은 결함이 있는데도 불구하고 최근 24년간에 총33판을 내게 된 것은 오로지 요시다 쇼인의 인격이 메이지, 다이쇼 시대에 사회에서 높은 추앙을 받고 있음을 알 수 있는 것으로, 쇼인 선생 그는 죽었어도 지금 시대에 생생한 감화를 널리 비추고 있으니 이 어찌 저자의 영광이 아닐 수 있느냐"고 감사를 표했다. 이어서 다시 "정령적(精靈的) 쇼인"의 "군국(君國)에 목숨을 바친 대절청조(大節淸操)"를 찬양했다. 그 후 1930년, 1933년, 1934년의 출판본에도 서문을 잇달아 붙였다.[32]

**7장**

# 제1차 세계대전 전후
# 도쿠토미 소호의 반미주의

## 1.『경성일보』 감독 도쿠토미 소호: 총독 데라우치와의 밀착

### 1) 총독 데라우치의『경성일보』 감독 초빙

일본 역사학계에서 도쿠토미 소호에 관한 연구는 많이 이루어져 있다. 하지만 한국사에 끼친 도쿠토미 소호의 부정적 영향을 언급한 연구는 찾아보기 어렵다.[1] 청일전쟁, 러일전쟁이 근현대 한국사에 입힌 치명상을 유념하면 도쿠토미 소호에 관한 연구는 지금부터라도 학술적으로 진지하게 다루어져야 한다. 정일성이 밝혔듯이 도쿠토미 소호는 1910년 8월 강제병합이 이루어진 뒤, 초대 조선총독 데라우치 마사타케의 요청으로 조선총독부 기관지 노릇을 한『경성일보』의 '감독'으로 부임하여 도쿄-서울(경성京城)을 왕래하면서 총독부 식민통치정책에 큰 영향을 끼쳤다.[2] 데라우치 마사타케는 조슈 번벌 세력 가운데 야마가타 아리토모를 우두머리로 하는 군부파의 한 사람이다. 야마가타 아래 가쓰라 다로와 데라우치 마사타케가 조슈 군부파 또는 야마가타계(系) 관료파의 핵심을 이루었다.

앞에서 이미 살폈듯이 도쿠토미는 1894년 청일전쟁 때 이미 이들에게 접근하여 자신의 신문을 통해 전쟁을 독려하며 상호 밀접한 관계를 구축했다. 1901년 가쓰라가 총리대신이 된 뒤로는 "나의 정신은 곧 가쓰라의 것"이라고 스스로 말할 정도로 깊은 관계였다. 청일전쟁 후 삼국간섭에 당면하여 백벌 타도를 외치던 그로서는 가쓰라 내각이 일으킨 러일전쟁이 원한을 푸는 기회였다. 그는 일찍이 이들에게 일본이 국제적 지위를 획득하기 위해서는 '영일동맹'을 맺어야 한다는 제안을 한 적이 있다. 1901년 6월 2일 총리대신이 된 가쓰라는 9월 초부터 영국과의 유대 외교를 펼쳐 실제로 1902년 1월 31일에 '제1차 영일협약'을 성사시켰다.

대한제국 황제(고종)는 1896년부터 러시아, 프랑스, 벨기에를 상대로 차관 교섭 외교를 펼치면서 이를 배경으로 중립국으로 승인받아 국권을 유지하는 정책을 폈다. 그러나 이 외교정책은 '영일동맹'으로 좌절되고 말았다. 주한 일본공사관은 대한제국 황제가 비밀리에 추진한 중립국 승인 외교를 정탐하여 일본 정부에 보고하였다. 이에 가쓰라 총리대신은 영국과의 동맹 외교를 서둘러 추진했다.[3] 가쓰라 내각은 영국과 동맹을 맺은 뒤, 이어서 미국의 신임 시어도어 루스벨트(Theodore Roosevelt) 대통령과 연대 외교를 구축했다. 러시아의 태평양 진출을 막겠다는 일본의 제안에 시어도어 대통령이 동의한 것이다. 그뿐만 아니라 가쓰라 정부는 시어도어 대통령의 도움으로 거액의 전쟁 수행 차관을 확보했다.[4] 도쿠토미 소호는 가쓰라 총리대신에게 영국과의 동맹을 적극적으로 권장한 장본인이었다. 가쓰라 내각은 전쟁을 개시하면서 서방 언론을 상대로 한 홍보전을 펼쳤다. 1900년 의화단 사건 때, 출동 병력 가운데 가장 모범적인 모습을 보여 서양 열강의 시선을 끌었던 제국 일본군이 '동양 평화'를 위해 노력하는 모습을 보여주겠다는 것이 목표였다. 실제로 많은 서방 언론 기자들이 일본 정부 초청으로 도쿄에 모여들었다. 도쿠토미 소호는 1896년 5월부터 1897년 6월까지 구미 시찰을 마치고 돌아온 뒤, 8월에 내무성 칙임 참사관이 되었다.[5] 그리고 1901년 가쓰라 다로 내각이 성립하였을 때 그의 『고쿠민신문』은 정부의 대변지가 되다시피 하였다.[6] 그는 언론인 출신으로서 러시아와의 전쟁에 관한 국제 홍보 사업의 중심에 있었다.[7]

1901년 6월 2일에 출범한 제1차 가쓰라 다로 내각은 러일전쟁의 개전과 승전 덕으로 1906년 1월 7일까지 장수했다. 이 기간에 대한제국의 국권을 박탈하는 여러 조약이 강제체결되었다. 그 가운데 외교권을 강탈한 '보호조약'(1905년 11월 17~18일)이 가장 치명적이었다. 이 조약의 일본 특명전권대사는 이토 히로부미였지만, 승전과 '보호조약' 강제는 어디까지나 가쓰라 내각의 정책 실현이었다. 다시 말하면 한국을 보호국으로 만든 것은 가쓰라 내각이었고, 도쿠토미 소호는 그 정책 수립의 배후 인물이었다.

제1차 가쓰라 내각은 1906년 1월 7일 사이온지 긴모치(西園寺公望)에게 배턴을 넘겼다. 두 사람은 입헌정우회(立憲政友會)의 하라 다카시(原敬)와의 공방에서 '정의투합(情意投合)'하여 이후 서로 내각을 교대로 구성하는 '게이엔(桂·園) 시대'를 만들 정도로 우호적인 관계였다. 가쓰라는 1908년 7월 14일에 다시 총리대신으로 지명받아 제2차 가쓰라 내각을 조각하여 1911년 8월 30일까지 집권했다. 한국 통치에 대해 야마가타 아리토모를 중심으로 하는 이른바 군부파는 관료파 이토 히로부미와 달리 조기 '병합'을 주장해왔다. '보호국' 주장을 펴온 한국통감 이토 히로부미는 1909년 한국 의병 진압의 실패를 자인하고 4월 통감직에서 물러난 다음, 하얼빈에서 대한제국 대한의군(大韓義軍) 참모중장이자 특파대 대장 안중근(安重根)이 쏜 총탄에 쓰러졌다.[8] 제2차 가쓰라 내각은 1910년 5월 육군대신 데라우치 마사타케를 한국통감부 통감을 겸하게 하여 '한국병합' 추진을 주도하게 했다. 8월 29일의 '한국병합'의 공포는 가쓰라 내각의 큰 '공적'이었다.

1910년 9월 한국통감 데라우치는 조선총독부의 초대 총독이 되었다. 데라우치는 도쿄의 도쿠토미 소호를 서울로 불러『경성일보』를 중심으로 조선 언론 통제의 총책을 담당하게 했다.『경성일보』는 1906년에 이토 히로부미가 초대 통감으로 부임하여 창간했다. 서울에는 이미 그전에 일본인이 운영하는 대표적 신문으로『한성신보(漢城申報)』가 있었다. 이 신문은 1895년 2월 27일에 구마모토(熊本) 국권당(國權黨) 계열 사람들이 창간한 것으로, 한일 양국어를 사용하는 것이 특징이었다. 이토 히로부미의 한국통감부는 이 신문을 매입하여『경성일보』를 창간했다. 한국통감부의 이토 유칸(伊東祐侃)을 사장, 핫토리 노보루(服部暢)를 주필로 각각 임명하여 한국통감부 기관지로 만들었다.

제3대 한국통감 데라우치 마사타케는 1910년 8월 29일 '한국병합'을 강제한 뒤, 9월에 조선총독부 출범과 동시에 도쿠토미 소호에게 '식민지 조선'의 언론정책을 일임했다. 즉, 한국의 언론을 기존의 『경성일보』하나로 집중해 도쿠토미 소호에게 그 운영을 맡기고자 서울로 초청했다. 소호는 9월 15일에 도쿄를 떠나 16일에 서울로 들어왔다. 그리고 10월 1일에 총독 데라우치를 면담해 「신문정리(新聞整理)에 관한 취극서(取極書)」에 서명하고 이튿날 신문사를 인수했다. 매입 및 운영 자금은 조선총독부가 맡고 편집, 경영, 인재 공급 일체는 『고쿠민신문』의 몫으로 했다. 이에 도쿠토미 소호는 『고쿠민신문』의 정치부 부장 요시노 다자에몬(吉野太左衛門)을 『경성일보』의 사장 겸 주필을 담당하게 하고 자신은 '감독'이 되었다. 도쿠토미 소호가 맡은 '감독'직은 신문사에서는 보기 힘든 매우 낯선 직책이었다. 『경성일보』는 『고쿠민신문』의 경성지사가 된 셈이었다.[9]

도쿠토미 소호는 한국 신문은 모두 폐간하고 한국어 신문으로는 그동안 항일 논조가 가장 강했던 『대한매일신보』하나만 남기되 이름에서 '대한'을 삭제하고 『매일신보』로 고쳤다.[10] 이 신문은 '식민지 조선'에서 유일한 한국어 신문이었다. 그래서 '식민지 조선'의 지식인, 문학도가 글을 발표하려면 그에게 매달리지 않을 수 없는 구조가 만들어졌다. 저항을 무력화하는 전략이었다.

2) 「조선 통치의 요의」 10조

도쿠토미 소호는 『경성일보』의 운영을 맡은 직후, 10월에 「조선 통치의 요의(要義)」란 글을 10회에 걸쳐 연재했다(〈그림 7-1〉 참조).[11] 조선(한국)병합은 바로 "야마토의 대륙 진출의 유일한 통로 (확보)로서, 이를 성공적으로 수행하기 위해 지켜야 할 사항들을" 제시한 글

**그림 7-1.** 『경성일보』에 실린 도쿠토미 소호의 글
『고쿠민신문』 경영자인 도쿠토미 소호는 조선총독 데라우치 마사타케의 두터운 신임으로 조선총독부 기관지인 『경성일보』의 '감독' 지위를 누렸다.
출처: 迷原謙, 2003, 『德富蘇峰』, 中央公論新社.

이다. 이 글은 총독 데라우치의 정책에 그대로 반영되다시피 한 것이므로 다음에 그 내용을 순서대로 소개한다. 조선의 통치는 '힘[力]'을 바탕으로 순종할 수 있는 체제로 이끌어야 한다는 일종의 강령 제시였다. 각 항의 요지를 먼저 소개하고 이에 대한 필자의 논평을 붙인다. 기사의 원문은 대체로 요약보다 5배 이상의 길이다.[12]

1. 조선을 통치하게 된 것은 고대 이래 미증유의 성사(盛事)이자 미증유의 신시험(新試驗)이다. 섬나라 일본은 바다[太洋]를 지배할 수밖에 없는가? 섬나라는 언제까지나 대륙에 발을 들여놓을 수 없는 것인가? 영국이 세계의 물을 반(半)이나 차지하고서도 카레의 흙 한

줌도 수중에 넣지 못하는 것을 보면 섬나라의 대륙 통치는 극히 어려운 사업이란 것이 세계 통례이다. 우리 일본제국은 이 어려움을 타파하여 대륙 통치에 착수했다. 조선병합은 섬나라가 대륙으로 진출하는 유일한 통로를 확보한 것이므로 그 통치에 반드시 성공해야 한다.[13]

'한국병합'에 관한 도쿠토미의 인식은 처음부터 끝까지 요시다 쇼인의 주변국 선점론에 입각한다. 천황이 통치하는 새로운 동아시아 세계 곧 '동양'을 구축하기 위한 대륙 진출에서 필요한 통로 확보로 '한국병합'의 의의를 부여한 인식이 바로 그렇다. 그리고 같은 섬나라로서 영국을 비교 대상으로 든 것도 그런 인식을 드러낸 것이다. 영국이 바다로 진출하여 각지에 식민지를 확보했음에도 정작 유럽 대륙에 한 발자국도 들여놓지 못한 사실을 거론했다. 이는 곧 영국조차 하지 못한 대륙 진출을 일본이 한반도 진출로 이루어냈다는 뜻으로, 이 비교 우위의 사례 제시에는 일본이 만들어갈 새로운 천황 지배의 세계 곧 '동양'은 대영제국이 절대적 우위를 누리는 '서양'에 바로 대비되거나 우위에 있는 것이란 인식을 보여준다.

2. 종래 조선에 대한 정책으로 서로 반대되는 두 가지 의견, 즉 조선을 위한 조선, 일본을 위한 조선의 견해가 있었다. 병합 결과, 조선은 이제 일본의 한 부분이 됨으로써 더 논할 것 없이 우리 총독이 일시동인(一視同仁) 방침을 선언함으로써 적절한 조치가 이루어졌다. 한두 역사가가 고증했듯이 일본과 조선은 인종적으로 같은 뿌리에서 나왔다. 그러나 나뉨[分植] 이래 이미 2천 수백 년이 되어 성상(性相)은 가까워도 습속은 멀어졌다. 멀어진 습속은 그 자체가 역사로서 이

와는 타협이 필요하다. 즉, 굳이 일본과 습속을 같게 하는 우(愚)를 범하지 말고 이를 인정한 가운데 적절히 조치하는 타협이 필요하다. 조선은 야만국이 아니며, 조선인은 야만인이 아니다. 우리는 조선 현재의 상태를 보고, 그 빈(貧)과 누(陋)를 외면할 수 없지만, 이것이 처음부터 그런 것도 아니었다. 저들 역사상 폭정의 결과로 그렇게 된 것이다. 어디까지나 가정(苛政)의 독화(毒禍)가 빚은 결과이다. 조선은 미개국이 아니라 퇴화, 타락한 것일 뿐이다. 병합이 시작된 즈음에 통치자는 이를 바로잡아야 하는 책임을 절감할 필요가 있다.[14]

도쿠토미 소호 자신이 일선동조론(日鮮同祖論), 일시동인설(一視同仁說)을 창안한 것은 아니지만 그와 같은 관점에서 피력한 논리 전개가 교묘하다. 동조론을 낸 이상 같은 민족성을 긍정한 가운데 오늘의 차이는 서로 다른 역사 곧 선정(善政)과 악정(惡政)의 차이에서 비롯한 결과로 돌렸다. 1902년 후반기 이래의 일본 역사교과서가 다 그랬듯이 진구 황후 이후 조선의 이탈이 잘못된 역사를 가져왔고, 조선총독이 천황의 성덕(聖德)을 받들어 그 잘못을 바로 고쳐주어야 한다는 억설이다.

3. 통치의 목적을 달성하기 위해서는 조선인의 생각을 바꾸어놓아야 한다. 첫째 조선인이 통치받는 것을 이제 중단할 수 없다는 관념을 가지게 하고, 둘째 통치받는 것으로 자기에게 이익이 된다고 생각하게 하고, 셋째 통치받는 것에 만족하고, 열복(悅服)하고, 즐거움을 느끼도록 해야 한다. 일본의 통치가 숙명이라는 생각을 일반 조선인들이 가지도록 하면 이미 목적의 일반(一斑)을 얻은 것이 되는데, 이렇게 하려면 어떻게 해야 하는가. 통치에는 힘[力]과 덕(德) 두 가지가

있다. 덕이 힘보다 우위라고 생각하지만 나는 힘이 없는 덕은 무용하다고 생각한다. 힘을 실체로 하고 이에 인혜(仁惠)의 옷을 입히면 자못 효능이 있을 것이다. 위력 없는 인혜는 인혜 없는 위력보다 화해(禍害)가 크다.[15]

이 대목은 데라우치 총독의 무단정치의 연원이 바로 도쿠토미 소호의 「조선 통치의 요의」에서 나온 것을 직감하게 한다.

4. 우리는 조선인을 하급 민인(民人)으로 취급하려고 하지 않는다. 위도 없고 아래도 없다. 우리 천황 폐하와 국법(國法)의 안중(眼中)에는 본디 일시동인이고, 일본인으로서는 동포 형제이다. 그러므로 그들은 언제라도 다시 일본제국에서 분리할 수 있다고 하는 것과 같은 망상을 할 수 없다. 이것이 바로 제국의 국시(國是)이다. 선정(善政)은 공정(公正)을 제1의(第一義)로 한다. 만약 일본인에 대해서도, 조선인에 대해서도, 재판에서 공정할 수 있으면 그것이 곧 선정이다. 다만 조선인이 우리 통치에 열복하여 이를 즐기게 되기까지는 다소의 세월과 노고가 필요하다. 정(政)은 정(正)이요, 공정이다. 공정 이외에 은혜로 취하면 결코 치국(治國)의 요체가 되지 못한다. 세상에서 인도(人道)를 말하는 자, 은혜를 베푼 뒤에 감사(感謝)가 오리라고 예상한다. 심하게는 감사를 기대하여 은혜로서 새 영토 통치의 요의(要義)로 삼는 자가 있다. 그러나 역사적 경험으로 이는 신빙할 수가 없다. 이렇게 하는 것은 새로운 불평을 낳을 뿐이다. 나도 은혜를 바라지 않거나, 인도(人道)를 좋아하지 않는 것은 아니다. 다만 나체(裸體)의 인도와 보수를 바라는 은혜가 마음에 들지 않을 뿐. 힘 위에 공

정을 쌓고, 공정 위에 은혜를 쌓으면, 우리 통치에 열복할 것이니 이렇게 하는 것이 옳다.[16]

조선총독이 천황의 성덕을 받들어 새로이 일본인이 된 조선인을 동화(同化)할 수 있는 길에 대한 설명이다. 여기서도 힘 위에 공정을 쌓아야 한다는 방침은 무단정치가 정답이라는 인식을 다시 보여주는 것이다.

5. 제국주의의 성공자는 로마인과 영국인으로, 이들이 어떻게 성공했는가를 살피면 불가피한 것 외에는 새로 편입된[新附] 민인의 풍습과 습관을 그대로 하게 두는 것이다. 우리의 조선에 대한 통치의 술(術)도 어찌 다르겠는가? 우리는 개혁의 적이 아니다. 그렇지만 개혁을 위한 개혁을 해서는 안 된다. 다만 필요 때문에 개혁을 하려는 것이다. 그래서 만약 개혁해도 좋고, 하지 않아도 좋은 경우에는 예전 관습대로 하게 둘 것을 바란다. 우리가 그들과 더불어 해야 할 것은 평화요, 질서요, 양법(良法)이요, 선정(善政)이다. 그 외에는 그들이 스스로 하고자 하는 바를 하게 하는 것이 옳다. 단발하고 싶으면 단발하고, 결발(結髮)하고 싶으면 결발하게 함이 옳다. 기독교도가 되고, 불교도가 되고, 시천교도(侍天教徒)가 되고, 혹은 무신론자가 되어도 좋다. 무릇 개혁의 어려움은 그 필요와 불필요를 구별하기 어려움에 있다.[17]

조선총독부 치하에서 적어도 1910년대 한국인들의 관습이나 종교는 심하게 규제되거나 탄압받지는 않았다. 「조선 통치의 요의」의 영향인지 살펴볼 필요가 있다. 같은 시기에 조선총독부가 중추원(中樞院)을 통해 '조선구관제도조사사업(朝鮮舊慣制度調査事業)'이 이루어진 까닭도 이를 통해 고찰할 필요가 있다. 즉, 통치 과정에서의 마찰을 피하려는 방책이었다. 그러나 1930년대에 신사참배, 창씨개명(創氏改名) 등이 강요되면서 상황은 전혀 달라졌다.

6. 조선을 통치하려면 조선을 잘 알아야[諒解] 한다. 조선의 근본적인 병원(病源)이 무엇인가를 알아야 선정을 베풀 수 있다. 솔직히 말하면, 조선은 정치 중독 상태의 나라이다. 이는 요즈음도 그럴 뿐만 아니라 유사 이래 거의 그렇지 않은 때가 없었다. 당쟁의 이기(利器)는 음모와 변설(辯舌)이다. 조선인은 선천적인 웅변가가 되어 있다. 이것은 조선인의 장점일 수 있고, 망상과 허황한 애기의 단점일 수 있는 것으로 간과하지 말아야 한다. 엄숙한 훈련과 확실한 교육을 통해 그 생활과 사상을 개선하는 것은 조선 통치를 위해 필요한 일로 검토해야 한다.[18]

당파성은 일제 식민주의 역사학에서 민족성의 하나로 든 것은 잘 알려진 사실이다. 그런데 이렇게 조선인에 대한 통치를 원활하게 하기 위한 민족성 분석 차원에서, 또 그것을 고치기 위한 교육을 전제로 한 지적인 것은 지금까지 학계에 보고된 적이 없다. 「조선 통치의 요의」는 일제 식민통치의 실제적 방침으로 주목할 여지가 많다.

7. 통치자는 조선 민인의 요구를 용납하라. 그렇지만 만약 그들의 요구를 다 용납하면 이는 통치자가 아니다. 통치자가 통치자인 까닭은,

그 요구가 과연 유리한가 아닌가를 심정(審定)하여 이를 취사(取捨)하는 데 있다. 거듭 말하면, 어떤 요구도, 만약 그 시의(時宜)에 적합하지 않다고 인정되는 것은 단호히 배척해야 한다. 그들은 결코 일본인의 아래로 내려가려 하지 않는다. 생활을 높이려면, 일체 어떻게 하면 재산을 빼앗기고 일신이 위태로워진다는 것을 스스로 깨닫게 해야 한다. 어떤 사람은 조선인의 생활을 향상하지 않을 수 없다고 한다. 그런데 사실은 향상이 아니라 충실이다. 그들의 배를 채워주라. 오늘의 문제는 미식(美食)이 아니라 만복(滿腹)이다. 향상도 진보도 그 이후의 일이다. 이것은 결코 어려운 일이 아니다. 그들을 편달하여 나태한 사람이 되지 않게 하면 어찌 해내지 못하겠는가. 그들에게 평이하고 실용적인 지식을 가지게 함에서야. 먼저 먹을 것을 주고, 그리고 교육을 주라. 단 그 먹는 것은 만복을 주로 하고 그 교육은 실용을 주로 해야 한다.[19]

일본제국으로서 조선인은 어디까지나 이용의 대상이다. 배를 채우게 하고 복종하게 하는 것이 통치의 목적으로, 교육도 이상의 추구보다는 실용에 그치라고 주장한다. 일시동인의 허위성을 스스로 드러내는 대목이다.

8. 조선의 통치를 말하는 자, 걸핏하면 예를 이집트와 인도에서 든다. 영국이 두 나라에서 시설을 많이 하고 좋은 결과도 있었다. 그리고 인도의 경우, 자치제를 허용하기도 했다. 그렇더라도 인도의 각 신문은 불온한 언론을 드러내고 민심을 선동하면서 절대적 독립론을 내는 사례가 그치지 않는다. 그들은 결코 영국의 순민(順民)이 아

니다. 이집트에서도 영국은 파라오 이래 몇천 년에 볼 수 없었던 선정을 베풀었지만, 그 은혜에 감사하기보다 다시 국민적인 새로운 요구가 일어났다. 완화적 정책은 수습하기 어려운 화기(禍機)를 키운 예가 있다. 영국이 인도와 이집트에서 행한 것으로 조선 통치의 전형으로 삼아야 한다는 논자는 과연 무엇을 보고 밀하는 것인지 모르겠다.[20]

도쿠토미 소호는 조선의 역사와 문화는 인도와 이집트의 그것과는 다르므로 굳이 영국이 두 나라에서 행한 방식을 귀감(龜鑑)으로 삼을 필요가 없다고 했다. 그는 일본이 '동양의 영국'이 되어야 한다는 목표 의식을 가졌지만, 그렇다고 영국이 인도, 이집트에서 한 것을 뒤따라 모방할 필요는 없다고 주장했다. 일본 제국주의는 천황의 절대 신성으로 이끌어지는 나라로서 결코 영국을 따라가는 위치에 서는 것은 안 된다는 것이 그의 신조였다.

다음은 1913년 '다이쇼정변' 이후 그의 제국주의론에서 군국주의 성향이 싹트고 있음을 보여주는 글이다.

9. 나는 조선의 통치를 곤란하게 하는 것이 있다면 그것은 조선인보다도 본방인(本邦人)의 무계(無稽), 망탄(妄誕)의 언의(言議)에 있다는 것을 지적하지 않을 수 없다. 조선 통치를 곤란하게 하는 구설(口舌)은 비애국적이다. 내가 가장 위험하다고 하는 것은 일본인, 조선인의 역사적 소생(素生)을 무시하고, 정치적으로 이를 한가지로 취급하는 논의이다. 일본인은 300년간, 봉건 정치의 도야(陶冶)로 가장 엄숙한 정치적 훈육을 받았다. 그 대의정치(代議政治) 아래 일반 민인이 양민(良民)이 된 것은 당연한 일이다. 그런데 금일의 조선인을

이와 동일시하면 이는 참으로 역사를 무시하여 공중누각을 만드는 것이다. 급격한 동화론 같은 것은 백해무익(百害無益)이다. 조선인은 세계에서 가장 영리(怜悧)한 인종의 하나다. 그들이 남의 풍속을 모방함은 역사적으로 현저한 사실이다. 신라인은 당(唐)을 모방하고, 고려인은 송(宋)과 요(遼)와 원(元)을 모방하고, 이조인(李朝人)은 명(明)을 모방했음이 역력하다. 지금 이를 다시 강조할 필요가 있으랴. 기억하라. 조선인은 정치에 중독된 것같이 교육에 중독되었다. 무릇 주자학이 유행한 지나·일본·조선 3국에서 조선이 제일 심했다. 그 결과는 무엇인가. 무용한 공문(空文), 허담(虛談)만이 있었고, 당쟁이 또 그 필연의 반려로서 따랐다. 이 선천적 공론국(空論國)이 다시 더 심한 공론국이 되게 해서는 안 된다.[21]

일본제국의 초기 역사학자들은 나카 미치요를 비롯해 한국사에 관해 관심을 가지면서 특히 한국 정치사에 주목했다. 나카 미치요는 1882년 수신사(修信使) 박영효의 수행원이었던 박제경(朴齊絅)의 『근세조선정감(近世朝鮮政鑑)』[22]에 관심을 표하여 1886년 표점본을 출판했다.[23] 그를 비롯한 사가들은 이를 통해 일본의 번–막부 관계의 정치와는 전혀 다른 조선의 붕당정치와 그 변형인 세도정치에 관한 정보와 지식을 얻었다. 조선 진출을 위한 필수 과제였다. 그들은 처음부터 진구 황후의 신라 정벌을 정설로 삼아 조선의 역사를 보아왔기에 조선의 당시 정치를 긍정적으로 볼 까닭이 없었다. 공도(公道) 실현을 목표로 하는 정파(학파) 간의 상호 비판과 견제의 쟁론(諍論)정치는 긍정적으로 보일 수가 없었다. 조선을 정복 대상으로 보는 관점에서는 정복 타파의 구실로 삼을 만한 것이었다. 도쿠토미의 「조선 통치의 요의」에 실린 언설(言說)은 일제 식민주의 역사학의 '당파성 이론'이 한갓 목적적 비평에 불과하다는 것을 쉽게 간파할 수 있게 해준다. 이렇게 부정한 뒤에 이용, 아니 분열을 획책하는 악용이 따랐고, 이를 위해서는 '당쟁' 주체의 맥을 파악해야 했다. 주한 일본공사관을 거쳐 한국통감부 고위직에 오른 마에마 교사쿠(前間恭作)는 조선의 유력 성씨 집단의 계보를 망라한 『명세보(名世譜)』(필사본)를 지어 주위에 배포했다. 그는 쓰시마 출신으로 게이오의숙을 나와 조선 주재 일본영사관과 공사관에 근무하면서 하야시 곤스케(林權助) 공사의 한국어 통역을 맡았다. 1915년 11월 '보호조약' 강제 때는 특명전권공사 이토 히로부미의 통역을 담당했다. 오늘날 한국인 사이에 정론으로 널리 퍼져 있는 '당쟁'에 관한 부정적 인식은 자체 비판 의식도 없지 않지만, 일본 측의 이런 고의가 크게 작용한 사실도 직시할 필요가 있다. 도쿠토미는 조선인 정치의식의 폐단을 극복하는 방안으로 연재를 마무리 지었다.

10. 조선에 필요한 것은 자유가 아니라 질서이며, 언론이 아니라 실행이다. 종론방의(縱論放議)의 다두정치(多頭政治)가 아니라 엄정공평(嚴正公平)의 통일정치이다. 부화허문(浮華虛文)의 학문이 아니라 견실 유용한 교육이다. 나는 자치를 주기에 앞서 마땅히 평화를 주어야 한다고 생각한다. 그리고 모든 일에 앞서, 편한 마음[安心]과 먹을 것[食物]을 주어야 한다. 이것은 진실로 조선 통치의 일대 중심[主腦]이다. 총독 무관(武官)제도, 경찰통일제도 같은 것이 직(職)으로서 타당하다. 나는 이 목적을 달성하는 데 조선에서의 관리 기질의 양성이 매우 중요함을 느낀다. 관리 기질에도 종류가 많은데, 나는 우리

통감 정치 이래의 관리 기질에 대하여 지금 다시 비평해볼 필요성을 느낀다. 과거는 과거로 매장하라. 정치가의 관심은 현재와 장래에 있다. 그리고 만약 일본제국의 조선 통치의 목적을 온전히 하는가 못하는가에서 가장 중요한 것 하나를 구하면, 우리 총독부를 중심으로 많은 고급 및 하급 관리라 하지 않을 수 없다. 우리 천황 폐하의 덕화(德化)를 조선 1,000여 만의 인민에 미치는 책임이 있는 자는 실로 우리 관리들이다. 이러한데 어찌 조선에서의 관리 기질을 논하지 않을 수 있겠나. 관리 기질을 양성하는 것은 결코 일조일석에 이루어지는 것이 아니므로 노력을 많이 기울여야 한다. 부과(浮誇)한 인도론(人道論)으로 세계에 광고하는 시대는 이미 지나갔다. 금일은 숭론굉설(崇論宏說)의 시기가 아니다. 엄숙하게, 착실하게, 절요(切要)하게, 우리 통치의 목적을 온전히 하는 시절이 도래했다. 내가 조선 통치의 곤란을 느끼는 것은, 조선인보다도, 세계의 방평(傍評)보다도, 오히려 일본인의 방자한 언행이다. 그 방자한 문자 중에는 혹은 조선인에 대한 불친절한 행동, 때로는 조선인에 대한 여성적[婦人仁的]인 인정론이 들어 있다. 생각건대 '조선 통치의 요의' 어찌 이에서 그치랴. 다만 금일 급하고 긴요한 것을 먼저 말할 따름이다.[24]

이 글 앞머리의 '종론방의의 다두정치'는 곧 조선 왕조의 전통적인 붕당정치에 대한 비판적 표현이다. 새로이 지배하려는 자의 눈에는 그러한 공론을 지향하는 쟁론정치를 용납할 수가 없다. 이처럼 정치 전통에 대한 비판을 거듭하는 것은 총독정치의 성공을 위해 그만큼 중요한 과제로 인식되었기 때문일 것이다. '종론방의', '다두정치'란 조어(造語)가 오히려 흥미를 자아낸다. 현대적 자유민주주의의 발전이란 관점에서 이런 정치 형태는 오히려 역사적으로 공화제로 나아갈 수 있는 토대로 간주할 수 있다. 총독정치는 어디까지나 일사불란의 독재적 질서를 본성으로 하는 것이므로 그것은 격퇴의 대상이 되었다.

도쿠토미 소호는 이 항목에서 "통치의 목적을 달성하기 위해서는 조선인들이 일본의 통치를 숙명으로 받아들여 일본에 동화되도록 체념하게 하고, 만약 제대로 말을 듣지 않을 때는 힘을 사용하라"라고 했다. 그는 조선 사회를 "정치적 중독 상태로, 역사 자체가 정치음모의 역사라고 할 정도로 붕당 싸움이 극심한 나라"라고 왜곡해 조선인은 스스로 자립할 수 없음을 역설하면서 '병합'을 정당화했다. 「조선 통치의 요의」는 곧 총독 데라우치 마사타케의 무단정치 방향 정립의 성명서에 해당하는 것이었다.

초대 총독 데라우치 마사타케는 1916년 10월 9일 본국 총리대신으로 지명받아 한국을 떠났다. 그러나 도쿠토미 소호는 1918년 9월 29일 데라우치 마사타케가 '쌀소동(米騒動)'으로 총리대신에서 물러날 때까지 『경성일보』의 '감독' 자리를 지켰다. 당시 유일한 한국어 신문으로 남은 『매일신보』는 『경성일보』의 한 부서로 편입되어 그의 통제 아래 있었다.


## 2. 제1차 세계대전 중의 반미 저술

### 1) 조슈벌의 균열과 '다이쇼정변'

이토 히로부미는 1870년대 후반 이래 조슈 번벌의 관료계 좌장으로서, 각지 무사 출신들이 주도한 자유민권운동의 의회개설운동을 누르고 제국헌법을 기초하여 천황제 국가주의 정치체제 구축을 주도했다. 1880년대 초반 독일을 다녀오기까지 하면서 제국헌법 연구를 주도하는 가운데 1885년 초대 내각총리대신이 되었다. 1881년 천황이 10년 뒤 국회 개원을 약속했지만, 1890년 처음으로 소집된 의회는 국정을 논의하는 곳이 아니라 한 해 예산을 심의하는 곳일 뿐이었다. 당시 정부는 왕정복고를 주도한 조슈번과 사쓰마번 출신의 원로들이 추밀원에 소속하여 사전 조율을 통해 총리대신 후보를 내정하여 천황의 승인을 받는 형태로 운영되었다. 이토 히로부미는 1900년 네 번째로 총리대신이 되어 조각에 임하면서 입헌정우회(立憲政友會)를 조직했다. 이 조직은 '당'이 아닌 입헌정우회라는 명칭을 사용한 점에서 보듯이 설립 당시 이토 히로부미를 비롯한 번벌 세력들이 자신들의 권력 기반으로 삼되, 다른 정당의 출현을 억제하는 것을 목표로 했다. 입헌정우회는 설립 취지문에서 "국가 이익을 우선하고 국가와의 일체감"을 강조하는 등 국민 개개의 사적인 이익을 추구하는 민권운동의 '민당(民黨)'과는 다른 면모를 보였다.

거물 정객이 된 이토 히로부미는 사업 발전으로 늘어나는 실업가들, 지방 지주로서 실업가가 되어 도시에 살면서 시 의회 의원이 된 부류, 회사 사장, 변호사, 은행가들을 정권의 지지 기반으로 삼고자 했다. 즉 경제발전에 따른 사회 변화가 정당정치 형태로 발전하는 것을 경계하여 사회 유력 계층이 의회정치의 정당에 참여하는 것을 차단하는 것이 입회정우회 조직의 목표였다. 이 조직은 기본적으로는 '반정당(反政黨)' 지향의 조직이었지만, 이후 총리대신이 대부분 이 조직에서 배출될 정도로 유력 정당으로서 역할했다. 이른바 조슈 '관료파'의 중심이던 이토 히로부미는 입헌정우회를 통해 사회적 외연을 확대하면서 군부 세력을 견제했다. 육군 창설의 주역인 야마가타 아리토모는 가쓰라 다로, 데라우치 마사타케 등을 우군으로 삼아 입헌정우회에 대립각을 세웠다.

이토 히로부미는 1885년 12월 제1차 이토 내각에 이어 1892년 제2차 이토 내각, 1898년 제3차 이토 내각, 1900년 제4차 이토 내각을 이끌었다. 반면, 야마가타 계열은 1889년 12월 제1차 야마가타 내각, 1898년 제2차 야마가타 내각, 1901년 제1차 가쓰라 내각, 1908년 제2차 가쓰라 내각을 창출했다. 그런데 1909년 10월 26일 추밀원 의장이던 이토 히로부미가 만주 하얼빈에서 대한제국 대한의군 참모중장이자 특파대 대장 안중근의 저격을 받아 사망한 후, 정치 판도에 변화가 생겼다.

1901년에 총리대신이 된 가쓰라 다로는 입헌정우회 소속인 공가(公家) 출신의 사이온지 긴모치와 1913년까지 정권을 번갈아 담당하며 이른바 '게이엔 시대'를 열었다.[25] 이토 히로부미가 1905년 11월 대한제국에 '보호조약'을 강제하고 이듬해 2월 한국통감부의 통감으로 부임한 가운데 일어난 변화였다. 이토 히로부미는 공가 출신인 사이온지 긴모치를 자신의 관료파 복심으로 활용하였다. 이토 히로부미 사망 후 사이온지 긴모치는 남은 조슈계와 협력관계를 가지지 않을 수 없었다.

제2차 가쓰라 내각이 1911년 8월 제2차 사이온지 내각으로 교체되었을 때, 조슈 계열의 우두머리 야마가타 아리토모는 원로로서 가쓰라 다로를 견제하는 조치를 행사했다. 그는 가쓰라가 두 차례 총리대신을 역임하면서 자신의 지위를 위협한다고 판단하여 총리대신에서 물러난 그를 궁내성의 내대신(內大臣) 겸 시종장(侍從長)으로 추천했다. 야마가타는 그를 궁중직을 맡게 하여 정계에서 유리시키려 했던 것이다. 1912년 8월 가쓰라는 실제로 내대신 겸 시종장에 취임했다. 가쓰라는 메이지 천황에게 강한 신뢰를 받아왔기에 내대신으로 부임하여 천황의 신임을 다시 확인하는 가운데, '가쓰라 신당' 설립과 야마가타계의 관료를 개혁하는 신정책을 모색했다. 이것은 스스로 정당을 창설하여 입헌정우회와 야마가타로부터 동시에 독립을 이루려는 시도였다.

그런데 1912년 7월 29일 메이지 천황이 운명하고 다이쇼 천황이 즉위하는 예기치 않은 변수가 생겼다. 새로 즉위한 다이쇼 천황은 그해 12월에 메이지 천황의 두터운 신임을 받아온 가쓰라를 총리대신으로 지명하여 제3차 가쓰라 내각이 출범했다. 그러나 가쓰라 내각은 이듬해 2월 5일부터 호헌운동(護憲運動)에 부딪혀 2월 20일에 사임하는 사퇴가 벌어졌다.[26] 제3차 가쓰라 내각은 겨우 62일 존속하여 최단명 내각이란 불명예 기록을 세웠고, 가쓰라도 같은 해 10월 10일에 뇌일혈로 사망했다. 도쿠토미 소호는 가쓰라 다로의 신정당 운동에 깊이 관여했다.

1913년 가쓰라 다로 총리대신의 실각과 사망은 도쿠토미 소호의 입지에 큰 타격을 주었다. 조선총독 데라우치와의 관계는 표면적으로 달라진 것이 없었고, 실제로 『경성일보』 감독의 지위도 그대로 유지되었다. 그러나 가쓰라에 대한 야마가타 아리토모의 불신이 표출된 이상, 도쿠토미에 대한 데라우치의 태도도 이전과 같을 수 없었다. 1916년 10월 데라우치 마사타케는 야마가타 아리토모의 추천으로 내각총리대신이 되었다. 데라우치는 이전의 관행대로 입헌정우회의 협력하에 내각을 구성했다. 도쿠토미 소호와 데라우치 사이에는 유대관계가 계속될 수 없었다.『경성일보』감독직은 협정에 근거하여 그대로 유지되었지만, 그는 1917년 9월부터 12월까지 '지나만유'(支那漫遊, 중국 여행)를 다녀왔으며,[27] 1918년 9월 데라우치 총리대신 사임 때『경성일보』를 떠났다.

### 2) 가쓰라 신당과 도쿠토미 소호의『시무일가언』(1913)

가쓰라 다로의 신당 창설은 일차적으로 이토 히로부미계의 입헌정우회와의 타협적인 유대관계를 청산하는 뜻을 지녔다. 나아가 정당정치를 갈망하는 시대 조류에서 야마가타 아리토모를 수장으로 하는 조슈 번벌의 존속에도 한계를 느끼고 이를 극복하려는 의지가 실려 있었다. 이러한 중대한 정치적 결단에 측근 저널리스트 도쿠토미 소호가 영향을 미치지 않았을 리 없다. 도쿠토미 소호는 가쓰라 사망 후, 1913년 11월 25일자로『시무일가언(時務一家言)』을 출판했다. 그는「서언(緒言)」에서 무려 15가지 사연을 적었다. 대부분 도쿠토미 소호 자신의 행로에 관한 소회이지만, 가쓰라와 자신의 관계를 해명하는 내용을 많이 담았다. 그 가운데 자신이 기초한 새 정당 '입헌동지회(立憲同志會)'의 취지서도 실었다.

「서언」은 '저자의 술회(述懷)'란 단서를 붙였다. 그간의 심정으로, 궁수(窮愁), 무료(無聊), 음울(悒鬱), 실망(失望)으로 보내던 끝에 내는 책이라고 밝혔다. 가쓰라 공(公)과 신정당 창설을 도모하여 추진하던 중에 그의 와병으로 모든 희망이 수포가 되어버린 듯한 심회를 토로했다.「서언」중 (2)항에서 1913년 1월에 새 정당의 이름을 입헌동지회라고 정하고 자신이 기초한 「입헌동지회 선언서」의 전문을 소개했다. 그 가운데 핵심 부분을 옮기면 다음과 같다.

(야마토) 건국의 본원으로 소급하여 황실을 중심으로 충애(忠愛)의 대의(大義)를 현소(顯昭)하고, 유신의 홍도(鴻圖)를 소술(紹述)하여 개국 진취의 황모(皇謨)를 익찬(翊贊)하고, 헌법의 조장(條章)을 엄격히 지키고[恪守] 천황의 대권을 존중하고 국무대신의 책임을 엄정히 밝혀 신민(臣民)의 권의(權義)를 보전하고, 교육을 보급하여 국민의 공덕(公德)을 진보시켜 입헌적 지능을 계발하고, 민족 동포의 정의(情義)를 확충하여 사회 공제(共濟)의 길을 다하고, 민력(民力)을 안으로 충실히 하여 국광(國光)을 밖으로 발양하고 위신(威信)을 중외에 관철하여 세계의 평화에 공헌한다.

천황제와 내각제로 이루어지는 기존의 제국 통치체제에 국민의 공덕, 사회 공제 및 민력 강화를 언급한 것이 새롭다. 그렇다고 자유민권운동처럼 명실상부한 의회제를 목표로 국민의 권리 신장을 도모하는 내용은 아니다. 국민 교육을 통한 공덕의 함양은 어디까지나 '입헌적 지능 계발'을 위한 것에 머물고 있다. 「서언」은 자신의 과거 평민주의운동에 상당한 지면을 할애했다. 1880년대 민유샤(民友社)를 설립하여 『국민의 벗』,『고쿠민신문』두 매체를 발간해 이를 통해 벌인 민권운동, 그리고 오쿠마 시게노부와의 정치적 동조 등 평민주의에 쏟았던 열의를 회고했다. 그리고 1894년 '대일본주의'로 사상을 전환한 것에 대해 일본 민족이 황실 중심으로 세계에 우뚝 서는 것을 자각한 결과라고 피력했다. 그는 평민주의와 황실 중심주의 양자를 실천하기 위해 가쓰라 총리대신과 함께 신정당 발족을 구상했다. 교육을 통한 국민의 공덕 함양은 바로 황실 중심의 세계 진출을 위한 바탕을 다지는 일이었다. 평민 곧 국민은 어디까지나 천황의 일본제국 국광을 실현하는 실천 개체였지 개인으로서 자유의 권익을 행사할 수 있는 존재는 아니었다. 황실 중심의 일본제국 팽창을 실행하는 개체로서 국민은 곧 황실에 충애를 다하는 신민일 뿐이었다. 도쿠토미 소호의 견해는 평민주의의 이상한 변이였다.[28]

끝부분 (14), (15)항에서 입헌정우회에 대한 소견, 이토 히로부미의 제3차 내각에 대한 실망, 그리고 가쓰라와의 만남과 정견의 접근 등을 부각하여 술회했다. 자신과 가쓰라 총리대신의 관계는 세인들이 비난하는 것처럼 '어용'의 소치가 아니라 정견의 일치에 따른 것이라며 "나와 가쓰라 공과의 관계는 '정우(政友)' 외에 다른 것이 없다"고 거듭 밝혔다. 『시무일가언』은 곧 가쓰라 총리대신과의 사이에 있었던 신정당 창설 운동을 기록으로 남기기 위한 저술이었다.

도쿠토미 소호는 「서언」 15개 항에 이어 본문으로 60개의 논설을 실었다. 1913년 당시 국내외의 정세를 살피면서 일본제국이 나아갈 길에 관한 자신의 신념을 정리했다. 당시 시국을 「토붕와해(土崩瓦解)」(제4 주제)의 형세 속 「평민주의의 왕성」(제5 주제)으로 진단했다. 호헌운동으로 폭발한 평민주의는 곧 지금까지의 원로 중심의 번벌정치가 한계에 도달한 것을 의미하지만 도쿠토미는 이것이 황실 중심주의가 위협받는 상황으로 발전하는 것을 우려했다. 밖으로는 제국주의와 사회주의가 세계의 대세라고 보고 각각의 속성과 현세를 논했다. 이런 상황에서 일본제국의 국시(國是)를 실천하기 위해 대륙경영은 바뀔 수 없는 것으로 「북진남진(北進南進)」(제35 주제)의 팽창을 지속해야 하고, 이를 위해 군비를 충실히 하고, 천황제 헌정을 옹호하여야 「황실 중심주의」(제52 주제)의 「야마토 민족의 발전」(제59 주제)을 실현할 수 있다고 역설했다. 이렇게 전열을 정돈하는 것이 곧 「힘[力]의 복음(福音)」(제60 주제)이 될 것이라고 마무리 지었다.

도쿠토미 소호의 '평민주의'는 구화주의 시대의 서양 자유주의 사상의 영향이었다. 그의 사상은 청일전쟁을 앞두고 '대일본주의'로 바뀌고, 러일전쟁 승리 후 요시다 쇼인의 사상을 확대하여 황도 실현의 팽창주의로 전환하여 근 10년을 보냈다. 1910년대 초반 그동안의 국가 팽창정책으로 과중한 세금 부담에 시달리던 평민 대중이 육군 2개 사단 증설의 예산 문제를 놓고 폭발하여 호헌운동이 일어나자 도쿠토미는 평민의 힘을 황도 실현의 동력으로 재편하는 과정을 구상했다. 그는 눈앞에 호헌운동이 벌어지고 있듯이 평민의 의지를 억압하는 방식의 정치는 도전을 받기 마련이라고 보았다. 가쓰라 다로는 타계했지만, 입헌동지회가 가동하기 시작했다. 제3차 가쓰라 내각을 뒤이은 제1차 야마모토 곤노효에 내각은 입헌정우회를 여당으로 삼았다. 젊은 시절 민권운동을 할 때부터 가장 존경하는 정치가였던 오쿠마 시게노부가 야마모토 내각의 뒤를 이어 총리대신이 되었다. 이때는 입헌동지회가 여당이 되었다. 그러나 1916년 10월에 원로 야마가타 아리토모의 추천으로 조선총독 데라우치 마사타케가 총리대신이 되었을 때는 정당에 구애받지 않는 이른바 '초연내각(超然內閣)'으로 바뀌었다. 도쿠토미 소호는 데라우치 내각에 대한 기대를 접고, 1917년 9월부터 12월까지 장차 일본제국이 차지할 땅인 만주를 거쳐 '지나'를 유력하며 꿈을 키웠다.

## 3) 제1차 세계대전 발발과 도쿠토미의 '동양 먼로주의' 제창

### (1) 세계대전의 발발과 일본제국

1914년 6월 28일 세르비아의 수도 사라예보에서 총성이 울리고, 마차에 타고 있던 오스트리아-헝가리 제국의 황위 계승자인 프란츠 페르디난트(Franz Ferdinand) 대공이 쓰러졌다. 세르비아의 국민주의자 가브릴로 프린치프(Gavrilo Princip)가 쏜 총탄이었다, 한 달 뒤인 7월 28일에 오스트리아-헝가리 제국의 군대가 세르비아를 공격했다. 제1차 세계대전의 시작이었다. 이 전쟁은 유럽 안의 국가 간 이해관계의 상충에서 비롯하여 협상국(연합국)과 동맹국 구성에서 유럽 내 국가들이 다수를 차지하여 유럽전쟁(European War)이라 불리기도 했다. 그러나 1917년 1월에 미국이 참전함으로써 상황은 크게 달라졌다.

아시아 국가로는 일본제국이 유일하게 참전했다. 일본은 전쟁 개시 한 달이 안 된 8월 23일에 '영일동맹'을 구실로 독일에 선전 포고했다. 영국에 종속하는 참전 형식을 갖추면서 영토적 실속은 가장 많이 누렸다. 일본 해군은 선전포고와 동시에 적도 이북의 독일령 남양군도(南洋群島)를 점령했다. 이어 11월에는 독일 조차지인 중국 산둥반도의 칭다오를 점령했다. 적의 저항이 거의 없다시피 한 점령이면서 독일 외에 다른 서방 국가와 이해관계가 상충하는 것도 전혀 없었다. 이듬해 1915년 1월 18일 일본제국은 중국에 대해 「21개조 요구」 안을 위안스카이(袁世凱) 행정부에 제출하여 5월에 승인을 받았다. 실제 교전도 없이 새 영토와 이권을 차지하는 행운을 누렸다. 전쟁이 끝나가는 시점인 1918년 8월에는 소비에트 적군(赤軍)에 밀리는 반혁명군인 백군(白軍)을 돕기 위해 미국을 비롯한 연합국이 시베리아 출병을 단행하자 일본도 동시에 출병하여 연해주 일대에 활동 중이던 한국 항일독립군에 타격을 가하는 기회로 삼았다.

도쿠토미 소호는 이 시기에 정치적으로 우군이 없지 않았다. 1913년 가쓰라 다로의 실각과 사망은 그에게 큰 타격이었다. 바로 이어 들어선 야마모토 곤노효에 내각(1913. 2.~1914. 4.)은 입헌정우회를 여당으로 한 반면, 오쿠마 시게노부 내각(1914. 4.~1916. 10.)은 도쿠토미 소호와 가쓰라 총리대신이 창설한 입헌동지회를 여당으로 삼았다.

이러한 배경에서 그는 세계정세의 변화와 일본제국이 나아갈 길에 관한 저서를 1916년 한 해에 〈표 7-1〉에서 보듯이 세 권이나 간행했다. 53세에 왕성한 필력을 자랑하는 성과다.

**표 7-1.** 1916년 간행 도쿠토미 소호 저술의 간행 시기 비교 및 주요 사항 일람

| 서명 | 기고 시기 | 탈고 시기 | 간행 시기 | 수록 편수 |
|---|---|---|---|---|
| 『다이쇼 정국사론<br>(大正政局史論)』<br>(민유샤) | 1915년 8월 23일<br>『고쿠민신문』에<br>기고 | 1916년 2월 18일<br>종료(제100회) | 1916년 2월<br>22일 | 100편 |
| 『세계의 변국<br>(世界の變局)』<br>(민유샤) | | 1915년 1월<br>1915년 2월<br>23일: 고즈이<br>(洪水) 노대인<br>(老大人) 영위<br>(靈位) | 1916년 6월 21일:<br>'천람(天覽)'<br>〔1916년 7월:<br>야마모토 조타로<br>(山本條太郎)<br>추천사〕 | 125편 |
| 『다이쇼의 청년과<br>제국의 전도<br>(大正の靑年と帝國<br>の前途)』(민유샤) | 1916년 3월<br>26일 | 1916년 6월<br>20일 | 1916년 9월<br>25일 | 160편 |

세 권 가운데 첫 번째와 두 번째 책은 집필 시기의 선후를 가리기 어려운 점이 있다. 두 번째 책의 「서언」에서 1915년 1월에 기고했다고 언급하여 시작은 제일 앞선다. 그러나 또 "일본과 지나(중국)의 관계에 대해서는 내가 이미 『다이쇼 정국사론(大正政局史論)』에서 이를 자세히 말했다"라고 하여 선후가 바뀐 듯한 혼란을 일으킨다. 따라서 두 권의 집필이 거의 동시적으로 진행되었다고 이해하는 것이 편할 듯하다. 특히 두 번째의 『세계의 변국(世界の變局)』은 '천람(天覽)' 즉 천황의 어람본이 되어 출판 기간이 더 소요되었을 수 있다. 간행 순서에 따라 각 책의 '서론'을 중심으로 내용을 살피고자 한다.

### (2) 『다이쇼 정국사론』(1916. 2.)

『다이쇼 정국사론』의 「서언」에 도쿠토미 소호의 저술 동기가 명료하게 서술되어 있다. 첫머리에 1915년(다이쇼 4) 8월 23일 본문 제1회를 『고쿠민신문』에 게재하기 시작하여 1916년 2월 18일에 제100회로 마쳤다고 밝혔다. 그간에 '다이쇼정변'(1913년의 호헌운동으로 제3차 가쓰라 내각이 무너진 정변)이 일어나 "정치의 중심인물을 파산시키고 정권의 중심점을 부수어버렸다[破却]"라고 술회했다. 이 때문에 사회적으로 숭배할 만한 영웅, 통솔력 있는 지도자를 찾기 어렵게 되었고, 또 어떤 단체도 남을 견제하는 힘은 남아 있어도 스스로 행하는 힘은 부족하여, 민심이 갈 곳을 찾지 못하고 있는 상황이라고 논평했다. 이런 가운데 오직 하나의 희망은 황실이라며, 평생 추구해 온 황실 중심주의가 오늘에서 그 의의가 더욱 선명해지고 있다고 강조했다. 일본 국민이 한 가족이게 하고, 하나의 단체가 되게 하는 것은 오직 황실 중심주의뿐이라고 했다. 황도주의의 농도가 그 어느 때

보다 짙어졌다.[29]

　새로 즉위한 천황에 대한 찬사도 잊지 않았다. 천황은 '예지자명 (睿智自明)'한 자질을 갖추었지만, 지난날 메이지 천황 때는 받들던 신하들이 많았던 것과 달리 "지금 우리 천황 폐하의 주변에는 과연 어떤 인물이 있는가?"라고 자탄하면서 국민의 마음이 갈 곳은 오직 하나 황실뿐이라는 점을 거듭 강조했다. 이와 함께 매우 중요한 것은 일본 국민의 자각으로서, "자각이란 사명의 자각이며, 본무의 자각이며, 책임의 자각"이라고 했다. 국민이 황실을 받들어 '극동의 웅국 (雄國)'을 만들어 이른바 황인(黃人, 황인종)의 무거운 짐[重荷]을 스스로 지는 자격을 양성해야 한다. "나는 '군덕(君德)의 양성'과 함께 '민덕(民德)의 양성'이 실로 필요한 것으로 믿는다"라고 하고, 민덕 양성의 과제를 "우리 국민에게 가장 결핍한 것은 질서적 진보, 조직적 활동, 항구적인 노력이니, 이를 원모심려(遠謀深慮)의 웅도(雄圖) 함양으로 달성해야 한다"고 했다. 일본인은 용기가 있고, 모험적이지만, 과거의 왜구처럼 사투(私鬪)에 용감하고 공전(公戰)에 겁먹는 것과 같은 약점이 있으니 황실에 대한 충성을 위해 교육을 통한 극복이 절실하다고 했다. 일본제국의 앞날은 "바른 임금[斯君]의 위령(威靈)"과 "바른 국민[斯民]의 노력"에 달려 있으니, 그 뜻을 밝히기 위해 이 책을 지었다고 했다.[30] 3년 전 『시무일가언』에서 이미 피력한 황실과 국민의 관계에 대한 입론이 크게 심화되었다.

　「서언」에 이어 도쿠토미 소호는 무려 100가지에 달하는 다이쇼 정국에 관한 논제를 세워 자신의 견해를 피력하였다. 그 가운데 마지막 두 가지 (99) 국민적 내각(內閣)과 (100) 동양 먼로주의가 눈을 끈다. '국민적 내각'은 민덕의 함양을 내건 만큼 그에 걸맞은 내각의 형태를 제시하여 다루었다. 메이지 시대에는 시대를 요리하고 시무를 응수할 수 있는 인재가 많았지만, 다이쇼 시대에 들어와 평민주의는 왕성해진 데 비해 이를 담아낼 인물과 정파가 없는 실정을 개탄하면서 새 시대의 정치 주체를 '국민적 내각'이라고 표현했다. 그러나 '국민적 내각'은 과거 정치에서 폐단으로 나타난 당파적, 인습적, 계급적, 지방적 성향으로부터의 탈피를 지적하는 데 그치고 있다. 다시 말하여, 정당, 관료, 번벌, 학벌 등의 조건에 구속되지 않는 자로서, 국민 중에서 선발된 적재(適材)로 구성하여 국민적 지취(志趣)를 수행하는 내각이라고 했다. 1915년 당시 오쿠마 내각에 대한 지지를 의도한 측면이 없지 않지만, 의회민주주의 바깥에서 구하는 '국민적 내각'은 독선·독재의 요소를 내포한 것일 수밖에 없다. 이러한 관점에서 보면 1910년대 제1차 세계대전 중에 1920년대 종반에 발흥할 황도를 앞세운 군국주의가 '다이쇼 데모크라시(democracy)'와 동거하면서 이미 자라고 있었다.[31]

최종 논설인 '동양 먼로주의'는 주목되는 바가 더 많다. 도쿠토미 소호는 이 용어와 '아세아 먼로주의'를 번갈아 쓴다. 그러나 '동양 먼로주의'야말로, 1890년대 초에 천황이 지배하는 새로운 동아시아 세계를 지칭하여 '동양'이란 용어가 처음 조어(造語)된 사실을 상기시키는 적확한 표현이다. 이는 곧 천황이 지배할 새로운 동아시아 세계에 대한 구미 열강의 침범을 예방하는 울타리 치기 작업에 해당하는 것으로 매우 흥미롭다. 그는 세계적 대전쟁의 결과는 일본이 동양 맹주로서 져야 할 책임을 피할 수 없게 한다는 전제로 다음과 같이 그 사정을 언급했다.

대전쟁으로 세계 판국이 바뀌는 상황에서 일본이 솔선하여 동양에서 먼로주의를 실행하지 않으면 제2등국이 되어, 다른 맹주를 바라보면서 그 지휘를 받게 된다. 다시 말하면 일본은 현재의 지위에서 한 걸음 나아가지 않으면 한 걸음 퇴보하게 된다. 이 전쟁이 어느 시점에서 끝나든지 가장 큰 이득을 누린 나라는 미국이다. 전쟁은 미국을 세계 제일의 부자 나라로 만들고 있다. 우리는 그 부자 나라가 태평양을 격하여 고유의 먼로주의에 만족할지를 의심해야 한다. 그들의 눈과 손은 이미 지나 곧 중국을 향하고 있다. 앞으로 중국에서의 경쟁자는 영국과 러시아가 아니라, 미국과 독일이다. 나는 우리가 이 두 나라와 대치하여 아세아 먼로주의를 지킬 준비가 되어 있다고 생각하지 않는다. 나는 지금 동양에 있는 구미 여러 나라 세력을 구축(驅逐)하자는 것은 아니지만, 앞으로 아세아의 일은 아세아인이 담당하도록 하는 것에 주안을 두고 노력해야 한다. 내가 거국일치의 국민적 내각을 주창하는 것도 이 목적을 위해서이다. 지금은 일본 국민이 동양의 패자(覇者)로서 책임을 다하기 위한 준비를 할 때이다.[32]

'동양 먼로주의'는 요시다 쇼인의 『유수록』이 그리는 일본 천황이 지배할 세계의 다른 표현이다. 요시다 쇼인은 태평양으로 격한 '이웃' 미국의 위협을 없애기 위해 일본인의 캘리포니아 진출을 과제로 삼았다. 그 미국이 세계대전으로 부자 나라가 된 만큼, 지나에 대한 관심이 많을 것이며, 그렇다면 일본제국이 지금 도모하고 있는 동양세계의 구축, 곧 조선과 만주를 발판으로 지나를 장악하고자 하는 일본제국의 계획과 충돌할 것이 자명하다는 것이 도쿠토미의 우려였다. 실제로 당시 미국이 중국 진출을 꾀한 흔적이 전혀 없는 상황에서 과도한 자기방어 논리로 국민을 선동한 모양새이다.

### (3)『세계의 변국』(1916. 6.)

『세계의 변국』은 속표지에 '천람(天覽)'이란 글자가 인쇄되어 있다. 세계대전으로 달라지고 있는 국제정세를 징리하여 천황의 자문에 이바지하고자 쓴 책이다. 책의 구성은 다음과 같다. 첫째로 1916년(다이쇼 5) 7월자로 야마모토 조타로(山本條太郎)의 추천사(4쪽 분량)가 실려 있고, 그 다음 저자의 서문이 「1년 반의 세계의 변국(一年有半の世界の變局)」이라는 제목으로 12개 단원 23쪽에 걸쳐 서술되었다. 그다음 무려 125개에 달하는 논제들로 본문이 구성되어 있다. 세계 변국의 실상으로서 전쟁에 참여하고 있는 각국의 장단점, 전세(戰勢), 연합군의 실태 등을 소상히 언급했다. 주목할 것은 미국에 관한 견해이다. 앞서 소개한『다이쇼 정국사론』의 마지막 글, '동양 먼로주의'가 이 책의 서론(11)에서 다음과 같이 더 구체적으로 언급되어 있다.

> 이 전쟁에서 덕을 제일 많이 본 나라는 북미합중국으로, 사람들은 이 미국이 평화를 중재할 것이라고 한다. 나는 그렇게 생각하지 않는다. (…) 나는 유럽의 전쟁이 미국을 부유하게 했고, 미국은 그 부로써 무장하는 순서를 밟을 것이다. 우리는 이를 주시하여야 한다. 그 무장으로 영향을 받는 것은 구주 열강이 아니라 우리 대일본제국일 것이기 때문이다.[33]

도쿠토미 소호는 미국은 '전쟁 대명신(大明神)'이란 표현도 사용했다. "지금 미국은 대통령 선거기로, 민주, 공화 양당이 모두 정강에 국방 충실을 제일 위에 두고 있다. 미국을 무장하게 하는 것은 미국에서의 거국일치의 의견이다." 즉 국론이라고 해도 좋다고 했다.

또한 그는 서론(12)에서 일본과 중국의 관계와 관련하여 위안스카이에 대한 아쉬움을 피력하였다. 그는 위안스카이에 대해서 "그를 왕망(王莽), 동탁(董卓)으로 비난하지만, 나는 그를 현자(賢者)로 취급한다"라는 평을 내놓았다. 그를 통해 일본이 「21개조 요구」(1915년 1월 제안, 5월 승인)를 성사시켰듯이 "지금 우리 일본이 중국에 대해 어떤 큰 도모가 있다면 이를 실현할 절호의 기회"라고 했다. 그런데 이 절호의 기회가 그의 사망으로 없어져버리게 된 것으로 통탄하였다.[34] 도쿠토미 소호는 "누가 그 뒤를 이을지를 주시해야 한다. 우리 대일본제국은 이웃 나라[隣國]의 정의(情誼)로서, 극동의 패주(霸主)로서, 지나에 대해 어떤 정책을 수립할 것인가를 생각해야 한다. 이를 위해 '거국일치의 내각'은 대전제가 아닐 수 없으며, 이것은 국민의 노력 여하에 달린 것"이라고 했다.

일본제국은 1914년 7월 28일에 오스트리아-헝가리 제국이 세르비아를 공격하자 8월 23일에 독일에 대해 선전포고하고, 이듬해 1월 18일에 중국에 대해 「21개조 요구」안을 제출했다. 도쿠토미 소호가 이를 지켜보면서 미국에 대해 극도의 경계심을 편 것은 일본의 요구에 대한 중국 학생들의 반대 운동을 배경으로 미국이 개입할 가능성, 그리고 이후에 미국이 계속 중국문제에 관여할 가능성을 우려한 것으로 보인다. 『세계의 변국』은 미국을 경계하기 위해 정리한 미국에 관한 논설로, (81) 먼로주의, (82) 미서전쟁(米西戰爭: 1898년 쿠바를 둘러싼 미국과 스페인 간 전쟁), (83) 미국의 제국주의, (84) 미력서점

(米力西漸, 미국의 힘이 서쪽으로 진출한다는 뜻), (85) 루스벨트, (86) 미국과 극동 정국, (87) 미진일퇴(米進日退, 미국이 진출하면 일본은 물러서게 된다는 뜻) 등 무려 7개 논제를 세워 미국 경계론을 폈다.

### (4) 『다이쇼의 청년과 제국의 전도』(1916. 9.)

『다이쇼의 청년과 제국의 전도』는 〈표 7-1〉에서 보듯이 1916년 3월 26일에 기고하여 같은 해 6월 20일에 탈고하고 9월 25일에 간행하였다. 저자 도쿠토미 소호가 「서언」 첫머리에서 밝힌 사항이다. 그런데 3개월 정도의 기간인데 무려 160건의 글을 쓰고 한 자리에 모았다. 이것이 사실이라면 믿어지지 않는 필력이다. 「서언」은 7개 단원으로 나뉘어 17쪽에 걸쳐 자세한 사연을 담았다. 그리고 본문은 160건의 글을 10개 장으로 나누어 편성하였다. 장별 구성은 〈표 7-2〉와 같다.

도쿠토미 소호는 「서언」 7개 단원에서 저술의 의도, 나아가 자신의 사상적 편력을 술회하였다. 젊은 시절의 자유민권운동 때의 평민주의가 다이쇼 시대에 국가주의 나아가 황도주의로 발전한 사연을 털어놓았다.

첫 번째 단원에서는 다이쇼 시대에 들어와 앞서 간행한 『시무일가언』은 60건, 『세계의 변국』은 125건, 『다이쇼 정국사론』은 100건의 글을 각각 실었는데, 이 책은 무려 160건이나 "쓸데없이 길게 써서 간약(簡約)을 잃었다"라고 자책을 곁들이는 겸양을 표하였다.

둘째 단원에서는 초기 저술에 대한 회상을 적었다. 즉, 1886년에 쓴 『장래의 일본(將來之日本)』, 1887년의 『신일본의 청년(新日本之靑年)』은 근본적으로 개작이 필요한 것이었는데 1894년의 『대일본팽

**표 7-2.** 『다이쇼의 청년과 제국의 전도』 목차 구성 및 수록 글의 편수

| 장별 | 제목 | 수록 글의 편수 |
|------|------|----------------|
| | 서언 | 7개 단원 |
| 제1장 | 다이쇼 청년 총론(大正青年総論) | 1. 다이쇼의 개혁 등 9편 |
| 제2장 | 메이지 이전의 대세(明治以前の大勢) 제1외환(第一外患) | 10. 부자연스러운 개국 등 15편 |
| 제3장 | 메이지 이전의 대세(明治以前の大勢) 제2내우(第二内憂) | 25. 가에이(嘉永)·안세이(安政)와 메이지·다이쇼 등 15편 |
| 제4장 | 황정유신(皇政維新) | 40. 평화개혁과 무력개혁 등 9편 |
| 제5장 | 메이지 이후의 대세(明治以後の大勢) | 49. 번역 시대 등 14편 |
| 제6장 | 제국주의의 유래(帝国主義の由来) | 63. 제국주의의 급선무 등 17편 |
| 제7장 | 메이지 시대에서의 사상 및 교육(明治時代に於ける思想及教育) | 80. 파괴의 여독 등 16편 |
| 제8장 | 현대 국민의 사명(現代国民の使命) | 96. 제국의 대위기 등 13편 |
| 제9장 | 영독미로(英獨米露) | 109. 영벌(英閥)의 특성 등 21편 |
| 제10장 | 다이쇼의 일본(大正の日本) | 130. 일본의 현상 등 31편 |

창론(大日本膨脹論)』에서 부분적인 정정(訂正) 기회가 있었고, 또 1904
~1905년 러일전쟁 기간에 쓴 논문이나 연설은 이전과 같은 자유민
권사상 같은 것이 없어졌다고 회고했다. 이제는 어디까지나 평민주
의, 국민주의, 국가사회주의 3자를 꿰는 황실 중심주의가 전부라고
하였다. 군민덕(君民徳, 임금이 민의 어짊을 깨닫는 제왕사상)을 하나로
한, 거국일치의 제국주의 표방이라고 하였다. 즉, 안으로 평민주의를
행하고 밖으로 제국주의를 행하고, 그리고 황실 중심주의로서 두 가
지를 하나로 묶어 통제하는 것이라고 하였다. 스스로 자신의 저술이
이제 황도 파시즘에 접어든 것으로 밝혔다.

세 번째 단원에서 앞의 『장래의 일본』, 『신일본의 청년』의 개작에 손을 대기 전에 『요시다 쇼인』을 보수하여 1908년에 출판하여 자신의 의견을 적나라하게 발휘한 다음, 1913년에 『시무일가언』을 내놓았다고 하였다. 이 책에서 『요시다 쇼인』에서 표명된 황도주의를 더 극명히 밝혔다는 뜻이다. 또한 그는 『시무일가언』의 서언에서 개인적 평민주의에서 국가적 평민주의로, 자유평화의 이상가(理想家)로부터 '힘의 복음 신자'로 바뀌어 마침내 제국주의로서 동양자치론의 창도자가 되었음을 자세히 밝혔으니 여기서 재언할 것까지 없다고 하였다. 이것은 곧 최근 자신에게 쏟아지는 비판적 공박에 답하는 뜻이라고 덧붙였다.

네 번째 단원에서는, 그사이 시세가 바뀌어 세계대전이 일어나 세계적 관찰로서 먼저 『세계의 변국』을 쓰고, 내정 문제로서 『다이쇼 정국사론』를 썼다고 밝혔다. 이는 모두 청년 시절의 『장래의 일본』, 『신일본의 청년』의 개작을 전제로 한 저술이라고 하였다. "세계대전 후의 형세는 큰 변화를 가져오는 것이므로 지금 국가 백년대계를 다시 생각하지 않을 수 없다. 그사이 다이쇼 청년들에게 밝히는 저술이 있었지만, 세계대전이 끝난 시점에서 우리 국민의 대이상, 대포부, 대노력을 설시(說示)하여 기자로서의 20년 이래의 무거운 짐을 벗어보려는 것이 이번 저술의 뜻"이라고 하였다. 청년 시절의 저술이 주는 부담을 『세계의 변국』과 『다이쇼 정국 사론』 출판으로 털고 이제 세계대전 후의 일본제국이 나아갈 길을 이 책에서 새롭게 제시하고자 한다고 하였다.

다섯째 단원에서는 앞서 낸 두 책의 개작 성공 여부 간에 두 책을 냄으로써 자회(自悔)는 끝났다고 하였다. 여기서 다시 『장래의 일본』

과 『신일본의 청년』을 낸 과정을 회상하고, 그사이 자신에게 퍼부어진 사방의 비난 공격이 있었지만, 해당 저술로서 무상의 청쾌(淸快)함을 느낀다고 심회를 피력하였다.

여섯 번째 단원에는 도쿠토미 자신이 왜 국가주의로 바뀌었는지를 구체적으로 설명하는 내용을 담았다. 주요 내용을 옮기면 다음과 같다. 도쿠토미는 「서언」에서 시종 자신을 '기자'로 표현하였다.

기자는 국가를 크도록 하기 위해서는 개인을 작아지도록 해야 한다고 (늘) 말한다. 이른바 영국의 자유설에 대해서는 기자의 소장시대부터 난숙하게 안 것으로서, 기자는 지금도 영국의 공리파(功利派), 혹은 철학적 급진파, 맨체스터학파[35] 등의 여러 저서를 애독하고 있다. 기자는 결코 이 방면을 무시하고 단순히 군국주의에 열중하는 자가 아니다. 의론으로서는 실로 명백하고 또 일편의 진리는 의연히 그들의 소설(所說)에 있다는 것을 인식하고 있다. 그러나 우리 대일본제국의 국제정국에서의 입장을 생각하고, 우리 야마토 민족의 건곤(乾坤)의 대사명을 걱정할 때에는 한갓 개인적 자유설, 수의적(隨意的) 행동설, 주아적(主我的) 중심설로서 목전의 급무라고 억단(臆斷)할 수가 없다.[36]

청년 시절에 심취한 영국의 자유주의 사상의 가치는 지금도 인정하지만, 일본제국의 국제적 지위 확립을 생각할 때, 그 개인주의 사상에 머물러 있을 수 없다는 논변이다. 언론인 도쿠토미 소호가 전체주의로 빠져드는 과정에 대한 자백이다.

끝으로 일곱 번째 단원에서는 이 책의 독자가 될 다이쇼 청년들에 대한 당부의 말이다. 『고쿠민신문』에 실린 자신의 글에 대해서는 찬반이 엇갈리었지만, 다이쇼 청년들은 청년으로서의 탄력을 잃지 않고 이 책을 대해주기 바란다고 하였다. 아일랜드의 역사가 렉키(William E. H. Lecky, 1838~1903)가 23세에 집필한 『아일랜드(愛蘭)의 여론 선도자(The Leaders of Public Opinion in Ireland: Swift, Flood, Grattan, O'Connell)』(1861)을 일생 동안 여러 차례 개정, 재증보(再增補)하여 경탄을 받았듯이 자신의 생존 이유로서 지금 문장보국(文章報國) 이외에 다른 것이 없다고 비장한 심경을 술회했다. 이어서 자신이 히고와 사쓰마의 경계 지역의 농촌 출신이란 것을 밝히고 이 책이 다이쇼 청년, 특히 농촌 청년 여러분에게 많이 읽히기를 바란다고 하였다.

다이쇼 시대 곧 현대의 청년을 위한 이 특별한 저술은 〈표 7-2〉에서 보듯이 10개 장으로 편성되었다. 여기서 각 장의 내용을 언급할 여유는 없다. 다만 「제6장 제국주의의 유래」에서 제국주의가 서양만의 것이 아니라 만세일계 독특한 천황의 역사를 가진 일본에서 이미 고대부터 있어온 것이란 점을 강조하고 오히려 이런 전통에서 일본 제국주의의 우위를 자평하기까지 하였다. 고대 이래의 제국주의의 요소를 서세동점의 새로운 역사적 상황에 즈음하여 이를 불러일으킨 과정을 주목하여 이 장에서 (63) 제국주의의 급선봉, (64) 제국주의의 초음(初音, 첫 외침의 뜻) 항목을 먼저 세우고 막부 말기에 황실을 내세운 사상가로 4인의 '제국주의'를 다루었다. 즉, (67) 요코이 쇼난(橫井小楠, 1809~1869)과 제국주의, (68) 사쿠마 쇼잔과 제국주의, (69) 요시다 쇼인과 제국주의, (70) 하시모토 사나이와 제국주의 등의 항목을 세웠다.

달리 또 주목할 것은 「제9장 영독미로」에서 미국에 대한 경계심이 강조된 점이다. 『세계의 변국』에서 처음 내세운 '동양 먼로주의'가 이 장에서는 '(99) 아세아 먼로주의'로 바뀌었다. 미국에 대해서는 (122) 일미(日米)관계, (123) 태평양인가 불(不)태평양인가, (124) 걱정[心配]은 캘리포니아[加洲] 문제에 있지 않다, (125) 미인(米人) 기질, (126) 미국혼(米國魂)이란 무엇인가?' 등 미국에 관한 글이 부쩍 늘었다. '태평양인가 불태평양인가'라는 제목에서는 20여 년 뒤에 일어나는 두 나라 사이의 전쟁을 예견하는 듯하다.

이 책은 농촌 청년을 비롯해 농촌 문제를 많이 다룬 점이 특별하다. 제10장 다이쇼의 일본의 30개 항목은 사회, 경제 문제를 다루었다. 이 가운데 일본혼의 함양, 일본 국민의 통일, 적극적인 충군애국, 상무적(尙武的) 기질. 상류사회와 병역(兵役), 학교와 병영, 국민의 체력 등에 관한 항목은 전 국민을 국가의 대외 팽창정책에 동원하려는 기세가 뚜렷하다. 한편, 농촌사회 문제로, '대지주의 책임', '농촌으로 천하를 구제한다', '화족(華族)과 귀경(歸耕)', '농촌의 청년(1)(2)' 등을 다루었다. 일본의 당시 인구 구조상 농촌은 국민의 절대다수가 사는 곳이었다.

도쿠토미 소호는 농촌 청년을 황도주의 실천 주체로 보고, 이들의 수적 배가를 기하고 있다. 그는 '농촌의 청년'에 관한 2회의 글에 이어 '다이쇼 청년의 이상', '충군애국적 교육', '다이쇼 청년의 책임'을 다루었다. 이에 앞서 출산과 해외 이민을 장려하는 글이나 일본 부인의 미덕, 해외 발전과 가족제도, 다이쇼의 부인 등을 다루기까지 한 것은 심상치 않다. 1930~1940년대 총력동원체제 시대에 나와야 할 단어들이 이 책에 즐비하다. 만주사변 이후 정치적으로 표면화

되는 일본 군국주의는 이미 1910년대 제1차 세계대전 시기에 도쿠
토미 소호 같은 황도주의자들에 의해 씨가 뿌려지고 있었던 것이 확
실시된다.

# 제3부

대륙 침략과 도쿠토미 소호의
황도 파시즘 국민독본

# 8장

# 1920년대 대륙 진출과
# 도쿠토미 소호의 파시즘 저술

## 1. 다나카 기이치 내각의 산둥 출병과 도쿠토미 소호의 지나론

### 1) 국제연맹체제와 일본의 다이쇼 데모크라시

1890년대 후반 이후 열강의 식민지 경쟁이 가속화하는 가운데 분쟁이 잦아졌다. 분쟁은 크고 작은 전쟁을 낳고 인명 희생이 따랐다. 이에 분쟁 종식의 방안을 모색하는 평화운동이 구미 각국에서 일어났다. 1900년 미국의 철강왕 앤드류 카네기(Andrew Carnegie)가 4,000만 파운드의 거금을 국제평화기금으로 내놓고,[1] 1901년 노벨평화상이 제정된 것은 국제평화운동의 신기원을 이루는 쾌거였다. 노벨평화상은 제정 후, 1920년 국제연맹 탄생 때까지 주로 국제평화

기구 창설자 또는 공로자들에게 수여되었다. 국제적십자사, 국제평화학회, 제네바협정, 국제의회연맹, 국제영구평화국, 국제중재연맹, 국제중재재판소, 국제연맹 등의 창설에 이바지한 기구나 조직, 공로자가 수상자가 되었다.[2] 이러한 평화운동의 시대 조류를 배경으로 제28대 미국 대통령 우드로 윌슨(Woodrow Wilson)이 국제연맹 창설을 주도했다.

미국의 초대 대통령 조지 워싱턴(George Washington)은 '고별연설'에서 미국은 유럽 대륙 문제에 간여하지 말라는 경고를 남겼다. 이를 근거로 먼로(James Monroe) 대통령이 '먼로주의'를 선언하기도 했다. 그러나 윌슨 대통령은 이와는 달리 미국이 유럽 정치에 관여하여 새로운 국제평화질서 확립에 앞장서야 한다고 생각했다. 제1차 세계대전이 일어난 다음 해인 1915년에 하우스 대령(Colonel Edward M. House)에게 이를 실현할 구체적인 준비를 명했다. 그는 조사국(The Inquiry)을 두고 140여 명이나 되는 대학교수, 법률가를 동원하여 분야별 방안 수립에 매진했다. 윌슨 대통령은 이들의 성과를 토대로 1918년 1월 8일 의회 연두 연설에서 「14개조(Fourteen Points)」를 발표했다.[3] 제1차 세계대전의 종료를 앞두고 전쟁이 끝난 후의 새로운 국제질서의 방향을 제시한 발표였다. 전후의 평화적 국제질서를 위한 원칙과 독일, 오스트리아–헝가리 제국의 침략 대상 지역의 원상회복에 관한 방침을 담았다. 윌슨 대통령은 1918년 12월 중순 프랑스의 대서양 연안 한 항구도시에 도착하여 '자유의 사도(Apostle of Liberty)'란 찬사를 받으면서 파리에 입성했다. 전승국 수뇌들과 사전 접촉 끝에 1919년 4월에 '5대국'(미국, 영국, 프랑스, 이탈리아, 일본) 위원회가 열렸다. 이어서 6월 28일에 베르사유조약이 체결되고 이에 근거하여 이듬해 1920년 1월 제1차 이사국 회의(상임이사국 4, 비상임 이사국)가 열리면서 '국제연맹(League of Nations)'이 탄생했다.

앞에서 이미 언급했듯이 일본제국은 1914년 7월 하순에 제1차 세계대전이 일어나자 8월 23일 독일에 선전포고를 했다. 동남아시아 해상의 독일령 남양군도, 중국 산둥반도의 조차지를 차지할 속셈이었다. 실제로 일본은 이듬해 1915년 1월 18일에 중국 위안스카이 정부에 「21개조 요구」안을 제출하여 5월에 수락을 받았다. 중국에서는 이를 반대하는 학생운동이 일어났다. 중국 정부는 국제연맹 탄생을 앞두고 외교전을 벌여 국제무대의 중심국이 되고자 노력했다. 윌슨 대통령은 당초 조사국의 보고에 따라 중국을 새 국제기구의 '5대국'의 하나로 초빙할 생각이었다. 그러나 이탈리아가 아드리아해 연안의 '피우메(Fiume) 문제'[4]로 국제연맹 가입을 거부하려는 기세를 보이자 생각을 바꾸었다. 연합국 가운데 이탈리아가 빠지고 미국, 영국, 프랑스 3국만이 중심 국가가 될 경우, 이 기구의 비중이 약화될 것을 우려해 일본을 선택했다.[5]

국제연맹이 탄생했을 당시 일본 정부는 하라 다카시 내각이었다. 하라는 입헌정우회 총재로서, 1918년 9월에 내각총리대신이 되었다. 전임 총리대신 데라우치 마사타케는 1916년 조선총독 재임 중에 원로 야마가타 아리토모의 추천으로 총리대신이 되었다. 1900년 이토 히로부미가 입헌정우회를 여당 조직으로 창립할 때, 같은 조슈번 출신이면서 야마가타, 가쓰라, 데라우치 등은 이에 반대했다. 정당정치에 대한 거부감이었다. 이토 히로부미도 정당에 대한 대처로 이 조직을 창립했지 정당정치를 지향하기 위한 것은 아니었다. 조직의 이름을 '회'로 한 것도 그 때문이었다. 입헌정우회 「성립 취지서」는 국민의 사적인 이익을 추구하는 민당(民黨)을 정당이라고 하고, 입헌정우회는 이를 억압하는 '반정당(反政黨)'의 내용을 담았다. 그러나 1909년 10월 이토 히로부미가 사망하고, 이토의 '복심' 사이온지 긴모치가 총재가 되어 유화적인 태도를 유지하고 1913년 호헌운동이 일어나 정당정치 지향의 사조가 강해지면서 입헌정우회도 본래의 취지를 견지하기 어려웠다. 하라 다카시 총재가 1918년 총리대신이 되었을 때, 입헌정우회는 유력 정당으로 기능하였다. 이후 일본은 입헌정우회 외에 입헌국민당(立憲國民黨), 혁신구락부(革新俱樂部) 등의 정당 추천으로 총리대신이 배출되어 '본격적'으로 정당내각 시대를 열었다. 다이쇼 데모크라시란 이름에 부합하는 변화였다.

1920년대 다이쇼 데모크라시 사조 속에 국제적으로도 국제연맹을 존중하는 국제협조 외교가 펼쳐졌다. 1920년대에 4차례나 외무대신을 역임한 시데하라 기주로(幣原喜重郎)가 이를 대변하는 외교관이었다. 그는 1924년 가토 다카아키(加藤高明) 내각(1924. 6.~1926. 1.)에서 처음 외무대신에 임명되었다. 그는 오사카 지역 호농(豪農) 집안 출신으로 도쿄제국대학 법과대학을 졸업한 후 바로 외교관으로 활동하던 끝에 대신의 지위에 오른 것이다. 이어 와카쓰키 레이지로(若槻禮次郎, 헌정회 총재)의 제1차 내각(1926. 1.~1927. 4.), 제2차 내각(1931. 4.~1931. 12.), 하마구치 오사치(濱口雄幸) 내각(1929. 7.~1931. 4.)까지 총4회에 걸쳐 외무대신을 역임했다. 1920년대 자유주의 체제에서 국제협조 노선을 추구하여 '시데하라(幣原) 외교'라는 호칭이 생겼다. 이 외교는 곧 국제연맹 출범에 맞춰 일본제국이 새로운 평화공존 지향을 표명한 보기 드문 장면이었다. 그러나 이 노선은

1927년 다나카 기이치(田中義一) 내각이 출범하면서 한 차례 제동이
걸렸다.

## 2) 다나카 기이치 내각의 성립과 대륙 진출 정책의 복원

다나카 기이치는 조슈 번 무사의 아들로 하기(萩)에서 태어났다.
육군사관학교(구 8기), 육군대학교(8기)를 거쳐 육군 대장이 되었다.
이러한 출신 배경은 조슈 육군 벌의 정통에 속하고도 남는다. 그러나
그가 만년에 이르렀을 때, 그의 출신 배경으로는 정치적으로 입신에
도움이 되기 어려울 정도로 시대 분위기가 바뀌었다. 1920년대 초
에 조슈 출신의 원로 야마가타 아리토모와 그 막하로 총리대신을 역
임한 데라우치 마사타케가 모두 사거하여 조슈 육군 벌은 사실상 생
명을 다한 것이나 마찬가지였다. 특히 1918년 하라 다카시 내각부터
'다이쇼 데모크라시'의 조류가 대세를 이룸에 따라 번벌의 배경은 이
전처럼 힘을 발휘하지 못했다.

다나카는 1915년에 육군 참모차장을 역임하고, 1918년 9월에 하
라 내각에서 육군대신이 되었다. 1923년 9월 제2차 야마모토 곤노
효에 내각에서 다시 육군대신이 되었다. 육군 경력으로 머지않아 원
수(元帥)가 될 수 있었지만, 그는 정계 진출을 위해 육군에서 퇴역했
다. 당시 치안 경찰법은 현역 군인으로서는 정치 결사 가입을 금하고
있었기 때문에 퇴역 절차를 밟을 수밖에 없었다. 1925년 4월에 입헌
정우회 총재에 오르는 행운이 찾아왔다. 제4대 총재 다카하시 고레
키요(高橋是清)가 제2차 호헌운동으로 입헌정우회가 제1당의 지위를
잃자 그에 대한 책임을 지고 사퇴를 하게 되었다. 입헌정우회 내의

분열이 제1당 지위 상실의 원인이었으므로 피할 수 없는 인사였다. 다른 한 유력한 후계자가 마침 질병으로 사망하여, 당 외 영입 예로 다나카가 총재가 되었다. 1926년 1월에 들어선 제1차 와카쓰키 레이지로 내각은 이듬해 4월 금융공황으로 총사직하여 입헌정우회 총재 다나카에게 두 번째 행운이 찾아왔다. 내각을 구성하라는 천황의 대명이 입헌정우회에 내려졌다. 이로써 다나카는 퇴역 후 3년 만에 총리대신에 오르는 꿈을 이루었다.

다나카 총리대신은 대외정책, 특히 대(對)중국 정책을 크게 바꾸었다. 제1차 와카쓰키 내각은 외무대신 시데하라 기주로의 국제협조 노선을 궤도에 올렸다. 다나카 총리대신은 외무대신을 따로 임명하지 않고 자신이 겸직하면서 중국 외교에서 '적극(진출)론'을 추구한 모리 가쿠(森恪)를 외무성 정무차관으로 기용하여 실무를 전담하게 했다. 1927년 4월 다나카 내각이 출범한 같은 시기에 중국 국민당의 장제스(蔣介石) 정부가 난징(南京)을 거점으로 삼아 북벌을 개시했다. 북쪽 일대에 할거하는 군벌을 토벌하여 중국의 결집력을 높이려는 계획이었다. 북벌은 상황에 따라서 외침 대응을 명분으로 '남북타협'으로 발전할 수도 있었다. 다나카 총리대신은 이를 저지하기 위해 내각 출범 1개월여 만인 5월 28일에 거류민 보호와 자체 안전을 구실로 출병을 단행했다(제1차 산둥 출병).

산둥 출병이 진행 중이던 6월 27일 총리대신 공관에서 총리대신 겸 외무대신 주최 형식으로 '동방회의(東方會議)'가 열렸다. 그간 시데하라 외교로 중국에서 일본의 기득 권익을 유지하거나 재류 일본인의 보호조차 제대로 할 수 없었다는 비판과 함께 이를 전면적으로 고치는 것을 과제로 삼았다. 7월 7일 그동안의 회의 결과를 '대지정책강령(對支政策綱領)'이란 이름으로 발표했다. 무려 34개 항목에 걸친 강령은 만몽(滿蒙) 정책까지 망라했다. 이듬해인 1928년 중국 국민당의 북벌이 재개되자 다나카 내각은 4월 19일 본국에서 병력을 동원하여 제2차 산둥 출병을 단행했다. 일본군이 5월 초 지난(濟南)에 진입했을 때 장제스 북벌군이 거의 동시에 이곳에 도착하여 3일부터 11일까지 양측 간에 교전이 벌어져 중국인 3,000여 명이 사망했다(지난 사건). 이에 다나카 내각은 5월 9일 본국에서 1개 사단 병력을 증파했다(제3차 산둥 출병).

일본제국은 1905년 러일전쟁의 승리로 랴오둥반도의 다롄(大連)과 뤼순(旅順)을 차지하고, 남만주철도 관리권을 획득하여 관동도독부(關東都督府)를 세워 만주에서의 이권 확장을 노렸다. 만주 일대의 유력한 군벌 장쭤린(張作霖)과 우호적 유대관계를 만들어 불필요한 압박이나 충돌을 피하는 동시에 그를 괴뢰로 삼을 속셈이었다. 장제스의 북벌이 추구하는 군벌 평정과 통일은 일본의 만주 진출, 그다음 중국 본토 진출을 저해하는 결과를 가져올 수도 있었다. 장쭤린이 장제스의 북벌을 맞아 민족주의를 발동하여 손을 잡을 경우, 그동안 장쭤린에 쏟은 공은 하루아침에 무너질 상황이었다. 산둥 출병은 거류민 보호와 수비대의 자위를 구실로 내세웠지만, 장제스 북벌군의 북진을 저지, 방해하려는 것이 목적이었다.

당시 장쭤린은 베이징과 톈진(天津) 일대를 장악하고 있었지만, 장제스 북벌군과 충돌을 피하여 6월 4일에 펑톈(奉天, 지금의 선양瀋陽)으로 귀환을 결심하고 열차로 이동했다. 그런데 도중에 일본 관동군(關東軍) 고위 장교의 밀계로 열차가 폭발하여 폭사하는 사고가 발생했다. 폭사 사건은 다나카 정부와는 무관하게 관동군 자체에서 기획된 것이었지만, 책임 문제로 이듬해인 1929년 7월 다나카 내각이 물러나는 사태로 이어졌다. 폭사 사건 당시 다나카 총리대신은 이 사건이 관동군 고위 장교들의 소행이란 것을 알고 고뇌 끝에 국제 신의와 법질서 유지를 위해 관계자 엄벌을 결심했다. 12월 24일 궁중에 들어가 천황을 알현하여, 사실을 알리고 엄중 처분의 뜻을 밝혔다. 그런데 육군만이 아니라 각료·중신이 대부분 그의 엄벌 방침에 반대했다. 심지어 야당은 이 사건을 도각(倒閣)의 꼬투리로 삼았다. 다나카는 자신의 주장을 철회하기로 하고 1929년 6월 28일 입궐하여 천황에게 건의 철회 처리안을 올렸다. 뜻밖에도 천황은 총리대신의 철회 보고에 대해 강한 불만을 표시하고 사표를 내라고 했다. 결국 다나카 내각은 7월 1일 총사직했고, 다나카 자신은 실각 후 3개월 뒤인 9월 29일에 협심증으로 사망했다.

장쭤린 폭사 사건이 공작 관계자에 대한 엄중 처벌보다 내각의 사퇴로 이어진 것은 이후 관동군의 독주를 가져오는 중요한 요인이 되었다. 2년 뒤 1931년 9월 18일 관동군은 류탸오후(柳條湖) 사건을 일으켜 만주 지역에 대한 전면적인 장악에 돌입했다. 만주 전역 진출은 러일전쟁을 일으킬 때부터 군부의 야망이었으며, 다만 국제적인 이목과 견제로 인해 지연되고 있었을 뿐이었다.

## 3) 다나카 내각의 산둥 출병과 도쿠토미의 미국 경계론

### (1) 지난 사건 후 중국의 반일주의 고조

'시데하라 외교'를 중단시킨 '다나카 외교'는 조슈 군벌의 전통적인 대외 팽창주의를 되살리는 것이었다. '다나카 외교'는 표면적으로는 1922년 워싱턴 군축회의에서 조인된 '9개국조약'[6]의 아시아·태평양 질서의 원칙을 지켜 열강과의 충돌을 피하면서, 중국에서는 그들의 민족운동에 밀리지 않고 일본의 '조약상의 권익 옹호'를 추구하여 일본이 중심이 되는 동아시아 질서를 확립하는 것을 재확인했다. 즉, '다나카 외교'는 조슈 세력의 스승 요시다 쇼인의 주변국 선점을 통한 일본제국의 영광을 추구하는 사상에서 조금도 벗어나지 않았다.

이즈음 와카쓰키 레이지로 내각의 육군대신 우가키 가즈시게(宇垣一成)도 비슷한 생각을 피력했다. 우가키는 육군 중장 지위에서 다나카 기이치의 추천으로 와카쓰키 내각의 육군대신이 되었다. 다나카는 우가키를 유망한 후배로 판단하여 전 육군대신 자격으로 그를 추천하여, 새로운 다나카 군벌 형성을 도모했다. 1927년 4월 7일, 우가키는 와카쓰키 총리대신에게 중국의 공산주의운동이 즈리(直隸)와 만몽(滿蒙)에 미치는 것은 시간문제이므로 지금까지의 방식에서 벗어나 중국 진출을 적극적으로 도모하기를 제안했다. 우가키는 이때까지 시데하라 외무대신의 불간섭 외교를 이해하는 태도였으나, 이제는 다른 세력이 만몽에 미칠 가능성을 우려하여 정책 전환을 요구했다. 만주를 발판으로 하는 일본제국의 대륙 진출은 일본제국 지도자급 인사들 사이에 움직일 수 없는 국가 목표였다.

지난 사건은 중일 양국 군이 처음으로 교전한 사건으로 파장이 컸다. 이제까지 화중(華中) 방면에서 영국을 주적으로 여겨온 중국인들의 배외(排外)운동이 이 사건을 계기로 일본을 표적으로 삼았다. 장제스를 비롯한 국민정부 요인들의 일본관도 매우 나빠졌다. 중국 측 인사들은 일본 측이 계획적으로 북벌을 방해하려는 것으로 단정했다. 제1차 출병 때만 해도 중국인의 배척 대상은 영국, 미국이었지만 영국은 이 시기부터 국민당과의 접촉을 개시했다. 국민당에 호의적이던 미국에서는 이 사건 이후 일본에 대한 일반적인 평가가 크게 나빠졌다.

다나카 총리대신이 취임하자마자 서둘러 중국에 대해 적극적인 정책을 편 것은 주목할 만한 변화였다. 국제연맹 탄생 이후 국제외교의 협력 추세와는 동떨어진 일방적인 자국 이익 추구 노선으로 시대 조류에 비추어 돌출적이었다. 그를 움직이게 한 것은 무엇이었을까? 다나카 기이치가 조슈 출신이란 점에서 볼 때, 1894년 청일전쟁 이래 언론인이자 정치인으로서 조슈와 밀착하여 대외 팽창정책을 부추겨온 도쿠토미 소호를 상기하지 않을 수 없다. 다나카가 조슈 출신으로 육군사관학교, 육군대학교를 나와 육군대장에 이르렀다면 도쿠토미 소호의 베스트셀러 『요시다 쇼인』(1908)을 읽지 않았을 가능성은 거의 없다. 앞에서 살폈듯이 도쿠토미 소호는 제1차 세계대전 중인 1916년에 『다이쇼 정국사론』, 『세계의 변국』, 『다이쇼의 청년과 제국의 전도』 등 잇단 저술을 통해 미국이 동아시아에 미칠 영향을 경계하거나 비판하면서 '동양(아세아) 먼로주의'를 제창했다. 도쿠토미 소호는 전쟁이 끝난 후 1920년 10월에 다시 『대전 후의 세계와 일본』을 출간하여 자신의 주장을 재천명했다. 어느 모로 보나 당대에 지나 곧 중국 진출을 가장 적극적으로 주장한 도쿠토미 소호의 영향을 받지 않았다고 말할 수 없다.

필자는 '도쿠토미 소호 기념 시오자키 재단(德富蘇峰記念塩崎財団)' 소장의 "도쿠토미 소호 앞 다나카 기이치 서간(德富蘇峰宛田中義一書簡)"에서 6통의 서간을 입수했다. 이 가운데 4통(1920년 3월 13일자,

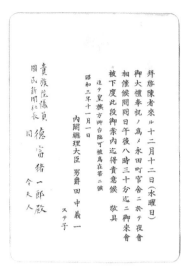

**그림 8-1.** 다나카 기이치의 초청장

총리대신 다나카 기이치가 초청장을 보내 1928년 12월 12일에 총리대신 공관에서 열리는 야회에 귀족원 의원 도쿠토미 소호 내외를 초대하였다.

도쿠토미 소호 기념관 제공.

1921년 6월 17일자, 1922년 12월 30일자, 1924년 7월 28일자)은 병문안을 비롯한 안부 편지였다. 1864년생인 다나카 기이치가 1년 연상의 도쿠토미 소호에게 깍듯이 예의를 갖춰 쓴 서간이다. 나머지 2통 가운데 1통은 1918년 7월 6일자로, 그해 6월 하순에 출간된 『지나만유기』를 받고서 귀중한 저서를 보내준 것에 감사의 뜻을 표한 서간이다. 다른 하나는 1928년 11월 1일자로, 내각총리대신 다나카 기이치 부처가 12월 12일(수요일)에 나가타정(永田町) 관사 곧 총리대신 공관에서 개최할 예정인 야회(夜會)에 당일 오후 8시 30분까지 와달라는 초청장이다. 수신자는 귀족원 의원이자 고쿠민신문 사장 도쿠토미 이이치로(德富猪一郞, 도쿠토미 소호의 본명)와 영부인(슈夫人)이다.

다나카 기이치와 도쿠토미 소호의 이러한 친분관계는 정치적 공동 행보의 증거가 되기에 부족하지 않다.

### (2)『야마토 민족의 성각』(1924): 미국 경계, 산둥반도 수호론

도쿠토미 소호는 1924년 6월에『야마토 민족의 성각(大和民族の 醒覺)』(민유샤)을 출간했다. 그는 서문에서 1916년과 1920년에 출간한 저서들의 미국 경계론이 미국 지식계에 관심을 불러일으켜 미국과의 관계 부분을 뽑아 영어로 번역한『일미관계(Japanese-American Relations)』(1922)가 뉴욕 맥밀란(Macmillan)출판사에서 출간된 사실, 그리고 영국과 미국의 신문과 잡지에서 비판을 받은 사실을 소개했다. 그는 자신의 진의가 잘못 전달되었다고 하면서 자신은 서양 배격주의[攘夷論]가 아니라 황·백인종(黃白人種) 평등주의자, 다시 말하여 "백인에 대한 황인(黃人)의 평권론자(平權論者)"라고 천명했다. 자신은 선견지명을 자랑하는 것을 좋아하지 않지만, 일본의 상황이 수십 년 전에 이미 예견된 것으로 자신의 통어고언(痛語苦言)이 공담(空談)이 되지 않기를 바라는 뜻에서『야마토 민족의 성각』을 출판하게 되었다고 했다.

1919~1920년 사이에 윌슨 미국 대통령이 주도하여 국제연맹이 탄생하는 큰 변화가 있었음에도 그의 논조는 조금도 변함이 없다. 그에게는 평화적 국제질서가 오히려 더 불편한 것이었는지도 모른다. 아마도 1921년 9월부터 4개월여 워싱턴에서 열린 군축회의는 자신의 예견 곧 일본에 대한 서양 열강의 견제가 적중한 것으로 여겼을 것이다.

이 책의 저술 의도는 목차의 장 제목만으로도 충분히 알 수 있다.

1. 미국의 배일(排日)에 직면한 일본 국민의 각오

2. 역사상으로 본 일미관계

3. 최근 20년간 미국의 배일 전말(顚末)

4. 국민의 자각과 세계의 2대 협위(脅威)

이 같은 장 제목 아래 제시된 절 제목 가운데는 매우 선동적인 문구가 많다. 첫 장의 첫 번째 주제가 "국제협조는 차라리 미국 측을 향해 제창하라"라는 선언이다. 이어 "세계는 미국의 횡포를 증오한다", "준비하라, 준비하라", "지구력, 지구력"이란 선동 문구가 이어진다. 제4장 국민의 자각과 관련해서는 국민개병제를 제창하면서 지금이 "군대 혁신의 호기회"라고 하고 "이른바 국제협조"를 비판적 시각에서 보면서 국제연맹 아래에서의 국제관계를 "전도암흑(前途暗黑)"으로 표현했다. "적화 노국(露國)과 자본주의 미국"을 세계의 위험으로 간주하면서 "적화(赤化)와 미화(米化)"를 세계의 양대 위협으로 간주했다. 제3장의 마지막 절 '소위(所謂) 산둥문제'는 다나카 내각의 산둥 출병과 직접 닿아 눈길을 끈다. 요지를 옮기면 다음과 같다.

'작년'[7] 중국 측에서 미국 국무장관 로버트 랜싱(Robert Lansing, 재임 1915~1920)과 중화민국의 외교총장이자 국무총리 대행을 역임한 구웨이쥔(顧維鈞, 웰링턴 쿠), 왕정팅(王正廷) 등이[8] 발표한 발언을 광언(狂言)이라고 비난했다. 산둥문제에서 기존의 위안스카이 정부가 용인한 '21개조'를 뒤집는 소리를 했다는 것이다. 도쿠토미는 파리 강화회의의 구체적인 관련 조항(제8관 제156조), 즉 "독일은 산둥성에 관해 협정을 통해 얻은 일체의 권익을 일본을 위해 포기"한다는 구절까지 들었다. 지나 정부는 미국의 후원을 받아 이런 뒤집기를 시도하고 있다는 비판이다. 미국의 여론은 지금 일본의 산둥성에서 가진 세력을 시기하여 이를 포기하지 않을 기세라고 했다. 상원은 파리 평화조약에서 산둥성에 관한 각 조관(條款)에 적힌 '일본'이란 글자를 '지나(중국)'로 바꾸어야 옳다며 이를 수정하려고 시도하고 있다고 지적했다. 이어 그는 공화당의 영수인 헨리 로지(Henry Cabot Lodge)가 지나(중국) 측의 요구를 지지하고 있으며, 중국이 미국의 배일(排日) 기류에 기대어 파리조약을 파훼하려는 것은 마치 과거 청일전쟁 후 러시아·프랑스·독일 3국이 시모노세키조약에 대해 간섭한 것을 방불케 한다고 했다.

도쿠토미는 이 책의 제3장「최근 20년간 미국의 배일 전말」의 마지막 주제 '9. 소위 산둥문제'에서 1919년 10월 15일자『런던타임스』에 실린 일본에 대한 로지의 주장이라며 다음과 같이 소개했다.

일본은 극동에서 미국에 위험을 끼치고, 세계 안녕을 위협하는 대제국을 건립하고 있다. 일본은 지나 및 조선에 대해 누누이 언질을 포각(抛却)하고 있다. 일본은 문호개방을 훼손하고, 만주와 조선의 외국 무역을 뒤집어버리고[覆去] 있다. 일본은 말로는 산둥반도를 반환한다고 하면서 언제 할 것인지를 확실하게 말하지 않는다. 일본은 독일주의에 물이 들었다. 일본은 진정으로 일종의 장사[商賈]를 하려 든다. 일본은 지나를 손에 넣고 세계가 두려워할 일대 세력을 건설하려고 한다. 일본은 독일이 슬라브인 2,600만 명을 군역(軍役)에 몰아넣었듯이 중국(지나)의 많은 인구를 군사(軍事)에 사용하려고 한다. 일본은 이미 시베리아에 끼어들었다. 일본이 시베리아를 지배하고, 중국을 일본식으로 개척하여 스스로 구주를 두렵게 하는 세력이 되려고 한다. 그런 가운데 일본이 가장 위협을 느끼는 대상은 미합중국이다. (…) 일본의 산둥 영유는 도의상 용인될 수 없다. 마땅히 파리(강화)조약을 개정하여 바로 중국(지나)에 환부해야 한다.[9]

도쿠토미가 인용한 이 글에 따르면 미국 상원의원 헨리 로지(공화당)는 일본제국의 대외 팽창주의를 정확하게 파악하고 있다. 천황이 지배하는 새로운 동아시아 세계로서 '동양' 제패를 목표로 하는 전략을 속속들이 파악하고 있다고 해도 과언이 아니다. 그러나 그 반대편에 서 있는 도쿠토미는 로지의 논지에 대해 '천박'하다는 한마디를 붙였다. 그러고서는 로지는 본래 배일파가 아니며, 러일전쟁 때 일본을 도운 시어도어 루스벨트의 친구로서 공화당의 쟁쟁한 인물인데, 그런 그가 이런 주장을 펴고 있는 것은 미국의 배일 풍조가 결코 일본인의 캘리포니아 이민을 반대하면서 거론하는 풍토병이나 한때의 유행병 같은 그런 사유는 아닌 것 같다고 끝을 맺었다. 로지에 대한 이 파악은 틀리지 않다. 다만 루스벨트 시대가 이미 지나간 것이 미일 관계의 현재였다.

로지는 민주당 출신 윌슨 대통령의 국제연맹 창설에 대해 처음부터 끝까지 반대하여 1920년 미국의 국제연맹 가입을 상원에서 부결시킨 장본인이다.[10] 그는 워런 하딩(Warren G. Harding) 대통령의 신임으로 1922년 워싱턴 군축회의의 미국 대표 중 한 사람으로 참석했을 때에도, 해군 군축 문제에서 일본이 미국, 영국과 같은 해군력 비율을 차지하는 것을 반대했다. 한편, 한국과 중국은 윌슨 대통령이 국제연맹 창설을 주도할 때, 이를 일본의 침략주의를 극복하는 절호의 기회로 판단하여 많은 기대를 쏟았다. 그런데 로지가 상원의 다수

당 지도자로서 국제연맹 가입을 승인하지 않았으니 한국과 중국 입장으로는 그가 방해자 혹은 적대자로 보였을 수 있다. 그러나 앞의 인용 기사에 따르면, 로지는 비록 미국의 국제연맹 가입을 반대했지만, 일본의 침략정책을 모르고 있었던 것은 아니다. 그는 오히려 일본의 도전을 직시하면서 국제연맹 같은 평화기구가 무용지물이 될 수 있다는 견해를 가졌을 수 있다.

다나카 총리대신은 산둥반도의 정황에 관한 도쿠토미의 위와 같은 판단으로부터 직접 영향을 받았을 수 있다. 장제스의 북벌이 미국의 우호적인 지원으로 진행된다면 일본이 확보한 산둥반도의 이권마저 상실될 수 있다는 판단을 내릴 수 있었을 것이다. 다나카 기이치는 대륙 팽창정책을 추구한 조슈 세력의 주류에 해당하는 인물이므로 이런 영향 관계는 충분히 상정될 수 있다.[11]

## 2. 도쿠토미 황도주의의 새로운 저술 세계

### 1) 100권의 거질 『근세일본국민사』 집필(1918~1954)

도쿠토미 소호는 1916년에 『다이쇼 정국사론』, 『세계의 변국』, 『다이쇼의 청년과 제국의 전도』 등을 세상에 내놓은 뒤, 이듬해 1917년 9월에 상하이 기자단 초청으로 중국 여행길에 올랐다. 그는 만주 일원을 둘러보고 베이징으로 들어가 만리장성 지역을 비롯한 주요 유적지를 탐방한 뒤 난징, 한커우(漢口) 등지를 방문한 다음, 초청받은 곳인 상하이로 갔다. 그리고 지난, 칭다오 등 문제의 지역을 둘러본 뒤 12월에 톈진에서 귀국 길에 올랐다. 여행 중에 보고 느낀 기록을 모아 1918년 6월에 『지나만유기』를 출간했다. 무려 556쪽에 달하는 분량이었다. 그는 이 책을 낸 뒤, 1918년 6월에 『근세일본국민사』 집필에 착수했다. 그의 나이 55세였다. 1912년 메이지 천황이 사거했을 때 '일대 총서'의 편찬을 생각했는데, 그 뒤 '다이쇼정변', 부친의 사망 등 불운한 일들이 겹쳐 집필에 착수하지 못하고 있었다. 불운이 겹친 가운데 제1차 세계대전이 발발하여 앞서 언급한 시론(時論) 성격의 3책을 출간하다 보니 메이지 시대 역사를 다룬 대저 계획을 착수할 기회는 더 없었다.

1918년 6월 『지나만유기』 출간 뒤, 『고쿠민신문』 지상에 「수사술회(修史述懷)」란 글을 실었다. 이 글에서 『근세일본국민사』 집필의 결의를 밝히고, 7월 1일부터 연재를 시작했다. 그는 『소호자전(蘇峰自傳, 이하 '자전』')』(1935)에서 "역사는 모태 안에 있을 때부터 좋아한 것[好物]"이었다고 할 정도로 역사에 관심이 많았다. 『자전』에 따르면, 『다이쇼의 청년과 제국의 전도』는 『근세일본국민사』의 "축소판[小手調]이라고 할 만한 것"이었다고 했다. 그는 1916년의 세 저술에서 페리 제독에 의한 개국을 '강간'으로 표현하고 그에 따른 외교를 '고두(叩頭)' 외교라고 했다. 그는 이런 굴욕의 역사를 거부하고, 요시다 쇼인의 정신을 실천하여 조슈, 사쓰마 세력이 왕정복고에 성공하여 이룩한 메이지 시대의 역사를 총정리하는 것을 과제로 삼아 집필에 임했다. 10년을 예정한 집필이었지만, 34년의 세월이 지난 1952년 4월에 최종 제100권의 원고를 탈고했다.

「수사술회」의 구상에 따르면, 오다 노부나가(織田信長), 도요토미 히데요시가 시작점이었다. 후술하듯이 그는 두 인물이 메이지 시대 황실주의의 연원이라는 견해를 굳히고 있었다. 그는 『쇼와국민독본(昭和國民讀本)』(1939)에서 '일본학'을 처음 제창하면서 '일본학의 원류'라는 글에 붙인 부록을 「노부나가(信長)의 존황(尊皇)과 절회(節會)의 회복」이라고 이름을 붙일 정도로 오다 노부나가를 황실 중심주의 관점에서 높이 평가했다. 또한 오다와 도요토미가 막부를 따로 열지 않고 천황의 신하를 자처하여 관직에 오른 것에 대해서도 무척 호의적인 평가를 했다. 그러나 1600년의 세키가하라 전투에서 도요토미 히데요시 가문을 지지하는 서군(西軍)의 모리 데루모토(毛利輝元)가 도쿠가와 이에야스가 이끄는 동군(東軍)에 패함으로써 수난의 역사가 시작된다.

　도쿠가와막부에서는 황실주의가 지켜질 수 없었을뿐더러 조선, 중국과 우호적인 외교관계를 확립, 유지하는 동안 주자학이 유입되어 일본 고유의 정신문화가 침식당할 수밖에 없었다. 도쿠토미는 막부 시대 지식인들 사이에 황실주의가 어떻게 위축, 변질되었는가를 주목하였다. 동서의 만남에서 페리 함대가 도착했을 때, 요시다 쇼인을 비롯한 황실주의자들이 나서서 고메이 천황의 뜻을 받들어 신국(神國)을 지키는 새로운 사업이 시작되는 것으로 파악했다. 즉, 사쿠마 쇼잔, 요시다 쇼인 등이 신국 일본을 지키기 위해 천황을 내세워 서방의 기술문명을 속히 습득하는 것이 일본이 서방의 식민지가 되지 않는 길이란 것을 천명했기에 메이지 시대 '성공의 역사'를 만들 수 있었다는 것이 이 대작의 줄기였다(「부록 1. 『근세일본국민사』 목차 및 발간 연도 일람」 참조).[12]

　『고쿠민신문』 연재와 단행본 출간과의 관계는 앞으로 자세한 대조 실증이 필요하다. 「부록 1」의 각 권 제목 일람에 근거하여 초기 출간 상황의 일단(一段)을 살피면 아래와 같다. 제1권, 제2권, 제3권은 '오다(織田) 씨 시대' 전·중·후 3편을 1권씩 배당했다. 이어 제4권부터 시작한 '도요토미(豊臣) 씨 시대'는 제9권까지 총6권으로 묶어졌다. 각 권을 갑·을·병·정·무·기 6편으로 배당하면서, 제7권, 제8권, 제9권에는 '조선역(朝鮮役, 임진왜란을 가리킴)' 부제를 붙여 상·중·하 셋으로 나누었다. 제9권을 출간했을 때, 이미 4년의 세월이 흘러 1922년이 되었다. 도쿠토미 소호의 기획에서 초반부가 겨우 끝난 것에 불과한데 이미 9책의 분량이 되자, 1923년 제국학사원(帝國學士院)으로부터 천황이 내리는 은사상(恩賜賞)을 수여받는 영광을 입었다.

은사상 수상 이후, 집필과 출간은 순탄하지 않았다. 같은 해 9월에 간토(關東) 대진재(大震災)가 일어났다. 그는 이 재난 속에서도 서재의 책상을 마당으로 옮겨놓고 집필을 이어갔다고 술회했다. 이런 노력으로 1945년 8월 '패전' 때까지 제79권『(메이지) 법도제정편(法度制定篇) 상(上)』을 출간했다.[13] 패전 후, 그는 극동국제군사재판에서 A급 전범으로 판정받아 가택연금을 당하여 5년간 집필이 중단되었다. 1951년 연금에서 풀리자마자 다시 집필에 들어가 이듬해 100권을 탈고했다. 개인의 저술로는 세계적으로도 유례를 찾기 어려운 대작이었다.

도쿠토미 소호는 「축하회에 대하여」란 글에서 소감을 이렇게 적었다.

(이 책이) 설명[詮]하려는 것은 일본 민족이라는 일대(一大) 민족이다. 노부나가(信長)도, 히데요시(秀吉)도, 이에야스(家康)도, 이 일대

민족 중의 일편(一片)이다. 그리고 우리 메이지 천황의 얘기도, 이 민족의 위에 씌워진(冠), 야마토 민족의 최고위에 계시는 군주로서, 즉 민족의 일부로서 기술되었다. 이것이 『국민사(國民史)』가 국민사인 이유이다. (…) 나의 『국민사』는 곧 일본 국민이라는 일대 민족의 전기이다.[14]

도쿠토미 소호의 이 대저에서는 『대일본팽창론』(1894. 1. 1.)이나 『다이쇼의 청년과 제국의 전도』에서 페리에 의한 개국을 '강간'에 비유한 것과 같은 과도한 표현이 보이지 않는 것을 두고 "정신의 평형을 유지한 기술"이라는 평가를 스스로 하기도 한다.[15] 이러한 평가가 과연 적절한지 확인하려면 전 100권을 독파하는 노력이 필요하지만, 앞에서 서술했듯이 그 많은 지면은 일본 역사에서 황실주의의 정당성을 요지부동의 자리에 올려놓으려는 것이었다. 그런데 그 황실, 황도주의가 초래한 이후 일본제국의 역사를 볼 때, 이 저작의 자세가 과연 정당한지는 의문이 아닐 수 없다.

### 2) 황도주의 교본 『국민소훈』(1925)

1923년 9월의 간토 대진재의 참사에도 붓을 놓지 않지 않았던 도쿠토미 소호는 1925년 2월에 『국민소훈(國民小訓)』을 세상에 내놓았다. 65쪽에 불과한 소책자였지만, 사회적 반응은 컸다. 1933년 10월에 증보판을 내면서 도쿠토미 소호는 「제사(題辭)」를 붙여 초판에 대한 반응을 전했다. 먼저 「제사」부터 살피면 다음과 같다.

도쿠토미 소호가 70세에 증보판을 낸 이 책은 "50년간의 문필 생애에서 1916년의 『다이쇼의 청년과 제국의 전도』와 함께 미증유의 발행부수"를 기록했다. 이런 종류의 책으로서는 "공전의 기록이 아닐까" 싶다고 했다. 책이 나오자 조야(朝野)의 명사와 강호(江湖)의 지우(知友)들이 3월 9일에 제국호텔에서 출판 기념 축하회를 열어주었다. 이때 구니노미야 구니요시 왕(久邇宮邦彦王, 1873~1929)[16]이 이 책에 관한 존영(尊詠) 한 폭을 하사한 "의외의 영광"을 입었다고 밝혔다. 또한 1927년 2월 『쇼와일신론(昭和一新論)』, 1928년 5월 『중용의 도(中庸の道)』, 1929년 9월 『일본제국의 일전기(日本帝國の一転機)』 등 시무(時務)에 관한 의견을 개진하여 강호의 환영(驩迎)을 받았던 사실도 밝혔다. 이런 반응 속에 『국민소훈』이 "인의(人意)를 강하게 하고 대증투약(對症投藥)이 아니라 시공을 초월한 국민적으로 송독(誦讀)하는" 책이 된 것 같다면서, 이번(1933년)에 12장을 더 추가하여 『증보(增補) 국민소훈』을 발간한다고 했다.[17]

『증보 국민소훈』은 「부록 2」에서 보듯이 책머리에 (1) 존영(尊詠) 및 헌증(獻贈)의 시문(詩文) 사진 2점, (2) 칙어·조서 4점이 첨부되고, (3) 「제사」(증보 국민소훈에 제제한다)가 다음, (4) 본론은 전편(前篇)과 본편(本篇)으로 나누어 구성했다. 전편에는 12항, 본편에는 30항의 글이 실렸다. 그리고 본편 뒤에 65쪽 분량의 (5) 「함정양기집(涵情養氣集)」이 실렸다. 「함정양기집」은 역대 천황과 황후의 시문, 시가를 모은 것으로, 이 책이 황실 중심주의를 바탕으로 하고 있음을 보여주는 특별한 표시이다.

(1)의 존영 및 헌증 시문은 위에서 언급한 구니노미야 구니요시 왕이 내린 시문(존영)과 이에 대한 저자 도쿠토미 자신의 감사 헌정의 7언 시문 두 가지의 사진이다. (2)의 칙어 1점과 조서 3점은 메이

지, 다이쇼, 쇼와 천황이 내린 것들이다. 현 왕(王)으로 쇼와 천황의 장인이 되는 구니노미야 왕의 출판 축하 시와 칙어 조서 4점을 실은 것은 도쿠토미 소호의 지론인 황실(황도)주의에 걸맞은 처사이다. 지금까지 살폈듯이 도쿠토미 소호는 1910년대에 이미 황실 중심주의를 기회 있을 때마다 내세웠지만 황실 관련 글을 함께 내세운 예는 이 책이 처음이다. 칙어와 조서는 다음과 같다.

> (가) 「교육에 관한 칙어(敎育ニ關スル勅語)」, 메이지 23년(1890) 10월 30일.
> (나) 「무신조서(戊申詔書)」, 메이지 41년(1908) 10월 13일.
> (다) 「국민정신 작흥에 관한 조서(國民精神作興ニ関スル詔書)」, 다이쇼 12년(1923) 11월 10일.
> (라) 「국제연맹 탈퇴에 관한 조서(國際聯盟脱退ノ詔書)」, 쇼와 8년 (1933) 3월 27일.

(가)는 천황(황실)주의의 기초를 세운 메이지 천황의 「교육칙어」이다. (나)는 러일전쟁 후의 사회적 혼란을 시정하기 위해 "광휘(光輝)로운 국사(國史)의 자취를 국운(國運) 발전의 근본으로" 삼을 것을 당부하는 내용의 메이지 천황 조서이다. (다)는 1923년 9월 간토 대진재 후, 문화의 소복(紹復)과 국력 진흥은 모두 국민정신에서 기대할 수 있는 것이므로 상하가 협력으로 진작, 경장(更張)을 꾀하라는 취지를 담은 조서다. 다이쇼 12년의 조서이지만, 동궁 히로히토(뒤에 쇼와 천황)가 섭정으로 발부한 것이다. (라)는 만주사변으로 국제연맹이 사건 현장을 조사하여 일본제국에 원상회복을 권유한 것은 부

당하므로 연맹 탈퇴를 촉구하라는 쇼와 천황의 조서이다.

『국민소훈』은 전편과 본편으로 나누어, 전자에는 12항, 후자는 30항의 글을 실었다. 전편은 총론, 본편은 각론에 해당하는 글들로서, 여기서는 「전편」만 검토하고자 한다.[18] 이 책은 도쿠토미 소호 황도주의의 결정판이란 의미가 엿보이는 것으로 주목할 필요가 있다.

**제1항. 일본 국민의 열쇠**〔鍵〕: 황실 중심주의는 일본 국민의 열쇠이다. 이 열쇠로서 일본 역사가 해명되고, 일본의 국체를 이해할 수 있다. 이 열쇠가 있어서 일본의 사회적 기구를 알 수 있고, 일본에 관한 모든 문제, 거의 일체가 이 열쇠로 해석된다. 일본은 황실의 연장인 가족적 국가이다. 유신(維新) 이전에는 지나(支那)를 척도로 하고, 이후에는 구미(歐米)를 표준으로 하여 일본이 없었다. 근래 마르크스 유물사관으로 황국의 사회기구를 해석하려 하고, 루소의 사회계약론으로 우리 국체를 밝히려 하는 것은 모두 50보, 100보 차이의 오류이다.

이 부분은 1910년대부터 저술을 통해 주장해온 황실 중심주의에 대한 자신감에 찬 언설(言說)이다. 구미의 모든 사상체계를 의식적으로 배제하는 논리이다. 『근세일본국민사』 집필을 통해 얻어진 자신감으로 여겨진다.

**제2항. 국민적 자신**(自信): 이 글에는 자극적인 구호성 문장이 많이 등장한다. "자기를 믿어라, 너희 운명은 너희가 성취하기에 달렸다. 자국을 믿어라, 자국의 운명은 너희가 개척하는 대로이다." 이 서두는 거의 종교적 언사처럼 느껴진다. 도쿠토미 소호 스스로 "자신

은 신앙"이라고 단언한다. 그리고 "국민적 일대 기백은 곧 국민적 일대 세력이며, 국민적 일대 각오는 청일전쟁, 러일전쟁 때 그랬듯이 큰 성취를 가져온다. 지금 일본제국의 이웃을 호시탐탐하는 국가가 없지 않다. 자국을 신뢰하는 자는 스스로 노력하면 그 신뢰의 대가를 받는다. 우리는 신국(神國)의 국민으로서 천우(天祐)가 지악(至渥)한 속에 생존해온 역사적 사실을 자각하여 스스로 국운을 진척시킬 의무가 있다."

여기서 '일본제국의 이웃'을 호시탐탐하는 나라가 있다는 것은 일본이 차지할 대상인 동아시아 특히 중국을 미국이 노리고 있다는 뜻이다. '국민적 자신'은 곧 이를 물리칠 자신을 가지자는 노골적인 침략적 언사이다.

**제3항. 가족제도와 정조(情操)관념**: 가족제도와 여성의 정조 문제는 돌출적 느낌을 주는 논제이다. 그러나 구미의 남녀평등 추구의 사조가 천황과 국민을 부모와 자식의 관계로 설정한 일본의 국체를 위협할지도 모른다는 염려에서 나온 주제 설정이다. 가족이 확대된 것이 일본제국이며, 일본은 가족적 국가라는 선언적 문구가 앞세워졌다. 역사적으로 가장(家長) 전제(專制) 시대, 대가족 군거(群居) 시대 등을 거쳐 오늘의 부부 본위 시대에 이르렀는데, 이 신성한 관계가 세계대전 후 여성 독립과 정조관념의 변화로 인해 '파괴'될까 우려한다.

도쿠토미 소호는 황실 중심의 일본의 가족과 국가의 관계를 크고 작은 육각형으로 이루어진 수정(水晶) 결정체에 비유했다. 가족제도의 대강(大綱)은 부부의 윤리적 관계에 뿌리를 내리고 있는데, 여성

해방 풍조가 동반한 여성 정조관념의 해이로 이 수정체가 파괴될 것을 경계한다. 여성의 정조는 남성이 여성에 부과한 중세(重稅)이다. 여성은 약하지만, 정조에 의해 강하고, 정조는 여성을 지키는 금성철벽(金城鐵壁)이라고 추켜올린다.

여성의 지휘 향상을 향한 구미의 사회변혁으로부터 '가족 확대국가' 대일본제국을 지키기 위한 문화적 국수(國粹)가 물씬 풍기는 글이다.

**제4항. 생생불식(生生不息):** 황실 중심의 수정 결정체 같은 제국 일본의 영원한 발전을 논한 글이다. 3,000년의 긴 역사가 만세일계의 황통(皇統)으로 이어져 오늘에 이른 것은 인류 역사상 유례가 없는 일이다. 일본의 특색은 상주부단(常住不斷), 다시 말하면 생생불식(生生不息)이다. 영원히 늙지 않으며[終古不老], 늙지 않고 죽지 않는 [不老不死] 것이 바로 일본제국이다. 일본 국민은 국민적 위축 증세나, 국민적 영양 불량에 빠진 적이 없다고 단언하면서 미래에도 그렇게 해야 하는 의무를 주문하였다.

**제5항. 자주적 외교:** 자주적 외교란 국가가 완전한 국가로서 그 기능을 독자일기(獨自一己)의 의지로 국제적으로 행사하는 것이라고 했다. 그것은 방약무인의 외교가 아니다. 여기서 이 문제를 새삼 거론하는 것은 가에이(嘉永, 1848~1854), 안세이(安政, 1854~1860) 연간 이래 일본의 외교가 구미 제국의 위협과 강박을 받아 자유의지를 발휘하지 못했기 때문이라고 하였다. 그 후 국운이 점차 뻗치어 평등적 대립의 지보(地步)를 확보하여, 제국적(帝國的)으로 각성하고 자주

적으로 활동한 결과, 1933년 3월 국제연맹을 과감하게 탈퇴할 수 있었다라고 하였다. 나아가, 이것은 자주적 외교의 적례(適例)이다, 자주적 외교는 곧 국민적 외교로서, 황도를 세계에 발양(發揚)하기 위한 것이라고 하였다.

**제6항. 세계에 대한 수평(水平)운동**: 1931년 9월 18일 펑톈 류탸오후(柳條溝)에서 철도 일부가 파괴되는 사건이 일어났다. 이는 일본제국이 세계를 향하여 일본의 입장을 청천백일(靑天白日)같이 정정당당하게 밝힌 것이다. 이는 구미의 잠식에 대한 방어로서, 일본에는 일본 독자일기(獨自一己)가 있고, 그 독자일기는 감히 아세아 여러 민족의 으뜸[魁]이 되어, 동아(東亞) 회복의 책임에 부응함을 세계에 통고한 것이다. 이에 따라 1933년에 국제연맹을 탈퇴한 것은 그 필연의 결과요, 백석인종 적대시는 당연하다. 대아세아주의, 동아 먼로주의, 혹은 동아의 자치, 그 명칭이 어떻든 구미에 향한 일대 수평운동을 일으킨 것이라고 하면서, 그 모든 것이 또한 천황을 중심으로 진행된 것이라고 역설하였다.

도쿠토미 소호는 일찍이 1916년에 발간한 『다이쇼 정국사론』에서 미국 경계론의 차원에서 '동양 먼로주의'를 주장했다. 그 먼로주의가 만주 대륙 침략 사건에서 일본의 '독자일기'의 변으로 재활용되고 있다. 그는 고대하던 대륙 진출의 질주가 이미 시작된 것을 이렇게 표현했다. "말은 (이미) 달려나갔다. 포탄은 포구(砲口)를 떠났다. 배는 항구를 떠났다. 지금 우리는 되돌릴 수 없다."

**제7항. 만주국**: 1932년 3월 1일 만주국이 건립되었다. 만주국 건

립은 일본이 진 무거운 짐[重荷]으로, 일본의 원조가 없었다면 도저히 이루어질 수 없는 일이었다. 내지(內地)의 2배나 되는, 러시아, 지나, 일본 사이의 큰 지역을 점하는 만주국, 일본제국이 국운을 건 결과이다. 왕도낙토(王道樂土)라는 건국 목적은 일시적 방편으로 내세운 것이 아니다. 원료 공급치, 공산품 시장, 잉여인구의 출상은 소승책(小乘策)에 불과하다. 한 걸음 더 나아가 관찰하면, 여기서 실패하면 일본은 미래영겁(未來永劫)으로 동아의 지도자 자격이 박탈되고, 황색인종의 선배라는 위치를 스스로 기권하는 것이 된다. 만주에 대한 정책은 정직이 최선이란 대승적(大乘的) 견지를 유지해야 한다고 역설했다.

**제8항. 국기(國旗)〔부: 국기의 제식(制式) 및 그 게양 방법, 소학교에 게양하는 국기와 게양 방법〕**: 국기는 국가의 상징이란 전제 아래, 국가가 있으면 국기가 있으며, 국기는 그 국민에게 광대무변(廣大無邊), 심심미묘(甚深微妙)의 의의가 있는 것이라고 하였다. 군기(軍旗) 아래 군인이 그 신명을 바치듯이 국기 아래 국민은 국가에 일심불란(一心不亂)으로 봉사한다고 비유했다. 또한 국기는 단순한 국가의 상징이 아니라, 국민의 호부(護符)요 호신본존[守本尊]이라고 역설하였다. 봉건시대는 쌍도(雙刀)가 무사의 혼이었지만, 오늘날에는 국기가 일본 국민의 혼이다. 일본혼은 국기에 의해 대표되며, 히노마루(日の丸)는 국가적으로 일군만민(一君萬民)의 상징이자 황실 중심의 부호이며, 국제적으로는 일본을 알리는 표기라고 정의를 내렸다. 국민교육장려회(國民教育獎勵會)가 처음으로 6, 7년간 국기 운동에 착수하여 그 결과로 (1) 국기의 제식 및 게양 방법, (2) 소학교에서의 국기 게

양 방법 등이 나왔으니 독자들이 참고하기 바란다고 하였다.

히노마루(日の丸), 기미가요(君が代), 황국신민 서사(誓詞), 이 세 가지는 1930년대 일본제국의 황도 파시즘의 필수 의식 요건이다. 도쿠토미 소호가 이를 확립해나가는 선봉장 역할을 했음을 보여주는 대목이다.

**제9항. 황도(皇道)의 요의**: 마침내 이 항에서 황도의 의미를 규정하는 순서를 밟고 있다. 이는 물론 '국민소훈'의 차원에서 내리는 정의이다. 저자 도쿠토미 소호가 황도주의 데마고그(demagogue, 선동가)로서 그 모습을 확실하게 보여주는 대목이다.

제국헌법 제28조에는 안녕질서를 방해하지 않고 신민(臣民)으로서의 의무에 위배되지 않는 한에서 신교(信教)의 자유를 가진다고 했다. 이렇듯이, 일본 국민은 무슨 종교든 믿을 수 있다. 그러나 오직 하나인 황도, 황실 중심주의에서는 하나로 결합해야 한다. 황도는 정신적으로 일본 국민을 통일하는 일대 도의적 영력(靈力)이다. 황도는 단순한 종교가 아니라 종교를 초월한 종교이며, 그 교리 또한 교리를 초월하는 교리라고 하였다. 황도는 윤리도 철학도 아니다. 모든 윤리설과 철학 위에 군림한다. 황도의 신도가 종교 위에 있다는 것은 「교육칙어」(1890)에 대한 해석 곧 연의(衍義)에서 이미 나왔지만, 종교, 교리, 철학, 윤리 위에 군림하는 것이란 역설은 전에 보지 못하던 것이다.

구미 제국은 사해동포(四海同胞) 곧 인류는 하나의 동포라 부르짖지만, 그것은 백석인종, 기독교도 사이에서만 행해지는 것으로, 이교도, 이종족은 제외되어 있다. 일본 황도는 그렇지 않다. 일본에 근원하고, 야마토 민족에 뿌리를 내리고 있지만, 사해팔황(四海八荒)으로 움직여 세계의 모든 민족을 총괄하는 사명을 가진 것이다. 오늘날 동 아를 위해 일본이 희생적 운동을 개시한 것도 황도의 일단(一端)이 다. 황도의 종국(終局)은 여기서 끝나지 않는다. 황도는 무편무당(無 偏無黨), 외외탕탕(巍巍蕩蕩)하다. 일본 국민은 결코 무력을 가지고 세 계를 정복하려는 야심을 가지고 있지 않다. 다만 황도를 세계에 빛내 어[光被] 세계 인류가 황도를 추앙하게 하는 것이 본래 이상이다. 저 자 도쿠토미의 이런 언설(言說)은 사해, 팔방을 황도의 세계로 만들 기 위해 무기를 들고 이곳저곳에 총부리를 겨누어 전쟁을 일으키는 선동 문구에 지나지 않았다.

1850년대 요시다 쇼인은 일본이 구미의 식민지로 전락하지 않으 려면 서양의 선진기술문명을 속히 배워 힘을 키워 구미 열강에 앞서 주변국을 먼저 차지해야 한다는 방책을 냈다. 도쿠토미 소호는 조슈 집권 세력의 비호를 받으면서 요시다 쇼인을 유신의 모델로 만들고, 거기에 황실 중심주의, 황도의 외피를 입혀 세계 어느 민족도 수긍할 수 없는 독존적인 침략 미화 이론을 세우고 있다. 1920년대 후반, 다 나카 기이치 총리대신에 의한 산둥 출병, 1931년 관동군 사령부 장 교들에 의한 만주사변, 1932년 만주국 설립 등을 통해 그는 자신의 황도주의에 취하여 혼수상태에 빠져들고 있는 느낌을 준다. 1930년 대 청년 장교들이 황도의 신성을 지킨다는 명분으로 수상급의 정치 인들에 테러를 가하는 사건이 잇따른 시기에 이 책이 보급되고 있었 다는 것은 우연한 일이 아니었다.

**제10항. 일본정신**: 황도를 중심으로 일본 국민 고유의 정신을 다

음과 같이 정의했다. 즉, 우리 황도에 존유(尊由)하여 스스로 이를 실천, 확충하는 것이 바로 일본정신이다. 일본정신의 제일은 용(勇), 군국에 충성하여 자기를 버리는 강용(剛勇)을 실행하는 것이다. 예부터 일본이란 나라는 남아(南兒)국의 강용의 기상, 정의를 사랑하고 정의에 죽는 책임의식을 가졌다. 근대의 남아 사이고 다카모리가 그 표본이라고 하였다. '일본정신'을 요약하면 충애를 경(經)으로 삼고, 강용을 위(緯)로 삼고, 이를 정의 관념, 책임 관념으로 꿰고, 그리고 이를 숭고(崇高)의 용기와 순결의 정서로 품격을 높이는[高調] 것이라고 하였다.

**제11항. 일군만민(一君萬民)**: 유태인은 나라조차 없고, 독일, 러시아는 최근 각기 국체를 변경하고 대영제국, 프랑스, 지나 등도 역사적으로 국체를 바꾸어왔다. 대일본제국만이 만세일계의 황통으로 나라가 생긴 이래 국체를 하나로 지켜왔다. 야마토 민족이 주체가 된 그 국체는 모든 주의, 체제를 넘어선다. 현대에서도 새로운 제도를 만들 필요가 없다. 일본 본래의 모습, 쇼군 정치가 아니라 천황의 친정을 복구하고, 천황은 신성한 존재로 천황의 친정을 국무대신에 넘겨 책임 지웠다. 한 군주 아래 만민이 모여 있는 것이 곧 일본제국이며, 메이지 제국헌법의 본의라고 밝혔다.

**제12항. 청년 남녀 각위(各位)**: 도쿠토미 소호는 제9항~제11항에서 황도주의에 대한 정의를 내렸다. 제12항은 제국 일본 남녀 청년에게 이를 실천하는 길을 제시했다. 도쿠토미는 제국의 희망은 청년 남녀에게 달려 있다고 하였다. 그리고 메이지유신의 대업은 지금

제2기에 들어섰다고 하면서 메이지유신에서 달성한 것을 정리하였다. 즉, 메이지유신의 두 가지 큰 목적은 ① 황실을 중심으로 하여 제국을 통일하여, 일군만민의 정치를 수립하는 것, ② 일본을 중심으로 하여 황도를 세계가 광영을 입도록[光被] 하는 것, 두 가지였다. ①은 메이지 재위 중에 대략 이루어졌고, ②는 제1차 세계대전 이후 점차 이루어져가고 있다고 하였다. 다시 말하면, 지금까지는 황실 중심주의가 국내적으로 이루어졌지만, 앞으로는 세계를 상대로 해야 한다. 만주도 세계요, 지나도 세계요, 동아도 세계라고 하였다. 내지 곧 일본 본토에서 한 걸음 나가면 모두 세계이다. 그렇다고 오해하지 말라. 각인 각기가 실제로 국내로부터 나가는 것은 아니다. 국민 지기(志氣)의 움직임에 따라 국운 진척의 기세로서 제2의 목적이 이루어져 황도를 사해에 빛나게 할 것이라고 하였다.

일본의 무력은 이미 세계의 경기장[競場]에 올려졌다. 경제적 경쟁 무대에도 진출했다. 우리는 동물로서 생존할뿐더러, 인간으로서, 또 일본 국민으로서 생존한다. 일본 국민으로서의 본분을 아는 것은 곧 인간으로서 본분을 아는 까닭이다. 일본 국민으로서 본분을 온전히 하는 것은 인간으로서의 본분을 온전히 하는 까닭이다. 국가는 실로 인류가 생활하는 지상(地上) 지상(至上)의 기구인데, 특별히 신국(神國)인 일본 국민은 일본 국가의 자식으로서, 국가 그것은 우리의 위대한 부모이다. 그리고 일본 국가는 우리 황실을 본체로 하여 성립하는 것이므로 황실은 국민의 부모이다. 그러므로 일본 국민인 우리로서는 부모인 황실에 충성을 다하는 것 외에 국민으로서 해야 할 도리가 따로 없다. 우리 청년 남녀 각기는 이 근본의(根本義)를 알아야 한다. 충군애국은 여러분을 정신적으로 구제하는 일대영약(一大靈藥)

이라고 하였다.

도쿠토미 소호의 「전편」 12개 항에 걸친 논설이 국민 개개인의 개성과 자유를 몰각하는 극단적인 전체주의 이론이란 점은 따로 지적할 것도 없다. 제12항에서 메이지유신의 대업으로 남은 과제를 언급한 내용을 보면 그의 황도주의는 곧 '쇼와유신'의 가이드라인에 상당하는 것일 소지도 있다. 1930년대부터 한국병합을 넘어 만주, 몽골, 지나, 동남아시아, 끝내는 태평양 동쪽으로 향하는 '팔방' 전쟁에 출진한 청년들은 실제로 황실에 온몸을 바치려는 각오를 머리와 가슴에 움켜쥐고 있었다. 전편의 마지막 부분이 청년 남녀에게 충군애국을 요구하는 글로 끝나는 것은 그들이 바로 '황도의 영광'을 위한 전선의 담당자들이기 때문이었다. 도쿠토미 소호의 황도 사상은 한마디로 독전론에 불과하다.

도쿠토미 소호의 황도 사상은 1908년의 개정판 『요시다 쇼인』에서 처음 비쳤다. 1895년 4월 '삼국간섭'의 주역 러시아에 대한 반감이 백벌 타도론을 낳아 요시다 쇼인의 대외 팽창론에 적극적으로 찬동하는 형태로 황실 중심의 일치단결을 주장하는 주의가 표방되었다. 그것이 제1차 세계대전 중에 『다이쇼의 청년과 제국의 전도』(1916)로 황도 사상의 씨 뿌리기 작업을 거쳐 『야마토 민족의 성각』(1924)에서 실천을 촉구한 다음, 『국민소훈』(1925, 증보판 1933)을 통해 파시즘 이론으로서 황도주의를 세계 지배 이론으로 내세웠다. 제국 일본 국민은 이제 이 신성한 사명을 위해 천황이 지시하는 것은 무엇이든 몸 바쳐 수행해야 하는 의무의 수행자가 되었다. 「부록 2」의 『증보 국민소훈』(1933) 목차에서 보듯이 「본편」의 30개 항은 「전편」 12개 항의 상세 설명이거나 그 실현을 위해 알아야 할 사항, 달성해야 할 과제를 망라한 것들이다.

『증보 국민소훈』은 「본편」을 끝낸 뒤, 65쪽 분량의 「함정양기집」을 수록했다. 고메이 천황, 메이지 천황 등의 어제시(御製詩), 쇼켄(昭憲) 황태후의 어제가(御製歌)를 앞세운 다음 고사가(後嵯峨) 천황 등 역대 천황 10인의 시를 실었다. 다이쇼 14년 곧 1925년 1월 13일자의 기문(記文)이므로 초판부터 들어간 시문집이다. 황실에 대한 이러한 특별한 관심 표시 덕분에 구니노미야 구니요시 왕의 존영을 하사받는 등 황실 중심주의 성향이 배가되었다.

### 3) "미천한 신하의 상소":『쇼와일신론』(1927)

도쿠토미 소호는 1925년에 초판『국민소훈』을 내면서부터 공개적으로 자신을 황실 중심, 황도주의자라고 일렀다.『국민소훈』은 황도주의의 국민 교본을 의식하면서 쓴 것이 확실하다. 그런데 2년밖에 되지 않았는데 1927년에 또『쇼와일신론』을 세상에 내놓았다. 이책은 흥미롭게도 새로 즉위한 쇼와 천황에게 상소를 올리는 형식을 취했다.

「부록 3」으로 정리한 이 책의 목차를 보면, 책머리에 두 건의 자료를 실었다. 하나는 쇼와 천황이 등극 때 내린 「조현식(朝見式) 칙어」,[19] 다른 하나는 도쿠토미가 새로 등극한 쇼와 천황에게 올리는 「어천조(御踐祚)」이다. 전자는 지금의 시국은 회통(會通)의 운세를 타인문이 경장(更張)의 기회를 맞고 나라의 국시(國是)가 날로 진보하여 날로 새로워지고 있으니 인심을 하나로 모으고 민풍(民風)을 화목하게 하여 일시동인(一視同仁)의 교화를 펴 영구히 사해동포 간의 정의(情誼)를 두텁게 할 것을 다짐하는 내용이다. 천황의 등극 칙어의 전문(全文)을 책머리에 실은 것도 전례가 없지만, 이에 대한 저자 자신의 축하 진언(進言)을 함께 실은 것도 심상한 예가 아니다. 8면에 이르는 이 글은 칙어와 함께 지면에 사각 테두리를 쳐 본문과 구별했다. 「조현식 칙어」가 1925년 12월 28일자이고, 「어천조」는 그 3일 전인 12월 25일자로 지은 글로 되어 있다. 「어천조」는 『쇼와일신론』의 저술 의도를 직접 보여주는 글이다. 요지를 정리하면 다음과 같다.

도쿠토미 소호는 자신도 한 사람의 충량한 제국 신민으로서 지정(至情)과 적심(赤心)을 다하여 한 편(片)의 송사(頌辭)를 올린다고 했다. 이어서 새로 즉위한 쇼와 천황의 자질을 칭송한 다음 메이지 천황이 '황정유신(皇政維新)'의 대개혁을 단행한 이래 이미 60년이 지나 그사이에 제국의 국운이 세계의 변천과 더불어 많이 변천한 것을 언급했다. 제1차 세계대전 이래 러시아, 독일, 오스트리아, 중국 등 대표적인 황제국이 모두 국명(國命)이 뒤집어져 지금 제국의 이름으로 우뚝 서 있는 것은 오직 동양에서 대일본제국, 서양에서 대영제국뿐이라고 했다.

그러면서 세계제국으로서의 일본의 원대한 꿈을 실현하기 위해 새로 즉위한 천황이 가져야 할 자세를 제시했다. 세계대전의 결과, 국제정국의 평형이 깨져 신국면을 알 수 없다. 당시의 형세를 '난폭낭자(亂暴狼藉)'라고 표현하고, 이 대혼란기에 "우리는 헛되이 외래의 악(惡) 사상, 악 추세를 방지하는 것만이 아니라, 우리 스스로 고유의 본령을 발휘해야 한다. 그들의 악을 금하지 못하더라도, 우리의 선(善)을 장려해야 한다. 그 선 사상, 선 경향의 샘[泉源]은 우리 국민의 중추신계(中樞神系)인 황실에서 구해야 한다. 황실의 은덕으로 국민사상을 함양, 육화(育化)하여 그 성정(性情)을 감발(感發)하여 일으켜 세워야 한다"라고 역설했다. 도쿠토미 소호는 이 대목에서 "지존(至尊)의 어신정(御新政)이 시작되었다"라고 하여 새로 즉위한 쇼와 천황을 '지존'이라고 호칭했다. 이어 "우리 국민은 모두 황실 중심주의자로서, 지존의 지도에 지혜로운 자, 어리석은 자, 어진 자, 불초자를 불문하고, 모두 서로 권장하고 따를 것이다. 오늘의 급무는 지존이 천자의 덕[乾德天] 규범을 내리시어 우리 신민을 지도하는 일 한가지이다. 메이지 천황이 태고 이래 미증유의 황운(皇運)을 크게 넓히신 까닭에 신정(新政)의 전형은 이에 근원[原] 해야 한다고 믿는다. 향도(嚮導)가 되는 것은 멀리는 진무 천황, 가까이는 메이지 천황이다"라고 했다.

이 책은 총25가지 주제의 글을 실었다. 「제1 총론」은 쇼와 신시대를 맞아 천황에게 올리는 상소문 형식을 취한다는 내용을 담았다.

쇼와 2년(1927) 1월 1일에 궁벽한 시골[草莽]의 미천한 신하[微臣] 도쿠토미 이이치로(德富猪一郎)가 쇼난(湘南, 가나가와현의 사가미만 相模灣 연안)의 야사정(野史停)에서 부용천고(芙蓉千古)의 백운(白雲)을 대하면서 이에 『쇼와일신론』의 집필을 시작합니다. 미천한 신하는 고메이 천황의 치세인 분큐(文久) 계해(癸亥, 1863)년 정월 25일에 진제이호국(鎭西火國, 구마모토의 별칭)의 한구석에서 태어났습니다. 메이지 시대, 다이쇼 시대를 거쳐, 쇼와 신시대의 백성이 되었습니다. 몸[身]은 3조(三朝)의 성스러운 은택을 흠뻑 입어 나이가 이미 65세입니다. 어려서 보잘것없는 가학[小家學]을 잇고, 뜻은 천하에

두었지만, 아직 작은 효험으로라도 임금의 총명[聖明]을 도운[裨補] 것이 없습니다.[20]

상소문 형식의 꾸밈은 「제9 무엇인가? 제왕(帝王)의 덕」에서 피력한 소회와 연결된다. 즉, 다이쇼 천황 즉위 초에 『시무일가언』(1913)을 지어 특별히 '군덕(君德)'이란 제목을 세워 인군(人君)의 천직(天職)에 대하여 기탄없는 의견을 개진하여 새로 즉위한 다이쇼 천황에 대한 보필의 일단으로 삼은 적이 있었다고 회고하였다. 쇼와 천황 즉위에 즈음하여서도 같은 상소문 형식의 저술로 『쇼와일신론』을 지어 올린 것이다.

『쇼와일신론』은 제2에서 메이지 시대, 제3에서 다이쇼 시대를 논하고, 제4, 제5에서 국제적 상황, 국내적 상황을 살핀 다음 제6에서 제8까지 국가의 '이상'을 다루었다. 제6에서 이상 없는 국가와 개인, 제7에서 대일본제국의 이상을 다룬 다음 제8에서 대일본제국의 "이상은 곧 쇼와(昭和)에 있다"라고 선언하였다. 「제24 삼세관통(三世貫通)」에서 삼세는 곧 과거, 현재, 장래라고 하고, 일본제국의 과거로서의 메이지, 지금까지 살아온 현재로서의 다이쇼, 장래로서의 쇼와는 하나로 관통한다는 관계를 밝히고, "우리는 장구한 광영(光榮)의 과거를 수용하여 장구한 광영의 장래를 지속할 의무를 통절히 느낀다"라고 하였다. 그리고 마지막 제25에서는 쇼와 시대의 광영을 위한 신민 모두의 '봉사적 정신의 부활'을 염원했다.

요시다 쇼인을 비롯한 이른바 존왕양이파가 도쿠가와막부를 무너뜨리고 메이지 왕정을 복구했다. 이를 곧 '유신(維新)'이라고 하지만, '메이지유신'이란 용어는 메이지 시대 당대에는 없었다는 지적이 있다.[21] 쇼와 시대에 메이지 시대를 본받아 다시 황실 중심으로 혁신하자는 운동이 황도파에 의해 '쇼와유신'으로 내세워지면서 여기에서 동시에 '메이지유신'이라는 용어가 생겼다고 한다. 1927년에 나온 도쿠토미 소호의 『쇼와일신론』은 곧 '쇼와유신론'을 이끈 선도적 역할을 한 책으로 간주된다.

# 9장

# 1930~1940년대 전시체제와
# 도쿠토미 소호의 파시즘 국민독본

## 1. 1930년대 이후 전시체제와 도쿠토미의 황도주의 '일본학' 제창

### 1) 군부의 황도파 등장과 도쿠토미 소호

육군은 창설 이래 조슈 출신의 야마가타 아리토모의 입김이 강했다. 1922년 야마가타가 사망한 후, 다나카 기이치가 조슈 후배로서 그 입지를 계승했다. 다나카는 야마가타의 영향으로 1918년 9월 하라 다카시 내각(1918. 9.~1921. 11.)의 육군대신(제17대)으로 부임했다. 다나카는 1923년 9월의 제2차 야마모토 곤노효에 내각(1923. 9.~1924. 1.)에서 다시 육군대신이 되었다. 1924년 1월 기요우라 게이고(清浦奎吾) 내각(1924. 1.~1924. 6.)의 조각 때, 후임으로 우가키 가즈

시계(宇垣一成, 1868~1956)를 추천했다. 우가키는 정규 육군사관학교 제1기 출신으로 우수생도 중의 한 사람이었고, 임관 후 육군대학교 에서는 전체 3위의 성적으로 천황으로부터 은사(恩賜) 군도를 받았 다. 그는 규슈의 비젠국(備前國, 지금의 오카야마현岡山縣) 출신으로 위 관(尉官) 시절에는 사쓰마 출신의 가와카미 소로쿠(川上操六, 1848~ 1899)[1] 계로 지위를 높이고, 가와카미 사후에는 조슈 출신인 다나카 기이치의 후원으로 승진했다.

우가키는 기요우라 게이고 내각에서 제20대 육군대신으로 재임 하면서 이른바 '우가키 군축(宇垣軍縮)'을 단행하여 일본 육군 발전에 크게 이바지했다. 그는 기요우라 내각 6개월에 이어 가토 다카아키 내각(加藤高明, 1924. 6.~1926. 1.) 1년 6개월, 제1차 와카쓰키 레이지 로 내각(1926. 1.~1927. 4.) 1년 3개월간, 총 3년 3개월 재임했다. 2년 3개월 뒤 하마구치 오사치 내각(濱口雄幸, 1929. 7.~1931. 4.)에서 다 시 제22대 육군대신으로 부임하여 2년가량 더 재임했다.

1925년 가토 내각 때, 군사 예산의 비중이 높은 데 대해 군축을 요구하는 여론이 높았다. 우가키는 이에 부응하여 21개 사단 중에 4 개 사단 약 9만 명의 병력을 축소하고, 그에 따른 예산 일부로 항공 기, 전차부대를 신설하고, 보병 부대에 경기관총, 중기관총, 곡사포 등을 배포, 장비하는 등 육군의 현대화를 추진했다. 우가키는 이 개 혁에서 나가타 데쓰잔(永田鉄山, 1884~1935, 나가노현長野縣 출신)을 중용했다. 나가타는 제1차 세계대전의 관전(觀戰) 무관으로서 유럽 제국의 군사력 현황과 물자의 생산, 자원 등을 조직적으로 전쟁에 집 중하는 총력전 체제를 직접 보고, 일본이 군비뿐 아니라 정치·경제 체제에서 뒤처져 있음을 통감했다. 우가키는 나가타를 군축정책 실무의 중심으로 삼았다.

1927년 다나카 기이치 내각(1927. 4.~1929. 7.)이 들어섰을 때, 정작 우가키는 육군대신을 사퇴하고 조선총독(임시서리)에 취임했다. 대외적으로 다나카와 밀착관계로 보이는 것을 우려해서인지, 혹은 '군축' 때 다나카의 입헌정우회가 아니라 헌정회(憲政會)[2]에 접근한 탓인지 스스로 사임했다. 1929년 다나카 내각을 이어 하마구치 내각이 구성되었을 때, 우가키는 다시 육군대신으로 취임하여 재군축을 검토했다. 그러나 자신의 건강 악화와, 하마구치 총리대신이 도쿄역에서 피격당하는 사건(1930. 11.)[3] 등으로 적극적으로 추진할 수 없어 실현하지 못했다.

하마구치 내각을 대신한 제2차 와카쓰키 내각(1931. 4.~1931. 12.)에서 우가키는 자신의 직계에 해당하는 미나미 지로(南次郎, 1874~1955, 규슈 오이타현大分縣 출신)를 육군대신에 앉히고 물러났다. 우가키는 육군의 거물로 군부 파시즘의 흐름에 대해 비판적이었고, 또 중국이나 영국, 미국 등의 외국에 대해서도 온건한 입장을 취했기 때문에 총리대신 후보로 세평이 높았다. 육군 일각의 파시즘 성향을 억제할 수 있는 유일한 인물로 간주하여 천황에게 그에게 조각 명령을 내리도록 운동하는 움직임도 있었다. 그러나 그의 육군 장악에 대한 반발 세력도 만만치 않았다. 이누카이 쓰요시(犬養毅) 내각(1931. 12.~1932. 5.) 때 아라키 사다오(荒木貞夫, 1877~1966, 시나가와현新奈川縣 출신)가 육군대신으로 입각하면서 이 세력은 황도파(皇道派)를 자처하면서 부상했다.

황도파는 황도 사상 실천 의지에서 유래한 명칭으로, 그들은 일본군을 '황군(皇軍)'이라고 불렀다. 그 무렵에 도쿠토미 소호의 황도

사상을 내건 서적이 잇따라 출간되었다. 우가키를 중심으로 한 세력의 이른바 '우가키벌(宇垣閥)'이 다나카 기이치를 연원으로 과거 육군의 주류인 조슈계를 잇는다면, 이에 반발한 황도파는 우에하라 유사쿠(上原勇作, 1856~1933)의 지원으로 성장하여 구 사쓰마벌 계열이 많았다. 우에하라는 휴가국(日向國, 지금의 규슈 미야자키현宮崎縣) 출신으로 1920년대 초 야마가타 아리토모 사망 전후로 조슈벌이 약화될 때 육군에 군림하여 '우에하라벌(上原閥)'을 형성했다. 아라키 사다오를 비롯해 마사키 진자부로(眞崎甚三郎, 1876~1956, 사가현 출신), 야나가와 헤이스케(柳川平助, 1879~1945, 나가사키 출신), 오바타 도시로(小畑敏四郎, 1885~1947, 고치현高知縣 출신) 등이 그룹을 형성하여 다나카 기이치 벌에 맞섰다. 아라키 사다오가 나서 황도파를 자칭하면서 우가키벌과 맞선 것은 천황에 대한 일종의 충성 경쟁으로서 우가키벌이 충절이 못하다는 의미는 결코 아니다. 1940년대 초 쇼와천황의 '대동아전쟁'을 총지휘한 사람은 우가키계에 속하는 도조 히데키(東條英機, 1884~1948, 도쿄부 출신)였다.

1929년 이후 미국발 세계공황으로 일본 경제도 큰 타격을 입었다. 어려운 경제로 빈한한 계층의 사회적 불만이 높아지는 가운데 황도파 결집이 가속화되었다. 농촌의 지도층(지주, 교사, 신사의 사가社家·사찰 소속 사족寺族, 상인가 등) 집안 출신의 청년 장교들은 부하 병사의 집이 영락하여 자매가 몸을 팔게 되는 등 농촌의 비참한 실태를 주위로부터 많이 들었다. '우가키 군축'으로 장교들의 승진이 늦어지고 대우도 더 나빠진 것에 대한 불평, 불만이 많았다. 농촌 경제의 악화로 농촌 출신 병사 중에 공산주의에 공명하는 자가 증가하여, 군의 규율이 동요하지 않을지 위기감을 주었다. 청년 장교들은 '우가키 군벌'을 비롯해 재벌, 중신(重臣), 관료벌이 이런 상황을 만들어내고 있다고 생각했다. 청년 장교들은 이들을 '군측(君側)의 간신' 곧 천황의 성총을 흐리게 하는 간신들로 지칭하면서 정·재계를 배제한 천황 친정에 의한 국가 개조를 주장했다. 아라키 사다오, 마사키 진자부로 등은 러일전쟁 시기를 이상화하여, 일본을 그 상태로 복귀시키는 것이 군의 임무라고 생각했다. 점차 이들은 '군측의 간신'을 토벌하고, '국체(國体)를 명징(明徵)'[4] 하여 천황 친정을 실현해야 한다는 생각을 굳혀갔다. 1930년대에 들어와 청년 장교들은 이를 실현하는 '유신 (維新)'을 기도하여 여러 형태의 테러 사건이 자주 발생했다. 1931년 10월사건, 1932년 5·15사건, 1936년 2·26사건 등이 잇따랐다.

황도파는 아라키 사다오가 육군대신에 취임한 이후 육군 내의 주도권을 장악하고 '우가키벌' 장교들을 배제하는 노골적인 파벌 인사를 단행했다. 이런 가운데 반(反)황도파로서 '통제파(統制派)'가 형성되었다. 황도파가 폭력적, 혁명적 수단에 의한 국가혁신을 기도한 것과 달리, 통제파로 불린 부류는 어디까지나 기존의 국가조직을 존중하여 육군대신을 통하여 정치적인 요망을 실현한다는 '합법적 인식'을 견지하면서 '고도의 국방 국가' 건설을 목표로 했다. 황도파는 본래 군부 내의 소외 부류로, 참모장교 양성기관인 육군대학교[5] 출신자가 거의 없다시피 하여 과격한 행동을 자주 자행했다. 통제파는 육군대학교 출신자가 주체로서, 군 내의 규율 통제를 존중하여 통제파란 이름이 생겼다.

황도파의 수령 아라키 사다오는 1936년 2·26사건 때, 청년 장교들을 배후에서 지원한 의혹을 산 가운데 일단 반란 장교들의 원대복귀를 명령했다. 하지만 그는 이 사건 후 숙군(肅軍) 조치가 취해질 때

예비역으로 퇴역하여 군인으로서 역할은 소멸했다. 그의 퇴역은 황도파 몰락의 신호였다. 아라키 사다오는 1938년 5월 제1차 고노에 내각(1937. 6.~1939. 1.)에 문부대신으로 입각하여 '황도교육(皇道教育)' 실행의 전면에 나섰다. 후술하듯이 총리대신 고노에 후미마로는 출신이 황도 지향성이 강한 인물이었다.[6] 아라키 문부대신은 국민정신 총동원위원회를 결성하여 위원장으로서 각 대학에 군사교육을 시행하게 했다. 군부가 아니라 교육부문에서 황도 사상 국민교육 실행의 주체가 되었다.

## 2) 도쿠토미 소호의 『고쿠민신문』 퇴사와 보국 언론활동

도쿠토미 소호는 언론인이다. 정치에 관계하고 있을 때도 언론계를 완전히 떠난 것은 아니었다. 그런데 1890년 이래 그가 언론인으로서 활동하는 데 홈그라운드 구실을 해온 『고쿠민신문』을 잃게 되었다. 『고쿠민신문』은 큰 사건이 일어날 때마다 자주 어용신문으로 규탄받았다. 1905년 러일전쟁을 마무리하는 포츠머스강화조약에서 일본 정부가 러시아로부터 배상금을 한 푼도 못 받게 되자, 이에 대한 항의로 '히비야(日比谷) 소타(燒打, 방화) 사건'이 일어났다. 이때 성난 군중이 고쿠민신문사를 습격했다. 『고쿠민신문』은 이 전쟁을 성전(聖戰)으로 홍보하면서 독전(督戰)에 앞장섰기 때문이었다. 1913년 제1차 호헌운동 때도 같은 수난을 당했다. 『고쿠민신문』은 이런 위기를 겪으면서도 대중화에 성공하여 도쿄 5대 신문의 반열에 들었다.[7] 그러나 고쿠민신문사는 1923년 간토 대지진재 때 지대한 피해로 경영에 어려움을 겪기 시작했다.

도쿠토미 소호는 1926년 5월, 고슈(甲州) 재벌 도부철도(東武鐵道) 소유자인 네즈 가이치로(根津嘉一郎, 1860~1940)에게 출자를 요청했다. 그의 수락으로 고쿠민신문사는 주식회사로 바뀌어 공동경영체제에 들어갔다. 그러나 네즈 가이치로가 추천한 부사장 가사이 도요타로(河西豊太郎, 1874~1959)와 잦은 불화 끝에 도쿠토미 소호는 1929년 1월에 퇴사했다. 40년간의 소유자 지위를 상실했다. 1929년에 불어닥친 세계공황의 거센 바람이 더 버틸 힘을 앗아갔다. 그런데 같은 해 3월에 구원의 손길이 찾아왔다. 오사카마이니치신문사(大阪每日新聞社) 사장 모토야마 히코이치(本山彦一, 1853~1932)가 그를 오사카마이니치신문사의 사빈(社賓)으로 초청했다.

모토야마 사장은 도쿠토미와 같은 구마모토 출신으로, 그보다 10년 연상의 선배였다. 그는 구마모토 번교(藩校, 시습관時習館)를 나와 상경하여 후쿠자와 유키치가 설립한 게이오의숙을 다니고, 1883년에 『지지신보(時事新報)』에 입사하여 회계국장이 되었다. 1886년 후지타구미(藤田組, 금속 정련회사)로 이직했으며, 이후 여러 회사의 지배인을 거쳐 1889년에 『오사카마이니치신문』의 상담역이 되었다. 1903년에 사장으로 취임하여 경영 확대에 노력하여 간사이(關西) 신문계, 이어서 간토(關東) 신문계로 진출하여 『아사히신문(朝日新聞)』, 『마이니치신문(每日新聞)』 독점체제를 구축했다. 두 신문은 각각 도쿄, 오사카의 지역명을 붙인 신문사를 운영했다. 그는 1930년에 신문업계의 성공을 배경으로 귀족원 의원이 되었다. 이즈음에 그는 고향 후배이자 귀족원 의원인 도쿠토미 소호가 『고쿠민신문』에서 물러나는 것을 보고 자신의 『오사카마이니치신문』으로 초빙하여 그의 필력을 계속 발휘할 수 있게 했다.

도쿠토미는 후술할 1939년 간행의『쇼와국민독본』의「본서(本書) 간행(刊行)의 유래」에서 고향 선배 모토야마 사장을 직접 소개했다. 10년 위의 동향 선배인 그가 자신을『오사카마이니치신문』과『도쿄 니치니치신문(東京日日新聞)』으로 불러들인 장본인이라고 하면서 "나 와 옹(翁)은 황실 중심주의자로서 뜻을 같이한다"라고 밝혔다. 모토 야마는 도쿠토미의 영향 탓인지 요시다 쇼인을 존경하여 스스로 자 신의 이름 앞에 요시다 쇼인의 이름자 '쇼인(松陰)'을 붙여 "쇼인 모 토야마 히코이치(松陰本山彦一)"라고 칭했다. 두 신문을 통한 도쿠토 미의 황도주의 필력은 만주사변 이후 일본의 대륙 진출을 부추기는 데 크게 이바지했다. 이런 활동 끝에 도쿠토미는 1942년 5월 태평양 전쟁의 불길이 치솟는 와중에 일본문학보국회(日本文學報國會), 같은 해 12월에 대일본언론보국회(大日本言論報國會)를 설립하여 회장에 취임했다.

## 3) 황도주의 '일본학' 제창(I):『쇼와국민독본』(1939) 출판 경위

도쿠토미 소호는 모토야마 히코이치의 도움으로『오사카마이니 치신문』과『도쿄니치니치신문』의 사빈이 된 후, 두 신문의 지면을 자유롭게 활용하면서 황도주의를 줄기차게 홍보했다. 1918년에 시 작한『근세일본국민사』집필도 물론 이어나갔다. 이 대저작의 집필 은 다양한 집필 소재의 샘 역할을 했다. 1925년의『국민소훈』, 1927 년의『쇼와일신론』은 이전과 달리 국민독본 형식이었다. 이런 변화 는『근세일본국민사』같은 대저술을 진행하면서 황도주의에 대한 확신을 굳힌 데 따른 것으로 보인다. 그는 저술 초반에 오다 노부나가, 도요토미 히데요시의 황실 존중과 도쿠가와 이에야스의 막부체제 양자의 대차(對蹉)관계를 읽으면서 전자의 황실 중심주의를 일본 역사의 본류로 확신하고, 그것을 이후 저술의 기본 프레임으로 삼았다.

1929년에 출간한 『일본제국의 일전기(日本帝國の一轉機)』에서는 다나카 내각의 산둥 출병 결단을 곧 제국이 비약하는 큰 '전기'로 칭찬했다. 이후 6년 만인 1935년 72세에 쓴 자서전 『소호자전(蘇峰自傳)』(주오코론샤中央公論社)을 출간했다. 1929년에 본의 아니게 고쿠민신문사를 퇴사하게 되면서 그때까지의 삶을 정리한 것으로 보인다. 이로부터 4년여 뒤인 1939년 2월에 『쇼와국민독본』을 출간했다. 이 책은 이전에 전혀 언급한 적이 없는 일본학(日本學)을 제창한 저술로 주목된다. 책의 속표지에 저술 취지로 다음과 같은 문구를 넣었다. 첫째, 황실 중심주의와 흥아대경륜(興亞大經綸)의 지취(志趣)를 부여한다. 둘째 쇼인 모토야마 히코이치옹을 기념하는 책이라고 적고, 쇼와 무인(戊寅) 곧 1938년 12월[獵尾] 동향의 우인(友人) 소호(蘇峰) 야사(野史)가 바친다고 했다.

첫 번째 문구는 이 책에 '흥아를 위한 대경륜'의 뜻을 담았다는 말이다. '흥아'는 곧 아시아를 일으킨다는 뜻으로, 그가 1910년대 후반에 거론한 '동양 먼로주의'와 관련된 용어이다. 그가 말하는 아시아의 흥기는 아시아에서 유일한 신문명국인 일본제국의 지도로 가능하다고 했다. 그리고 그것은 서양 열강의 제국주의 침략으로부터 아시아를 지키는 '고귀한' 뜻을 담은 것이라고 역설하였다.

'흥아'라는 용어는 만주국 성립 이후 일본제국의 '동양' 건설의 전망이 보이던 시점에 등장한 것으로,[8] 도쿠토미가 1938년 12월에 이 책의 서두에 저술 취지로 이 용어를 쓴 것은 특별하다. 이 글을 쓴 바로 그 시점, 1938년 12월 16일에 내각에 흥아원(興亞院)이 개설되었다. 제1차 고노에 후미마로(近衛文麿) 내각(1937. 6.~1939. 1.)은 중일전쟁으로 중국에서 전선이 확대되어 점령지에 대한 제반 업무가 늘어나자 이를 통일적으로 지휘하기 위해 흥아원을 신설했다. 내각총리대신이 원장을 겸임하고, 총재 아래에 부총재 4명과 총무부장, 정무부(政務部)·경제부·문화부의 각 부장을 두었다. 부총재는 내각의 육군대신, 해군대신, 외무대신, 대장(大藏)대신 등이 겸하고, 현지 연락기관으로 화북(華北), 몽강(蒙疆), 화중(華中), 샤먼(廈門) 등지에 연락부를 두었다.

도쿠토미 소호가 새 책의 서두에 "흥아대경륜"의 뜻을 표한 것은 곧 지론인 동양 먼로주의, 아세아 먼로주의가 눈앞에 현실로 전개되고 있는 것에 보내는 찬사였다. 제1차 고노에 내각은 바로 앞서 11월 3일에 「동아(東亞) 신질서 성명」을 발표하여 군사 외교적 효과를 기하려 했다. 즉, 일본, 만주, 중화 3국의 연대를 부르짖는 성명이었다. '중화'는 난징의 왕징웨이(汪精衛) 괴뢰정권을 가리키는 것으로 중국 전체의 대표성을 가지는 것은 아니었다.

둘째의 모토야마 히코이치에 대한 경의 표시도 특별한 의도가 읽힌다. 모토야마는 1929년 3월에 도쿠토미를 자신이 경영하는 신문사에 '사빈'으로 초청한 후, 1932년 12월 30일에 사망했다. 1935년의 『소호자전』이 출간되었지만, 동향 선배의 죽음에 조의를 표할 출판물은 아니었다. 그래서 사망 후 6여 년이 지나 출간한 『쇼와국민독본』을 그 기회로 삼았던 것으로 보인다. 모토야마는 단순한 동향 선배가 아니라 요시다 쇼인을 특별히 숭배한 황실 중심주의 동지라고 했다. 1938년 말 일본 정부의 흥아원 설립은 쇼인의 주변국 선점론 실천의 거보(巨步)였다. 도쿠토미로서는 먼저 세상을 떠난 선배 동지에게 이를 알리고 싶은 심정이었을 것이다. 그는 이 책 끝에 붙인 「본서 간행의 유래」(1938년 12월 씀)에서 양자의 관계를 다음과 같이 직접 밝혔다.

> 나와 쇼인 모토야마 히코이치옹은 황실 중심주의자로서 뜻을 같이했다. 옹은 나의 『국민소훈』을 사서 한번 읽을 만한 책이라는 서간을 첨부하여 사원들에게 내릴[頒與] 정도였다. 만주사변이 일어난 것을 보면서 나와 옹은 서로 용약(勇躍)하여 춤을 추었다. 황국의 대륙 진출, 흥아경륜(興亞經綸)의 실행 모두 나와 옹이 본래 바라던[本望] 것이었는데, 나는 옹이 오늘의 이 성사(盛事)를 볼 수 없게 된 것을 슬퍼하면서 이 책을 헌정한다.[9]

### 4) 황도주의 '일본학' 제창(Ⅱ): 『쇼와국민독본』의 요지

『쇼와국민독본』 끝에 실린 「본서 간행의 유래」는 이 책을 쓰게 된 유래에 대해 다음과 같이 밝혔다. "그 요지는 1938년 7월, 어떤 고귀한 분에게 5회 진강(進講)한 것을, 다시 연역, 첨삭한 것"이라고 했다. 도쿠토미 소호는 이어서 저작의 계통은 1913년의 『시무일가언』, 1916년의 『다이쇼의 청년과 제국의 전도』, 1925년의 『국민소훈』, 1927년의 『쇼와일신론』, 1929년의 『일본제국의 일전기(一轉機)』, 1933년의 『증보 국민소훈』 등과 긴밀한 연락을 가지는 것이라고 밝혔다.

또 1929년 1월 『고쿠민신문』을 떠나 강호의 한인(閑人)이 되었는데, 노우(老友, 모토야마 히코이치)의 간청에 응하여 그해 4월부터 사빈으로 『오사카마이니치신문』, 『도쿄니치니치신문』에 "동일 기간에 동일 분량의 지면을 채운 사람은 아마 달리 없을 것이라"고 밝히면서 이렇게 많은 지면을 할애받은 것을 감사하면서 이 책을 10년 재사(在社) 기념으로 삼고 싶다는 말도 붙였다. 『근세일본국민사』의 출판원(出版元)인 메이지쇼인(明治書院)[10]에 양해를 구한 다음, 오사카마이니치신문사, 도쿄니치니치신문사 명의로 간행을 하게 된 점도 밝혔다. 당시 5대 신문사 반열에 들어 있던 두 신문사를 간행처로 했다는 것은 저자의 사회적 명성과 함께 저서의 비중을 높이는 결과가 되었다.

『쇼와국민독본』은 50개 장으로 구성되었다. 앞에서 언급했듯이 '일본학' 제창에 역점을 둔 것이 특징이다. 첫째, 둘째 장에서 '메이지 시대', '다이쇼 · 쇼와 시대'를 앞세우고, 제3장에서 '정신적 무장'을 다룬 다음 제4장에서 '일본학'을 논하는 순서를 밟았다. 일본학은 넓게 말하면, 일본 국민이 수득(修得)해야 하는 일본에 관한 일체의 학문이며, 좁게 말하면 일본 국민이 가져야 하는 지식과 교양과 수련을 제공하는 학문, 곧 충량한 일본 국민이 될 자격을 양성하는 학문이라고 했다. 지금까지 간과한 이 분야를 자신이 처음 정리한다고 취지를 밝혔다.

먼저 무로마치(室町) 시대의 교훈서 『간케이카이(菅家遺誡)』[11]를 거론하며, 이 책 1권 끝에 나오는 다음 구절을 주목했다.

무릇 국학(國學)이 필요한 것은 고금을 논섭(論涉)하고자 하더라도,

스스로 화혼(和魂) · 한재(漢才)가 아니면 깊숙한 뜻[闎奧]을 기대할
수 없다.

도쿠토미 소호는 이 구절에서 언급된 화혼 · 한재를 중국 한학(漢
學)의 영향이 심각한 현상을 극복하기 위한 것으로 보았다. 즉, 이 책
의 저자는 당시 한학 우대 혹은 만능 풍조 속에 일본정신이 박약한
상황을 극복하는 길로 화혼 · 한재를 처음 거론한 것으로 파악했다.
그러면서 도쿠토미는 이렇게 '일본학'에 대한 의식이 없으면서도 일
본 본래의 면목을 유지해온 까닭을 질문했다. 그것은 일본 민족이 선
천적으로 황실 봉사자이자 충군애국자였기 때문이라고 했다. 그 선
천적 본질을 한학의 영향 같은 후천적 학문이 없앨 수는 없었다는 것
이다. 그는 선천적 '일본학의 실물교육'으로 '분에이의 에키(文永の
役)'와 '고안의 에키(弘安の役)'를 들었다. 즉, 1274년, 1281년의 몽골
습래(襲來) 때 일본이 이를 격퇴한 역사적 사실을 일본학 곧 일본정
신의 면면한 실례로 들었다. 오랫동안 일본 민족의 심저(心底)에 잠
재한 충군애국의 정신이 몽골 습래에 자극을 받아 일대 초약적(超躍
的) 반응을 일으켰다고 했다. 그 증좌로 「동암화상몽고퇴치원문(東巖
和尙蒙古退治願文)」(1270~1271)[12]을 들었다. 그리고 이 원문(願文)은
금일의 '지나사변(支那事變)'에 그대로 채용해도 조금도 고치고 더할
필요를 느끼지 않을 정도라고 평을 붙였다.
　도쿠토미는 이런 고찰에 더하여 다음과 같이 매우 저널리즘적 언
사를 붙였다. 즉, 일본학은 학문으로 존재하지 않았지만, 역사로서
존재했다. 당시의 일본국은 일본 학교였다. 당시의 사건은 일본 학교
의 교과서였다. 그리고 당시의 일본 국민은 일본 학교의 생도였다.

이와 같은 정신의 일본은 큰 기회마다 장육(長養)·훈육(訓育)·도야(陶冶)되었다고 하면서 "황실 중심주의는 일본학의 기조이다"라고 단언했다.

제5장 '일본학의 원류'에서는 일본정신의 원류를 더 소급하여 고찰했다. 스이코(推古) 천황(554~628) 때 수(隋)나라와 교통하여 처음으로 국서를 교환할 때 서로 대등한 지위를 보였던 것을 주목했다. 즉, "일출처(日出處)의 천황이 일몰처(日沒處)의 천자에게 글을 올리면서", "안녕하십니까(無恙乎)"라고 인사했다는 기록을 들고, 고대 일본의 천황이 중국의 천자와 대등한 의식을 가진 것을 일본정신의 첫 역사로 짚었다. 이 국체 관념, 국체 옹호의 정신이 그 후 충만해져[磅礴] '분에이의 에키'와 '고안의 에키'에서 국민정신의 일대 약동(躍動)으로 나타났다고 해석했다.

다음으로 1333년 가마쿠라막부가 망한 뒤, 고다이고(後醍醐) 천황을 받들던 '겐무의 신정(建武の新政, 1336~1335)'을 높이 평가했다. 이와 관련하여 기타바다케 지카후사(北畠親房)가 지은 『신황정통기(神皇正統記)』[13]를 거론했다. 즉, 기타바다케는 존황(尊皇)의 대의를 명쾌하게 밝히고자 이를 저술하여 관계 인물의 근황(勤皇) 충전(忠戰)을 구체적으로 적어 후세에 전한 것이라고 평했다. 도쿠토미는 이 근황운동을 메이지 유신의 존황운동의 연원으로 삼을 수 있다고 했다.[14] 『신황정통기』는 일본학의 첫 교과서요, 우리 황국의 국체 모습도 이 책에서 극명하게 윤곽을 드러냈다고 하면서 이 책은 일본정신의 결정이라고까지 치켜세웠다.[15]

무로마치(室町) 시대는 대의명분이 가장 문란한 시대로 비판했다. 도쿠토미는 일본 남아의 담용(膽勇)은 지나(중국), 조선의 연안을 침략한 이른바 해적대장군(海賊大將軍) 즉 왜구 무리에서나 찾을 수 있는 시대라고 혹평했다. 명(明)나라 조정에 대해서 신(臣)을 칭하고, 명나라 군주로부터 일본국왕의 칭호를 부여받는, 일본정신 상실의 시대라고 평하였다.

이어서 도쿠토미는 일본정신의 진작을 위해 일본은 정세에 대응하여 황실을 중심으로 하나의 탄환[一丸]이 되어야 한다고 역설했다. 이 진리는 진무(神武) 기원(紀元)부터 약속된 철칙이라고 했다. 또한 이 철칙을 거의 잊어버리고 돌아본 사람이 없었는데, 오직 오다 노부나가(織田信長)를 거쳐서 비로소 이 철칙을 파악했다고 했다. 노부나가에게는 백 가지 단점, 천 가지 결점이 있을 수 있지만, 일본 남아로서 오래 국사상에 빛남은 그가 대의명분에 통했기 때문이라고 평했다. 노부나가는 위의 한 사람 임금[一君]을 받들지 않고서는 일본 통일은 불가능하다는 입국의 근본의(根本義)를 깨달았을 뿐만 아니라 실행했고, 실행했을 뿐만 아니라 성취했다는 찬사를 아끼지 않았다. 도쿠토미는 노부나가가 쇼군을 폐하고 스스로 조신(朝臣)의 일원이 되어 천황의 대정(大政)에 참여했다고 평가했다.[16]

제6장 '일본학과 도쿠가와 시대'에서는 오다 노부나가의 뒤를 이은 도요토미 히데요시부터 다루었다. 도요토미는 노부나가의 후계자일뿐 아니라, 노부나가가 하고자 한 것을 성취했다. 국체를 자각한 점이 아시카가 요시미쓰(足利義滿)와 대차적(對蹠的)이며, 그는 실로 팽창 일본의 선구자라고 했다. 도쿠가와 이에야스는 노부나가와 도요토미의 사업을 상속한 위치이지만, 일본의 정치를 가마쿠라 시대의 이원적인 것으로 되돌렸다고 지적했다. 도쿠토미는 여기서 막부체제는 일본정신에서 어긋난 것이란 관점을 분명히 했다. 도쿠가와

시대는 문교의 흥륭(興隆)이 있었지만, 지나(중국)를 숭배하는 모화 사상이 만연한 시대로 보았다.

도쿠가와 시대에는 한학(漢學)이 유행하여 중국을 거의 맹신하는 풍조가 강했는데, 미토(水戶)의 제2대 번주 도쿠가와 미쓰쿠니(德川光圀)가 미토학(水戶學)을 열어 일본정신의 부흥에 이바지하고 국체 관념의 각성(覺醒)을 중요시했다. 개별적으로 야마가 소코(山鹿素行), 야마자키 안사이(山崎闇齋), 가다노 아즈마로(荷田東麿), 가모노 마부치(賀茂眞淵), 모토오리 노리나가(本居宣長), 히라타 아쓰타네(平田篤胤) 등을 주목했다.

야마자키 안사이가 한학에 대한 태도로 "예의 덕화(德化)를 따르더라도 신하가 되지 않는 것이 바로 춘추의 도이다"라고 한 것을 높이 평가했다. 하지만 그들 가운데 외국에 대하여 황국(皇國)의 존엄을 말하기는 주저하지 않으면서도 정작 도쿠가와막부에 대해서는 황실의 존엄을 말하기를 주저하고, 막부의 평화 옹호, 질서 유지 공덕을 칭송하는 글을 올리기까지 한 것은 자못 불만스럽다고 했다. 특히, 아라이 하쿠세키(新井白石)가 조선과의 왕복 문서에서 도쿠가와 장군의 칭호인 대군(大君)을 폐하고 일본국왕(日本國王)으로 칭하게 한 것은 참망(僭妄)의 극치라고 비난했다. 이런 추세에서도 '참 일본학'은 죽지 않고, 계축(1853)·갑인(1854) 구미 열강의 도래를 만나 존황양이(尊皇攘夷)가 내세워져 세상을 비추는 서광이 되는 것으로 그 사조의 역사적 의의를 부여했다.

이상, 도쿠토미 소호의 '일본학'은 곧 일본정신을 찾는 것으로, 구체적으로 고대 이래 황실을 받드는 정신적·정치적 흐름이다. 대내외적으로 이와 대립하는 모든 관계와 입장은 비일본, 반일본적인 것으로 비판했다. 대내적으로 가마쿠라, 도쿠가와 막부체제는 일본정신으로부터의 이탈에 해당하며, 대외적으로는 주변국과의 관계에서 공존을 지향하여 표출된 모든 예양(禮讓)은 일본정신이 아니며, 반성해야 할 '일본학'이다. 팽창 일본의 잣대 하나로 역사가 논단되어 일본 민족이 만들어온 역사의 반을 매장하는 결과를 낳았다. 이 논리는 메이지 시대, 다이쇼 시대, 쇼와 시대에 그대로 이어져 황실 중심주의 외의 모든 사조를 배척하는 무기로 작동했다. 메이지 시대 이후는 1939년 저술 당시 시점의 시국론에 가까운 논설이 태반이다. 앞의 다른 논설의 내용과 겹치는 부분도 많으므로 특별한 대목 몇 가지를 소개하는 것으로 그친다.

먼저, 제7, 제8의 일본학과 메이지 시대(1), (2)의 논설을 소개하면 다음과 같다. 왕정복고 이후 메이지 시대에도 외국 문물 숭배 사조로 난학(蘭學)의 화란벽(和蘭癖), 한학자의 지나벽(支那癖)이 있었음을 거론하고 존황양이의 대폭풍이 이를 날려버렸다고 했다. 황정유신(皇政維新)은 일본 자신이 그 본연의 모습을 찾고, 일본학의 전모가 구체화되는 성과를 거두었다고 했다. 이와 더불어 황정유신에서 실제로 진행된 서구 문물 배우기에 대한 변론이 막중하게 다루어졌다. 즉, 그것은 일본만의 문명 발전을 위한 것이 아니라, 세계에 황도(皇道)를 선양하려는 목적 달성을 위한 것으로 설명되었다.

일본이 스스로 취한 태서(泰西, 서양) 문화 섭취는 어디까지나 구미 제국에 대항하고 구미 제국을 능가하기 위한 것이라고 했다. 그 과정으로서 구화주의 풍조에 대해, "메이지 초·중기 이른바 번역 시대"에 태서에 심취하여 일본인이 일본인인 것을, 일본국이 일본국인 것을 부끄러워하고, 일본인과 일본국을 잊어버린 시대가 있었다고 지적했다. 또, 유신 전에는 금수와 동일시한 서양인이 유신 후에는 거의 천사와 동일시되고, 박래품(舶來品)이 곧 우수상품의 대명사로 인식되고, 국민교육의 독본이란 것은 일체 외국 독본의 번역이었다고 했다. 심지어 1890년에 반포된 「교육칙어」가 표명한 국민교육의 큰 원칙은 소학교 교육에는 관철되어도 중등교육, 전문교육, 대학교육에서는 일본학이 아닌 구미 학설이 강당에 선포되어, 최고 학부는 곧 비일본인, 비일본 국민의 소굴이 될 우려가 없지 않다고 하였다. 1886년 학제 반포 이래 약 70년, 문교의 당국자는 이 여독(餘毒)을 경시하고 있다고 지적한다. 이 논리는 그사이 일본 지식계에 강력하게 등장한 자유주의 민권운동, 사회주의 및 공산주의운동, 심지어 '천황기관설', '의회중심설' 등을 비판하는 잣대로 활용되었다.

도쿠토미의 황실 중심주의는 이제 팽창 일본을 위한 것만이 아니라 세계 지식 사상 사조로부터 일본을 보호, 격리하는 수단으로 기능하고 있었다. 일본의 황도주의 교육은 세계시민 제조를 위함이 아니라 일본 국민 도야를 위한 것이며, 보편적인 인류 교육이 아니라 격별격단(格別格段)한 일본인 교육을 위한 것이어야 하며, "선(善)한 세계시민은 반드시 선한 일본인이 아니며, 선한 일본 국민은 반드시 선한 세계시민이다"라고 확언한다.

第39장 '국제연맹의 운명'에서 도쿠토미는 국제연맹을 "무위, 무능, 무책, 무력의 하나의 큰 부대"라고 비웃고, 일본·독일·이탈리아 3국이 "국제연맹으로부터 구두[靴]의 먼지[塵]를 털고 활보해버려" "불쌍하게도 국제연맹은 이제 반사반생(半死半生)의 몸으로 하늘로부터 종언(終焉)의 명을 기다리고 있다"라고 조롱하였다. 그는 第45장 '아세아인의 아세아'에서 우리 일본인은 구주인이 아세아를 침식하여 집주인인 아세아인을 처마 아래에 세워두고, 풍상에 떨게 하는 것과 같은 불합리를 용서할 수 없다고 말할 뿐이며, 일본은 아세아의 경륜을 아세아인과 함께 정하려고 하는 것이라고 했다. 황도를 앞세울 뿐, 국제 정의나 피침 국민의 비참한 희생에 대한 일말의 배려는 어디서도 찾아볼 수 없다.

제46장 '일본과 지나'에서 일본의 대륙 진출을 위해 지나와의 협력은 중요한 과제라고 하지만 어디까지나 양해(諒解)를 통한 협력론에 그치고 있다. 일본인이 지나인을 양해하여 지나인이 일본인을 양해하도록 해야 한다는 것은 어느 모로 보나 논리적 타당성을 찾기 어렵다. 도쿠토미는 제49장 '다음에 와야 할 일본 국민'에서 감히 세계의 희망은 일본에 달려 있고, 일본의 희망은 일본의 청년과 처녀에 연계되어 있다고 선언한다. 인류가 서로 잡아먹는 아수라의 거리를 만방협화(萬邦協和), 사해동포(四海同胞)의 황금 세계로 만드는 책임은 오로지 우리 청년과 처녀에게 달려 있다며, 그 청년과 처녀가 그 책임을 이루는 제1보는 오직 우리 황도를 세계에 선양하여 세계가 향하여 가야 할 곳을 알게 하는 데 있다고 했다. 일본제국 및 그 역내(域內)의 청춘 남녀가 전선에 나서게 하는 독전 논변이다.

도쿠토미는 마지막 제50장 '운명의 신과 일본의 전도(前途)에서 "우리는 황도의 세계화가 하늘로부터 일본에 명해진 천직으로 알고 지켜야 할 수칙[心得]으로 삼아, 맹렬하게 그 일에 임하지 않으면 안된다. 이것이 곧 메이지유신 개국 진취의 황모(皇謨)이다. 이것이 곧 진무 천황 조기(肇基)의 팔굉위우(八紘爲宇)의 성유(聖猷)이다"라고 맺었다.

## 2. 1940년대 전시 상황과 도쿠토미의 필승 기원 파시즘 국민독본

### 1) 만주사변에서 대동아전쟁까지

1929년 7월 다나카 기이치 내각이 사퇴하고 입헌민정당의 하마구치 오사치 내각이 출범했다. 하마구치 총리는 다나카 내각에서 밀려났던 시데하라 기주로를 외무대신으로 다시 기용했다. 시데하라의 국제협조 외교가 부활하여 1931년 제2차 와카쓰키 레이지로 내각까지 계속되었다. 그러나 그것이 전부였다. 1929년 미국에서 시작된 대공황은 전 세계 경제를 수렁에 빠뜨렸다. 일본은 경제 대공황을 극복하기 위한 길을 식민지 개척에서 찾았다. 1905년 일본은 포츠머스강화조약을 통해 남만주철도 관리권을 획득했지만 창춘(長春) 이남 남만주철도의 연선(沿線)에 한정된 것이었다. 관동군은 이 제약을 타개하고 만주 전역에 대한 지배권을 확보하고자 했다. 만주는 자원이 풍부한 곳이므로 전면 지배가 이루어질 경우, 일본 경제에 큰 이익을 가져오리라 기대했다. 1931년 9월 18일 밤 10시 30분경 일본의 관동군은 류탸오후(柳條湖) 사건을 일으켜 만주 전역 지배를 향한 군사행동을 감행했다.

관동군은 1932년 2월까지 전쟁을 벌이면서 만주 지역에 만주국(滿洲國)이란 괴뢰국을 세웠다. 3월 1일 만주국 건립을 선언하고 청나라의 마지막 황제였다가 퇴위한 선통제(宣統帝, 푸이溥儀)를 영입하여 '집정(執政)'으로 세우면서 대동왕(大同王, 재위 1932~1933)을 칭하게 했다. 총리대신 이누카이 쓰요시는 관동군이 노리는 만주 전역에 대한 침략에 반대했다. 총리대신은 외무대신을 겸하면서 만주에서 일본군을 철수시키려는 움직임까지 보였다. 1932년 5월 15일 도쿄에서 해군 장교들이 총리대신 공관에 난입하여 총리대신을 살해하는 사건이 발생했다(5·15사건).

1932년 3월 중화민국은 국제연맹에 류탸오후 사건의 진상 조사를 국제연맹에 제소했다. 국제연맹은 이에 대해 일본의 동의를 얻은 다음, 리튼(Lytton) 조사단을 현지에 파견했다. 조사단은 3개월간의 조사를 마치고 9월에 보고서를 제출했다. 국제연맹 총회는 이 보고서에 근거하여 일본군의 불법성을 지적하고 모든 것을 원상으로 돌릴 것을 '권유'했다. 이누카이 총리대신 암살 사건은 이런 상황에서 돌발했고, 관동군은 물러서지 않았다. 이누카이 피살 후 해군 대장 출신의 사이토 마코토(齊藤實) 내각(1932. 5.~1934. 7.)이 '거국일치내각'으로 출범했다. 이후 내각은 정당 기반을 거의 잃다시피 했다. 사이토 내각은 1933년 3월 국제연맹 탈퇴를 선언했다.

일본제국은 1932년 만주국 건립으로 만주 전역에 대한 지배권을 장악했다. 만주는 일본제국의 자원 공급지이자 상품 시장, 군사기지 역할을 하게 되었고, 일본 정부는 만주를 발판으로 적극적으로 중국 본토 대륙을 넘보기 시작했다. 1934년에 만주국의 '대동왕'을 '강덕제(康德帝, 재위 1934~1945)'로 높여 만주국을 황제국으로 만들었다. 1932년 5월에 총리대신 이누카이 피살 사건 이후, 내각은 '거국일치'란 이름으로 구성되거나, 현역 해군 대장, 육군 대장이 총리대신을 지명받아 조각하는 예가 속출했다. 사이토 거국일치내각 후, 해군 대장 출신의 오카다 게이스케(岡田啓介) 내각(1934. 7.~1936. 3.), 히로타 고키(廣田弘毅) 거국일치내각(1936. 2.~1937. 2.), 육군대장 출신 하야시 센주로(林銑十郎) 내각(1937. 2.~6.)으로 이어지면서 내각의 정당 기반은 크게 약화되었다.

1937년 6월에 제1차 고노에 후미마로 거국일치내각이 들어선 지한 달 만인 7월 7일에 베이징 남단 루거우차오(盧溝橋, 노구교)에서 베이징 서쪽 펑타이에 주둔하고 있던 일본군과 중국군 사이에 무력 충돌이 발생했다. 야간전투 훈련 중이던 일본군 1개 중대의 머리 위로 10여 발의 총탄이 날아온 직후, 일본군 사병 한 명이 행방불명되면서 일어난 충돌이었다. 이 사건은 잘 알려져 있듯이 일본군이 조작한 것이었다. 일본군은 만주, 몽골에 이어 중국 중원을 향한 진격을 오랫동안 염원해왔다. 전투는 제한된 국지전이어서 양국 정부는 교섭을 서둘러 7월 11일에 협정을 체결하고 사건을 덮기로 했다. 그러나 일본군은 이를 지키지 않고 전쟁 유발 구실을 찾았다.

고노에 내각은 이전 내각과는 달리 군부의 움직임을 지원하여 본토에서 3개 사단, 만주에서 2개 여단, 조선에서 1개 사단을 각각 화북 지방으로 보냈다. 고노에 총리대신은 사법 관료 출신이지만 황실 중심의 전체주의자로서 군부의 움직임을 적극적으로 지원하여 이후 제2차, 제3차 고노에 내각이 들어섰다.[17] 일본 참모부는 속전속결 전략으로 7월 28일 화북 지방에 대한 전면 침공을 개시했다. 본격적인 대륙 침략전쟁으로 중일전쟁(中日戰爭)이 시작된 것이다.

1937년 7월의 루거우차오 사건을 계기로 시작된 중일전쟁은 화북 지역을 넘어 상하이의 중지(中支) 지역으로 확대되었다. 1938년 11월 3일 제국 정부는 「동아 신질서 성명」을 발표하여 군사·외교적 효과를 기하려 했다. 일본, 만주, 중화 3국의 연대를 부르짖는 성명이었다. 그러나 이때 '중화'는 화북 진입을 쉽게 하려는 술책으로 만들어진 괴뢰정부를 의미하는 것에 불과했다. 1937년 베이핑(北平, 베이징의 이칭)에 근거한 왕커민(王克敏, 1876~1945)의 중화민국 임시정부, 1940년 난징에 근거한 왕징웨이(汪精衛, 1883~1944)의 중화민국 임시정부는 일본군의 공작으로 세워진 괴뢰정부였다. 1939년 1월에 히라누마 기이치로(平沼騏一郎) 내각(1939. 1.~8.)이 출범했다. 히라누마 총리대신도 완고한 국수주의자였다. 사법 관료인 그는 민주주의나 사회주의, 나치즘이나 파시즘, 공산주의 등 외래사상을 늘 위험시했다. 도쿠토미 소호처럼 황실 중심의 황도 사상만이 일본의 발전을 보장하는 안전한 사상으로 굳게 믿었다.[18]

히라누마 내각은 1939년 당시 전선의 확대로 경제가 어려워져 3월과 4월에 임금통제령과 미곡배급통제법을 공포, 시행했다. 5월에 관동군이 몽골 침략을 의도하여 '노몬한 사건'을 일으켰다.[19] 당시 일본제국은 몽골에 대해 중국으로부터의 독립을 미끼로 몽골족 지도자들을 친일분자로 양성하다가 영토 침략의 야욕을 표출하여 강한 저항을 받았다. 7월에는 '국민 징용령'을 공포하여 일반 국민을 군수공장에 동원할 수 있게 했다. 이때, 미국이 '미일통상항해조약' 폐기를 통고했다.

1939년 8월에 육군 대장 출신의 아베 노부유키(阿部信行) 내각(1939. 8.~1940. 1.)이 들어섰다. 그는 바로 2개월 전에 아시아주의자들의 모임인 동아동문회(東亞同文會) 이사장으로 취임할 정도로 천황이 지배하는 새로운 동아시아 세계 건설에 열의를 쏟았다. 취임 후 9월에 독일이 폴란드를 침공하여 제2차 세계대전이 개시되었다. 아베 내각은 10월에 '물가 통제령'을 공포했다. 1940년 1월에 해군 대장 출신의 요나이 미쓰마사(米內光政) 내각이 들어섰지만, 6개월의 단명에 그쳤다. 1939년 1월에 제1차 고노에 내각이 끝난 후, 히라누마 내각, 아베 내각, 요나이 내각 등 3개 내각이 들어섰지만, 평균 6개월로 끝났다. 그만큼 국내외 정세가 불안정하고 긴박했다는 뜻이다.

1940년 6월 요나이 내각 아래서 전 총리대신 고노에 후미마로가 '신체제운동' 추진 결의를 표명하고, 7월에 천황이 고노에를 다시 총리대신에 임명해 조각 명령을 내렸다(제2차 고노에 내각). 총리대신 고노에는 10월에 모든 정당의 해체를 선언하고 '대정익찬회(大政翊贊會)'를 조직하여 총재를 겸했다. 같은 시기에 내무성(內務省)은 정내회(町內會), 부락회(部落會), 인조(隣組) 등의 조직 정비를 부(府)·현(縣)에 통지하여 대정익찬회의 상의하달 말단조직으로 삼았다. 총재는 정부에서 결정한 대소의 조치를 지부장(도·부·현의 지사)에게 전달하고, 지부장은 이를 정내회–인조, 부락회–인조의 조직망을 통해 전달하여 시행하게 했다. 방공 연습, 물자 배급, 공채(公債) 할당, 저축, 출정 병사의 환송회 등이 모두 이 조직망을 통해 이루어지도록 했다. 국가 전체주의가 국민 생활 속에 체제로 자리 잡았다. 제2차 고노에 내각은 그해 9월 23일 북부 프랑스령 인도차이나에 군대를 진주시키고, 27일에 일독이(日獨伊) 삼국동맹을 조인했다. 프랑스를 적국으로 삼아 일본이 그 식민지를 빼앗는 작전을 벌인 것이다.

제2차 고노에 내각은 1941년 4월 13일 독일처럼 소련과 중립조약을 조인했다. 중일전쟁으로 중국에 투입된 병력을 소련과의 전쟁으로 분산되는 것을 예방할 뜻이었다. 일본제국은 이즈음 미국과의 관계를 검토하고 있었다. 요시다 쇼인의 주변국 선점론의 최종 대상은 태평양 건너의 미국과 오스트레일리아였다. 세계 대국 미국과 일전을 벌일 것인지가 중대사였다. 4월 16일 미국과 외교 현안 교섭을 시작했다. 7월 2일 어전회의는 프랑스령 인도차이나를 향한 남방 진출과 소련 공격 준비를 결정했다. 관동군은 4월에 이미 소련과의 전쟁에 대비하는 '특종연습'을 발동했다. 메이지 시대의 어전회의는 모든 준비가 끝난 뒤에 열리는 형식적 절차에 불과했지만, 쇼와 치세에는 달랐다. 오히려 국가의 대외적인 중대사는 천황의 지시를 받는 형식을 취하고 있었다.[20]

그런데 1941년 7월 18일 제2차 고노에 내각이 총사직했다. 외무대신 마쓰오카 요스케(松岡洋右, 1880~1946)를 배제할 목적이었다. 제국헌법에서는 내각총리대신이 각료를 파면할 수 있는 권한이 없었다. 마쓰오카는 외교관 출신으로서 만주철도 총재를 역임한 경력으로 만주국 관계 군(軍)·재(財)·관(官) 세 분야의 5인의 실력자 중 한 사람이었다. 그는 외교 전문가로서 만주사변 후 일본이 국제연맹을 탈퇴할 때 일본 주석(主席) 전권(全權)으로 활약하고, 일독이 삼국동맹, 일소 중립조약 체결 등을 추진하는 직무를 수행했다. 그런데 독일의 소련 침공 후, 정부 각료 대부분은 동남아시아의 프랑스 식민지를 차지하는 '남진론(南進論)'에 기울어 있었는데, 그는 만주 방어를 위해 소련과 대결하는 '북진론'을 주장했다. 제3차 고노에 내각은 마쓰오카를 배제하고 해군 대장 출신으로 퇴역 후 실업계에 관계한 도요다 데이지로(豊田貞次郎, 1885~1961)를 외무대신으로 입각시켰다. 제3차 내각 성립 후 바로 7월 28일에 이른바 '남진정책'에 따라 일본군이 남부 프랑스령 인도차이나로 진주했다. 9월 6일에 열린 어전회의는 10월 상순까지 대미(對美) 교섭이 원만하게 이루어지지 않을 경우, 미국과 개전하는 것으로 결정했다.[21]

제3차 고노에 내각은 출범 3개월 만에 위기를 맞았다. 미국의 프

랭클린 루스벨트(Franklin Roosevelt) 대통령이 일본에 대해 프랑스령 인도차이나에서 군대를 철수할 것, 삼국동맹에서 탈퇴할 것 등을 요구했다. 이에 대해 일본 육군은 강하게 반대했다. 육군대신 도조 히데키가 이를 대변하여 각내(閣內) 불일치 상황에 직면했다. 후계 내각을 놓고 총리대신 고노에나 육군대신 도조 히데키는 다 같이 황족(皇族)내각으로 시국을 수습하는 길을 찾았다. 현역 육군 대장 히가시쿠니노미야 나루히코 왕(東久邇宮稔彦王, 1887~1990)이 후보로 거론되었다. 쇼와 천황은 육군, 해군 간에 불화가 없는 조건으로 이를 승인했다. 그러나 천황의 측근인 기도 고이치(木戸幸一, 1889~1977)가 황족 지도에 의한 정치·군사가 만일 실정(失政)이 될 경우, 국민의 원한이 황족에게 향할 우려를 제기하면서 육군대신 도조 히데키를 후보로 추천했다. 그의 제안은 중신회의(重臣會議)를 거쳐 천황의 조각 명령으로 확정되었다. 강경론을 주장하는 도조야말로 역설적으로 군부를 억제할 수 있을 것이라는 기도 고이치의 견해가 설득력을 얻어 도조 히데키 내각이 출범했다.

제3차 고노에 내각이 도조 히데키의 군부내각으로 바뀌는 과정은 1920년대 후반 이후 황실 중심주의의 경직성을 다면적으로 보여주는 특이한 장면이었다. 황실 주변의 유력 가문인 5대 셋케(攝家) 중 하나의 당주(堂主)이자 고요제이(後陽成) 천황의 후손인 고노에 후미마로가 3차에 걸쳐 내각 수반이 된 것은 그 자체가 황실 중심주의 대세를 보여주기에 충분한 것이었다. 그를 수반으로 하는 내각이 미국과의 교섭을 놓고 국정의 중심 역할에 한계를 드러내자 황실 안의 현역 군인 히가시쿠니노미야 나루히코 왕을 총리대신 후보로 검토하여 임명 직전까지 간 것은 황실 친정의 모습에 다가간 것이나 마찬가지였다. 이는 이전에 보지 못하던 현상으로, 이것이 과연 황실 중심주의 창도 역할을 해온 도쿠토미 소호가 바라던 상황인지 의문이다. 이 특이 상황에서 황실이 입을 위험성 제기로 육군을 대표하는 인물에게 총리대신의 직임이 돌아간 것은 황실 중심주의의 한계이자 모순으로 지적될 만하다.

총리대신 도조 히데키가 육군대신과 내무대신을 겸하는 절대 권력을 차지하여 '도조막부(東條幕府)'란 야유가 나온 상황 또한 아이러니이다. 도조 히데키 총리대신은 쇼와 천황으로부터 '대미 교섭의 계속'을 지시받아 '교섭파'로 불리는 도고 시게노리(東鄕茂德, 1882~1950)를 외무대신으로 기용했다. 천황 측근인 기도 고이치는 대미 교섭이 합의 형식으로 타결될 때에는 대륙에서 일본군을 철병하는 것을 확실히 시행한다는 천황의 의사에 따라[22] 총리대신이 육군대신을 겸할 것을 제안했다. 그러나 이것은 현실적으로 육군의 힘을 도조 총리대신에게 모아주는 결과로 끝났다. 황실 중심주의, 황도 사상이 가져온 일본제국의 국가주의 체제는 이미 천황과 황실이 국정 전반을 통제할 수 있는 영역으로 진입해 있었다.

1941년 12월 1일 어전회의는 미국, 영국과의 개전을 결정하고, 12월 8일 미국과 영국에 대한 선전 조칙을 내렸다. 이에 일본 해군은 12월 8일에 말레이시아반도를 기습 상륙하고(일본 시각, 오전 2시 15분), 1시간여 뒤 미국의 하와이 진주만을 기습 공격했다(일본 시각, 오전 3시 19분).

미국은 일본과의 전쟁을 '태평양전쟁(Pacific War)'이라고 불렀다. 반면에 일본은 미국과의 전쟁에 대해 별도의 명칭을 내지 않고 중일전쟁 곧 '지나사변(支那事變)'을 포함하여 '대동아전쟁(大東亞戰爭)'이라고 불렀다. 대동아는 곧 1890년대에 처음 상정된 대일본제국 천황이 지배하는 새로운 동아시아 세계 곧 '동양'의 더 확장된 표현이었다. 요시다 쇼인이 1854년 제1차 투옥 때 옥중에서 쓴 『유수록』에서 제시한 주변국 선점론에서 마지막 대상으로 지정한 태평양 저편 미국과 오스트레일리아를 차지하기 위해 일본제국 군인들은 사투를 벌였다. 그들은 도쿠토미 소호가 수십 년 동안 뿌린 황도 사상 마취제에 취하여 요시다 쇼인의 충직한 학도가 되어 황국을 위해 목숨을 바치고 있었다.

## 2) "만주국 출현은 세계의 기적": 『만주건국독본』(1940)

도쿠토미 소호는 1939년 2월 『쇼와국민독본』 간행 후, 1년 만인 1940년 2월에 『만주건국독본(滿洲建國讀本)』을 출간했다. 이 책에서는 저자의 이름을 '소호(蘇峰) 도쿠토미 쇼케이(德富正敬)'로 칭했다. 책의 내용이 일본, 만주 두 제국의 황제에게 바치는 글이라는 뜻에서 쇼케이(正敬)란 정중한 필명을 쓴 것으로 보인다.

책의 끝부분에, 발행처 일본전보통신사(日本電報通信社) 사장 미쓰나가 호시로(光永星郎, 1866~1945)가 쓴 「발간의 취지」가 붙어 있다.[23] 이에 따르면, 쇼와 15년(1940) 2월 21일은 황기(皇紀) 2600년의 기원절(紀元節)이자, 맹방 만주제국의 건국 8주년 건국제(建國祭) 날 (3월 1일)로, 이에 맞추어 책을 내서 황기 2600년 축하 제단에 봉고(奉告)하고자 도쿠토미 소호에게 글을 청탁하여 간행이 이루어졌다. 판권에 초판 5만 부 발행이 특별히 표시되어 있다. 정가는 1원(圓) 20전 (錢)이다. 기원절 겸 건국제의 특별한 행사를 위한 저술을 위해 도쿠

토미 소호를 찾았다는 것은 문필가 도쿠토미의 황도주의자로서의
사회적 명성을 입증한다.

책머리에 1935년 4월 9일 쇼와 천황과 만주국 황제가 요요기(代
代木) 연병장에서 마차 위에 나란히 앉아 특별 관병식에 임하는 사진
과 함께, 만주국 강덕제가 쇼와 천황의 초대를 받고 동도(東渡, 일본
행)의 숙원을 이루고 두 나라의 우방으로서의 영구한 기초를 염원하
는 내용으로 1935년 5월 2일자로 내린 조서(詔書)를 붙였다. 도쿠토
미는 강덕제의 두 번째 일본제국 방문에 맞추어 『만주건국독본』을
지은 것이었다.

책은 총론과 결론을 포함하여 9개 장으로 구성되었는데, 제1장
총론은 다시 9개 절로 나뉘었다.

(1) 황기(皇紀) 2600년과 국민적 봉축

(2) 일본과 대륙과의 관계

(3) 아세아에서의 만주

(4) 만주와 역사적 과거

(5) 나라조(奈良朝) 이후에서의 일본과 만주

(6) 메이지 이후에서의 일본과 만주

(7) 장씨(張氏) 부자의 만주에서의 비정(秕政)

(8) 만주에서의 일본의 입장

(9) 만주국의 출현과 일본의 대륙경영

총론 9개 절의 내용을 정리하면 다음과 같다. 먼저 일본은 아시아
대륙을 지킬 수 있는 역량을 가진 유일한 아시아 국가이다. 만주라는

**그림 9-1.** 쇼와 천황과 만주국 황제

1935년 4월 9일 쇼와 천황(가운데 왼쪽)과 만주국 강덕제(가운데 오른쪽)가 요요기 연병장에서 개최된 특별 관병식에서 사열하는 장면.

출처: 『만주건국독본(滿洲建國讀本)』(서울대 중앙도서관 소장본).

곳은 여러 종족이 일어나고 사라진 역사의 무대이다. 일본은 고대 이래 이곳과 특별한 인연이 없었지만, 메이지 이후로는 동아시아를 구미 열강으로부터 지킬 수 있는 역량을 가진 유일한 나라로서 만주와 관계하게 되었다. 만주에는 장쭤린(張作林), 장쉐량(張學良) 부자가 군벌로서 세를 떨쳤지만, '비정(秕政)'으로 만주 거주 수천만 대중을 이끌 수 있는 자격을 잃었다. 1931년 류탸오후 사건, 1937년 루거우차오 사건을 계기로 만주국이 수립된 것은 백석인종의 구미 나라로부터 만주를 지킬 수 있는 길이 열린 것으로, 이 일을 해낸 일본이나 만주국이 함께 축하할 일이라고 했다.

제2장 이하의 내용은 장 제목과 절의 수를 제시하는 것으로 대신한다.

제2장 만주 건국과 그 이상(1절 독립과 건국 선언, 이하 7개 절)

제3장 일만(日滿) 양국과 국제연맹(1절 현상유지파의 기관인 국제연맹, 이하 5개 절)

제4장 (만주국) 황제 폐하(1절 만주국과 황제 폐하, 이하 10개 절)

제5장 만주국의 현황(1절 현행 행정기구, 이하 10개 절)

제6장 만주제국협화회(滿洲帝國協和會)[24](1절 협화회(協和會)의 정신, 이하 8개 절)

제7장 야마토 민족의 대이동(1절 민족 대이동의 의의 및 그 중요성, 이하 12개 절)

제8장 몽강(蒙疆)의 독립 자치(1절 내몽과 외몽, 이하 7개 절)

제9장 결론


각 장의 내용 검토는 생략하고, 제9장 결론 부분을 소개하는 것으로 대의를 파악할 기회로 삼고자 한다. 제9장 결론은 다음과 같이 모두 8개 절로 구성되었다.


(1) 황도의 발양과 만주 건국 정신

(2) 일만(日滿) 일덕일심(一德一心)과 회란(回鑾) 훈민조서(訓民詔書)

(3) 조서(詔書) 환발(渙發)과 황제 폐하

(4) 동아에서의 야마토 민족

(5) 야마토 민족과 만주국

(6) 야마토 민족 장래의 발전과 만주국

(7) 호조연환(互助連環)과 만주국의 특수사명

(8) 일만(日滿) 양국 영구불멸의 운명

위 8개 절의 요지를 간추리면 아래와 같다.

(1) 일본제국이 모든 희생을 무릅쓰고 매진하여 달성한 만주국 건국은 동아(東亞) 안정의 초석이자, 동아 신질서 건설의 기초 석이다. 그것은 곧 황도(皇道) 발양으로서 황도는 구미 제국의 권력 만능의 패도(覇道)와는 다르다. 황도에는 포용이 있고 정복은 없으며, 초무(招撫)가 있고 배척은 없으며, 제휼(濟恤)은 있고 착취는 없다. 일본에 의한 만주국 건국은 만주의 평화 유지, 만주에서의 모든 민족의 행복 증진, 만주에서의 천연자원 개발, 그 나라를 부강하게 하고, 그 민인을 행복하게 하기 위한 것이다. 만주의 평화와 질서, 부원(富源) 개발은 오직 일본의 힘으로 유지, 보지(保持), 개발될 수 있다.

일본은 만주를 가지고 사사로이 하지 않는다. 어디까지나 만주를 동아에서의 신질서 건설의 기초석이 되게 한다. 일본의 황도는 무편무당(無偏無黨)하고, 외외탕탕(巍巍蕩蕩)하여 이른바 광대무변(廣大無邊), 건곤편조(乾坤遍照)의 실(實)을 얻을 수 있게 한다.

(2)~(3) 만주와 일본의 관계는 무엇보다도 만주국 황제 폐하의 환궁[回鑾][25]의 조서가 명백하게 이를 말해준다. 만주국 황제는 일본의 황도 정신인 '팔굉위우'의 정신을 받아들여 이 뜻을 담은 조서를 국무총리 정샤오쉬(鄭孝胥)가 기고하도록 명하였다.[26] 그러나 "일본 천황 폐하와 정신을 일체로 한다"고 한 것 같은 문장은 직접 써서 내렸다. 만주국 황제 강덕제는 1935년 일본 방문 여행에서 신징(新京, 만주국의 수도, 지금의 창춘)으로 돌아와 4월 27일 칙임 이상의 문무관을 궁중에 오게 하여 친히 칙어를 내리고 연설 형식을 취하여 조서의 뜻을 알렸는데 그 뜻은 일본 천황과 정신일체란 뜻으로, '일만일덕일

심(日滿一德一心)'이란 문구를 새긴 철안(鐵案)을 하사하였다.

(4) 만주국 출현은 세계의 눈으로 봐도 실로 기적이다. 그러나 야마토 민족의 역사에서 보면 당연한 일이 당연히 이루어진 것이다. 만주국의 발현은 공중에 지은 누각이 아니라, 야마토 민족이 생명을 걸고 얻은 하나의 큰 수확이다. 야마토 민족이 아세아의 극동에 존재하지 않았다면 동양은 백석인종의 지배에 속하고 말았을 것이다. 동양은 곧 백석인종의 먹이[餌]로 존재하는 것이 되어, 흡사 뽕잎[桑]이 누에[蠶]를 위해 존재하는 것 같이, 개구리[蛙]가 뱀[蛇]를 위해, 쥐[鼠]가 고양이[猫]를 위해 있는 것 같이, 백석인종의 희생이 되고 말 운명이었다. 인도가 영국에 병탄되고, 지나(중국)가 열강에 병탄된 것이나 마찬가지 상황이 된 것이 그 예증이다. 이런 상황에서 야마토 민족이 동양의 고도(孤島)처럼 존재하면서 백석인종이 동아에 압기(押寄)하는 것을 방지하고, 차단했다. 아세아를 백석인종에게서 구한 것은 야마토 민족이다.

(5) 만약 만주국이 구주인의 힘으로 생겼다면 어떻게 되었을까? 그들은 바로 이를 병탄하여 그 영토로 삼기에 조금도 주저하지 않았을 것이다. 아메리카가 하와이를 병탄하고, 영국이 남아프리카를 병탄하고, 프랑스가 모로코를 병탄했던 것을 보아 알 수 있다. 일본은 만주국을 만주국으로 존재하게 하여 만주의 3,000여 만의 민중을 위해 또 동아 전체를 위해, 세계를 위해 만주국의 독립을 지지하고, 만주국의 안녕과 질서를 유지하는 책임을 다할 것이다.

(6) 동아의 질서를 유지하기 위해서는 힘이 필요한데 그 힘의 중추점은 일본에서 구할 수밖에 없다. 일본국이 만주국의 존재를 위해 필요하듯이 만주국은 또한 일본의 존재를 위해 필요하다. 양국은 장

단상보(長短相補), 다과상조(多寡相助)의 관계다. 야마토 민족의 만주국 이주는 만주국에 새로운 혈액을 주입하는 큰 수혈 작전이다. 구주식의 제국주의는 토착 인간을 구축, 배척, 섬멸, 착취하지만, 우리나라는 배척하는 것이 아니라 부족한 것을 더하여 늘인다.

(7) 일만(日滿)관계는 일덕일심(一德一心)에서, 일몽(日蒙)관계는 일몽일여(日蒙一如)에서, 일만몽(日滿蒙)의 호조연환(互助連環)의 관계는 성립했다. 이것이 이루어지면 남는 것은 지나(중국)로서, 지나는 속히 이 호조연환의 관계로 들어와서 상호의 공동목표인 선린우호, 공동방공(共同防共), 경제제휴를 다 해야 한다. 이렇게 되어야 비로소 동아 신질서 건설의 완성을 볼 수 있다. 동아 신질서 건설을 향하여, 일본은 대흑주(大黑柱)이며 만주국은 그 토대석을 만드는 시멘트이다.

(8) 끝으로 저자는 군주제 필요를 역설했다. 원래 동아의 열국은 어느 나라나 모두 군주제였다. 그런데 중화민국이 공화제를 채용한 것은 유감이다. 우리는 지나가 군주제를 채용하는 시대가 올 것을 의심치 않는다. 만주국은 건국 선언 후 바로 군주제를 채용했고, 그 군주는 순연한 만주인으로 모든 덕을 갖춘 황제 폐하(강덕제)이다. 이는 만주국 건국에서 가장 현명한 조치였다. 양 국민 사이의 관계만이 아니라, 일본 황실과 만주국 제실(帝室)과의 불가분의 관계로 만주국은 일본제국과 더불어, 영구불멸의 운명을 누릴 것이다. 이것이 우리들의 희망이요 또 우리들의 기원이다.

『만주건국독본』은 1935년 쇼와 천황이 만주국 황제 강덕제를 일본에 초청한 이벤트에 맞추어 저술되었다. 강덕제는 1940년 일본제국의 황기 2600년 기원절을 맞아 두 번째로 일본을 방문해 두 나라의 협력관계를 다졌다. 1940년은 사실 1936년 나치 독일의 베를린 올림픽에 이어 도쿄 올림픽이 예정되어 있던 해였다. 그런데 중일전쟁, 독일의 폴란드 침공 등으로 올림픽 개최가 취소되었다. 강덕제의 일본 방문은 올림픽 개최 무산으로 생긴 심리적 손상을 최소나마 메우는 의미가 있었다. 그리고 만주국은 중일전쟁 나아가 대동아전쟁 수행에서 절대적으로 필요한 자원의 공급처로서 소중한 공간이었다.

### 3) "자유주의를 퇴치하라": 『필승국민독본』(1944)

도쿠토미 소호는 1944년 2월에 마이니치신문사 발행으로 『필승국민독본(必勝國民讀本)』을 출간했다. 이 책은 패전 이전에 쓴 그의 마지막 저서이다. 탈고한 날이 1943년 11월 29일로 밝혀져 있으니 미국과의 '태평양전쟁' 중에 쓴 책이다.

저자 도쿠토미 소호는 책머리에 쇼와 천황의 「대영미(對米英) 선전(宣戰)의 대조(大詔)」(1941년 12월 8일자)를 실었다.[27] 그리고 「서언(緒言)」에서 이 책을 쓰게 된 내력을 이렇게 밝혔다. 병상에서 청년학생들이 분발하여 전선에 나가는 것을 보고 늙은이가 병을 잊고 변변치 않은 보국(報國)의 충심(忠心)에서 쓰기 시작했다. 이때 알지 못하는 학생으로부터 다음 세 가지 질문을 담은 편지를 받았다. 이 책은 이에 대한 회답이라고 했다.

1. 우리 황국은 무엇 때문에 미영(米英)과 싸워 이기지 않으면 안 되는가?

2. 과연 우리에게 어떤 필승의 기본이 있는가?

3. 어떻게 해서 이길 수 있는가?

실제로 이 책은 서설(序說)에 이어 편명(篇名)을 거의 이에 맞추다시피 했다.

제1편 어떤 이유로 필승하지 않으면 안 되는가? (필승의 필요)

제2편 어떤 이유로 우리는 필승해야 하는가? (필승의 기본)

제3편 어떻게 우리는 필승하는가? (필승의 방책)

「부록 4」에서 보듯이 이 책은 위 3개 편에 34개 절의 글을 실었다. 이 가운데 제3편의 18절 '자유주의의 일소(一掃)'가 특별히 눈을 끈다. 도쿠토미 소호는 1880년대 초반 민유샤를 설립하여 『국민의 벗』, 『고쿠민신문』 두 매체를 통해 세상에 글을 내놓았다. 초기에는 자유민권운동가로서 자유와 민권의 중요성을 홍보했다. 그런 그가 요시다 쇼인을 만난 후 황실 중심주의, 황도 사상을 창도하면서 40여 년의 활동 끝에 민권의 요체인 자유주의의 '일소'를 외치는 글을 쓰고 있다. 황도 사상이 전체주의이므로 당연한 결과일 수 있지만, 그 당연한 결과가 주는 놀라움 또한 크다. 도쿠토미는 이 글에서 공산주의를 막기 위한 전제로서 자유주의 경계론을 다음과 같이 썼다.

우리나라는 공산주의를 맹수 독사로 증오하면서 자유주의가 더 두려워해야 할 대상이라는 것을 주의하는 자는 적다. 자유주의는 올챙이[玉杓子] 같고, 공산주의는 (뛰는) 개구리[蛙] 같다. 자유주의는 털 있는 짐승[毛蟲=毛族] 같고, 공산주의는 (날아다니는) 나비[蝶] 같다. 대개 공산주의는 자유주의가 당도하는 막다른 곳에서 나온다. 자유주의를 보행하는 자가 관문(關門)에 당도하여 첫 관문[一關]을 밀치고 들어가는 곳에 공산주의가 와 있다. 공산주의를 두절시키려면 먼저 자유주의를 경계하지 않으면 안 된다. 우리나라가 공산주의가 가장 유행한 때에 자유주의가 가장 유행했다. 메이지 말기에서 다이쇼 상반기가 그랬다.

우리는 단순히 동아로부터 앵글로·색슨인(미국인, 영국인을 가리킴: 인용자)을 물리칠 뿐만 아니라 그들이 심은 자유주의를 일소해야 한다. 자유주의는 곧 앵글로·색슨인의 사상이다. 이 사상이 존재하는 동안은 머지않아 그들이 다시 머리를 들이밀고 들어올 것이다. 왕양명(王陽明)은 "산중에 있는 도적은 부수기 쉬워도 심중(心中)의 적을 부수는 것은 어렵다"라고 했다. 적의 군함, 비행기, 전차, 어뢰는 모두 산중의 적이고, 자유주의는 곧 심중의 적이다. 이 적을 퇴치하지 않는 이상, 동아는 결코 신질서를 수립할 수가 없다.[28]

도쿠토미 소호의 자유주의 거부는 곧 그것이 미국, 영국의 중심 사상이기도 하지만, 황도 사상으로 세울 동아시아의 신질서 수립과 충돌할 소지를 우려했다. 그는 일본제국의 황도 사상으로 세계질서를 바꾸어놓는 경지를 상정하여 서구의 근대 사상의 중심을 이루는 자유주의를 거부하고 있다. 이 견해는 결어(結語)의 두 개 절, '제1. 아시아는 하나', '제2. 동아 사상의 근본의(根本義)' 등에서 그대로 이어지고 있다.

첫째 절 '제1. 아시아는 하나'는 1943년 11월 5~6일 도쿄에서 열린 아시아 지역 수뇌 회의인 '대동아회의(大東亞會議)'[29]에 영어를 사용한 점을 지적하는 것으로 시작하고 있다. 도쿠토미 소호가 이 책의 원고를 마무리할 즈음의 일이다. 그는 이 회의에 사용하는 언어는 동아의 주맹(主盟)인 일본어여야 하는데, 현실적으로 일본어가 보급되지 않아 필리핀, 버마, 인도 등의 대표가 영어를 사용한 점을 문제 삼았다. 언어와 사상은 순치(脣齒)의 관계로, 앵글로·색슨이 동아시아에 영어를 심으면 곧 그 사상을 심는 것으로, 이는 그 패권을 영원히 하는 것이다. 이를 배제하는 노력으로 앞으로 이런 회의가 열리면 일본어를 정규 언어로 사용하기를 희망한다고 맺었다. 앞의 심중(心中)의 적으로서 자유주의를 배격하는 것과 같은 논리이다.

도쿠토미는 구미의 사회진화론이 자유주의 사고의 산물임을 지적했다. 즉, 진화론에서 자유는 경쟁의 의미이며, 경쟁은 곧 투쟁의 의미, 투쟁은 우승열패(優勝劣敗)의 의미라고 했다. 나아가 약육강식은 곧 자유주의의 극락이자 데모크라시의 천국인 셈이다. 그러나 우리 동아는 인류상애(人類相愛), 사회상친(社會相親), 만방협화(萬邦協和)를 근본주의로 한다. 즉, 자유 대신 협동, 경쟁 대신 호조(互助), 전투 대신 평화를 추구한다. 그 결과는 공존동영(共存同榮)으로 이것이 곧 동양사상의 근저(根柢)라고 평가했다. 대동아 공영의 정신은 자유주의와 반대편에 서 있는 것을 확인시켰다.

둘째 절, '제2. 동아 사상의 근본의(根本義)'는 1943년 11월에 열린 '대동아회의'에서 채택한 '대동아공동선언' 5개조[30]를 소개하고 그 대의와 지향을 설명했다. 일본, 중국(난징정부), 만주국, 필리핀, 버마, 타이 등 6개국 대표가 참가한 회의에서 채택된 '선언'은 (1) 협동 안정, 도의에 기초한 공존공영의 질서, (2) 상호 자주독립 존중을 통한 대동아의 친화(親和) 실현, (3) 상호 전통 존중과 각기의 창의성 신장을 통한 대동아 문화 앙양, (4) 긴밀한 제휴를 통한 경제발전 도모로 대동아 번영 증진, (5) 돈독한 교의(交誼)로 인종차별 철폐 및 문화 교류, 자원 개방에 의한 세계 진운(進運) 공헌 등을 망라했다. 전시 상황에서는 현실적으로 기대하기 어려운 과제로서 어디까지나 희망 사항에 해당하는 것으로 보인다. 주도국인 일본제국의 여망에서 본다면 그것은 오래 꿈꾸어온 것이므로 '선언'으로서 빠진 것이 없다시피 하다. 그것은 '아시아는 하나'란 목표로 오래 준비된 것이었다. 황도 사상 데마고그 도쿠토미 소호의 사설(辭說)은 '선언'의 친화적인 문구들과는 달리, 이 순간에도 매우 전투적이다. 그의 사설 요지는 다음과 같다.

우리는 단순히 앵글로·색슨의 우승열패, 세계를 들어 산지옥으로 만드는 것 같은 사상을 퇴치할 뿐 아니라, 이를 대신하는 동아 공통의 사상을 실행함으로써 '아시아는 하나'라는 것을 실현해야 한다. 이는 악으로 악을 퇴치하는 것이 아니라 선으로 악을 퇴치하는 것이다. 동양의 상애(相愛), 공친(共親) 사상은 서양의 공리적 개인주의와 서로 용납하지 않는다. 서양의 공리주의는 물질적 피탈뿐 아니라 동아 사상의 근본마저 유린시켜 소멸하게 할 것이다. 이것이 그들의 자유주의의 실체이다. 오늘의 전쟁은 인생의 근본의(根本義)인 "사람이란 무엇인가"라는 문제부터, 나아가 현실에서 그들의 자유 우선으로 횡령한 토지, 인민을 그들로부터 회복하는 데 이르는 것이다. 대동아 전쟁은 결코 단순히 석유나 고무나 철의 생산지 쟁탈전 같은 것이 아니다. 이 전쟁은 물질적 전쟁을 초월한 정신적 전쟁이다. 앵글로·색슨이 세계를 약육강식의 세계로 만들어가는 데 대하여 일대 항의를 제출하고, 광란(狂瀾)을 뒤엎어 만회하려는 것이다. 달리 말하면 '대동아전쟁'은 대동아로의 일대 소생전이요, 또 대홍통전(大弘通戰)[31]이다.[32]

이처럼 도쿠토미 소호가 긴 여정에서 도달한 곳은 "자유주의를 퇴치하라"고 외치는 자유, 자유주의 배척의 공간이었다. 젊은 시절 자유민권운동에 열정을 쏟던 그가 노년에 황실 중심주의, 황도 파시즘에 매몰되어 자유주의 배척자가 되었다. 그것은 도쿠토미 혼자의 여정이 아니라 일본제국이 걸어온 길이었다. 조슈 세력이 도쿠가와 막부를 타도하고 왕정을 복구하면서 내세운 존왕 사상이 오도한 긴 여정이었다. 주변국 선점론을 내세운 요시다 쇼인이 한 사상가로 남지 않고 성자(聖者)처럼 받들어진 것이 불러온 종국이었다.

## 3. 요시다 쇼인에 관한 다른 저술들의 경향

### 1) 쇼와 연간에 폭증한 요시다 쇼인 관련 저술들

지금까지 도쿠토미 소호가 요시다 쇼인을 근거로 천황제 파시즘을 만들어간 과정을 살폈다. 끝으로 도쿠토미 소호 외에 다른 사람들이 쓴 요시다 쇼인 관련 저서들은 없었던가? 있었다면, 그들의 관심과 평가는 어떠했나? 다나카 아키라(田中彰)의 『요시다 쇼인: 변전하는 인물상(吉田松陰: 變轉する 人物像)』(주오코론신샤中央公論新社, 2001)

은 책 끝에 「본서 관계 요시다 쇼인 주요 문헌」 목록을 붙였다. 이 목록이 요시다 쇼인 관련 저서를 망라했다고 할 수는 없지만, 경향을 보여주는 자료는 일단 망라했다고 보고 이를 분석해본다. 1945년 패전을 기준으로 이전은 68종(메이지 8, 다이쇼 3, 쇼와 57), 이후는 33종(쇼와 33, 헤이세이 6) 출간으로 집계된다. 전전(戰前) 77년간 68종(연간 0.9종), 전후(戰後) 1945년부터 2010년까지 65년간 33종(연간 0.5종) 출간으로, 전전의 연간 출간 빈도가 배나 높다. 패전 전에 요시다 쇼인에 관한 관심이 배로 많았다는 뜻이다.

〈표 9-1〉은 패전 전 77년간 68종의 저술이 나온 시기를 메이지, 다이쇼, 쇼와 연간으로 나누어 집계한 것이다. 68종 중 쇼와 20년간에 57종, 연간 비율로는 2.9종으로 가장 높다. 쇼와 20년간에서도 1941~1943년까지 3년간 매년 9~10종이 나온 것이 특별하다. 이 시기는 곧 '태평양전쟁'이 일어나 치열하던 때로서, 이때 요시다 쇼인이 독전(督戰)의 소재가 되었다는 것을 직감할 수 있다. 쇼와 4년(1929) 다나카 내각의 3차에 걸친 산둥반도 출병이 있었던 시기부터 연간 1~3종의 저술이 나오다가 태평양 전쟁기에 폭증하는 추세였다.

2) 쇼와 연간 관련 저술의 주요 경향(I): 학술적 성과

다나카 아키라의 『요시다 쇼인』 제2장~제4장은 쇼와 시기에 수신(修身) 교과서에 등장한 요시다 쇼인상(像), 그리고 주요 저술의 몇 가지 경향을 언급했다. 이를 참작하여 1930년대 이후 대륙 침략정책이 구체화하는 과정과의 연관성을 살펴보고자 한다.

**표 9-1.** 시기별 요시다 쇼인 관련 저술 분포

| 시기 | 수량 | 시기 | 수량 |
|---|---|---|---|
| 메이지 연간 | 총8종 | 6년(1931) | 2종 |
| 17년(1884) | 1종 | 7년(1932) | 2종 |
| 22년(1889) | 1종 | 8년(1933) | 1종 |
| 24년(1891) | 1종 | 9년(1934) | 1종 |
| 26년(1893) | 1종 | 10년(1935) | 1종 |
| 41년(1908) | 2종 | 11년(1936) | 3종 |
| 42년(1909) | 1종 | 12년(1937) | 3종 |
| 42~43년(1909~1910) | 1종 | 13년(1938) | 3종 |
| 다이쇼 연간 | 총3종 | 14년(1939) | 2종 |
| 4년(1915) | 1종 | 15년(1940) | 4종 |
| 11년(1922) | 1종 | 16년(1941) | 10종 |
| 14년(1925) | 1종 | 17년(1942) | 9종 |
| 쇼와 연간 | 총57종 | 18년(1943) | 9종 |
| 4년(1929) | 3종 | 19년(1944) | 3종 |
| 5년(1930) | 1종 | 20년(1945) | 0종 |

다이쇼 데모크라시 시기에는 〈표 9-1〉에서 보듯이 출판 사례가 3종에 불과하다. 다나카 아키라는 이 시기에 요시다 쇼인은 '무사도적(武士道的) 인사'라는 전제적 인식으로 데모크라시와는 거리가 있는 인물로 저평가되는 경향이 있었던 것으로 파악했다(제2장 제2절). 천황제 '국체'와 '민주주의'가 상조(相助)할 수 없는 거리감이 의식되는 추세였다는 것이다. 이 경향은 도쿠토미 소호의 여정에 비추어본

다면, 소호 자신이 부정적 대세에 맞서 요시다 쇼인의 정신을 무기로 삼아 황실 중심주의를 개척해나갔다. 다나카 기이치 내각이 소호의 논설을 수용하여 산둥 출병을 단행한 것은 다이쇼 데모크라시에 역류하는 관계였음을 명확히 보여준다.

다나카 아키라는 국정 수신 교과서(『심상소학수신서尋常小學修身書』)에 등장하는 쇼인 상을 통해서도 시대 조류를 읽었다(제3장 제1절). 수신 교과서의 내용은 다섯 시기로 분류되었다. 제1기(1904~ )와 제2기(1910~ )는 쇼인과 제자와의 관계에서 쇼인이 겸손한 인격, 교육자적인 인격의 소유자로 그려졌다고 하였다. 제3기(1918~ )부터 구체적인 내용이 추가되는 변화가 나타났다. 즉, 쇼인이 쇼카촌숙을 세워 제자들에게 내외의 사정을 가르치면서 일생을 존왕애국에 바쳤다는 개인의 역사가 비교적 자세하게 소개되었다. 제4기(1933~ ), 제5기(1941~1945)에는 지면이 3~4쪽으로 크게 늘고, 쇼인 일생의 주요 줄거리가 다 소개되다시피 한 다음, 황도의 국체를 밝히고 황실을 존숭하고 나라를 번성하게 하려는 정신을 제자들에게 가르쳐, 그 가운데서 나라를 구한 훌륭한 인물이 다수 배출되었다는 것이 강조되었다. 그리고 그 자신은 나라를 위해 죽은 순국자(殉國者)로 높여져 그가 『유혼록』에 남긴 말, "몸은 죽어서 무사시 들판에서 썩지 않고 야마토의 혼으로 남을 것이라"는 구절이 교과서에 실렸다고 한다. 만주, 중국에 대한 군사적 진출이 도모되던 제4~5기의 교과서 내용은 도쿠토미 소호의 개정판 『요시다 쇼인』에서 따온 것이라고 해도 무방하다.

개별 단행본 저서로는 요시다 쇼인을 페스탈로치(Johann Heinrich Pestalozzi, 1746~1827)에 비교한 연구가 눈에 띈다. 오쿠보 료

(大久保龍)가 낸 『요시다쇼인선생전(吉田松陰先生傳)』(히비쇼인日比書院, 1929)과 『요시다 쇼인과 페스탈로치(吉田松陰とペスタロッチ)』(유분카 쿠雄文閣, 1933) 두 책이 소개되었다. 저자 오쿠보는 쇼인을 스위스 교육자 페스탈로치에 비교했다. 페스탈로치가 불우한 아동을 도와 가르친 점에 유사성을 부여한 비교로 보인다. 쇼인을 교육자의 시각에서 평가한 것은 받아들일 수 있더라도 서양 근대의 최고 교육자로 평가받는 페스탈로치를 비교 대상으로 삼은 것에 대해서는 이견(異見)이 따랐다. 히로세 유타카(廣瀬豊)가 1930년, 1932년에 낸 『요시다 쇼인의 연구(吉田松陰の研究)』(정·속 2책, 무사시쇼인武藏書院, 1943년 합본판)는 이 비교에 회의적이다.[33]

히로세 유타카는 1930년 출간본의 서문에 자신의 연구가 요시다 쇼인을 페스탈로치에 비교하는 데 대한 의문에서 시작되었음을 밝혔다. 그는 쇼인을 병학(兵學) 연구자로 조명하면서 오쿠보 료의 페스탈로치 비교에 이견을 냈다.[34] 그의 저술은 메이지-다이쇼-쇼와 3기에 걸쳐 가장 실증적인 학술서로 평가받을 만하다. 그는 오쿠보 료의 페스탈로치 비교에 근본적으로 회의를 표하면서 요시다 쇼인에 관한 신성(神聖) 부여 경향에 대해서도 비판적이었다. 페스탈로치는 불우한 아동들을 스스로 거두어 교육 기회를 부여했지 어떤 정치적 뜻을 담은 것은 전혀 없다. 나라의 장래를 걱정하는 구국의 교육이념이란 점에서는 오히려 독일의 피히테(Johann Gottlieb Fichte, 1762~1814)에 비교하는 것이 더 타당하다는 비판도 있다. 어떻든 히로세는 1930년 출간본의 「결론」에 "신인(神人)으로서의 요시다 쇼인"이란 제목으로 사람들이 요시다 쇼인을 교육자로서 지나치게 신격화하는 경향에 대해 경종을 울렸다. 그는 이렇게 말했다. 즉, 교육은 신

(神)의 일이고 신의 일에 성공한 사람은 신인(神人)이라고 할 수 있다. 쇼인은 신인으로서의 이상, 즉 지성(至誠)의 중요성을 알고 자신이 할 수 있는 데까지 노력, 정진했다. 그러나 많은 실패도 있었고, 과실(過失)도 있었다. 그는 그것을 제자들에게 정직하게 고백하고, 잘못에 대해서는 사죄했다. 세상 사람들이 그를 처음부터 끝까지 완전 무결의 신(神)으로 삼아 실패도 잘못도 다 덮어버리고 미사(美事) 선행(善行)으로 채우고 있다. 이렇게 하는 것은 정직한 쇼인을 헷갈리게 하여 진실을 알 수 없게 하는 미혹(迷惑) 행위라고 지적했다. 신의 성격으로만 내세우면 우리같이 평범한 사람은 숭배는 하겠지만, 사상과 언행을 배우려는 마음은 생기지 않을 것이라고 엄중한 비판을 가했다.

1920년대 말 세계 대공황으로 일본제국의 경제가 크게 나빠진 가운데 '쇼와유신'이 국가주의 입장에서 국가혁신의 표어로 등장했다. 이때 메이지 시대 국정을 모델로 삼아 '메이지유신'이란 용어가 만들어져 쓰였다. 기도 다카요시, 다카스기 신사쿠, 이토 히로부미, 야마가타 아리토모 등 메이지 시대 국가 제조의 주역들이 모두 요시다 쇼인의 제자들이란 점을 주의하여 교육자로서의 요시다 쇼인 신화를 낳았다.[35] 히로세의 논평은 요시다 쇼인 연구에서 전전(戰前), 전후(戰後)를 막론하고 가장 객관적이고, 학술적 지향을 보이는 것으로 도쿠토미 소호 연원의 요시다 쇼인의 신성화(神聖化)에 대한 엄한 비판이기도 하다.

히로세는 1943년 전시체제 아래에서 이전의 두 저서를 하나로 모아 합본판을 내면서 요시다 쇼인 연구에 필요한 '사료(史料) 채방(採訪)의 결과를 붙이기도 했다. (1) 도쿄 및 부근 (2) 요코하마, 가마쿠라, 아타미(熱海), 시모다 방면 (3) 미토, 아와(安房) 방면 (4) 도호쿠 방면 (5) 게이한(京阪), 나라(奈良) 방면 (6) 야마구치, 규슈 방면 등 6개 권역을 직접 다니면서 찾은 사료를 수록했다.[36] 그의 이러한 학구적 노력은 신격화로 치닫는 세론에 제동력을 발휘하지 못했지만, 다이쇼 데모크라시 사조가 남긴 주요한 학술적 성과로 평가할 만하다.

1930년대 전시체제 초입에서 구무라 도시오(玖村敏雄)의 『요시다 쇼인 전집(吉田松陰全集)』(전10권, 1934~1936, 이와나미쇼텐岩波書店)이 나왔다. 다나카 아키라는 이 책이 히로세 유타카의 저서와 함께 요시다 쇼인 연구의 기초가 되는 저서라고 평가했다. 1934년 야마구치 교육회(山口縣教育會)에서 출간한 『요시다 쇼인 전집』은 히로세 유타카가 교육회에 제안하여 시작된 것이라고 했다. 다나카 아키라는 '구무라 쇼인상(玖村松陰像)'이란 명명으로 구무라 연구의 특징을 다음과 같이 소개했다. 저자(구무라) 자신이 종래의 여러 저서에 발견되는 오류 정정에 책임의식을 느끼고, 사실(史實)과 전설이 섞인 것을 바로잡는 일에 착수했고, 종래의 전기(傳記)가 막부 말기의 대표적인 지사(志士)로서 시대사상이나 행동의 연쇄 관계를 보여주는 경향이 많은 것과 달리, 가정인(家庭人)이자 국가인(國家人)으로 살았던 쇼인의 구도자적(求道者的) 생활, 특히 교육자적 행동과의 관련을 놓치지 않으려고 주의했다고 소개했다.

그러나 구무라가 스스로 자기 저서의 결어(結語)에 "쇼인은 단순히 쇼카촌숙 혹은 조슈의 쇼인이 아니라 현대 및 장래에도 그 열렬한 애국적 정신, 그 지순한 교육적 정신은 아직 다 실현을 보지 못한 것으로, 그의 웅대한 국책과 함께 이를 추앙하는 자의 마음에 영원히 살아 작용하고, 무궁한 황운(皇運)을 만고에 부익(扶翼)하여 받들어

지게 되리라"라고 한 서술을 문제시했다. 이러한 관점은 수신 교과
서에 담긴 시국의 '충군애국' 쇼인 상과 다를 바 없는 위험스러운 것
으로 비판했다.

### 3) 쇼와 연간 관련 저술의 주요 경향(II): "어뢰를 안고 몸을 던지는 호국의 혼"

다나카 아키라는 1930년대 중·후반을 '쇼인주의의 열광' 시대
로 규정하면서 대표적 저서를 소개했다. 먼저, 후쿠모토 기료(福本義
亮)[37]의 『요시다 쇼인의 순국교육(吉田松陰之殉國教育)』(세이분도誠文
堂, 1933), 『지성순국(至誠殉國): 요시다 쇼인의 최후(吉田松陰之最期)』
(세이분도신코샤誠文堂新光社, 1940)[38]이다. 이 책들은 제목대로 쇼인의
생애 가운데 최후 곧 처형 순간을 순국의 관점에서 저술했다. 후자의
서문에는 "일본정신의 권화(權化), 존황양이(尊皇攘夷)의 급선봉, 지
성일관(至誠一貫)의 순국순도자(殉國殉道者), 팔굉일우(八紘一宇)의 조
국(肇國) 정신 발양을 위해 30년 생애를 다 바친 선생"이란 감상적 문
구가 나열되었다.

후쿠모토 기료는 또 1942년 태평양전쟁 초반에 일본군이 곳곳
에서 개선가를 울리는 가운데 『요시다 쇼인 대륙·남진론(吉田松陰大
陸·南進論)』(세이분도신코샤)을 출간했다.[39] 후쿠모토는 이 책의 머리
말에 "이제 선각(先覺) 지사의 가르침을 실행할 신기(神機, 신이 준 기
회란 뜻)가 왔다"라고 했다. 그는 당시의 전황을, 쇼인이 『유수록』에
서 밝힌 주변국 선점론을 실현하는 마지막 단계로 인식한 듯이 만주,
중국의 대륙 진출에 이어 남진 곧 인도, 아프리카[阿弗利加], 오스트

**그림 9-2.** 일본군의 버마 랑군 영국 총독 관저 점령
출처: 近藤新治·生田淳, 1975, 『目でみる陸軍百年史』, 偕行社 協賛, 端午會.

레일리아로 진격하는 전쟁을 찬양했다. 그는 여기서 미국만이 아니라 영국의 동아(東亞)에서의 100년 권세도 붕괴하기 시작했다고 환호했다. 일본군의 홍콩(香港) 공략에 이어 싱가포르의 운명이 조석에 달렸고, 보르네오, 랑군(지금의 양곤)으로 진격, 마닐라가 함락되어 남양 천지가 우리의 권역 안으로 들어와 "황국에 태어난 것이 행복하여 감격해 사무친다"라고 소리 질렀다. "쇼인 선생의 대륙 진출, 남진론은 우리 건국의 국시, 국책으로 일본, 한국, 만주, 지나가 일심일체(一心一體)가 되어 총력으로 이 지역들을 차지하여 '대대동아공영권(大大東亞共榮圈)'을 확립하여야 한다"는 언사도 사양하지 않았다.[40]

그의 인식에는 이제 쇼인의 주변국 선점론이 천황이 지배하는 새로운 동아시아 세계의 '동양' 건설을 넘어 서양을 아우르는 황도의 세계화가 눈앞에 펼쳐지고 있는 것으로 확신하는 느낌을 강하게 준다. 저자 후쿠모토는 세간에 쇼인 선생을 '교육의 신(神)'으로 많은 호국의 영걸(英傑)을 배출했다고 하는데, 쇼인의 학문은 실학(實學)으로 지행일치(知行一致)를 추구하여 '세계의 황도(皇道) 인의화(仁義化)'를 도모했다고 찬양했다.[41]

〈표 9-1〉에서 보듯이 1941년은 요시다 쇼인 관계 저술이 10종이나 출판되어 연 단위 최고를 기록한 해이다. 다나카 아키라는 이 가운데 다케타 간지(武田勘治)의 『불멸의 인간 요시다 쇼인(不滅の人 吉田松陰)』(도토샤道統社)을 시대 분위기를 보여주는 대표적인 예로 삼았다. 다나카는 이 책의 저자가 요시다 쇼인의 사상을 황국민이라는 혼을 갱생하는 '명현(瞑眩)의 약'으로 평가했다고 소개했다. 그리고 어린이용 만화책으로 『요시다 쇼인: 고단샤의 회본(講談社の繪本) 178』(대일본웅변회大日本雄辯會 고단샤講談社)이 나온 사실도 알렸다. 이해 8월에는 스야마 쓰토무(陶山務)의 『요시다 쇼인의 정신(吉田松陰の精神)』(다이이치쇼보第一書房)이 제1쇄에 2만 부를 발행하여 쇼인 붐의 분위기를 느끼게 한다고 했다.

1942년에는 '쇼인정신보급회본부(松陰精神普及會本部)'의 이름으로[42] 『쇼인주의의 생활: 일본 신민의 도(松陰主義の生活: 日本臣民の道)』가 표지에 "필독!! 실천!!"이란 광고 문구를 붙여 발행되었다. 쇼인 정신보급회의 존재는 쇼인 사상이 '쇼인주의'로 표현되는 가운데 쇼인이 존왕양이운동 끝에 처형된 사실이 황도를 위한 순국으로 신성화되어 전시 전체주의 정책을 움직이는 중심이 된 것을 그대로 보여준다. '쇼인주의'는 다음과 같은 문장들로 온 국민 앞에 선보였다.

개인주의를 버리라, 자아를 몰각하라.

우리 몸은 내 것이 아니다.

오직 천황을 위해, 나라를 위해

힘이 다하도록, 힘이 있는 데까지 움직이라.

이것이 쇼인주의(松陰主義)의 생활이요, 동시에 일본 신민의 길이다.

직역봉공(職役奉公)도 이 주의, 이 정신에서 출발하지 않으면

신도(臣道) 실천이 되지 않는다.

쇼인주의로 오라, 그리고 일본정신의 본연으로 돌아오라![43]

"개인주의를 버리라, 우리 몸은 내 것이 아니라"는 경고문은 도쿠토미 소호가 『필승국민독본』(1944)에서 "자유주의를 분쇄하라"고 한 외침과 같은 파시스트의 소리이다.

같은 해에 오카 후카시(岡不可止)의 『쇼카촌숙의 지도자(松下村塾의 指導者)』(분게이슌주文芸春秋)가 간행되었다. 필명으로 책을 낸 저자는 '후기'에서 자신의 과거에 대한 고백으로 속죄를 표했다. 즉, 자신은 "다이쇼 말기부터 쇼와 초기를 휩쓴 사죄해야 할 사상"에 빠졌던 '불륜의 아들'이라고 했다. 아마도 데모크라시 운동에 관계했던 것으로 보인다. 그는 작금에 "영원불멸의 일본 역사"의 재생을 보고, "어뢰를 안고 몸을 사지로 던지는 (병사들의) 호국의 혼"에서 "쇼인 정신의 화신[權化]"를 보며, '대동아전쟁'에서 "쇼인 선생의 웅대한 항해원략(航海遠略)의 대외적 경륜"이 실현될 것을 기대하면서 이 책의 집필에 임했다고 했다.[44] 오카 후카시는 이듬해 1943년에 또 『요시다 쇼인』(대일본웅변회 고단샤)을 세상에 내놓았다. 그는 이 책의 '결어'에서 다시 매우 감상적인 충군(忠君) 애국의 문구를 쏟았다.

돌이켜보면, 오늘 몸이 홍모(鴻毛: 기러기 털)처럼 가벼운 것에 비하여 반드시 죽기 위해 뼈를 깎는 것처럼 매일 격렬하게 훈련하고, 게다가 마지막 순간 죽음의 기쁨을 위해 한없이 내 몸을 소중히 하고 위로하고, 그리고 때에 당하여 뒤돌아보지 않고 돌격하여 몸싸움으로 죽음에 부딪히는 육해 장병의 절명 유혼(留魂: 혼으로 남음)의 마음도 완전히 쇼인의 그것과 같다.[45]

이상의 언사는 곧 전선의 병사들이 벌인 육탄전이 바로 요시다 쇼인의 순국을 과장한 독전 교육이 아니고서는 상상하기 어려운 장면이다. "무사시 들판에서 썩지 않고 야마토의 혼으로 남을 것이라"는 쇼인의 결의가 수많은 연소한 장병들의 죽음을 낳게 할 줄은 아무도 몰랐을 것이다.

오카 후카시의 『요시다 쇼인』은 1943년 4월 21일 초판이 발행된 후 같은 해 9월 1일 재판 5,000부를 증쇄했고, 『쇼카촌숙의 지도자』는 1944년 7월 25일 초판으로 5만 부를 발행한 것으로 판권에 적혀 있다고 한 것을 보면 '황도주의'가 전시 세상을 뒤덮었다. 군국주의 쇼인상은 교과서의 '충군애국'의 쇼인상과 겹치면서 학교 교육과 전의(戰意) 고취 과정에서 아동, 생도, 국민에 다가가 '작은 쇼인[少松陰]'으로서 군국 소년(소녀)를 전장으로 몰아넣었다. 도쿠토미 소호가 1908년에 낸 개정판 『요시다 쇼인』이 모든 것의 원천이었다.

# 요시다 쇼인의 '주변국 선점론'에서 천황제 파시즘까지

1868년 '왕정복고'에서 1945년 '대동아전쟁' 패전까지 근 한 세기 동안의 일본제국 국가주의 흐름을 「제1부 '동양사' 개발과 침략주의 역사교육: 요시다 쇼인과 나카 미치요」, 「제2부 러일전쟁 이후 도쿠토미 소호의 황실 중심주의」, 「제3부 대륙 침략과 도쿠토미 소호의 파시즘 국민독본」으로 나누어 살폈다. 요시다 쇼인, 나카 미치요, 도쿠토미 소호 3인에 관한 일본 학계의 연구는 헤아리기 어려울 정도로 많다. 특히 요시다 쇼인과 도쿠토미 소호의 경우 그렇다. 그러나 서언에서 언급했듯이 세 인물을 하나의 주제로 상호 연관관계를 살핀 연구는 없는 것으로 안다. 전체의 흐름을 다시 짚은 다음에 연구의 의의와 앞으로의 과제에 관한 소견을 밝히는 순서로 최종 마무리를 짓고자 한다.

1854년 미국의 페리 제독 함대가 도쿄만에 도착하여 도쿠가와막부에 대해 개국·개항을 요구했을 때, 일본의 반응은 '공무합체운동'과 '존왕양이운동' 둘로 갈리어 나타났다. 전자는 도쿠가와막부가 여러 번의 의견을 수렴하여 조정과 협조하여 국론을 정하겠다는 것이고, 후자는 천황을 중심으로 하나로 결속하여 외세의 능멸을 막아야 한다는 주장이었다. 전자가 현실에 입각한 방안 모색이라면, 후자는 이념적 지향을 앞세운 반체제운동이었다.

1600년, 도요토미 히데요시 사후 그 가문의 지지 문제를 놓고 전국(戰國) 다이묘(大名)들은 갑론을박 끝에 동군, 서군으로 나뉘어 세키가하라에서 결전을 벌였다(세키가하라 전투). 지지하는 측의 다이묘들은 모리 데루모토를 중심으로 서군을 이루고, 반대 세력은 도쿠가와 이에야스를 중심으로 동군이 되었다. 도쿠가와 이에야스는 승자로서 결전 후 막부를 열어 쇼군의 지위에서 새 시대를 열면서 패자 서군에 속한 다이묘들에게 봉토로 번을 가지되, 3급의 도자마 다이묘로 편성하여 막부정치에 참여할 기회를 주지 않았다. 사실상 막부정치에서 배제한 것이다. 막부의 공무합체운동에 반대한 모리(毛利)가의 조슈번을 비롯해 사쓰마번, 도사번, 히젠번 등은 모두 서군에 속한 번이었다. 이들이 '존왕양이'의 기치로 막부에 대항한 것은 오랜 푸대접에 대한 반발심이 작용한 것이기도 했다. 서군이 지지한 도요토미 히데요시는 실제로 천황의 관직인 관백(關白)과 태정대신(太政大臣)에 만족하면서 막부 같은 조직을 따로 설립할 기미를 보이지 않았다.

조슈의 번사 요시다 쇼인은 존왕양이운동의 중심으로 활동하다가 두 차례 투옥 끝에 사죄(死罪)를 받아 29세로 생을 마쳤다. 몸은 이렇게 일찍 죽었지만, 그가 옥중에서 쓴 『유수록』과 『유혼록』은 그의 사후 8년 만에 왕정복고에 성공한 제자들이 국정 운영의 텍스트로 삼아, 이후 여러 형태로 일본제국의 흥기와 종말에 영향을 끼쳤다. 『유수록』은 섬나라 일본이 증기선 시대에 사방의 방어벽이 다 없어져버린 조건에서 구미 열강의 식민지가 되지 않고 살아남기 위해서는 구미의 우수한 기술을 속히 배워 주변국을 먼저 차지해야 한다고 했다. 아이누의 에조를 개척하여 캄차카, 오호츠크로 진출, 러시아의 남하를 막고, 서쪽으로 류큐, 타이완, 필리핀 등지, 북쪽으로 조선, 만주, 몽골, 중국 등을 차지하여 힘을 배가한 다음, 태평양으로 나가 오스트레일리아와 캘리포니아로 진출하여야 한다고 순차까지 명시했다. 『유혼록』은 자신은 죽어서도 이런 대업이 이루어지기를 염원하여 무사시 들판에서 썩지 않고 야마토의 혼으로 남을 것이라고 했다.

일본제국은 개화 초기에 서구 문물 숭배의 구화주의 사조가 일어나고 자유민권운동이 열기를 더했다. 새로 세워진 국가조직에서 배제된 여러 번의 번사들 사이에 국회 개설을 목표로 한 운동이었다. 그러나 천황제 국가주의가 1885년의 내각제, 1889년의 제국헌법에 이어 1890년 천황의 「교육칙어」 반포로 이어지면서 자유민권운동은 무대에서 사라졌다. 동아시아에서 가장 먼저 서구 문물을 수용한 일본에서 자유민권운동이 국가주의의 득세로 무대 뒤로 밀려났다는 것은 동아시아 전체의 '근대' 전망을 어둡게 했다. 일본제국의 국가주의는 자국 보전을 넘어 천황이 지배하는 새로운 동아시아 세계 곧 '동양' 건설을 목표로 주변국 선점 작전에 나서 동아시아 전체를 불안의 궁지로 몰아갔다.

1894년 청일전쟁 개전 직전에 나카 미치요는 자신이 봉직한 고등사범학교에서 열린 교과목 회의에서 '동양사' 과목의 신설을 제안했다. 당시 역사책은 본방사, 지나사, 외국사 등의 이름이 무질서하게 혼재한 상태였다. 그의 제안은 지나사를 중국 주변 민족의 역사를 포함하여 동양사라고 하고, 본방사는 일본사, 외국사는 서양사로 바꾸어 역사 3과 체제를 만드는 계기가 되었다. 그의 제안은 문부성이 즉각 채택하여 8년간의 준비 끝에 1902년 후반기부터 역사 3과 교과서가 중등학교 교실에 배포되었다. 이전에도 동양사란 말이 있었지만, 그것은 유럽의 '오리엔트'에 인도, 중국, 조선, 일본을 포함한 것이었다. 나카 미치요 제안의 동양사는 지나(중국)와 만몽 지역의 역사를 포함한 것으로 다른 카테고리였다.

도쿠가와막부 후반기에 일어난 한학(漢學) 열풍은 모화(慕華) 풍조를 낳아 유신 초기의 신식 역사책의 하나로 '지나사'가 등장했다. 새 동양사는 주변 북방, 서방에서 활동한 유목민족의 역사를 적극적으로 수용하여 중국 중심의 동아시아 질서 관념을 무너트리는 효과를 기대했다. 나카 미치요는 한 걸음 더 나아가 그것이 일본제국의 대륙 진출을 역사 현상의 하나로 간주하는 인식을 합리화하는 데 이바지하기를 바랐다. 일본제국이 만주를 차지하는 상황이 만들어지면 과거에 이곳에서 일어난 요나라, 금나라, 원나라처럼 일본제국이 중원(중국)으로 진입하는 것도 역사의 '순리'로 간주할 수 있게 하는 효과를 기대한 것이다. 동양사의 '동양'은 곧 천황이 지배하는 새로운 동아시아 세계를 의미하는 신개념의 용어가 되었다. 나카 미치요는 요시다 쇼인의 주변국 선점론을 역사교육과 연구에 적용하는 '공'을 세웠다. 1890년 「교육칙어」 반포가 그의 제안에 직접적인 영향을 준 것도 이번 연구에서 확인되었다. 오늘날 세계를 양분하는 동양, 서양이란 용어는 1902년 일본의 역사 3과 교과서 이전에는 쉬이 들을 수 있는 것이 아니었다.

필자는 새로운 역사 3과 교과서 체제에 대한 실체 규명을 위해 1902년부터 1920년대까지의 역사교과서 30여 종을 조사, 분석했다. 이 작업에 임하면서 한국사(조선사)는 당연히 동양사에 포함되어 있을 줄로 알았다. 그러나 실제 작업에서 한국사가 3과 체제 초기부터 일본사에 들어가 있는 것을 보고 경악을 금치 못했다. 진구 황후의 '신라 정벌'에 근거한 엄청난 '역사 왜곡'이었다. 진구 황후는 주아이(仲哀) 천황이 죽자 황후로서 70년간 섭정했다는 전설적인 인물이다. 황후는 '신라 정벌' 단행을 결심하고 임신 중인데도 친정(親征)에 나서 신라가 조공을 바치게 했고, 백제, 고구려로부터도 조공을 바칠 것을 약속받았다고 했다. 그런데 언젠가부터 이탈하여 조공을 바치지 않는 '무례'를 범하여 이를 바로잡기 위해 도요토미 히데요시가 조선 정벌에 나서고, 메이지 정부도 청일전쟁, 러일전쟁을 통해 복속관계를 회복하려는 것이라고 했다. 1902년의 3과 교과서 배포 이후 1905년 '보호국화', 1910년 '한국병합'이 진행되면서 복속관계의 표현 강도는 더욱 높아졌다.

진구 황후의 신라 정벌설은 오늘날 일본 역사학계에서도 사실(史實)로 간주하지 않는다. 한국 측의 『삼국사기』 같은 고대 역사서에서는 전혀 찾아볼 수 없는 내용이다. 이런 '황당한' 기록에 근거하여 한국사를 일본사에 편입한 것은 '한국병합'의 불법성과 함께 규탄 대상이 되어야 할 것이다. 한국 사학계는 지금까지 진구 황후의 신라 정벌설을 임나일본부설 비판 차원에 한정하여 관심을 가졌다. 일본제국의 중등 역사교과서의 뼈대가 된 것인 줄은 전혀 인지하지 못했다. 이는 다른 의미에서 일본 역사학계도 마찬가지이다. 패전 후의 일본 역사학계에서 누구도 이 사실을 밝히거나 언급한 학자는 없다.

제2부와 제3부는 당대 일류 저널리스트인 도쿠토미 소호가 요시다 쇼인을 매개로 황실 중심주의, 반미주의, 황도 파시즘 등으로 국가주의의 강도를 높여간 과정을 살폈다. 그가 쉴 새 없이 써서 남긴 저서들을 고찰의 대상으로 삼았다. 1908년의 평전『요시다 쇼인』을 비롯해 1944년에 펴낸『필승국민독본』까지 12권에 달하는 저술을 검토했다. 도쿠토미 소호에 관한 일본 학계의 연구는 수십 편을 헤아리지만, 국가주의 사상 편력을 그의 여러 저술을 통해 시종을 추적한 연구는 아직 보지 못했다. 도쿠토미 소호는 요시다 쇼인의 '충군애국'의 정신세계를 천황제를 앞세운 일본 특유의 황도 파시즘으로 발전시켰다. 결과적으로 그는 스스로 요시다 쇼인의 '수제자(首弟子)'를 자처하게 된 셈이다. 자유민권운동가에서 최고의 파시스트 이론가로 변신, 변전은 쉽게 찾아보기 어려운 여정이었다. 일본제국 국가주의의 파시즘으로의 전개는 언론인인 도쿠토미 소호가 만들어간 것이라고 해도 무방하다.

도쿠토미 소호는『고쿠민신문』의 사주(社主)라는 기반 위에 조슈 군벌의 주요 인사들과 밀착관계를 통해 본직인 언론계 논객으로서 영향력을 크게 발휘할 수 있었다. 초판『요시다 쇼인』은 1894년부터 1908년에 개정판이 나오기까지 13판, 개정판은 출판하자 1년도 되지 않아 1909년 당시 10판을 냈다. 1942년에 쓴 서문에서는 그때까지 27판을 거듭했다고 적었다.[1] 1925년에 낸『국민소훈』도 초판 5만

부를 찍어 곧 매진되었다고 한다. 그는 언론인으로서 일본 국민의 정신세계를 국가주의에서 파시즘으로 이끌어간 주역이었다. 필자는 그의 이러한 사상적 행로를 구체적으로 들여다보기 위해 1913년의 『시무일가언』에서 1944년의 『필승국민독본』까지 9권의 저서를 택하여 주요한 대목을 하나하나 짚었다. 그는 1908년의 개정판 『요시다 쇼인』에서 이미 백벌 타도론과 황실 중심의 파시즘으로서 '황도주의'란 용어를 썼다. 당시 백벌 타도의 대상으로 오른 것은 러시아였다.

일본은 청일전쟁 전승국으로, 1895년 시모노세키조약에서 랴오둥반도를 할양받았다. 그러나 러시아가 '삼국간섭'을 주도하여 1주일 만에 이를 '포기'하게 되면서 백석인종 타도의 복수를 외쳤다. 그 후 10년 만에 러일전쟁에서 승리하면서 그는 백인 세계도 궁극적으로 일본 천황의 통치 속에 들어와야 한다는 황도 제국주의를 거론하기 시작했다. 그는 구미에서 제국주의란 용어가 1870년대 이래 쓰이고 있는 것을 의식하면서 그런 것은 일본에서는 고대에 이미 있었던 것이라고 했다. 즉, 천황가 황조황종의 선정(善政)으로 천하가 한 가족이 되는 '팔굉위우'를 일본 고유의 선진 제국주의로 자랑했다. 1894년 나카 미치요의 제안으로 설정된 동양사의 '동양'은 따지자면 '팔굉위우'의 반쪽에 해당하는 것이다. 도쿠토미가 서양 제국주의 열강에 맞서 표방하는 '팔굉위우'는 세계 제패 곧 구미 열강도 일본제국 천황의 품에 들어오는 것이었다. 그러나 그것은 '동양' 실현 후에 내세워질 문제였다.

도쿠토미 소호는 1913년에서 1918년 사이에 4권의 저작을 통해 두 가지를 내세웠다. 하나는 다이쇼 데모크라시가 태동하는 속에 황실 중심주의, 천황 직접 통치를 내세워 데모크라시 조류를 꺾으려는 것이었다. 다른 하나는 미국이 제1차 세계대전에 참전하여 독일을 무너트린 다음에 독일이 중국에서 확보했던 이권에 개입할 것을 우려한 점이다. 이와 관련하여 그는 저술을 통해 '반미주의'로 미국 경계론을 펴면서 동양은 동양인의 것이란 뜻으로 '동양(아세아) 먼로주의'를 제창했다. 이로써 일차적으로 타도되어야 할 '백벌'은 미국으로 바뀌었다.

1918년 제1차 세계대전이 끝나고 이듬해 파리 강화회의를 거쳐 1920년 국제연맹이 출범했다. 이 세계 정국의 변동은 일본에도 큰 영향을 끼쳤다. 다이쇼 데모크라시의 분위기가 고조하여 정당 중심의 의회정치 기운이 일어나고 내각들은 기본적으로 국제관계에서 '협조외교'를 추구했다. 도쿠토미의 국가주의가 힘을 쓰기 어려운 상황이 벌어지고 있었다. 실제로 과거 자신의 정치적 배경이 되어준 조슈벌의 중심인물 야마가타 아리토모, 데라우치 마사타케 등이 1920년 초반에 모두 사망했다. 그러나 그는 황실 중심주의를 굽히지 않고 제창하면서 황실 중심주의의 근거를 더욱 다졌다. 그는 1924년 출간한 『야마토 민족의 성각』에서 미국 경계론으로 독일이 차지했던 산둥반도를 일본이 수호할 것을 부르짖었다. 이러한 상황이 조슈벌의 막내로 육군 대장 겸 육군대신 경력을 가진 다나카 기이치가 총리대신이 되면서 전환점이 만들어졌다. 1927년 다나카 기이치 내각은 출범과 동시에 '산둥 출병'을 단행했다. 도쿠토미와 다나카 두 사람의 긴밀한 유대관계는 왕래 서간(書簡) 조사를 통해 확인되었다.

다이쇼 데모크라시는 일본이 국가주의에서 벗어날 기회였다. 그러나 도쿠토미 소호식의 황실 중심주의 드라이브에 묻히고 말았다.

1925년 도쿠토미 소호는 황도주의의 교본이라고 할 수 있는『국민소훈』을 저술하여 초판 5만 부를 출간, 각계 저명인사들로부터 성대한 축하를 받았다. 황실 친왕으로부터 축하 지묵(紙墨) 1편을 하사받기까지 했다. 2년 뒤 1927년에는 쇼와 천황에게 바치는 상소 형식으로『쇼와일신론』을 출간했다. 그는 서두에 이 책은 "보잘것없는 신하[微臣]가 올리는 상소"라고 스스로 말했다. 도쿠토미는 이때 거의 천황 직접 정치를 권유하다시피 했다. 이즈음 정당내각 정치에 불만을 가진 육해군의 젊은 장교들이 '황도파'란 이름으로 세력화하여 여러 차례 테러 사건을 일으키거나 또는 쿠데타를 시도하였다. 그들은 정당 지도자들과 재벌들을 천황의 성총을 흐리는 간신으로 간주하여 테러를 가했다. 이 사건들이 데모크라시를 규탄하는 도쿠토미의 저술과 시기를 같이한 것은 우연이 아니었다. 테러 사건에 농촌 출신 초급 장교들이 다수 참가하고 있는 것은 도쿠토미가 1910년대 후반에 농촌 청년의 국가적 중요성을 누누이 강조한 것과 무관하다고 보기 어렵다.

쇼와 시대에 들어와 도쿠토미 소호는 이전과는 달리 정치적 배경이 사라진 상태에서 스스로 논설의 힘으로 사회적 입지를 유지해야 했다. 이런 불리한 여건에서 황실 중심주의로 더 치닫게 되었을 가능성도 없지 않다. 1929년 경영난으로 근 40년간 이끌어온『고쿠민신문』을 남의 손에 넘기는 어려움을 당하기도 했다. 이때 같은 황도주의자로『오사카마이니치신문』과『도쿄니치니치신문』사주인 동향 선배가 그를 사빈으로 초대했다. 그의 필력은 두 신문의 지면을 통해 유감없이 발휘되었으며, 그의 황도주의 사상도 갈수록 사회적 폭을 더 넓혀갔다.

다나카 기이치 이후 육군은 우가키 가즈시게 계열이 중심을 이루었다. 우가키는 다나카 기이치의 추천으로 육군대신에 올라 무려 6년여 간 재임하면서 육군의 현대화에 크게 이바지했지만, 기존 조슈 중심의 육군 체제에 큰 변동을 일으키지는 못했다. 그의 지도로 육군은 육군사관학교, 육군대학교 출신의 엘리트가 주류를 이루었다. 황도파는 대부분 육군대학교를 나오지 못한 '아웃사이더'에 속하는 부류가 많았다. 기존의 틀을 이끈 집단은 '통제파(統制派)'라고 불리었다. 그러나 그들이 황도파와 다르다고 하여 국가주의자들이 아닌 것은 결코 아니었다. 대표적인 육군 최후의 인물로 '대동아전쟁'을 이끈 도조 히데키는 우가키 계열의 중심인물 중 한 명으로, 통제파의 대표 노릇을 하고 있었다.

도쿠토미 소호는 1918년에 『근세일본국민사』 집필에 착수했다. 이 책은 16세기 전국(戰國)시대 오다 노부나가에서 시작하여 19세기 메이지 시대 성립까지의 역사를 다룬 무려 100권에 달하는 대저작이었다. 1945~1946년 패전 전후 77권을 내고 나머지는 1954년에 그가 사망한 후 1960~1962년 3년간에 출간이 완결되었다. 이 대저작은 근세에서 근대에 이르기까지 존황 곧 황실 중심주의의 맥락을 찾는 것을 큰 목적으로 삼았다. 오다 노부나가나 도요토미 히데요시가 천하를 통일한 뒤, 막부제도를 따로 구성하지 않고 천황의 관제에 자신의 지위를 부여한 것을 만세일계의 천황제 일본의 진정한 전통으로 규정하는 작업을 앞세웠다. 이는 곧 메이시 왕정복고의 동력인 존왕양이의 뿌리를 찾는 작업이었다. 이 저술의 성과가 반을 넘어 제60권을 출간한 시점인 1939년에 도쿠토미 소호는 『쇼와국민독본』을 출간하여 '일본학'을 제창했다. 이 책은 세계의 지성을 상대로 황실 중심주의 전통을 알리겠다는 목적에서 출간했다. 이즈음에 소호는 비단 '동양'만이 아니라 '서양'도 '팔굉위우'의 대상으로 삼는 그림을 그리고 있었다.

일본학은 일본 국민이 알아야 할 일본에 관한 일체의 학문, 일본 국민이 가져야 하는 지식과 교양과 수련을 제공하는 학문, 곧 충량한 일본 국민이 될 자격을 양성하는 학문이라고 했다. 도쿠토미 소호는 지금까지 간과한 이 분야를 자신이 처음 정리한다고 했다. 일본 민족은 선천적으로 황실 봉사자이자 충군애국자로서, 이 선천적 본질은 한학(漢學)의 영향 같은 후천적 학문에 의해 소멸될 수 없는 것이라고 했다. 고대 이래 황실을 받드는 정신적·정치적 흐름에 대한 이해를 일본학으로 간주하는 그의 신념은, 이와 대립하는 모든 관계와 입장을 비일본, 반일본적인 것으로 몰았다. 대내적으로 가마쿠라막부, 도쿠가와막부 체제는 일본정신으로부터의 이탈이며, 대외적으로는 무로마치막부와 같이 주변국과의 관계에서 공존을 지향하여 표출된 모든 예양(禮讓)은 일본정신이 아니며, 반성해야 할 '일본학'이라고 했다.

이 논리는 근대 역사에서도 황실 중심주의 외의 모든 사조를 배척하는 무기로 작동했다. 메이지 시대 황정유신은 일본이 본연의 모습을 찾고, 일본학의 전모가 구체화되어 스스로 장엄한 모습을 드러내는 성과라고 평가하면서, 그것은 일본만의 문명 발전을 위한 것이 아니라, 세계에 황도(皇道)를 선양하려는 목적 달성을 위한 것이라고 했다. 태서(泰西, 서양) 문화 섭취는 어디까지나 구미 제국에 대항하고 구미 제국을 능가하기 위한 것이라고 했다. 그의 일본학 논리는 자유주의 민권운동, 사회주의운동 및 공산주의운동, 심지어 천황기관설, 의회중심설 등을 비판하는 잣대가 되었다.

　다나카 내각이 끝난 뒤, 외교에서 다시 국제사회에 대한 '협조외교'로 돌아가자 관동군 사령부의 참모들은 1931년에 만주사변을 일으켰다. 정부는 거의 관동군을 통제할 수 없는 상황에서 관동군에 의한 만주국 건국이 이루어졌다. 도쿠토미 소호는 이 소식을 듣고 환호하면서 춤을 추었다고 고백했다. 청나라의 마지막 황제 선통제를 만주국 집정으로 삼아 만주국을 세운 뒤, 1934년 3월 황제로 지위를 바꾸어 만주제국을 출범시켰다. 만주는 '동양사'의 관점에서는, 중국을 차지한 세력이 힘을 키워 중원으로 들어가는 무대였다. 그곳에 일본 제국의 힘으로 청나라 마지막 황제를 영입한 국가가 세워졌다는 것은 '팔굉위우'의 황도 실현의 쾌거가 아닐 수 없었다.

　쇼와 천황은 1935년 만주국 황제(강덕제)를 일본 도쿄로 초청하여 성대한 축하 행사를 거행했다. 쇼와 천황이 직접 도쿄 철도역으로 마중을 나올 정도로 환대하였다. 도쿠토미 소호는 1940년 『만주건국독본』을 출간했다. 그는 이 책에서 만주국의 출현은 "세계의 기적"이자 "일본 역사상 2600년간 유일무이한 일대성사(一大盛事)"라고 찬양했다. 1940년은 황기(皇紀) 2600년의 기원절(紀元節)이자, '맹방' 만주제국의 건국 8주년 건국제(建國祭)가 열리는 해였다. 소호는 이해에 『만주건국독본』을 지어 황기 2600년 축하 제단에 봉고(奉告)한다고 했다. 초판 발행부수가 5만 부였다. 일본은 고대 이래 만주와 특별한 인연이 없었지만, 메이지 이후로는 구미 열강으로부터 동아시아를 지킬 수 있는 역량을 가진 유일한 나라로서, 이제 구미 열강으로부터 만주를 지키기 위해 건국을 도왔다고 했다. 즉, 황도는 권력 만능의 구미 제국의 패도(覇道)와 달라서 만주의 평화 유지와 만주의 구성원을 위해 만주 건국을 도왔다는 것이다. 그리고 만주에서의 천연자연 개발 등 그 나라를 부강하게 하고, 그 백성을 행복하게 하기 위한 건국이라고 역설했다. 도쿠토미는 1908년 개정판 『요시다 쇼인』에서 쇼인의 주변국 선점론에 황도의 옷을 입혀 침략의 야욕을 야마토 민족 선정(善政)의 소산으로 각색했다. 『만주건국독본』은 도쿠토미 소호의 황도주의가 고봉(高峰)의 정상에 이르렀음을 보여주는 저술이었다.

1937년 일본제국은 중국 본토 진입을 목표로 중일전쟁을 일으키고, 1941년 12월에 하와이 진주만 공습으로 미국을 상대로 전쟁을 벌였다. 후자를 놓고 미국은 '태평양전쟁'이라고 부르지만, 일본제국은 중국과 미국을 상대로 한 두 전쟁을 '대동아전쟁'이라고 불렀다. 이어서 동남아시아로의 '남진'으로 외연을 넓혔다. 일본제국으로서는 두 전쟁이 모두 천황이 지배하는 '대동양' 건설을 위한 성전(聖戰)이었다. 도쿠토미 소호는 이 시점에서 "노병이 후방에서 지원하는 뜻으로" 1944년에 『필승국민독본』을 낸다고 했다. 놀랍게도 이 책에서 그는 "자유주의 퇴치"를 노골적으로 외쳤다.

자유주의는 그 자체가 황도주의를 거부하는 것일뿐더러, 공산주의도 자유주의를 통해 발휘되는 것이라는 논법을 내놓았다. 1880년대 자유민권운동의 기수 노릇을 하던 청년이 만년에 자유주의 퇴치를 외치고 있는 것은 아이러니가 아닐 수 없다. 도쿠토미 소호는 1942년 이래 '일본문학보국회', '대일본언론보국회'를 창설하여 회장을 맡았다. 그는 단순히 동아(東亞)로부터 미국과 영국의 앵글로 · 색슨 인종을 물리칠 뿐만 아니라 그들이 심은 자유주의를 일소해야 한다며, 자유주의는 곧 앵글로 · 색슨인의 사상으로, 이 사상이 존재하는 한 그들은 언제라도 머리를 들이밀 것이라고 예견했다. 자유주의는 곧 마음속의 적으로서, 이를 퇴치하지 않는 이상 동아는 결코 황도의 신질서를 수립할 수가 없다고 하였다. 자유주의와 황도 사상의 정면충돌을 직시한 정지(整地) 논리였다. 그는 이 글에서 '아시아는 하나', '동아 사상의 근본의(根本義)'로서 일본제국의 황도를 역설했다.

끝으로 요시다 쇼인에 관한 다른 저술들의 경향도 살폈다. 요시다 쇼인에 관한 다른 저술들을 조사한 결과, 메이지 시기에 8종, 다이쇼 연간에 3종, 쇼와 20년간(패전 이전) 57종으로 큰 편차를 보였다(〈표 9-1〉 참조). 쇼와 연간에는 '태평양전쟁' 시기 곧 1941년부터 1943년까지 3년간 매년 9~10종이 출간된 사실도 확인되었다. 요시다 쇼인이 독전(督戰)의 소재로 이용되었다는 주요한 증거이다. 쇼인은 1904년부터 국정 수신 교과서(『심상소학수신서』)에 일본 국민이 본받을 인물로 소개되었다. 다이쇼 시기까지는 겸손한 인품의 소지자이자 교육자로서 그려진 데 반해, 만주사변 이후로는 서술 지면이 3~4쪽으로 크게 늘면서 쇼인의 일생이 소개되고 황도 수호를 위해 순국한 인물로 소개되었다. 쇼인이 『유혼록』에 남긴 "몸은 죽어서 무사시 들판에서 썩지 않고 야마토의 혼으로 남으리라"고 한 유언도 교과서에 반복해서 실렸다.

만주사변 이후는 '쇼인주의의 열광' 시대였다는 지적도 있다. 이 시기에 나온 저술들은 대부분 순국 장면을 강조했다. 쇼인은 "일본 정신의 현신, 존황양이의 급선봉, 지성일관의 순국순도자, 팔굉일우의 조국 정신 발양" 등 그의 삶을 표현하는 자극적인 수식어가 만발

했다. 미국, 영국의 세력권인 동남아시아로 일본군이 진격할 무렵, 『요시다 쇼인 대륙·남진론』이란 책이 등장하기도 했다. 지금이야말로 "선각(先覺) 지사의 가르침을 실행할 신이 내려준 기회"라는 절규도 들렸다.

1942년에 '쇼인정신보급회본부'는 『쇼인주의의 생활: 일본 신민의 도』라는 책을 내면서 표지에 "필독!! 실천!!"이란 광고 문구를 붙였다. 책에 명시된 '쇼인주의' 실행을 위한 지침은 "개인주의를 버리라, 자아를 몰각하라. 우리 몸은 내 것이 아니다. 오직 천황을 위해, 나라를 위해 힘이 다하도록, 힘이 있는 데까지 움직이라"는 구절로 시작했다. 이는 도쿠토미 소호가 『필승국민독본』에 내놓은 "자유주의를 분쇄하라"는 외침과 같은 음색의 선동 문구이다. 같은 해에 나온 『쇼카촌숙의 지도자』를 쓴 오카 후카시라는 필명의 저자는 "어뢰를 안고 몸을 사지로 던지는 (병사들의) 호국의 혼"은 "쇼인 정신의 화신"이라고 했다. 그는 이듬해에 낸 다른 한 책에서 맹훈으로 몸을 다진 뒤, "뒤돌아보지 않고 돌격하여 몸싸움으로 죽음에 부딪히는 육해 장병의 절명 유혼의 마음도 완전히 쇼인의 그것"이라고 했다. '대동아전쟁' 시대에 '쇼인주의'가 세상을 뒤덮었다. 수신 교육과정에 내세운 '작은 쇼인'상이 군국 소년(소녀)를 전장으로 몰아넣었다. 도쿠토미 소호가 1908년에 낸 개정판 『요시다 쇼인』이 모든 것의 근원이었다.

필자는 요시다 쇼인, 나카 미치요, 도쿠토미 소호 3인을 연계 고찰하는 연구를 통해 러일전쟁 후 일본제국이 무력 강제로 대한제국의 국권을 탈취한 것이 한일 간의 역사분쟁의 소재만이 아니라, 그

너머 19세기 중반 이래의 동아시아사 전체에 대한 성찰의 문제라는 것을 깨달았다. 무엇보다 일본은 '메이지유신'으로 근대화에 성공한 유일한 동아시아 국가란 '신화'가 깨져야 한다. 다행히 근자에 일본 지식계에서 "메이지유신이라는 과오"에 관한 담론이 나왔다.[2] '메이지유신'이란 용어는 메이지 당대가 아니라, 쇼와 시기에 데모크라시 조류를 뒤엎기 위해 군국주의자들이 '쇼와유신'을 기도하면서 그 모델 개발 차원에서 메이지 시대의 업적을 미화하는 용어로 처음 등장한 것이라는 비판이 이 담론에서 처음으로 제기되었다. 메이지 지도자들은 구미 신문명의 본질인 자유민주주의로 일본을 발전시키기 위해 '유신'을 한 것이 아니었다. 어디까지나 천황제 국가주의로 동아시아 세계를 독점 지배하기 위해 무력의 양성을 목표로 한 것이었다. 대한제국이 자력 근대화로 구미의 기술문명을 배움과 동시에 국제사회에 중립국으로 자리 잡아 평화공존을 기본 노선으로 설정한 것과는 방향이 전혀 달랐다. 일본제국은 천황의 신세계 '동양' 건설을 위해 대륙으로 향하는 길목에 위치한 한반도 탈취가 초반의 최대 과제였다. 일본제국이 청일전쟁에서 대동아전쟁에 이르기까지 무려 여덟 차례에 걸친 큰 규모의 전쟁을 벌인 역사는 동아시아 구성원의 앞날을 위해 지금이라도 엄중한 비판을 통한 심층적 고찰이 서둘러 이루어져야 한다. 이 과제가 달성된다면, 한국인들이 국내외에서 벌인 항일투쟁의 역사는 더 높은 차원에서 더욱 빛나는 모습으로 드러나게 될 것이다.

일본은 그 많은 침략 행위에 대해 국제정세의 변화로 부득이한 조치였다고 변명해왔다. 이에 대해 학계도 큰 이의를 제기하지 않았다. 이 책의 고찰로는 일본제국의 대외 침략은 처음부터 요시다 쇼인의 '주변국 선점론' 실천 차원에서 진행된 계획된 침략 행위였다. 일본 학계나 정계가 다 같이 요시다 쇼인의 『유수록』에 적힌 '주변국 선점론'을 오히려 외면해온 이유는 무엇인가? 진지한 응답이 나오기를 기대해본다.

# 부록

| 권호 | 중요 목차 | 초판 | 권호 | 중요 목차 | 초판 |
|---|---|---|---|---|---|
| 36 | 朝幕背離緖篇 | 1931 | 57 | 幕長交戰 | 1937 |
| 37 | 安政条約締結篇 | 1931 | 58 | 幕府瓦解期に入る | 1937 |
| 38 | 朝幕交涉篇 | 1931 | 59 | 倒幕勢力擡頭編 | 1938 |
| 39 | 井伊直弼執政時代 | 1932 | 60 | 長州再征篇 | 1938 |
| 40 | 安政大獄 前篇 | 1932 | 61 | 孝明天皇御宇終篇 | 1939 |
| 41 | 安政大獄 中篇 | 1932 | 62 | 孝明天皇崩御後の形勢 | 1939 |
| 42 | 安政大獄 後篇 | 1933 | 63 | 新政曙光篇 | 1940 |
| 43 | 桜田事變 | 1933 | 64 | 大政返上篇 | 1940 |
| 44 | 開國初期篇 | 1933 | 65 | 皇政復古篇 | 1940 |
| 45 | 久世安藤執政時代 | 1934 | 66* | 皇政一新篇 | 1942 |
| 46 | 文久大勢一變 上篇 | 1934 | 67 | 官軍東軍交戰篇 | 1942 |
| 47 | 文久大勢一變 中篇 | 1934 | 68 | 官軍東下篇 | 1942 |
| 48 | 文久大勢一變 下篇 | 1935 | 69 | 新政內外篇 | 1943 |
| 49 | 尊皇攘夷篇<br>－第七章 攘夷期限決定<br>　三三. 毛利慶親の參議推任 | 1935 | 70 | 關東征戰篇 | 1943 |
| | | | 71 | 奧羽和戰篇 | 1943 |
| 50 | 攘夷實行篇 | 1935 | 72 | 奧羽戰争篇 | 1943 |
| 51 | 大和及生野義擧 | 1936 | 73 | 會津戰争篇 | 1943 |
| 52 | 文久·元治の時局<br>－第二章 長藩の內訌<br>　六. 毛利氏の內憂外患<br>　十二. 毛利慶親の諭書(一)<br>　十三. 毛利慶親の諭書(二) | 1936 | 74 | 北越戰争篇 | 1944 |
| | | | 75 | 奧羽平定篇 | 1944 |
| | | | 76 | 函館戰争篇 | 1945 |
| 53 | 元治甲子禁門の役 | 1936 | 77 | 明治政務篇 | 1946 |
| 54 | 筑波山一擧の始末 | 1937 | 78 | 新政扶植篇 | 1960 |
| 55 | 內外交渉篇 | 1937 | 79 | 法律制度篇 | 1960 |
| 56 | 長州征伐 | 1937 | 80 | 薩長內政篇 | 1960 |

| 권호 | 중요 목차 | 초판 | 권호 | 중요 목차 | 초판 |
|---|---|---|---|---|---|
| 81 | 內政統制篇 | 1961 | 91 | 大阪會議の前後篇 | 1960 |
| 82 | 廃藩置縣篇 | 1961 | 92 | 外交雑事篇 | 1961 |
| 83 | 廃藩置縣後形勢篇 | 1961 | 93 | 萩秋月等の事變篇 | 1962 |
| 84 | 內政外交篇 | 1961 | 94 | 神風連の事變篇 | 1962 |
| 85 | 欧米と東洋篇 | 1961 | 95 | 西南役緒篇 | 1962 |
| 86 | 征韓論前篇 | 1961 | 96 | 西南役出師篇 | 1962 |
| 87 | 征韓論後篇 | 1961 | 97 | 熊本城攻守篇 | 1962 |
| 88 | 征韓論分裂以後篇 | 1961 | 98 | 西南役両面戰闘篇 | 1962 |
| 89 | 佐賀の乱篇 | 1961 | 99 | 西南役終局篇 | 1962 |
| 90 | 台湾役始末篇 | 1961 | 100 | 明治時代 | 1962 |

*출판사가 메이지쇼인(明治書院)으로 변경됨

※ 서울대학교 중앙도서관 고문헌 자료실의 이숭녕(李崇寧) 문고본을 이용하였다.

※ 권호 4, 12, 49, 52 등에서는 조슈번(長州藩)의 유래, 즉 모리(毛利) 가문의 역할 관련 항목을 참고로 드러냈다.

**부록 2.** 『증보 국민소훈(增補國民小訓)』(1933) 목차

| 편/장 | 소절 | 제목 | 편/장 | 소절 | 제목 |
|---|---|---|---|---|---|
| 사진 2점 | | 1. 구니요미야 전하 존영 진적(久彌宮殿下尊詠眞蹟)<br>2. 저자 봉헌(奉獻) 칠절필적(七絶筆跡) | (본편) | 제8 | 국체 옹호와 일국의 독립 |
| | | | | 제9 | 일본의 국체 |
| 칙어·조서 | | 「교육칙어」 등 4점 | | 제10 | 국체가 세계에 뛰어난 까닭 |
| 제사(題辭) | | 1〜5 | | 제11 | 국사(國史)로 돌아가자 |
| 목차 | | | | 제12 | 황실과 신민의 관계 |
| 전편<br>(前篇) | 제1 | 일본국민의 열쇠〔鍵〕 | | 제13 | 인군(人君)의 천직 |
| | 제2 | 국민적 자신 | | 제14 | 신민(臣民)의 충절 |
| | 제3 | 가족제도와 정조관념 | | 제15 | 역대의 황유(皇猷) |
| | 제4 | 생생불식(生生不息) | | 제16 | 유신(維新) 대개혁의 본의 |
| | 제5 | 자주적 외교 | | 제17 | 유신의 조서(詔書) |
| | 제6 | 세계에 대한 수평운동 | | 제18 | 5개조의 어서문(御誓文) |
| | 제7 | 만주국 | | 제19 | 어서문의 해의(解義) |
| | 제8 | 국기(國旗) 부: 제식과 게양법, 소학교 게양 국기와 게양방법 | | 제20 | 일본제국의 헌법 |
| | 제9 | 황도(皇道)의 요의(要義) | | 제21 | 메이지 천황(一) |
| | 제10 | 일본정신 | | 제22 | 메이지 천황(二) |
| | 제11 | 일군만민(一君萬民) | | 제23 | 쇼켄(昭憲) 황후 |
| | 제12 | 청년 남녀 각위 | | 제24 | 국민적 일치 |
| 본편<br>(本篇) | 제1 | 자국을 알자 | | 제25 | 국민적 노력 |
| | 제2 | 제2 입국의 요건 (1) | | 제26 | 대의를 세계에 펴자 |
| | 제3 | 제2 입국의 요건 (2) | | 제27 | 병역의 권리와 의무 |
| | 제4 | 제2 입국의 요건 (3) | | 제28 | 참정권의 행사 |
| | 제5 | 완전한 국가 | | 제29 | 자치심과 공공심(公共心) |
| | 제6 | 국이란 무엇이냐 | | 제30 | 애국심과 황실 중심주의 |
| | 제7 | 국체(國體)와 정체(政體) | | | 함정양기집<br>(涵情養氣集) |

**부록 3.** 『쇼와일신론(昭和一新論)』(1927) 목차

| 장별 | 제목 | 장별 | 제목 |
|---|---|---|---|
| 사진 1 | 조현식(朝見式) 칙어* | 제12 | 부(富)의 복음 |
| 사진 2 | 쇼와 천황 즉위 축하 시문 (…) 도쿠토미 이이치로(德富猪一郎) | 제13 | 태업 기분의 소탕 |
| | | 제14 | 의뢰심의 박멸 |
| 제1 | 총론 | 제15 | 뇌동성(雷動性)을 경계하자 |
| 제2 | 메이지 시대 | 제16 | 통일증(統一證)의 치료 |
| 제3 | 다이쇼 시대 | 제17 | 형식증(形式證)의 퇴치 |
| 제4 | 국제적 사상(事相, 형세의 뜻) | 제18 | 물직적 및 정신적인 지방분권 |
| 제5 | 국내적 사상 | 제19 | 자치심과 자치체 |
| 재6 | 이상(理想)이 없는 국가와 개인 | 제20 | 자유사상의 고취 |
| 제7 | 대일본제국의 이상 | 제21 | 인구문제와 식량문제 |
| 제8 | 이상은 곧 쇼와(昭和)에 있다 | 제22 | 국민적 은인자중 |
| 제9 | 무엇인가? 제왕(帝王)의 덕 | 제23 | 유단대적(油斷大敵) |
| 제10 | 황족(皇族)의 봉사적 직분 | 제24 | 삼세관통(三世貫通) |
| 제11 | 화족(華族)의 맹성을 촉구한다 | 제25 | 봉사적 정신의 부활 |

*「쇼와 천황 천조(踐祚) 후 조현(朝見) 어의(御儀)에서 사(賜)한 칙어」

**부록 4.** 『필승국민독본(必勝國民讀本)』(1944) 목차

| 편/절 | 제목 | 편/절 | 제목 |
|---|---|---|---|
| 서설 | 1. 초비상시 | | 9. 인적 요소 |
| | 2. 3종의 전쟁관 | | 10. 영적(靈的) 요소 |
| | 3. 인류의 이동 | 제3편 | 어떻게 우리는 필승하는가? (필승의 방책) |
| | 4. 세계 사상의 일대 기적 | | |
| | 5. 존황양이(1) | | 1. 필승의 신념 |
| | 6. 존황양이(2) | | 2. 할거주의의 타파 |
| | 7. 존황양이(3) | | 3. 유다야 근성을 버려라 |
| 제1편 | 어떤 이유로 필승하지 않으면 안 되는가? (필승의 필요) | | 4. 증산의 적 |
| | | | 5. 단기전과 장기전(1) |
| | 1. 이해의 전쟁과 생사의 전쟁 | | 6. 단기전과 장기전(2) |
| | 2. 타협없는 전쟁 | | 7. 교육의 근본의(根本義) |
| | 3. 전쟁 원인의 역사적 관찰(1) | | 8. 국민정신의 정화 |
| | 4. 전쟁 원인의 역사적 관찰(2) | | 9. 인적 자원과 인구 증식 |
| | 5. 전쟁 원인의 역사적 관찰(3) | | 10. 자력 본원(本願) |
| | 6. 미·영의 대일 증오-전후 방침(1) | | 11. 루스벨트와 처칠(1) |
| | 7. 미·영의 대일 증오-전후 방침(2) | | 12. 루스벨트와 처칠(2) |
| | 8. 대동아 흥망의 책임 | | 13. 루스벨트와 처칠(3) |
| 제2편 | 어떤 이유로 우리는 필승해야 하는가? | | 14. 루스벨트와 처칠(4) |
| | | | 15. 패배사상 |
| | 1. 대의명분의 전쟁과 부정 (不正)·불의(不義)의 전쟁 | | 16. 신경전(神經戰) |
| | | | 17. 사상전 |
| | 2. 대서양헌장의 해부 | | 18. 자유주의의 일소(一掃) |
| | 3. 불가해한 미·영의 전쟁 목적 | | 19. 화(和)로서 귀(貴)함으로 하라 |
| | 4. 통수(統帥)와 전투구역 | 결어 | 1. 아시아는 하나다 |
| | 5. 세력 집중과 세력 분상(分狀) | | 2. 동아사상의 근본의 |
| | 6. 삼각 경주 | 부록·주석 | |
| | 7. 막가(莫迦, 맑시즘)의 천국 | | |
| | 8. 물적 요소 | | |

# 본문의 주

## 프롤로그  근대 일본 역사학의 국가주의 시원 단초를 찾아

1  이 초청은 도쿄대학의 로쿠탄다 유타카(六反田豊) 교수와 덴리대학(天理大學)의 나가모리 미쓰노부(長森美信) 교수에 의해 이루어졌고, 발표문은 2020년 6월에 간행된 『조선학보(朝鮮學報)』 제255호에 개재되었다.

2  이 번역문은 분량 관계로 본서에 부록으로 붙이지 못했다. 필자가 원장을 맡고 있는 한국역사연구원 홈페이지에서 전문을 볼 수 있다(historykorea.org).

3  오우에쓰열번동맹(奧羽越列藩同盟)은 보신전쟁(戊辰戰争) 중 1868년 음력 5월 6일 결성한 동맹으로, 무쓰국(陸奥國)·데와국(出羽國)·에치고국(越後國)의 여러 번이 린노지노미야(輪王寺宮)·고겐뉴도 친왕(公現入道親王)을 맹주(盟主)로 한 반유신정부(反維新政府)의 공수동맹(攻守同盟) 또는 지방정권이었다. 모리오카번은 무쓰국에 속한다.

4  나이토 고난(內藤湖南)의 한국사 인식에 관한 연구는 그의 역사학 평가와 관련하여 필수 연구 대상이다. 『나이토 고난 전집(內藤湖南全集)』 제14권 「저작 목록」에서 그가 신문기자로서 한국의 현안과 관련하여 쓴 기사가 1894년 청일전쟁 중에 쓴 「조선(朝鮮)의 경영(經營)」(『이십육세기(二十六世紀)』 7, 1894. 8. 25)에서 시작하여 1907년 외무성 요청으로 간도(間島)문제를 조사한 후에 쓴 「한국동북강계고략(韓國東北疆界攷略)」(『오사카아사히신문(大阪朝日新聞)』, 1907년 8월 25일)까지 무려 23편에 달하였다. 대부분 일본정부의 한국정책을 지지하면서 적극적으로 추진할 것을 촉구하는 내용이다. 타이완 식민지 문제와 관련하여 쓴 것도 마찬가지다. 1908년 이후 교토제국대학 교수가 된 후, 발표한 역사 관계 글 12건도 모두 식민주의 관점이다. 그는 교토제국대학에서 길러낸 제자 오기야마 히데오(荻山秀雄)를 조선총독부에 추천하여 이왕직(李王職) 소속으로 근무하게 하면서 조선총독부 예산으로 중국에서 흘러나오는 고서를 다량 매입하도록 하였다. 그 가운데 희귀본 『영락대전(永樂大典)』 1책도 들어 있었다. 오기야마는 1923년 조선총독부 도서관이 건립되자 관장으로 취임하여 1945년 8월 15일 패전까지 관장으로 계속 근무하였고, 스승 나이토 고난 생존 시에 함께 조선사편수회에도 관여했다. 이태진, 2018, 「『영락대전』, 어떤 책인가?」, 『한국에 전하는 영락대전: 전존(傳存) 경위와 내용』, 한국역사연구원 편, 석오(石梧)역사연구자료 시리즈 1, 태학사, 27-31쪽.

5  도쿠토미 소호(德富蘇峰)는 1948년 연금에서 풀려난 후 구술로 『패전학교(敗戰學校): 국사의 건(國史の鍵)』(호운샤寶雲社, 1948)을 지어 남겼다. 이 책에서 일본제국이 전쟁을 일으킨 이유를 거대 중국 탓으로 돌리면서 반성의 기미는 거의 보이지 않았다. 1950년 박순래(朴順來)가 이 책의 일부를 번역하여 『패전학교』(창인사創人社)라는 이름으로 간행하였다.

6    安田浩, 2005,「日露戰爭の位相」, 安田浩・趙景達 編『戰爭の時代と社會』, 靑木書店. p. 22.

## 제1부 '동양사' 개발과 침략주의 역사교육: 요시다 쇼인과 나카 미치요

### 1장 '동양사' 용어의 유래와 인식 현황

1    원재연, 2011,「동양과 서양은 언제부터 어떻게 나뉘었나?」,『발로 쓰는 한국 천주교의
      역사』, 마백락 선생 교회사연구 50주년 기념논총 간행위원회. 이 논문에서는, 원나라 때
      중국 남부 광저우(廣州)의 선박들이 서남서 방향에 있는 수마트라섬을 향해 가면서 그
      항로를 직선으로 표시, 이 직선의 서쪽에 있는 나라를 '서양', 동쪽에 있는 나라를 '동양'
      이라고 칭하고, 명나라 중기『동서양고(東西洋考)』(1618)에서는 광저우-보르네오를 연
      결하는 일직선을 동서양 구분의 기준으로 바꾸었다고 한다. 마테오 리치(Matteo Ricci)
      를 비롯한 유럽 선교사들은 중국의 화이관을 인정하면서 유럽이 동서양 어디에도 포함
      되지 않은 점을 보완하여, 동남아는 물론 인도양 일대의 인도, 아라비아, 아프리카 연
      안까지를 소서양(小西洋), 유럽 일대를 대서양으로 새롭게 비정했다고 한다. 원나라 이
      래의 동양으로 분류된 인도네시아 일대의 동양을 소동양(小東洋)으로 포괄하고, 하와
      이섬이 있는 태평양 한가운데를 새롭게 대동양(大東洋)으로 설정했다. 페리(Matthew
      Calbraith Perry) 제독이 일본에 온 이후, 즉 19세기 중반 이후의 동서양 구분에 대해서
      는 아직 정밀한 문헌 조사 결과를 접하지 못했다.

2    이 제안 이전에 일본 출판계에 동양사란 용어가 이미 사용된 예가 있다. 1888년 6월에
      간행된 하라다 신이치(原田眞一)의『통속만국통감(通俗萬國通鑑)』(분지도文事堂, 1888)
      이 대표적이다. 이 책은 권 1-4를 '동양사', 권 5-10을 '서양사'로 나누었다. '동양사'에서
      는 제1 대일본기(大日本紀), 제2 지나기(支那紀), 제3 조선기(朝鮮紀), 제4 안남기(安南
      紀), 제5 섬라기(暹羅紀), 제6 달단기(韃靼紀), 제7 인도기(印度紀), 제8 파사기(波斯紀),
      제9 아서리아기(亞西利亞紀), 제10 유태기(猶太紀), 제11 액일다기(厄日多紀) 등으로 설
      정하고, '서양사'에서는 제1 희랍기(希臘紀), 제2 라마기(羅馬紀) (…) 제16 아미리가주
      발견 및 식민지(亞米利加洲發見及び殖民地), 제17 미리견기(米利堅紀) 등으로 나누었다
      (dl.ndl.go.jp/info:ndljp/pid/768416). 이 책에서 '동양사'는 유럽의 전통적인 오리엔
      트에 일본, 지나, 조선, 동남아시아 등지를 확대 포함한 형태이다. 1894년의 제안에 따
      른 '동양사' 교과서가 중국과 그 주변을 대상으로 한 것과는 다르다. 1889년에 도쿄전문
      학교 강의용으로 간행된 쓰보치 쇼요(坪內逍遙)의『상고사(上古史)』도 비슷하다(dl.ndl.
      go.jp/info:ndljp/pid/768338) 이 책은 제1권을 동양사, 제2권을 구라파, 제3권을 라마
      사(羅馬史)로 크게 나누고, 제1권 동양사는 다음과 같이 편성하였다. 제1편 지나 및 인
      도, 제2편 태고열국(太古列國) 제1장 애급, 제2장 아시리아 및 바빌론 등으로 구성했다.
      제2권의 구라파는 희랍사와 로마제국 이전의 유럽 각지의 국가를 다루었다. 지나와 인
      도를 '오리엔트' 개념에 합류한 형태이다. 이 사례 수집에는 서울대학교 중앙도서관 고

문헌 자료실의 송지형 씨의 도움이 있었다.

3  도쿄대학대학원인문사회계연구과(東京大學大學院人文社會係研究科) · 문학부(文學部)
   홈페이지, 2020년 검색(www.l.u-tokyo.ac.jp/laboratory/database/9.html).

4  교토대학대학원인문사회계연구과(京都大學大學院人文社會係研究科) · 문학부(文學部)
   홈페이지, 2020년 검색(www.bun.kyoto-u.ac.jp/about/about/).

5  교토대학대학원인문사회계연구과 · 문학부 홈페이지 내 '연구실소개(研究室紹介)' 메뉴
   중 '역사문화-동양사전수(歷史文化學-東洋史學專修)'에 실린 '문학부 수험생에게 보내는
   메시지(文學部受驗生向けメッセージ)'. www.bun.kyoto-u.ac.jp/departments/div_of_
   history/oriental_history/#01 참조.

6  江上波夫 編, 1992, 「序文」, 『東洋學の系譜』, 大修館書店.

7  일본사, 동양사, 서양사 3분과 역사교과서 제도 성립에 관해서는 이 책 5장 1절에서 자세
   히 다룬다.

8  中見立夫, 2006, 「日本の'東洋學'の形成と構圖」, 岸本美緖 編集, 『東洋學の磁場』(岩波講座 '帝
   國'日本の學知 第3巻), 岩波書店.

9  岸本美緖 編集, 2006, 「編輯にあたって」, 『東洋學の磁場』(岩波講座 '帝國'日本の學知 第3巻),
   岩波書店, pp. v-vi.

10 岸本美緖 編集, 2006, 「序章 東洋のなかの東洋學」, 『東洋學の磁場』(岩波講座 '帝國'日本の學
   知 第3巻), 岩波書店, pp. 6-7.


## 2장 메이지 정부의 대외 침략주의

1  井上勝生, 2006, 『幕末 · 維新-シリーズ 日本近現代史』1, 岩波書店, pp. 9-38. 이 책은「제1
   장 에도만의 외교(江戸灣の外交)」 중 2절 '개국에의 길(開国への道)'에서 막부가 페리 제
   독의 요청에 소극적으로 대응하다가 존왕파의 반발을 샀다는 종래의 통설을 비판하고,
   반대로 막부가 '오란다(네덜란드) 별단풍설서(別段風說書)'의 정보에 근거하여 통교 준
   비를 미리 한 사실을 새롭게 밝히고 있다.

2  일본은 메이지 5년(1872년) 11월 9일(양력 12월 9일)에 태정관포고 337호(개력의 포고)
   를 공포. 그해 12월 2일(양력 1872년 12월 31일)까지만 태음력(천보력)을 사용하고 그
   이튿날을 메이지 6년 1월 1일(양력 1873년 1월 1일)로 고치면서 태음력을 폐지하고 태
   양력을 사용하였다. 이를 기준으로 이 책에서도 1873년 1월 1일 이전 일본의 역사 사건
   의 연월일은 음력으로 서술하였다.

3  원로원은 1885년 내각이 발족하여 제국헌법 초안을 준비할 때 내부에 헌법취조국(憲法
   取調局)을 두고 초안 기초에 협력하였다. 1890년 제국헌법이 시행됨에 따라 귀족원(貴族
   院)으로 이름을 바꾸어 중의원(衆議院)과 함께 형식상 양원제를 이루었다. 중의원은 연
   1회 개원에 예산 심의의 권한밖에 없었다.

4  守部喜雅, 2011, 『勝海舟, 最期の告白』, フォレストブックス, pp. 99-100. 가쓰 가이슈(勝海
   舟)는 일본 정부가 청일전쟁을 일으킨 것에 대해 『히카와세이와(氷川淸話)』를 통해 일

본, 중국, 조선이 서양 세력에 대한 대응으로 삼국 합종책(合從策)이 정답이란 논설을 기탄없이 발언했다고 한다.

5  伊藤之雄, 2009, 『山縣有朋: 愚直な權力者の生涯』 文春新書 684, 文藝春秋, pp. 105-106; 松浦玲, 2011, 『勝海舟と西鄕隆盛』, 岩波書店, pp. 169-171. 두 책의 저자들은 '사이고 다카모리(南洲, 西鄕隆盛)'는 정한론자가 아니라고 주장했다; 正龜賢司, 2018, 『西鄕隆盛と西南戰爭を步く』 文春新書 1175, 文藝春秋, pp. 16-19. 이 책의 저자는 서장에서 도사번 출신의 참의 이타가키 다이스케(坂垣退助)가 거류민 보호 등을 이유로 파병하는 '정한론(征韓論)'을 창도하고, 사이고 다카모리는 출병에 반대하고 사절을 파견하여 교의를 후하게 하여야 한다고 주장을 낸 것을 밝히고, 이를 '견한론(遣韓論)'이라고 구분하는 한편 현재는 후자가 통설이 되고 있다고 소개하였다.

6  山田済齋 編, 1939(第62刷本), 『西鄕南洲遺訓』 岩波文庫 青101-1, 岩波書店. "一. 遺訓의 十七".

7  이태진, 2002, 「운양호 사건의 진상: 사건 경위와 일본 국기게양설의 진위」, 『조선의 정치와 사회』(최승희 교수 정년 기념 논문집), 집문당, pp. 435-475; 鈴木淳, 2002, 「雲揚艦艦長井上良馨の明治八年九月二十九日付江華島事件報告書」, 『史學雜誌』 第111卷 第12號.

8  건백서는 고치현(高智縣) 사족(士族) 시게루 후루사와(古澤迁郎, 1847~1911), 오카모토 겐자부로(岡本健三郎, ?~?), 이타가키 다이스케(板垣退助, 1837~1919), 묘도현(名東縣) 사족 고무로 시노부(小室信夫, 1839~1898), 쓰루가현(敦賀縣) 사족 유리 기미마사(由利公正, 1829~1909), 사가현(佐賀縣) 사족 에토 신페이(江藤新平, 1834~1874), 소에지마 다네오미(副島種臣, 1828~1905), 도쿄부(東京府) 사족 고토 쇼지로(後藤象次郎, 1838~1897) 등 8인의 이름으로 발표되었다.

9  세이난전쟁 당시 전비(戰費)는 1876년 세입의 70%에 해당하는 약 4,156만 엔이 들었다. 정부는 이 전비 조달을 위해 지폐를 남발하여 인프레이션이 일어났다. 또 이 전쟁에서 정부군 수송과 전신(電信) 부설을 한꺼번에 수주한 미쓰비시(三菱)상회가 전비 가운데 1,500만 엔을 획득하여 일약 재벌화한 사실은 유명하다.

10  군부파의 좌장 노릇을 한 야마가타 아리토모(山縣有朋)는 주변국 선점론을 담은 『유수록』을 남긴 요시다 쇼인(吉田松陰)의 충실한 세자였다. 그에 관해 이토 유키오(伊藤之雄)는 『야마가타 아리토모(山縣有朋): 우직한 권력자의 생애(愚直な權力者の生涯)』(분게슌주文藝春秋, 2009)에서 서문의 제목을 "요시다 쇼인의 '충실'한 제자(吉田松陰の'忠實'な弟子)"라고 붙였다. 야마가타 아리토모는 일본제국 육군을 창설하여 발전시킨 주역으로서 그의 사상이 이렇게 주변국 침략론에 빠져 있었다면 일본제국의 대외 팽창정책이 국제정세의 불가피한 결과가 아니라 처음부터 계획된 것이라는 사실을 증명한다.

11  煙山專太郎, 1907, 『征韓論實相』, 早稻田大學出版部. 정한론에 관한 최초의 저서라고 할 수 있는 이 책에서 저자는 정한론을 '대정한론', '소정한론'으로 구분하여 사이고 다카모리를 후자로 분류했다.

## 3장 1880년대 국가주의 체제 확립과 요시다 쇼인

1 久保田哲, 2018, 『帝國議會: 西洋の衝擊から誕生まで格鬪』 中公新書 2492, pp. 123-134.

2 야마가타 아리토모는 육군의 창설, 발전을 주도하면서 독일식 조직을 많이 참조했다. 그는 이토 히로부미의 관료파 세력을 견제, 경쟁하는 관계였지만, 1888년 12월부터 이듬해 10월까지 10개월간의 두 번째 유럽 순방에서(첫 번째는 1869. 3.～1870. 8.) 프랑스, 이탈리아를 거쳐 1889년 3월에 독일로 들어가 국법학자 슈타인(Lorenz von Stein)을 찾아가 5월 3일부터 15일까지 12일간 매일 두 시간씩 국법에 관한 강의를 받았다. 여기서 야마가타는 (1) 국가에는 국경에 해당하는 주권선과 그 외부에 이익선이 있고, (2) 외국 세력이 이익선에 진출하여 올 때 의연하게 조치하면, 그 나라는 외국의 존경을 받아 타국에 세력을 미칠 수 있다는 등의 제국주의 외교론을 배웠다(伊藤之雄, 2009, 『山縣有朋: 愚直な權力者の生涯』 文春新書 684, 文藝春秋, pp. 232-233). 이토 히로부미나 야마가타 아리토모는 요시다 쇼인의 주변국 선점론을 슈타인의 국법론 및 외교론을 통해 정당화할 근거를 얻었다고 볼 수 있다.

3 佐佐木隆, 1999, 『伊藤博文の情報戰略―藩閥政治家たちの攻防』 中公新書 1483, 中央公論新社, pp. 48-49.

4 원로는 메이지 시대에 7명(조슈 출신 3명, 사쓰마 출신 4명, 공가 1명)으로 명단은 다음과 같다. 이토 히로부미(伊藤博文, 1841～1909, 조슈), 구로다 기요다카(黑田淸隆, 1840～1900, 사쓰마), 야마가타 아리토모(山縣有朋, 1838～1922, 조슈), 이노우에 가오루(井上馨, 1836～1915, 조슈), 마쓰가타 마사요시(松方正義, 1835～1924, 사쓰마), 사이고 주도(西鄕從道, 1843～1902, 사쓰마), 오야마 이와오(大山巖, 1842～1916, 사쓰마), 사이온지 긴모치(西園寺公望, 1849～1940, 공가) 伊藤之雄, 2016, 『元老: 近代日本の眞の指導者たち』 中公新書 2379, 中央公論新社, pp. 43-60. 저자는 제2장 「헌법제정과 원로제도 형성(憲法制定と元老制度形成)」에서 원로 제도가 조슈 세력의 중심인물인 이토 히로부미와 야마가타 아리토모가 대립하는 시초가 된다고 보았다.

5 박진우, 2002, 「메이지(明治) 초기의 천황제(天皇制) 이데올로기와 기독교」, 『일본역사연구』 제16집.

6 메이지 천황의 유교에 관한 관심과 심취에 대해서는 笠原英彦, 2006, 『明治天皇―苦惱する '理想的君主'―』 中公新書 1849, 中央公論新社, pp. 129-134 참조. 시보직(侍補職)의 모토다 나가자네(元田永孚, 1818～1891), 시종번장(侍從番將) 다카사키 마사카제(高崎正風, 1836～1912) 등이 유교의 군민공치(君民共治) 실현을 위한 천황의 직접 정치를 권유하는 움직임이 포착되어 조슈 세력에게 견제를 받은 사실 등이 소개되어 있다. 1878년 그들은 내무경(內務卿, 당시 실질적인 수상) 오쿠보 도시미츠(大久保利通, 1830～1878)를 궁내경(宮內卿)으로 영입하려 하였고, 오쿠보도 동의하는 상황에서 5월 18일 아침 돌연 오쿠보가 피살되었다. 제국헌법은 유교의 중앙집권관료제를 국가 통치의 기본 조직으로 활용하면서 군주에 해당하는 천황의 직접 정치 대신 원로(元老) 번벌 세력을 주체로 바꾸고자 천황을 최고 권위의 상징 굴레 속에 가두어버린 변형 정치 형태로 볼 수도 있다.

7 야마카와 히로시(山川浩)는 아이즈번(會津藩) 출신으로, 육군 대좌에 이르러 모리 문부 대신의 지명으로 고등사범학교 교장이 되었다. 그는 이전에 육군성 인원국(人員局), 총무국 제규과(制規課) 과장 경력의 소지자였다. 나중에 육군 소장에 올랐으며, 남작의 작위를 받고 귀족원 의원이 되었다. https://ja.wikipedia.org/wiki/%E5%B1%B1%E5%B7%9D%E6%B5%A9 참조.

8 이하의 요시다 쇼인에 관한 서술은 필자의 아래 논문에 주로 의존한다. 필자는 2014년 6월에 「요시다 쇼인(吉田松陰)과 도쿠토미 소호(德富蘇峰)」를 서울대 국사학과 『한국사론』 60집에 발표하였다. 쓰루문과대학(都留文科大學) 변영호(邊英浩) 교수는 필자의 이 논문의 일역본 초고(고미야 히데타카小宮秀陵 번역)에 보완 번역을 가해 『쓰루문과대학 연구기요(都留文科大學研究紀要)』에 게재하여 일본 연구자들이 볼 수 있도록 통로를 만들어주었다. 필자는 2017년 『끝나지 않은 역사: 식민지배 청산을 위한 역사인식』(태학사)를 출판하면서 이 논문의 일본어 번역본을 다시 한국어로 다듬어 실었다. 여기서는 이 책에 실린 논문을 주로 활용한다.

9 田中彰, 2001, 『吉田松陰: 變轉する人物像』中公新書 1621, 中央公論新社, p. 8에서는 『근고강개가열전(近古慷慨家列傳)』이 1884년 11월에 처음 간행된 것으로 소개했다. 그런데 필자가 본 서울대학교 중앙도서관 소장본 제7판의 판권에 명시된 내용에 따르면, 제1판은 메이지 19년(1886) 5월 27일로 되어 있다. 그리고 매년 판을 거듭하다시피 하여 메이지 24년(1891) 2월의 제6판에 이어 9월에 제7판을 출간한 것으로 되어 있다.

10 다나카 아키라(田中彰)는 위의 책 1884년 간행본에서 요시다 쇼인을 비롯해 10명의 열전을 소개하였다. 그 명단은 다음과 같다. 라이 산요(賴山陽), 라이 미키사부로(賴三樹三郎), 미토 나리아키(水戶齊昭), 겟쇼(月照) 와타나베 가잔(渡辺崋山), 히라노 구니오미(平野國臣), 호리 오리베(堀織部, 호리 도시히로堀利熙), 다케다 고운사이(武田耕雲齋), 구모이 다쓰오(雲井龍雄) 등이다. 그런데 필자가 본 제7판 목차에는 이 10명 앞에 사쿠마 쇼잔(佐久間象山) 등 5명, 그리고 뒤로 다카스기 신사쿠(高杉晉作) 등 20명이 열거되어 있다. 제7판에서는 총35명의 전기(傳記)가 수록되었다.

11 田中彰, 2001, 앞의 책, p. 8. 평민이란 메이지 정부가 1871년에 '사민평등(四民平等)'의 기치로 내세운 신분 구분, 즉 황족(皇族), 화족(華族: 공경公卿, 다이묘大名), 사족(士族: 가신家臣), 평민(농공상인)의 '평민'을 드러내서 표시한 것이다.

12 초판 서(1882, 雲潭 大野太衛 撰), 재판 서(1884, 一筆生 磊磊 識), 3판 서(1885, 三樹生), 4판 서(1886, 武陽 楊洲生).

13 이에 대해서는 다나카 아키라(田中彰)의 앞의 책에서 1884년에 자유민권운동이 이른바 「호농 민권(豪農民權)」에서 「농민 민권(農民民權)」으로 그 주체가 내려가고 있었던 것과 연관이 있을 것이라고 했지만(pp. 23-24), 좀 더 자세한 분석이 필요하다. 호농 민권조차 실현되기 어려운 상황에서 농민 민권 신장을 위한 사회운동은 기대하기 어려운 분위기였다. 이 책의 요시다 쇼인 전기는 (1) 시대의 아들 (2) 야마가류(山鹿流) 병학가(兵學家) (3) 나가사키행(長崎行), 도호쿠행(東北行) (4) 흑선 내항과 '시모다 답해(下田踏海)' (5) 노야마옥(野山獄), 그리고 쇼카촌숙(松下村塾) 주재(主宰) (6) '초망굴기(草莽崛起)'

의 인(人)' (7) 단죄 - 쇼인(松陰)의 죽음 등으로 장을 세웠다. 이 체계는 이후 다른 저술에도 많이 답습되어 하나의 정형(定型)을 제시한 것으로 평가된다고 한다.

14  田中彰, 2001, 앞의 책, pp. 4~7.

15  위의 책, p. 7.

16  필자는 서울대학교 중앙도서관 수장본을 활용했다.

17  山口縣教育會 編, 2001, 『吉田松陰全集』 第1卷, マツノ書店, pp. 347-350. 이 전집은 1939년 이와나미쇼텐(岩波書店) 간행본의 복간본이다.

18  山口縣教育會 編, 2001, 앞의 책, pp. 350-351; 吉野誠, 2002, 『明治維新と征韓論: 吉田松陰から西郷隆盛へ一』, 明石書店, pp. 56-57.

19  平木實, 2015, 「十七~十九世紀의 日本의 朝鮮史認識形成의 特色」, 笠谷和比古 編, 『德川社會と日本近代化』, 思文閣出版. p. 600.

20  韓桂玉, 1996, 『征韓論의 系譜』, 三一書房, pp. 36-37. '팔굉일우(八紘一宇)'에서 팔굉(八紘)은 사방(四方)과 사우(四隅), 일우(一宇)는 하나의 집이라는 뜻으로, '팔굉위우(八紘爲宇)'가 정확한 표현이다. 한계옥은 요시다 쇼인을 "메이지 시기를 통하여 가장 열렬한 존황 사상가로서 일본 근대화의 선각자로서 현창되고 있다"라고 하였다(위의 책, p. 38); 박영재 · 박충석 · 김용덕, 1996, 『19세기 일본의 근대화』, 서울대학교 출판부의 제2장 「근대 일본에 있어서 국가주의의 형성」에서 해외 발전 모델에 관한 논의로서 혼다 도시아키(本多利明, 1744~1821), 사토 노부히로(佐藤信淵, 1769~1850), 하시모토 사나이(橋本左內, 1834~1859), 요시다 쇼인 4인의 주장이 간명하게 정리되었다(pp. 76-79).

21  이하의 서술은 아래 필자의 글에 근거한다. 이태진, 2017, 「요시다 쇼인(吉田松陰)과 도쿠토미 소호(德富蘇峰)」, 『끝나지 않은 역사: 식민지배 청산을 위한 역사인식』, 태학사.

22  井上勝生, 2006, 『幕末 · 維新-시리즈 日本近現代史』 1, 岩波書店, pp. 20-21.

23  2004년 10월부터 일본 야마구치현(山口縣) 소재 야마구치산업주식회사(山口産業株式會社)에서 발행하는 『월간(月刊) 쇼카촌숙(松下村塾)』이 요시다 쇼인과 그의 문인들의 활약을 향토사적 차원에서 취재하여 홍보하고 있다. 창간호(Vol. 1)는 머리기사로 「조슈국長州國(야마구치현) 하기번(萩藩) 최후의 번주 모리 다카치카(毛利敬親, 1819~1871)를 소개했다. 「유신(維新)을 성취한 돕부(톱, 우두머리: 인용자)의 기량」이란 제목으로 '조슈번의 경제 기반'을 다음과 같이 서술하였다. 막말의 조수 번의 인구는 약 50만 인으로, 지배층의 가신단(家臣團)은 5,675인. 고쿠다카(石高, 공인 과세 대상 토지 보유량)는 약 37만 석으로, 표면상으로는 무라다 세이후(村田淸風)의 덴포 개혁(天保의 改革)에서 알려지듯이, 호상(豪商)의 대차금(大借金)에 어려움을 겪었지만, 실제로는 덴포 11년(1840)에 약 90만 석이었고, 막말에는 약 100만 석이었다고 알려진다. 모리 모토나리(毛利元就, 1497~1571) 시대에는 주고쿠(中國) 8개국을 지배 아래 둔 고쿠다카 112만 석에 가까운 유복한 경제력을 누렸다. 1840년 전후의 숨겨진 재정력이 막부 타도와 왕정복고를 향한 활동을 가능하게 하였다. 제7대 번주(藩主) 모리 시게타카(毛利重就, 1725~1789)가 설치한 무육방(撫育方, 부이쿠카타)이 이런 경제력 증대의 기반이 되었다. 무육방은 호레키(寶曆) 13년(1763)에 번 내 토지조사(신검지新檢地)로 얻은 약 4만 1,600석을 기금

으로 한 특별회계 장치였다. 이 기금을 토대로 신전(新田, 간척지) 개발이나, 월하방(越荷方, 고시니카타, 조슈 구역의 시모노세키해협을 통과하여 오사카 등지로 물자를 수송하는 업자들에게 자금을 대출하여 이식을 취하는 기구)의 기타마에부네(北前船)에 대한 융자, 창고업으로 이익을 추구하였다. 18세기 이후 매년 이익이 4,000량을 넘었다고 한다. 일반회계에서는 큰 적자로 어려움을 겪었지만, 이 숨겨진 재원 덕분에 막부 타도를 향해 돌진하는 것이 가능했다.『(月刊) 松下村塾』Vol. 1, 2004年 10月, p. 6.

## 4장 서양식 역사학 수용과 니카 미치요의 '동양사' 제안

1  김용덕, 1991,「명치(明治) 초기의 보수와 진보: 명육사(明六社)」,『일본 근대사를 보는 눈』서울대학교 동양사학 강의 총서 XII, 지식산업사.

2  이하의 서술은 일본어 번역으로 발표된 필자의 다음 논문을 활용하였다. 한국어본은 이 책에서 처음 활용된다. 李泰鎭(長森美信 譯), 2020,「明治日本政府の歷史敎育政策と朝鮮史(韓國史)」,『朝鮮學報』第255輯, 朝鮮學會.

3  『外國史略』元(卷 1·2) 享(卷 3·4) 利(卷 5·6) 貞(卷 7·8). 일본국회도서관 소장본을 이용했다(dl.ndl.go.jp/info:ndljp/pid/768254 참조). 이하 지나사(중국사)에 관한 자료도 모두 일본국회도서관 소장본을 활용했다. 별도로 밝히지 않는다.

4  市村瓚次郎·瀧川龜太郎 纂著,「支那史序」, 1891~1892,『支那史』卷一, 吉川藏版.

5  이 책은 매우 저명한 것으로, 일본국회도서관 수장 역사교과서 조사 대상은 아니었다. 필자는 故那珂博士功績紀念会 編,『那珂通世遺書』(大日本圖書株式會社, 1915)에 수록된 것을 활용했다.

6  三宅米吉, 1915,「文學博士那珂通世君傳」, 故那珂博士功績紀念会 編,『那珂通世遺書』, 大日本圖書株式會社, p. 25.

7  위의 책, p. 26.

8  위의 책, p. 27.『지나통사(支那通史)』는『십팔사략(十八史略)』과 마찬가지로 송대사(宋代史)에서 그쳤다. 원대 이후는 자료 수집 과정에서『원조비사(元朝祕史)』의 일본어 번역본 형식으로『칭기스칸실록(成吉思汗實錄)』(1907, 대일본도서주식회사大日本圖書株式會社) 출간으로 대신했다. 또 한문으로 저술되어 청국의 신식 교육계에서도 환영받아 1899년 뤄전위(羅振玉)가 이를 상하이에서 번각(飜刻) 출판했다(위의 책, p. 27).

9  니시무라 유타카(西村豊)는 1895년에『조선사강(朝鮮史綱)』도 출간했다. 양자에 대한 비교 검토가 필요하다.

10  Bernard, Welter Theodor (1855), *Compendio della storia universale, ad uso delle scuole*. 독일어 번역본; *Lehrbuch der Weltgeschicte für höhere Lehranstaltten*, 1892~1894년에 나왔으므로 편자가 참고한 것은 전자(前者)가 되겠다.

11  나카 미치요에 관한 서술은 三宅米吉, 1915,「文學博士那珂通世君傳」, 故那珂博士功績紀念会 編,『那珂通世遺書』, 大日本圖書株式會社에 주로 근거하였다. 이 전기는 당초에 한국어로 번역하여 이 책의 부록으로 싣기로 하였으나, 분량이 많아 필자의 한국역사연구원 홈

페이지에 올렸다(historykorea.org).

12  세 사람의 교유 관계에 대해서는 미야케 요네치키(三宅米吉)가 쓴 「文學博士那珂通世君傳」과 구보데라 고이치(窪寺紘一)가 쓴 『東洋學事始: 那珂通世とその時代』(平凡社, 2009)의 제1장 '모리오카번교(盛岡藩校)·작인관(作人館)' 등의 서술이 자세하다. 전자에 따르면 3인의 관계는 1851년 요시다 쇼인(吉田松陰)의 '도호쿠제주유력(東北諸州遊歷)' 중 나카 미치타카(那珂通高)의 고향 나카군(那珂郡) 방문 길에 미토(水戶)에서 이루어졌다. 이밖에 나카 고로(那珂梧樓)의 일기(岩手古文書學會 編, 『幽囚日錄』, 國書刊行會, 平成 元年)에 실린 「『幽囚日錄』について」, 나이토 고난이 쓴 「我が少年時代の回顧」(『內藤湖南全集』 第二卷 追想雜錄, 岩波書店, 1997), 「內藤十灣先生事略」(明治四十一年六月)(『內藤湖南全集』 十四 湖南文存 卷13) 등에서도 언급되었다. 나이토 고난은 전자(前者)에서 모리오카(盛岡)에 '부(父)의 선생(先生)'이나 '우인(友人)'으로 나카(那珂) 씨(梧樓, 나카 미치요 박사의 양부)를 비롯해 3인의 거소(居所)를 열거했다.

13  나이토 고난의 출생지(出生地) 아키타현(秋田縣) 가즈노시(鹿角市) 소재의 가즈노시선인현창관(鹿角市先人顯彰館)에 전시된 나이토 주완(內藤十灣)의 서재(書齋)에 '창룡굴(蒼龍窟)' 현판이 걸려 있는데, 요시다 쇼인의 당호(堂號)를 딴 것이라고 한다.

14  나이토 고난은 서명(署名)에 '虎' 자(字)를 즐겨 쓰기도 했다.

15  이하 나카 미치요(那珂通世)의 인적 사항과 역사 3과 교과서에 관한 서술은 李泰鎭(長森美信 譯), 2020, 「明治日本政府の歷史敎育政策と朝鮮史(韓國史)」, 『朝鮮學報』 第255輯, 朝鮮學會에 의거한다.

16  구키 류이치(九鬼隆一)는 셋쓰국(攝津國, 오사카大阪) 산다번(三田藩) 번사로서 부유한 집안 출신이었다. 후쿠자와 유키치(福澤諭吉)는 산다번의 번정개혁(藩政改革)에 참여한 인연으로 번의 추천을 받은 구키 류이치의 게이오의숙(慶應義塾) 입학을 허가했다.

17  양양사(洋洋社)는 막말·유신(幕末·維新) 초기의 정치적 급변 속에 전통 한학(漢學)의 일급(一級) 지식인들이 도쿄에 모여 학문 강론을 나눈 모임이었다. 『양양사담(洋洋社談)』이란 필기 학술지를 만들어 회원들의 글을 매월 2회 또는 1회씩 출간했다. 미야케 요네키치(三宅米吉)에 따르면 '이토 게이스케(伊藤奎介), 오츠키 벤케이(大槻磐溪), 기무라 마사고토(木村正辭), 구로카와 마요리(黑川眞賴), 고나카무라 키요노리(小中村淸矩), 사카기바라 요시노(榊原芳野), 사카타니 로우로(坂谷朗廬), 나카미치다카(那珂通高), 니시무라 시게키(西村茂樹), 요다 하쿠센(依田百川)' 등 당대의 한학 분야의 대가(大家)들이 회원이었다. 三宅米吉, 1915, 앞의 글.

18  『외교역사(外交繹史)』는 고(故) 나카미치요박사공적기념회(那珂通世博士功績紀念會) 편으로 1915년에 간행된 『나카 미치요 유서(那珂通世遺書)』에 실렸다. 저자 생전에 전20권으로 계획하였지만, 4권(卷之四)까지 발간하는 데 그쳤다. 여기에 실린 『외교역사』는 별도로 출판되지 않았다. 李泰鎭(長森美信 譯), 2020, 앞의 논문, pp. 34-35.

19  『조선근세정감(朝鮮近世政鑑)』은 박제형(朴齊炯 혹은 朴齊絅)이 본문을 쓰고 배차산(裵次山 혹은 裵此山)이 추기를 한 것으로, 헌종(憲宗) 사후 후사 결정 논의부터 1876년 조일수호조규 체결 이전까지를 다룬 일종의 야사(野史)이다. 저자 박제형은 1882년 박영

효를 따라 수신사의 수행원으로 일본을 왕래했으며, 1884년 갑신정변에 가담하여 거사 당일 연락 임무를 맡았다가 패주할 때, 수표교에서 군중들의 손에 의해 희생된 것으로 전한다. 그의 저술이 일본인 손에 전해진 사연은 알 수 없지만, 일본 망명 중의 갑신정변 관련자가 관계했을 것으로 추측된다(encykorea.aks.ac.kr/Contents/Item/E0007425). 서문을 쓴 이수정(李樹廷)은 박제형과 마찬가지로 1882년 수신사 박영효를 수행했다가 일본에 그대로 머물러 유학했다. 그는 기독교 신자가 되어 미국인, 일본인과 교유하면서 성경 번역에 힘썼다. 도쿄외국어학교 교사로 취임하여 2년간 조선어를 가르쳤다. 1886년 6월에 귀국했다가 관헌에 잡혀 처형된 것으로 알려진다(ko.wikipedia.org/wiki/%EC%9D%B4%EC%88%98%EC%A0%95_(1842%EB%85%84). 이수정이 나카 미치요에게 박제형의 원고를 넘겼을 가능성이 있다. 그러나 자세한 고찰이 필요하다.

20  니시무라 시게키(西村茂樹, 1828~1902)는 앞에서 살폈듯이 1888년 발행된 『지나사(支那史)』(이치무라 산지로·다키가와 가메타로 공저)에 서문을 써주었다. 일찍이 사쿠마 쇼잔(佐久間象山)에게서 포술(砲術)을 배우고, 페리 함대 충격으로 해방론(海防論)을 올린 다음, 적극적인 해외 진출 무역론을 주장했다. 1873년 후쿠자와 유키치(福澤諭吉), 모리 아리노리(森有禮), 니시 아마네(西周), 나카무라 마사나오(中村正直), 가토 히루유키(加藤弘之) 등과 메이로쿠샤(明六社)를 결성하고, 곧 한자(漢字) 폐지론을 폈다. 시모다 우타코(下田歌子)는 중등역사교과서로 『여자일본역사교과서』(분가쿠샤文學社, 1902. 1.)『일본역사교과서』(분가큐사, 1903)를 발행했다. 여관(女官)이었던 시모다 아타코는 화가(和歌)에 뛰어난 재능이 있어 하루코(美子) 황후로부터 '우타코(歌子)'란 이름을 내려받을 정도로 총애를 받았다. 또한 그녀는 화족여학교 교육의 임무를 부여받고 구미 시찰에 나섰는데, 구미 시찰 후 오히려 대중 여자교육에 더 많은 관심을 기울이게 되었다.

21  일본제국에서 관리는 판임관(判任官), 주임관(奏任官), 칙임관(勅任官), 친임관(親任官) 4부류가 있으며, 주임관 이상을 고등관(高等官)이라고 했다. 고등관의 등급은 주임관은 3등~9등, 칙임관은 1~2등을 부여했다. 나카 미치요의 고등관 6등은 주임관에 해당한다. 이 외에 관청에서 기용하는 고인(雇人), 용인(傭人), 촉탁(囑託)은 관리의 범주에 들지 않는다.

22  가노 지고로(嘉納治五郞, 1860~1938)는 일본 고토칸(講道館) 유도(柔道)의 창시자로서, 일본의 올림픽 첫 참가를 추진했다. 교육자로서는 1882년부터 가쿠슈인(學習院) 교두(教頭), 1893년부터 25년간 도쿄고등사범학교(東京高等師範學校)의 교장, 부속중학교 교장을 역임했다. 일본여자대학 창립위원으로도 참가했다. 1882년에 세운 영어학교 고분칸(弘文館)은 루쉰(魯迅)을 비롯한 중국 유학생이 많이 입학해 유명해졌다. 1887년 이노우에 엔료(井上円了)가 개설한 데쓰가쿠칸(哲學館)의 강사로 초빙되어 윤리학 과목을 담당하고, 『일본역사교과서』(1902)를 발행한 다나하시 이치로(棚橋一郞)와 함께 이 과목을 위해 『데쓰가쿠칸 강의록(哲學館講義録)』을 저술했다. 1906년 일본 IOC위원으로 선출되어 1936년 베를린 올림픽 후 1940년 하계올림픽을 도쿄로 유치하였다. 그러나 1940년 도쿄 올림픽은 1939년의 제2차 세계대전, 1937년 이래의 중일전쟁으로 열리지 못했다.

23 『태평기(太平記)』는 작자 미상의 전40권이나 되는 군담소설이다. 남북조시대를 배경으로 약 1200년부터 1350년경까지의 무사들의 세계를 소재로 했다. 에도 시대에 미토(水戶)의 국학자들이 『대일본사(大日本史)』 편찬에 참고자료로 많이 활용했다. 메이지 시대 독일의 랑케 학파의 실증주의가 제국대학에 들어오면서 구메 구니타케(久米邦武) 교수가 『태평기』의 사료적 가치를 부정하고, 이어서 같은 과의 시게노 야스쓰구(重野安繹) 교수가 이 책에만 나오는 남조의 무장 고지마 다카노리(兒島高德)의 실존 여부를 둘러싼 논쟁에서 실존을 부정했다.

24 東京大學百年史編纂委員會 編, 1986, 『東京大學百年史』 部局史, 東京大學出版會, pp. 609-610.

25 三宅米吉, 1915, 앞의 글, p. 32.

26 위의 글, p. 33.

27 江上波夫 編, 1992, 「白鳥庫吉」, 『東洋學の系譜』, 大修館書店, pp. 40-42.

28 內藤湖南 著, 神田喜一郎·內藤乾吉 編集, 1969, 『內藤湖南全集』 十四, 年譜, 筑摩書房, p. 661.


## 5장 일본·동양·서양 3과 역사교과서 제도 수립과 천황제 국가주의

1 역사교과서에 관한 이하의 분석 및 서술은 李泰鎭(長森美信 譯), 2020, 「明治日本政府の歷史敎育政策と朝鮮史(韓國史)」, 『朝鮮學報』 第255輯, 朝鮮學會에 근거한다.

2 필자의 조사에서 다음 2종이 더 파악되었다. (1) 小島政吉, 1899(明治 32), 『女子敎科 本邦史要』, 明治書院 (2) 山本宗太郎, 1904(明治 37. 3.), 『女子敎科 本邦歷史』, 六盟館. (1)의 저자는 고등사범학교 졸업자(디지털판 『日本人名大辭典』)로, 이 책 출간 이후 체육계에 종사하여 역사교육과는 무관한 경력을 갖게 된다. 이 책은 1899년에 발행되었지만, 서술 내용 가운데 이미 1910년 이후 교과서에 나오는 '조선(朝鮮) 복속(服屬)', '진구 황후(神功皇后)', '조선 속령(朝鮮屬領)의 변천'이란 용어를 쓰고 있다. (2)는 1902년 후반기 이후 교과서로는 드물게 서명에 '本邦'이란 명칭을 쓰고 있는 한편, 내용에서는 조선(한국) 관계를 전혀 다루지 않고 있다. 전자의 예외성을 검토할 다른 자료를 전혀 찾지 못하여 주에 표시하는 것으로 처리한다.

3 吉田松陰의 『幽囚錄』에 대해서는 본서 3장 참조.

4 고지마 겐키치로(兒島獻吉郎, 1866~1931)는 비젠국(備前國, 지금의 오카야마현) 출신으로. 1888년 제국대학 문과대학 고전과를 졸업했다. 제국박물관 기수, 제5고등학교 교수 도쿄고등사범학교 교수를 거쳐 1926년에 경성제국대학 한문과 주임교수로 취임했으며, 니쇼학사(二松學舍) 학장도 맡았다. 『지나문학사(支那文學史)』(와세다대학출판부부 稻田大學出版部), 『한문전(漢文典)』(부잔보冨山房, 1902), 『지나대문학사(支那大文學史) 고대편(古代編)』(부잔보冨山房, 1909) 등 10여 편의 저서가 있다.

5 dl.ndl.go.jp/info:ndljp/pid/776070; ja.wikipedia.org/wiki/%E5%85%90%E5%B3%B6%E7%8C%AE%E5%90%89%E9%83%8E 참조.

6   제1부 1장의 주 2 참조.

7   일본제국의 황도주의(皇道主義)는 일반적으로 1930년대 군국주의와 결부되지만, 필자
    는 1890년 「교육칙어」 이후 그것이 점진적으로 확대되었다는 관점에서, 1894년 청일전
    쟁을 시발점으로 본다.

8   稻葉常楠·增沢長吉, 1902, 『東洋歷史敎科書』, 田沼書店, p. 120.

9   中村久四郎, 1912, 『師範敎科 新編外國歷史敎科書 東洋之部』, 三省堂書店. 저자 나카무라
    규시로(中村久四郎)는 도쿄고등사범학교 교수, 도쿄제국대학 문과대학 강사로 소개되어
    있다.

10  藤岡繼平, 1917, 『統一中等歷史敎科書 日本史』 下(訂正版), 六盟館, pp. 152-153.

11  三省堂編輯所 編纂, 1920, 『中學校用 東洋歷史敎科書』 修正版, 三省堂, pp. 158-161.

12  有賀長雄, 1911, 『新訂 中學西洋歷史敎科書』, 三省堂書店, pp. 172-177.

13  磯田良, 1912, 『師範敎科 新編外國歷史敎科書 西洋之部』, 三省堂書店, p. 2.

14  磯田良, 1915, 『師範敎科 新編外國歷史敎科書 西洋之部 三訂版』, 三省堂書店, p. 1.

15  磯田良, 1912, 앞의 책, p. 6.

16  위의 책, 참고 총설 p. 1.

17  新見吉治, 1915, 『統一中等西洋歷史敎科書』, 三省堂, p. 1.

18  4장의 주 22 참조.

19  백충현·이태진, 1999, 「일본 국제법학회와 대한제국 국권침탈 정책」, 『서울국제법연구』
    제6권 2호, p. 583, p. 595.


## 제2부 러일전쟁 이후 도쿠토미 소호의 황실 중심주의

6장 도쿠토미 소호의 평전 『요시다 쇼인』

1   이 글은 이태진, 2017, 『끝나지 않은 역사: 식민지배 청산을 위한 역사인식』, 태학사에 실
    린 「요시다 쇼인과 도쿠토미 소호: 근대 일본 한국 침략의 사상적 기저」에 근거했다. 특
    별히 필요한 것 외에는 주석을 따로 붙이지 않는다. 원논문은 2014년 6월 『한국사론(韓
    國史論)』 60집(서울대학교 국사학과 발간)에 실렸고, 2015년에 일본어로 번역되어 일본
    쓰루문과대학(都留文科大學)의 『쓰루문과대학연구기요(都留文科大學硏究紀要)』 제80호
    (변영호邊英浩, 고미야 히데타카小宮秀陵 번역)에 실렸다.

2   정일성, 2005, 『도쿠토미 소호: 일본 군국주의의 괴벨스』, 지식산업사. 도쿠토미 소호에
    관한 국내의 유일한 저술로서, 이 책의 저자는 언론인 출신이다.

3   도쿄 혼코회당(本鄕會堂)은 1890년도 캐나다 매서디스트 교파 소속의 찰스 에비
    (Charles Samuel Eby) 선교사가 건립한 혼코중앙교회(本鄕中央敎會, 도쿄 분쿄구文京區
    혼코본鄕 3-37-9)를 가르키는 것으로 보인다(hongochuo.org).

4   아베 이와네(安部井磐根), 삿사 도모후사(佐佐友房), 고무치 도모쓰네(神鞭知常) 등이 결

성한 대일본협회(大日本協會)가 이들의 실체였다. 이들은 서양 열강에 대해 바로 불평등 조약을 파기하지 않는다면 일본도 외국인에 대하여 거류지 이외의 거주를 인정하지 않고 무역을 통제하여 평등조약을 체결하든가, 외교 관계를 단절하든가 해야 한다고 압박하는 논리를 폈다. 한편, 이들은 각자 다른 원에 소속되어 있었다.

5 초판본『요시다 쇼인』은 도쿠토미가 요시다 쇼인을 혁명가로 평가하여 민권운동의 '제2 유신'을 달성하기 위한 것이라는 평가가 있다(植手通有,「解說」, 德富蘇峰, 1981,『吉田松陰』, 岩波書店, pp. 272-273; 田中彰, 2001,『吉田松陰: 變轉する人物像』中公新書 1621, 中央公論新社, p. 33). 그와 같은 평가처럼 일본인이 '국민'으로 거듭나길 기대하며, 도쿠토미가 이 저술을 통해 민권운동의 효과를 견지했다고 하더라도, 실제로 도쿠토미의 저술은 '큰 일본' 형성에 이바지하는 역사적 표본 인물 찾기에 더 큰 비중을 두었다고 보아야 할 점이 많다.

6 德富蘇峰, 1981, 앞의 책, p. 249.

7 迷原謙, 2003,『德富蘇峰: 日本ナショナリズムの軌跡』中公新書 1711, 中央公論新社, p. 114, pp. 118-119.

8 위의 책, pp. 121-122. 우치무라 간조는 기독교인으로서 나중에 잘못을 참회하였다.

9 田中彰, 2001, 앞의 책, pp. 36-37.

10 伊藤之雄, 2009,『山縣有朋: 愚直な權力者の生涯』, 文藝春秋, p. 233.

11 迷原謙, 2003, 앞의 책, pp. 126-128.

12 附錄 和田守 作成,「年譜」, 植手通有 編, 1974,『德富蘇峰集』明治文學全集 第34卷, 筑摩書房, pp. 415-416.

13 迷原謙, 2003, 앞의 책, p. 128.

14 植手通有 編, 1974, 앞의 책, p. 414.

15 迷原謙, 2003, 앞의 책, p.128.

16 伊藤之雄, 2009, 앞의 책, pp. 300-302, p. 329.

17 迷原謙, 2003, 앞의 책, p. 130.

18 위의 책, pp. 130-131.

19 위의 책, pp. 130-131.

20 이하 구미 여행에 관한 서술은 위의 책, pp. 132-138, 제4장의 2절 '구미순력(歐美巡歷)'에 의거한다.

21 이하『고쿠민신문(國民新聞)』의 변질에 관해서는 迷原謙, 2003, 앞의 책, pp. 141-142.

22 植手通有 編, 1974, 앞의 책, p. 415.

23 迷原謙, 2003, 앞의 책, p. 143.

24 위의 책, p. 144.

25 일본은 영국과 1902년 1월 31일과 1905년 8월 12일 두 차례에 걸쳐 대한제국을 견제하는 내용의 '협약(Agreement)'를 체결하였다. 일본은 이 두 가지를 합쳐 '영일동맹(Anglo-Japanese Alliance)'이라고 일컬어 영국과의 유대를 과시하였다. 영국과 체결한 조약은 어디까지나 '협약'이며, '영일동맹'은 국제관계에서 존재하지 않는 명칭이다.

1902년의 협약은 대한제국의 차관 도입과 중립국 승인에 역점을 둔 대한제국의 외교정 책을 봉쇄하기 위해 영국이 한국에서의 정치상, 상업상, 공업상의 일본의 이익을 보장하 는 내용을 담았고, 1905년의 협약은 영국이 일본의 한국에 대한 지도, 보호 및 감리의 조 치를 승인하는 것으로 하였다. 이태진, 2018, 「대한제국의 산업근대화와 중립국 승인 외 교: 1902년 고종 즉위 40주년 칭경예식 기획의 배경」, 국립고궁박물관 엮음, 『대한제국, 세계적인 흐름에 발맞추다』, 국립고궁박물관, 24-29쪽.

26  迷原謙, 2003, 앞의 책, p. 153.

27  위의 책, p. 154.

28  위의 책, p. 155.

29  이하의 서술은 이태진, 2017, 앞의 논문에 의거한다.

30  기년제(祈年祭)는 매년 2월 17일에 그해의 5곡 풍양(豊穰) 등을 기원하며 올리는 신도(神 道)의 제사이다.

31  1859년 안세이대옥(安政の大獄)에서 요시다 쇼인과 마찬가지로 참수형을 받았다. 당시 25세였지만 14세 때 쓴 『계발록(啓発録)』(1848)이 있다. 도쿄 미나미센주(南千住)의 에 코인(回向院)에 요시다 쇼인 등과 함께 묘가 있다.

32  이상은 서울대학교 중앙도서관 소장의 1934년 판에 실린 서문들을 따른 것이다.

## 7장 제1차 세계대전 전후 도쿠토미 소호의 반미주의

1  필자는 수년 전 「韓國近現代史認識の歪曲と錯乱」(都留文科大學紀要編集委員會 編, 2011年 3月, 『都留文科大學研究紀要』73輯, 都留文科大學)에서 한국 역사학계가 도쿠토미 소호의 존재를 모르고 있는 상황을 지적했다. 도쿠토미 소호에 대한 국내 정보가 너무나 희소 하여 한국병합 후 그가 식민지 언론 통제에 끼친 영향을 개괄적으로 고찰하면서 앞으로 그에 관한 연구의 필요성을 지적했다. 이 글을 쓸 당시에 국내에 도쿠토미 소호를 다룬 책으로는 언론인 출신 정일성(鄭日聲)이 쓴 『도쿠토미 소호: 일본 군국주의의 괴벨스』 (2005, 지식산업사)가 유일했다. 필자의 글은 본래 2006년 11월 제6회 '한일역사가회의' 에서 발표한 것으로 한국어본은 출판되지 않았다. 1910년 이후 도쿠토미 소호에 관한 이 책의 서술도 필자의 논문 「도쿠토미 소호와 요시다 쇼인」(2017)에서 다루지 않았던 내 용이다.

2  도쿠토미 소호는 이때 도쿄-서울(경성)을 왕래하면서 한 일에 관해 『양경거류지(兩京 去留誌)』(민유샤民友社, 1915)을 남겼다. 우에테 미치아리(植手通有)가 작성한 「연보(年 譜)」는 그가 8년간 서울에 체류한 날수를 1,800여 일로 집계했다. 연중 반 이상을 서울에 체류한 셈이다.

3  이태진, 2018, 「대한제국의 산업근대화와 중립국 승인 외교: 1902년 고종 즉위 40주년 칭경예식 기획의 배경」, 국립고궁박물관 엮음, 『대한제국, 세계적인 흐름에 발맞추다』, 국립고궁박물관.

4  Shaw, Carole C. (2007), *Foreign Destruction of Korean Kingdom*, Seoul National

University Press, pp. 66-68.

5   迷原謙, 2003, 『德富蘇峰: 日本ナショナリズムの軌跡』 中公新書 1711, 中央公論新社, pp. 132-138.

6   위의 책, p. 141, p. 154.

7   附錄 和田守 作成, 「年譜」, 植手通有 編, 1974, 『德富蘇峰集』 明治文學全集 第34卷, 筑摩書房, 1904년(메이지 37) 항에는 "개전이 되자 가쓰라 수상은 언론이 국민을 이끌어 거국일치의 실효를 거두는 것, 제3국에 대하여 일본의 입장을 설명해 양해를 얻는 것, 외국의 사신이나 특파 기자를 조종하는 것의 임무를 도쿠토미 소호에게 위촉하였다"라고 되어 있다(p. 417).

8   이태진, 2016, 『일본의 한국병합 강제 연구: 조약 강제와 저항의 역사』, 지식산업사의 제5장 '한국 의병 봉기와 통감 이토의 사임' 참조.

9   柴崎力榮, 1983, 「德富蘇峰と京城日報」, 『日本歷史』 第425號, 吉川弘文館, pp. 65-83.

10  정일성, 2005, 『일본 군국주의의 괴벨스 도쿠토미 소호』, 지식산업사의 제1장 제1절 '조선 언론을 통폐합하다' 참조.

11  이 연재 글은 1915년 9월 민유샤(民友社)에서 간행한 『양경거류지』에도 전문이 실렸다.

12  1910년대 초기 『경성일보(京城日報)』 발행본은 현재 한국, 일본에 남아 있는 것이 없기 때문에 게재 날짜별로 내용을 파악할 수 없다(정일성, 2005, 앞의 책, 34쪽). 1910년 10월에 10회 연재된 「조선 통치의 요의」는 현재 『양경거류지』에 수록된 것을 통해 내용을 파악할 수 있다.

13  德富猪一郎, 1915, 「朝鮮統治の要義」, 『兩京去留誌』, pp. 223-227.

14  위의 책, pp. 227-232.

15  위의 책, pp. 233-237.

16  위의 책, pp. 238-242.

17  위의 책, pp. 242-248.

18  위의 책, pp. 248-253.

19  위의 책, pp. 253-258.

20  위의 책, pp. 258-263.

21  위의 책, pp. 263-268.

22  『근세조선정감(近世朝鮮政鑑)』의 저자명과 관련해 『한국민족문화대백과사전』에서는 이 책을 일본에서 간행할 당시 원본에 표시된 박제형(朴齊炯)이라는 이름은 발행자의 착오나 고의로 이름을 고친 것 같고, 갑신정변 전후 관련 인사들의 기록인 『사화기략(使和記略)』·「갑신일록(甲申日錄)」·「근세조선정감 서문」 등과 『일본외교문서』 등을 살펴보면 박제형이 아니라 박제경(朴齊絅)으로 보는 것이 정확하다고 할 수 있다고 판단하였다. 본서에서도 『근세조선정감』의 저자명을 나카 미치요(那珂通世)의 훈점본(訓點本)의 저자명 박제형(朴齊炯)을 따르지 않고 박제경을 취하였다.

23  朴齊炯 述·那珂通世 点, 1886, 『近世朝鮮政鑑』, 中央堂.

24  德富猪一郎, 1915, 앞의 책, pp. 268-273.

25 사이온지 긴모치(西園寺公望, 1849~1940)는 프랑스 유학(1871~1880)에서 돌아온 후, 1881년 11월 참사원 의관보가 되었다. 참사원은 헌법 수립 준비 기관이었다. 이토 히로부미가 유럽 각국의 헌법 조사를 위해 2년간 출국할 때 사이온지가 수행원으로 동행하였으며, 곧 이토 히로부미의 복심이 되었다. 제2차 이토 내각에서 문부대신으로 외무대신 겸임, 제3차 내각에서도 문부대신으로 입각하였다. 1900년 제4차 이토 내각에서도 무임소대신(無任所大臣)으로 입각하여 1901년 5월 이토 총리대신이 병으로 요양 중일 때 추밀원 의장으로서 내각 총리대신 권한을 대행하였다. 1903년에는 이토의 뒤를 이어 입헌정우회 총재에 취임하였고 1906년 1월에 독자적으로 제1차 사이온지 내각을 구성하였다. 1901년 6월에 출범한 제1차 가쓰라 다로 내각의 뒤를 이은 조각이었다. 1908년 7월 제2차 가쓰라 내각, 1911년 8월 제2차 사이온지 내각, 1912년 제3차 가쓰라 내각으로 '게이엔(桂·園) 시대'가 현출되었다.

26 1912년 12월 제2차 사이온지(西園寺) 내각 아래서 육군대신이 육군의 2개 사단 증설을 요구했지만, 정부는 재정문제로 이를 거부했다. 이에 육군대신 우에하라 유사쿠(上原勇作)가 단독 사직하고, 육군은 후임을 추천하지 않았다. 이에 사이온지 내각은 책임을 지고 총사퇴를 단행했다. 이를 타개하기 위해 제3차 가쓰라 내각이 출범했지만, 오자키 유키오(尾崎行雄)가 주도하는 입헌정우회(立憲政友會)와 이누카이 쓰요시(犬養毅)의 입헌국민당(立憲國民黨)이 다수 민중의 지원 아래 가쓰라 정부에 대해 "벌족 타도, 헌정 옹호"를 외쳤다. 이를 제1차 호헌운동이라고 하며, 이로써 '다이쇼 데모크라시(democracy)'의 문이 열렸다.

27 도쿠토미 소호는 이 여행의 기록으로『지나만유기(支那漫遊記)』(민유샤, 1918. 5.)를 남겼다. 여행지는 다음과 같다. 도쿄를 출발하여 경성을 거쳐 펑톈(奉天)에 도착한 후 하얼빈, 창춘(長春), 지린(吉林), 다롄(大連)과 그 부근, 뤼순(旅順), 잉커우(營口) 등 만주 일원을 먼저 여행했다. 이후 산하이관(山海關), 친황다오(秦皇島)를 거쳐 베이징(北京)으로 들어가 십삼릉(十三陵), 난커우(南口), 칭룽차오(青龍橋), 바다링(八達嶺), 장자커우(張家口), 대동부(大同府) 등 만리장성 주위를 답사한 다음, 철도로 한커우(漢口)로 내려가, 주장(九江), 난창(南昌), 루산(廬山), 창장(長江), 난징(南京), 양저우(揚州), 상하이(上海), 항저우(杭州), 쑤저우(蘇州) 등지를 유력하고, 다시 산둥반도 방향으로 취푸(曲阜)로 올라와 타이산(泰山), 지난(濟南), 칭다오(青島)를 거쳐 도쿄로 돌아왔다. 그의 여행지는 일본제국의 만주 경영, 산둥 출병, 중지(中支) 점령 등 1920년대 후반 이후에 벌어지는 침략 역사의 대상 지역과 거의 일치하여 주목된다.

28 和田守, 2011,「德富蘇峰と平民主義」,『聖學院大學總合研究所紀要』第49號, 聖學院大學總合研究所에서는 제1차 호헌운동으로 제기된 도쿠토미 소호의 평민주의를 "평민주의의 재생"이란 표현 아래 "국가적 팽창을 지탱·촉진하기 위한 평민주의의 재평가"라고 분석했다.

29 德富猪一郎, 1916,「緒言」,『大正政局史論』, 民友社, pp. 1-8.

30 위의 책, pp. 8-10.

31 위의 책, pp. 396-399.

32  위의 책, pp. 400-403.

33  德富猪一郎, 1916, 『世界の變局』, 民友社, p. 18, p. 20.

34  위안스카이(袁世凱, 1859~1916)는 1915년 12월 12일~1916년 3월 22일 중화제국 초
    대 황제로 재임하고, 3월 23일 중화민국 총통으로 복귀, 6월 6일 급사하였다. 일본 정부
    는 그가 중화제국 황제로 재임하던 시기인 1915년 1월에 「21개조 요구」를 제출하여 5월
    에 "중화민국은 정치·재정·군사에 일본인 고문을 둔다"라는 조항만 삭제하고 승인을
    받았다. 그 후 1년여 뒤 위안스카이가 사망하였다.

35  19세기 전반 영국의 맨체스터를 근거지로 하여 자유무역을 주장한 고전파 경제학의 한
    갈래.

36  德富猪一郎, 1916, 『大正の青年と帝国の前途』, 民友社, pp. 12-13.

## 제3부 대륙 침략과 도쿠토미 소호의 황도 파시즘 국민독본

### 8장 1920년대 대륙 진출과 도쿠토미 소호의 파시즘 저술

1  Stead, William T. (2005), *MR. CARNEGIE'S CONUNDRUM: £40,000,000: What Shall I
   Do With It?*, Elibron, Classics, Adamant Media Corporation. 영국의 저명한 저널리스
   트인 저자 윌리엄 스테드는 앤드류 카네기의 절친한 친구로서 그가 국제평화기금으로
   거액을 내놓게 하는 데 크게 기여하였다. 특히 윌리엄 스테드는 1907년 제2차 만국평화
   회의에 대한제국 황제의 특사 3인이 헤이그에서 기자회견을 할 기회를 만들고 이를 크
   게 보도해준 인물이다.

2  이태진, 2017, 『끝나지 않은 역사: 식민지배 청산을 위한 역사인식』, 태학사, 257-261쪽
   참조.

3  위의 책, 261-262쪽; Poetker, Joel S. (1969), *The Fourteen Points*, Charles E. Merrill
   Publishing Co., A Bell & Howell Company, Columbus, Ohio.

4  피우메 문제(The Fiume Question): 피우메는 아드리아해 연안의 매우 좋은 조건의 항
   구로, 리제카(Rejeka)라고도 불린다. 피우메는 이탈리아어, 리제카는 크로아티아 및 헝
   가리어이며, 독일어로는 장크트 바이트 안 프라우메(Sankt Veit an Flaume)라고 한다.
   이 지역에 대한 여러 명칭은 역사적으로 이해관계가 중첩된 지역임을 뜻한다. 주민 구
   성은 1911년 현재 이탈리아인이 46.9%로 다수였다. 이곳 '토착' 이탈리아인들이 베니
   스 방언을 사용하는 것은 15세기 베니스 해상무역 시대에 이주하여 이곳을 개척했다는
   증좌이다. 19세기 산업혁명 시대에 산업화가 많이 이루어져 오스트리아-항거리 제국까
   지 관심을 가지고 진출하여 어뢰 생산 기지로 삼았다. 1915년 4월 26일 런던 비밀조약에
   '삼국협상'(영, 프, 러) 측과 이탈리아 왕국은 이탈리아 국내의 오스트리아-헝가리 제국
   침입 지역들과 피우메 등을 전후에 이탈리아에 양도하는 조건으로 협상국(연합국) 참전
   을 약속하였다. 그러나 종전 후 비밀조약이 지켜지지 않는 상황에서 1919년 9월 이탈리

아 민족주의 지식인 결사체가 피우메를 점령하여 독립국 건립을 추진하는 등 분쟁이 일
어났다. 이때 이탈리아 왕국은 국제연맹의 상임이사국 제안도 거부하면서 버텼다. 윌슨
대통령은 '자유도시(free city)' 안으로 중재하기도 하였지만, 최종적으로 1920년 11월
에 이탈리아-유고슬라비아 간의 '라팔로 조약(Treaty of Rapalo)'을 통해 '피우메 자유
국가(Free State of Fiume)'로 해결을 보았다.

5    이우진, 1987, 「임정의 파리 강화회의 외교」, 『한국정치외교사논총』 3, 139쪽; 이태진,
     2017, 『끝나지 않은 역사: 식민지배 청산을 위한 역사인식』, 태학사, 270-271쪽.

6    '9개국조약'은 워싱턴 회의에서 미국 대표 엘리후 루트(Elihu Root)가 제안한 4원칙을
     반영하여 가결되었다. 4원칙은 ① 중국의 주권, 독립, 영토적 · 행정적 통합성을 존중할
     것 ② 중국에 안정된 정권이 수립되게 할 것 ③ 중국에서 각국이 상공업 기회를 균등하
     게 가질 수 있도록 할 것 ④ 미래에 특권이나 특별 이익을 누리지 않도록 할 것 등이다.

7    『야마토 민족의 성각』이 출간된 1924년을 기준으로 하면 '작년'은 1923년이 된다. 그런
     데 이 글에서 인용된 미국 공화당 영수인 로지(Henry Cabot Lodge)의 발언이, 1919년
     10월 15일자 『런던타임스』에 보도된 점을 따르면 이 글 자체가 1920년에 쓰인 것일 수
     있다. 실제로 이 시기에 본문에서 기술한 것과 같이 산둥반도 문제를 놓고 중국 측과 일
     본 측 사이에 심각한 대립이 있었고, 윌슨 미국 대통령을 비롯한 연합국 지도자들은 일
     본의 국제연맹 가입이 절대적으로 필요하다는 판단에 따라 일본의 손을 들어주었다(篠
     原初枝, 2010, 『國際聯盟: 世界平和への夢と挫折』 中公新書 2055, 中央公論新社). 공화당의
     로지 상원의원은 민주당 대통령 윌슨의 제창에 따라 설립된 국제연맹에 미국이 가입하
     는 것에 반대했다. 그러나 아래에서 보듯이 그는 같은 시점에 일본제국의 아시아 제패에
     대해 크게 경계하고 있었다. 이 때문에 공화당 출신 대통령 하딩(Warren G. Harding)이
     1921~1922년 워싱턴 군축회의 때 그를 미국 대표 중 한 사람으로 지명했을 수 있다. 이
     태진, 「일본제국 대외 팽창주의의 근원과 전개」(미발표) 제3장 제2절 2항 '1921~22년
     워싱턴 해군회의의 한국문제'.

8    국제연맹 창설회의 때, 구웨이쥔(顧維鈞, 웰링턴 쿠)과 왕정팅(王正廷)은 중화민국 정부
     의 특명전권대사로 참석했다.

9    德富猪 一郎, 1924, 『大和民族の醒覺』, 民友社, pp. 121-123.

10   이태진, 「일본제국 대외 팽창주의의 근원과 전개」(미발표) 참조.

11   도쿠토미 소호는 1906년 11월부터 75일간 구주를 여행했다. 두 번째 해외여행은 1917
     년 9월부터 12월까지 '지나'를 여행한 것이다. 그는 여행에서 돌아와 이듬해 6월에 『지
     나만유기』를 출간했다. 앞부분의 「진언일칙(陳言一則)」에 따르면 상하이의 중국 기자단
     초청으로 이루어진 여행이었다고 한다. 목차에 따라 경유지를 정리하면 아래와 같다. 도
     쿄-경성-펑톈-하얼빈-창춘, 지린, 다롄 및 그 부근, 뤼순-다롄-잉커우-산하이관-친황다
     오-베이징-십삼릉-난커우-칭룽차오-바다링-장자커우-대동부-고석불사(古石佛寺)-
     탕산온천(湯山溫泉)-경수철도(京綏鐵道)-완서우산(萬壽山)-베이징-한커우-주장-난
     창-루산-창장-난징-양저우-상하이-항저우-쑤저우-취푸-타이산-지난-칭다오-도쿄.
     이 여행 경로 가운데 강조한 부분 중 앞부분은 일본이 이미 진출한 만주 일원이고, 뒷부

분은 수년 후에 단행되는 산둥 출병과 직접 관련된 지역이다. 중국에 대한 그의 현안 인식을 보여주는 여행 경로로 이해된다.

12 迷原謙, 2003, 『德富蘇峰: 日本ナショナリズムの軌跡』中公新書 1711, 中央公論新社, pp. 199~201은 『근세일본국민사(近世日本國民史)』의 구성에 대해 "오다(織田), 도요토미(豊臣)로부터 도쿠가와 시대(德川時代), 고메이(孝明) 천황 시대, 메이지(明治) 천황 시대의 세 부분"으로 이루어진 것으로 파악하고, 당초에 그리고자 한 "메이지 천황의 등신상(等身像)"을 넘어 "긴 서(序)가 붙은 메이지유신론(明治維新論)"이라고 할 만한 것이라고 논평했다.

13 附錄 和田守 作成, 「年譜」(植手通有 編, 1974, 『德富蘇峰集』明治文學全集 第34卷, 筑摩書房)는 제79권의 명칭을 『법도제정편(法度制定篇) 상(上)』이라고 밝혔다. 그런데 본서 「부록 1」의 '제79권'의 명칭은 『법률제도편』으로 되어 있다. 위 「연보」에 따르면, 도쿠토미 소호는 1945년 8월 15일의 '무조건 항복' 후 10월 13일에 『근세일본국민사』제79권 집필을 중지하였다. 「연보」는 재집필에 관해 "1951년 2월 11일 『근세일본국민사』제98권에 착수(1945년 휴지(休止) 이래 5개월 만)하여 5월 27일에 탈고, 제99권 기고, 11월 10일 탈고, 11월 11일 제100권 착고, (1952년) 4월 20일 100권 완성"이라고 밝혔다. 제79권의 하권부터 제97권까지의 정보가 빠졌다. 제79권 『법도제정편 상』이후 『법도제정편 하』의 집필이 이루어져 1960년 출간 때 『법률제도편』으로 바뀐 것으로 파악된다.

14 8장 주 12와 같음.

15 위와 같음.

16 구니노미야 구니요시 왕(久邇宮邦彦王)은 구니노미야 아사히코(久邇宮朝彦) 친왕(親王)의 셋째 아들로서, 쇼와(昭和) 천황의 황후(고준香淳 황후)의 아버지이다. 구니노미야 구니요시 왕은 육군사관학교, 육군대학교를 나와 군사참의관(軍事參議官)을 역임 육군대장 원수(元帥)의 지위에 올랐다.

17 필자는 『국민소훈(國民小訓)』의 초판을 대면할 수 없었다. 이미 희귀한 도서가 되어 『증보(增補) 국민소훈』도 일본국회도서관 디지털 컬렉션 서비스를 통해 접할 수 있었다.

18 도쿠토미 소호는 증보판 제사(題辭)에서 12항을 추가했다고 하는데, 저자는 초판을 접하지 못하여 12항이 전편, 본편 각각에 해당하는지, 본편에만 추가했는지 현재로서는 분간이 어렵다. 여하튼 증보판은 「부록 2」에서 보듯이 전편은 12개 항, 본편 30개 항으로 구성되었다.

19 일본제국의 천황은 천조(踐祚) 즉 천황의 위에 오르면서 신하들을 만나는 의식에서 칙어를 내리고, 3년 뒤 즉위의 예를 교토의 자신전(紫宸殿)에서 또는 그 모양을 딴 가건물을 도쿄의 고쿄(皇居) 앞에 세우고 행하는 절차를 밟았다. 쇼와 천황은 1925년 12월 28일에 천조의 조현식, 1928년 11월 10일에 즉위예를 도쿄 고쿄 앞 광장에서 가졌다. 海軍機關學校 編, 1942, 『詔勅集』참조.

20 德富猪一郎, 1927, 『昭和一新論』, 民友社, pp. 1-2.

21 原田伊織, 2015, 『明治維新という過ち』, 毎日ワンズ.

9장 1930~1940년대 전시체제와 도쿠토미 소호의 파시즘 국민독본

1 가와카미 소로쿠(川上操六, 1848~1899)는 1899년 51세로 사망했다. 그는 청일전쟁 때 히로시마(廣島) 대본영의 참모차장으로 현역으로는 최상위였다. 그는 전후 1895년 10월 조선 왕비 살해를 지시한 배후 인물로 밝혀졌다. 김문자, 김승일 옮김, 2011, 『명성황후 시해와 일본인』, 태학사.

2 헌정회(憲政會)는 1916년 10월에 입헌정우회에 대해 불만과 반감을 가진 입헌동지회(立憲同志會, 가쓰라 다로 신당), 중정회(中正會, 다이쇼정변 때 입헌정우회 이탈파), 공우구락부(公友倶樂部, 오쿠마 시게노부 후원회 계열) 등이 합친 정당이다.

3 우익단체 애국사(愛國社)의 당원이 도쿄역에서 객차를 향하여 플랫폼으로 이동하는 하마구치 오사치(濱口雄幸, 1870~1931) 총리를 지근 거리에서 저격하여 중상을 입혔다.

4 1935년 2월 19일 귀족원 본회의에서 도쿄제대 법학교수 미노베 다쓰키치(美濃部達吉)의 '천황기관설(天皇機關說)'을 가리켜 '모반', '반역'이라고 비난하여 사건화되었다. 이에 정치적 주도권을 장악한 입헌정우회, 군부, 우익 제 단체가 오카다 게이스케(岡田啓介) 내각(1934. 7.~1936. 3.)을 압박하여 기존의 천황의 신성성을 거듭 밝히는 '국체 명징 성명'을 내게 했다. 같은 해 2월과 9월 두 차례 나온 성명은 "우리 국체는 천손(天孫)이 강림할 때 하사받은 '신칙(神勅)'에 의해 소시(昭示)된 것으로서 만세일계의 천황의 나라를 통치하도록 했다"라는 문장을 서두로 하여 천황이 통치권의 주체이며, 일본은 천황이 통치하는 국가라는 것을 다시 밝히는 내용이다.

5 일본 정부 초청으로 독일인 맥켈(Klemens Wilhelm Jakob Meckel)이 1885년에 일본에 와서 3년간 체류하면서 육군 운영의 기간인 '참모장교' 양성을 목적으로 설립했다.

6 9장 주 17 참조.

7 당시 도쿄 5대 신문으로는 『도쿄니치니치신문(東京日日新聞)』, 『호치신문(報知新聞)』, 『지지신보(時事新報)』, 『도쿄아사히신문(東京朝日新聞)』, 『고쿠민신문(國民新聞)』 등이 꼽혔다.

8 이 무렵에 흥아협회가 등장하는데, 이 단체는 1936년 조선인의 사상을 통제하기 위해 만주에서 조직된 친일단체이다.

9 德富猪一郎, 1939, 「書刊行の由來」, 『昭和國民讀本』, 東京日日新聞社, 卷末 p. 3.

10 메이지쇼인(明治書院)은 1896년에 창설된 일본 국문학, 한문학, 국어교육 전문출판사로 알려진다. 1933년에 도쿠토미 소호(德富蘇峰)의 민유샤(民友社)를 흡수했다.

11 헤이안(平安) 시대 또는 무로마치(室町) 시대의 것으로 추정되는 두 권으로 구성된 '교훈서'로서, 진위(眞僞) 논쟁도 있다. 스가와라노 미치자네(菅原道眞)를 저자로 추정하기도 한다. 19세기 중반에 국학자(國學者)들이 주목했다. 가에이(嘉永) 임자(壬子, 1852)에 쓴 서(序), 발(跋)이 붙어 있다.

12 「동암화상몽고뇌치원문(東巖和尙蒙古退治願文)」(1270~1271)은 1904년 8월 29일 일본제국 중요문화재로 지정되었다(지정번호 382).

13 저자인 기타바다케 지카후사(北畠親房)는 겐무(建武)의 천황 신정이 실패하여 남북조

(南北朝)로 나뉘었을 때, 고다이고(後醍醐) 천황을 받든 남조에 속하여 천황이 몰(沒)한 해인 1339년에『신황정통기(神皇正統記)』를 편찬했다. 신대(神代)부터 랴쿠오(曆應) 2년 (1339) 고무라카미(後村上) 천황 즉위까지 기술했다.

14 도쿠토미 소호는 언젠가부터 막말, 유신 초의 '존왕양이(尊王攘夷)'의 존왕을 '존황(尊 皇)'으로 높여 불렀다.

15 德富猪一郎, 1939, 앞의 책, p. 26.

16 노부나가(信長)가 황실을 존숭한 것은 천황의 권위를 이용하려는 것이란 이해도 있다. 노부나가와 조정(朝廷)의 관계에 대해서는 대립관계였다는 설(대립·극복설)과 융화 적·협조적 관계였다는 설(융화·협조설)이 있다. 양자의 관계에 대해 1970년대부터 활 발한 논쟁이 벌어졌다. 谷口克廣, 2013,『信長の政略 信長は中世をどこまで破壊したか』, 學 研プラス.

17 고노에 후미마로(近衛文麿)는 고셋케(五攝家, 5섭가) 중의 하나인 고노에가(近衛家)의 제30대 당주(當主)이자 고요제이(後陽成) 천황(재위 1571~1617)의 12세손이었다. 셋 케(攝家)는 고대의 후지와라씨(藤原氏) 적류(嫡流)로, 가마쿠라 시대에 성립한 공가(公 家) 가격(家格)의 정점에 선 5가(고노에가近衛家, 구조가九條家, 니조가二條家, 이치조가 一條家, 다카쓰카사가鷹司家)를 가리킨다. 섭정(攝政), 관백(關白), 태정대신(太政大臣)에 오를 수 있는 자격이 부여되었다. 고노에 후미마로의 부친 고노에 아쓰마로(近衛篤麿)는 제7대 가쿠슈인(學習院) 원장(院長)으로, 아시아주의 제창의 맹주로서 동아동문회(東亞 同文會)를 일으켜 활발한 정치활동을 펼쳤다. 후미마로가 성인이 되기 전에 부친이 사망 했지만, 후미마로는 가문을 계승하는 공작(公爵)을 이어받고, 나중에 귀족원 의원, 동아 동문회 회장이 되었다. 귀족원 내의 '연구회'에 소속하여 원내 친목 및 교섭단체인 화요 회(火曜會)를 결성하여 귀족원 부의장, 의장의 요직을 역임한 끝에 총리대신이 되었다. 황실 중심주의 곧 황도 체제의 핵심 경력의 소지자였다.

18 히라누마 기이치로(平沼騏一郎)는 1910년의 반(反)천황주의자 '고도쿠(幸德) 대역사건' 에서 검사로서 고도쿠 슈스이(幸德秋水) 등에 사형을 구형한 것으로 유명하다. 이 재판 은 '암흑재판'으로 지금까지도 문제가 되고 있다.

19 몽골과 중국 측은 '할힌골 전투'라고도 한다. 1939년 5월부터 9월까지 만주국과 몽골인 민공화국의 국경선을 놓고 일어난 분쟁이다. 만주국의 실질적 지배자인 일본제국과 만 주국과 국경을 접하고 몽골을 위성국으로 한 소비에트연방 사이에 단속적으로 발생한 사건으로, 일소국경분쟁(만몽국경분쟁)의 하나다. 만주국 군과 몽골인민군의 충돌로 발 단하여 양국의 배경인 일본제국 육군과 소비에트 적군이 전투를 벌인, 일련의 일본-소 련 국경분쟁 중에 가장 큰 규모의 군사충돌이었다.

20 메이지, 다이쇼, 쇼와 3대의 조칙들을 살피면, 쇼와는 앞 2대와는 달리 출사(出師)의 명 령을 직접 내리는 칙유, 칙어를 발포하고 있다. 단적으로 하와이 진주만 습격, 말레이 해 전, 홍콩 공략, 싱가포르 공략, 동인도제도 해전 등의 연합함대 사령장관들에게 내리는 칙어는 '격파하라, 섬멸하라, 복멸하라, 공략하라'라는 용어를 직접 사용하고 있다. 海軍 機關學校 編, 1942,『詔勅集』. 앞으로 연구의 필요성이 많은 주제이다. 하라 다케시(原武

史) 교수는 메이지, 다이쇼 천황 때와는 다른 쇼와 천황의 '일군만민(一君萬民)'주의의 거취와 그 공간에 관해 매우 시사적인 사실들을 밝히고 있다. 原武史, 2015, 『『昭和天皇實錄』を讀む』岩派新書 1561, 岩波書店; 原武史, 2008, 『昭和天皇』岩派新書 1111, 岩波書店; 原武史, 2003, 『皇居前廣場』光文社新書 091, 光文社.

21 어전회의는 천황 임석 아래 원로, 각료, 군부 수뇌 등이 출석하는 중요 국정 회의를 가리킨다.

22 당시 이 사안이 무슨 의미로 진행된 것인지, 사실인지에 대해서는 앞으로 구체적인 연구가 필요하다.

23 미쓰나가 호시로(光永星郎, 1866~1945)는 구마모토(熊本) 출신, 교리쓰학사(共立學舍)에서 소호의 부친 도쿠토미 가즈타카(德富一敬, 1822~1914)에게 배웠다. 육군사관학교에 지망했으나 실패하여 정치가에 뜻을 두어 자유당 정치가들과 정부 비판을 하다가 1887년 보안법 위반으로 통행지역 제한을 받았다. 청일전쟁 때 종군기자로 취재하면서 통신장비의 불비를 보고 통신시설에 관심을 가지고 통신업계에 종사했다.

24 만주제국협화회는 괴뢰 만주국의 배후 실권자인 관동군(關東軍)의 구상과 지도에 따라 1932년 7월 25일, 만주국 국무원 회의실에서 발회식(發會式)을 가졌다. 강령은 ① 건국 정신의 현양 ② 민족협화의 실현 ③ 국민생활 향상 ④ 선덕달정(宣德達情)의 철저 ⑤ 국민 동원 완성 등의 5항목으로서 "건국 이상의 실현과 도의 세계의 창건을 기한다"라는 것을 강조하였다. 이러한 강령에 입각하여 만주제국협화회는 정신공작 · 협화공작 · 후생공작 · 선덕달정공작 · 조직공작 · 흥아공작(興亞工作) 등의 6개 항목을 실천 방책으로 삼았다. 본부 중앙조직은 명예총재 · 명예고문 · 회장 · 명예이사 · 이사장 · 이사로 구성되며, 명예총재에 만주국 집정(총리), 명예 고문에 관동군 사령관을 각각 추대했다. 이 회를 통괄하고 대표하는 회장은 만주국 국무총리가 추대하는 형식을 취하였다. 창설 당시 명예이사는 관동군 참모장 하시모토 도라노스케(橋本虎之助), 만주국 국무원 총무장관 고마이 도쿠조(駒井德三), 관동군 참모 이다가키 세이시로(板垣征四郎), 이렇게 세 일본인을 임명했다. 이사장은 장얀칭(張燕卿), 이사는 만주국 요인과 실권자 등 33명과 집정이 추천하는 약간 명으로 구성되었다(『한국민족문화대백과사전』: aks.ac.kr 참조).

25 푸이(溥儀)가 청나라 선통제(宣統帝)로 청나라를 잃은 뒤 1934년 다시 만주국 강덕제로 등극한 것을 회란(回鑾) 곧 환궁으로 표현했다.

26 1932년 3월 1일 만주국 건국 선언이 있고, 일본과의 관계는 9월 15일에 '일만의정서(日滿議定書)' 체결을 통해 정립되었다. 이는 일본이 만주국을 승인하고, 만주국의 영토는 일본과 만주가 공동으로 방위한다는 내용이었다. 일본 측 전권공사 무토 노부요시(武藤信義)는 당시 관동군 사령관 겸 만주국 주재 특명전권공사 겸 관동장관이었고, 만주국 측은 국무총리 정샤오쉬(鄭孝胥)가 서명했다. 정샤오쉬는 일본 주재 청국대사관 서기관으로 근무한 적이 있다. 1911년 신해혁명 후 은퇴 중에 푸이의 내무대신과 고문을 담임하여 일본인과의 관계가 이루어져 푸이가 자금성에 잡혀 있을 때 베이징 일본대사관, 텐진(天津) 일본 조계지로 피신하는 것을 도왔다. 이런 인연으로 만주국 총리대신의 직임을 담당했지만, 장관직은 대부분 중국인(한족)이 담당하고 실권은 일본 측에 있는 상황

에 직면하여 일본의 압제에 반대하여 물러나 서원(書院)을 세워 은거했다. 일만의정서 체결 때도 격하게 동요한 것으로 알려진다(위키피디아 참조).

27  『조서집(詔書集)』(해군기관학교)에 수록된 명칭은 「미국 및 영국에 대한 선전의 조서(米國及英國に 對する宣戰の詔書)」이다. '대조(大詔)'는 도쿠토미 소호 식의 과장 표현이다.

28  蘇峰德富猪一郎, 1944, 『必勝國民讀本』, 每日新聞社, pp. 169-171.

29  1943년 5월 31일 어전회의에서 결정된 '대동아정략지도대강(大東亞政略指導大綱)'에 근거하여 개최되었다. 일본의 동맹국이나, 일본이 구 '종주국'을 축출하여 독립국이 된 아시아 여러 나라의 국정 최고책임자를 초청한 행사였다. 이 회의에서 대동아공영권의 강령이라고 할 수 있는 '대동아공동선언'이 채택되었다. 참가자는 다음과 같다. 일본 도조 히데키(東條英機) 내각총리대신, 중화민국 난징정부 왕자오밍(汪兆銘) 행정원장, 만주국 장징후이(張景惠) 국무총리대신, 필리핀 공화국 호세 라우렐(José Paciano Laurel) 대통령, 버마국 바 모우(Ba Maw) 내각총리대신, 타이왕국 완 와이타야콘(Wan Waithaya-kon) 친왕(수상대리). 인도는 옵서버로 참가.

30  대동아회의 둘째 날 11월 6일에 전원 일치로 체결되었다. (1) 대동아 각국은 협동하여 대동아의 안정을 확보하고, 도의에 기초하여 공존공영(共存共榮)의 질서를 건설한다. (2) 대동아 각국은 상호 자주독립을 존중하고 호조돈목(互助敦睦)의 실을 거두어 대동아의 친화(親和)를 확립한다. (3) 대동아 각국은 상호 그 전통을 존중하고 각 민족의 창조성을 신창(伸暢)하여 대동아의 문화를 앙양한다. (4) 대동아 각국은 호혜(互惠) 아래 긴밀히 제휴하고 그 경제발전을 도모하여 대동아의 번영을 증진한다. (5) 대동아 각국은 만방(萬邦)과의 교의(交誼)를 돈독히 하여 인종적 차별을 철폐하고, 널리 문화를 교류하고, 나아가 자원을 개방하여 세계의 진운(進運)에 공헌한다.

31  불교에서 불법(佛法)이 널리 퍼짐을 뜻함.

32  蘇峰德富 一郎, 1944, 앞의 책, pp. 179-181.

33  이 책은 일본국회도서관 디지털 컬렉션에서 제공하고 있어 내용을 살필 수 있었다.

34  히로세 유타카(廣瀬豊)는 1903년 해군병학교, 1915년에 해군대학교를 각각 졸업했다. 1922년부터는 도쿄제국대학 문학부에 파견되어 교육학을 전공했다. 해군 대좌로 퇴역하여 문부성 국민정신문화연구소 촉탁으로 저술활동을 계속했다[『요시다 쇼인의 연구(吉田松陰の研究)』 1943년 합본판의 저자 소개 참고]. 병학 연구에서는 요시다 쇼인과 함께 야마가 소코(山鹿素行)도 대상으로 삼았다.

35  메이지유신과 쇼와유신의 관계에 대해서는 原田伊織, 2015, 『明治維新という過ち』, 每日ワンズ의 제1장 「明治維新'というウソ」 참조.

36  히로세 유타카는 『요시다 쇼인의 연구(吉田松陰の研究)』 1943년 합본판의 서(序)에 자신의 연구 계기 및 사료 채방의 경위를 서술하였다.

37  후쿠모토 기료(福本義亮)의 이력으로는 고베(神戸) 경찰서장, 고베 상공회의소 회두(會頭) 정도가 알려진다. 『요시다 쇼인 대륙·남진론(吉田松陰大陸·南進論)』에 해군대장 다카하시 산키치(高橋三吉)의 제자(題字)가 실려 있다.

38  福本義亮, 1940, 『吉田松陰之最期: 至誠殉國』, 誠文堂新光社, 日本國立國會圖書館デジタルコレクション(ndl.go.jp).

39    福本義亮, 1941, 『吉田松陰大陸・南進論』, 誠文堂新光社, 日本國立國会圖書館デジタルコレ
      クション(ndl.go.jp).

40    위의 책, pp. 7-8.

41    위의 책, pp. 10-15.

42    쇼인정신보급회본부(松陰精神普及會本部): 야마구치현(山口縣) 하기시(萩市) 히지와라
      우마즈카노정(土原馬場ノ町)에 위치하고 있으며, 전국 주요 도시에 지부를 두었다. "본
      회는 시국에 감(鑑)하여 쇼인정신(松陰精神)을 널리 일반 대중, 아동의 머리에 깊이 이
      해, 체득하도록 하기 위해 쇼인 선생의 사적을 가장 통속적으로 흥미 있는 예술적인 극
      작, 동화, 시음물어(詩吟物語), 로쿄쿠(浪曲: 일본 전통 예능), 가요, 가미시바이(紙芝居:
      종이연극) 등에 사조(仕組)하여 이를 보급하고, 그 목적 철저를 도모한다"라고 사업 목
      적을 밝히고 있다.

43    田中彰, 2001, 『吉田松陰: 變轉する人物像』 中公新書 1621, 中央公論新社, p. 94.

44    위의 책, p. 95. 오카 후카시(岡不可止)의 『쇼카촌숙의 지도자(松下村塾の指導者)』(분게
      이슌주文芸春秋)는 일본국회도서관 디지털 자료에서 비공개 자료로 되어 있어 필자가
      직접 읽지 못하고 다나카 아키라(田中彰)의 소개를 활용하는 데 그쳤다.

45    위의 책, pp. 95-96 재인용.


### 에필로그  요시다 쇼인의 '주변국 선점론'에서 천황제 파시즘까지

1    이태진, 2017, 『끝나지 않은 역사: 식민지배 청산을 위한 역사 인식』, 태학사, 178쪽.

2    原田伊織, 2015, 『明治維新という過ち』, 毎日ワンズ 版(또는 2017, 講談社 改訂增補版) 참조.

# 참고문헌

## ○ 근현대 동아시아사 일반

이태진, 2016, 『일본의 한국병합 강제 연구: 조약 강제와 저항의 역사』, 지식산업사.

이태진, 2017, 『끝나지 않은 역사: 식민지배청산을 위한 역사인식』, 태학사.

[*이태진, 「요시다 쇼인(吉田松陰)과 도쿠토미 소호(德富蘇峰): 근대 일본 한국 침략의 사상적 基底」, 2014년 6월, 『韓國史論』 60집 (서울대학교 국사학과 발간); 〈일본어 번역본〉 李泰鎮 著, 邊英浩·小宮秀陵 譯, 「吉田松陰と德富蘇峰: 近代日本韓國侵略の思想的基底」, 都留文科大學 『都留文科大學研究紀要』 第80號. 위의 책에 재수록]

이태진, 2002, 「운양호(雲揚號) 사건의 진상(眞相): 사건 경위와 일본 국기게양설의 진위」, 『조선의 정치와 사회』(최승희 교수 정년 기념 논문집), 집문당.

鈴木淳, 2002, 「雲揚艦艦長井上良馨の明治八年九月二十九日付江華島事件報告書」, 『史學雜誌』 111-112號.


吉野誠, 2002, 『明治維新と征韓論: 吉田松陰から西鄕隆盛へ─』, 明石書店.

金文子, 2009, 『朝鮮王妃殺害と日本人』, 高文研.

渡辺浩, 2016, 『東アジアの王權と思想』 增補新裝版, 東京大學出版會.

瀧井一博, 2010, 『伊藤博文: 知の政治家』 中公新書 2051, 中央公論新社.

笠原英彦, 2006, 『明治天皇: 苦惱する'理想的君主'』 中公新書 1849, 中央公論新社.

山田済齋 編, 2014, 『西鄕南洲遺訓』 第62刷 岩波文庫 靑101-1, 岩波書店.

篠原初枝, 2010, 『國際聯盟: 世界平和への夢と挫折』 中公新書 2055, 中央公論新社.

守部喜雅, 2011, 『勝海舟, 最期の告白』, フォレストブックス.

安田浩·趙景達 編, 2005, 『戰爭の時代と社會』, 靑木書店.

原田伊織 2015, 『明治維新という過ち』, 毎日ワンズ; 2017, 完全增補版, 講談社.

伊藤之雄, 2009, 『山縣有朋: 愚直な權力者の生涯』 文春新書 684, 文藝春秋.

伊藤之雄, 2015, 『伊藤博文: 近代日本を創つた男子』, 講談社學術文庫 2280, 講談社.

井上勝生, 2006, 『幕末·維新: シリズ 日本近現代史①』 岩波新書 1042, 岩波書店.

韓桂玉, 1996, 『征韓論の系譜』, 三一書房.

和田春樹, 2009, 『日露戰爭: 起源と開戰』 上·下, 岩波書店.


Shaw, Carole C. (2007), *Foreign Destruction of Korean Independence*, Seoul National University Press.

○ 나카 미치요(那珂通世), 동양사, 동양학.

故那珂通世博士功績紀念會 編, 1915, 『那珂通世遺書』, 大日本圖書株式會社.

那珂通世 編, 1888, 『支那通史』 4卷5冊, 大日本圖書株式會社.

那珂通世 編, 1890, 『支那通史』 4卷5冊, 中央堂.

那珂通世 編, 和田淸 譯, 1938~1941, 『支那通史』 上・中・下, 岩波文庫, 岩波書店.

那珂通世 撰, 1903, 『那珂東洋略史』, 大日本圖書株式會社.

那珂通世 譯注, 1907, 『成吉思汗實錄』, 大日本圖書株式會社.

那珂通世, 1915, 『外交繹史』, 『那珂通世遺書』, 大日本圖書株式會社.

內藤虎次郞, 1976, 『內藤湖南全集』 14, 筑摩書房.

朴齊炯 著, 裵次山 評, 那珂通世 訓點, 1887, 『近世朝鮮政鑑』 上, 中央堂.

三宅米吉, 1915, 『文學博士那珂通世君傳』, 大日本圖書株式會社.

岩手古文書學會 編, 1989, 『幽囚日錄』(那珂梧樓日記), 國書刊行會.


江上波夫 編, 1992, 『東洋學の系譜』, 大修館書店.

京都大學百年史編集委員會, 1997~2001, 『京都大學百年史』 部局史編 1, 京都大學百年史編輯委員會.

東京大學百年史編纂委員會, 1987, 『東京大學百年史』, 部局史, 東京大學出版會.

李泰鎭(長森美信 譯), 2020, 「明治日本政府の歷史敎育政策と朝鮮史(韓國史)」, 『朝鮮學報』 第255輯, 朝鮮學會.

서울대학교 개학반세기사 편찬위원회, 2016, 『국립서울대학교 개학반세기사: 1895~1946』, 서울대학교 출판문화원.

岸本美緒 責任編輯, 2006, 『東洋學の磁場』, 岩波書店.

平木實, 2015, 「十七~十九世紀の日本の朝鮮史認識形成の特色」, 笠谷和比吉 編, 『德川社會と日本近代化』, 思文閣.

○ 요시다 쇼인(吉田松陰)

岡不可止, 1942, 『松下村塾の指導者』, 文藝春秋.

岡不可止, 1943, 『吉田松陰』, 大日本雄辯會 講談社.

廣瀬豊, 1930・32, 『吉田松陰の硏究』 正・續 2冊(1943年 合本), 武藏野書院.

廣瀬豊, 1937, 『吉田松陰先生の敎育』, 武藏野書院.

廣瀬豊, 1938, 『吉田松陰言行錄』, 三省堂.

玖村敏雄, 1932, 『吉田松陰の思想と敎育』, 岩波書店.

玖村敏雄, 1934~1936, 『吉田松陰全集』 全 10卷, 岩波書店.

玖村敏雄, 1936, 『吉田松陰』, 岩波書店.

吉田常吉・藤田省三・西田太一郞 校注, 1978, 『吉田松陰』(日本思想大系54), 岩波書店.

奈良本辰也, 1973,『吉田松陰』, 淡交社.

大久保龍, 1929,『吉田松陰とペスタロツチー』, 光學堂(雄文閣).

大久保龍, 1929,『吉田松陰先生傳』, 日比書院.

德富猪一郎, 1893,『吉田松陰』, 民友社.

德富猪一郎, 1908,『吉田松陰』改訂版, 民友社.

德富猪一郎, 1940,『吉田松陰』, 岩波文庫(「附錄 吉田松陰演說草稿」收錄, 植手通有,「解說」).

陶山務, 1941,『吉田松陰の精神』, 第一書房.

瀧澤洋之, 1992,『吉田松陰の東北紀行』, 歷史春秋社.

武田勘治, 1941,『不滅の吉田松陰』, 道統社.

武田勘治, 1943,『松陰と象山』, 第一出版協會.

福本義亮, 1933,『吉田松陰之殉國教育』, 誠文堂.

福本義亮, 1940,『至誠殉國: 吉田松陰之最期』, 誠文堂新光社.

福本義亮, 1942,『吉田松陰大陸・南進論』, 誠文堂新光社.

山口縣教育會 編, 1940,『吉田松陰全集』1-12・別卷, 岩波書店; 復刻版, 2002, マツノ書店.

山口縣教育會, 1975,『吉田松陰入門』, 大和書房.

松本三之介, 1973,『吉田松陰』(日本の名著 31), 中央公論新社.

松陰精神普及會本部 編, 1942,『松陰の生活:日本臣民の道』, 松陰精神普及會本部.

松田輝夫, 2013,『吉田松陰と塾生』, 松陰神社.

野口勝一・富岡政信 編, 1891,『吉田松陰傳』全5卷(野史臺藏版); 山口縣教育會 編, 1940,『吉田松陰全集』第1卷, 岩波書店.

一坂太郎, 2014,『吉田松陰とその家族: 兄を信じた妹たち』中公新書 1621, 中央公論新社.

田中彰, 2001,『吉田松陰: 變轉する人物像』中公新書 1621, 中央公論新社.

芝山居士・西村三郎 編, 1886,『近古慷慨家列傳』, 春陽堂.

海原徹, 1999,『松下村塾の明治維新』, ミネルバア書房.

○ 도쿠토미 소호德富蘇峰(도쿠토미 이이치로德富猪一郎)

德富蘇峰, 1925~1962,『近世日本國民史』1~100, 時事通信社.

德富蘇峰, 1978,『德富蘇峰集』近代日本思想大系 八, 筑摩書房.

德富蘇峰記念館 鹽崎財團 編, 1985,『德富蘇峰記念館所藏 民友社集關係資料集』民友思想文學叢書 別卷, 三一書房; 韓國 國史編纂委員會 한국사 데이터베이스, 해외사료총서, 友邦協會發行資料 友邦シリーズ.

植手通有 編, 1974,「年譜・參考文獻」,『德富蘇峰集』明治文學全集 第34卷, 筑摩書房.

和田守, 1986,『德富蘇峰・民友社集關係資料集』民友社思想文學叢書 第一卷, 三一書房.


德富蘇峰, 1894,『大日本膨脹論』, 民友社.

德富猪一郎, 1893,『吉田松陰』, 民友社.

德富猪一郎, 1908, 『吉田松陰』改訂版, 民友社.

德富猪一郎, 1913, 『時務一家言』, 民友社(日本國立國會圖書館デジタルコレクション).

德富猪一郎, 1915, 『兩京去留錄』, 民友社(日本國立國會圖書館デジタルコレクション).

德富猪一郎, 1915, 『世界の變局』, 民友社(日本國立國會圖書館デジタルコレクション).

德富猪一郎, 1916, 『大正の青年と帝國の前途』, 民友社(日本國立國會圖書館デジタルコレクション).

德富猪一郎, 1916, 『大正政局史論』, 民友社(日本國立國會圖書館デジタルコレクション).

德富猪一郎, 1918, 『支那漫遊記』, 民友社(日本國立國會圖書館デジタルコレクション).

德富猪一郎, 1918, 『支那漫遊記』, 民友社(日本國立國會圖書館デジタルコレクション).

德富猪一郎, 1918~1954, 『近世日本國民史』100卷, 民友社/時事通信社.

德富猪一郎, 1924, 『大和民族の醒覺』, 民友社(日本國立國會圖書館デジタルコレクション).

德富猪一郎, 1925, 『國民小訓』, 民友社(日本國立國會圖書館デジタルコレクション).

德富猪一郎, 1927, 『昭和一新論』, 民友社(日本國立國會圖書館デジタルコレクション).

德富猪一郎, 1933, 『增補 國民小訓』, 民友社(日本國立國會圖書館デジタルコレクション).

德富猪一郎, 1935, 『蘇峰自傳』, 中央公論社.

德富猪一郎, 1939, 『昭和國民讀本』, 東京日日新聞社/大阪毎日新聞社(日本國立國會圖書館デジタルコレクション).

德富猪一郎, 1940, 『滿洲建國讀本』, 日本電報通信社.

德富猪一郎, 1944, 『必勝國民讀本』, 毎日新聞社.


德富猪一郎, 朴順來 譯, 1950, 『敗戰學校』, 創人社.

迷原謙, 2003, 『德富蘇峰: 日本ナショナアリスムの軌跡』中公新書 1711, 中央公論新社.

衫井六郎, 1977, 『德富蘇峰の研究』, 法政大學出版局.

有山輝雄, 1992, 『德富蘇峰と國民新聞』, 吉川弘文館.

정일성, 2005, 『도쿠토미 소호: 일본 군국주의의 괴벨스』, 지식산업사.

和田守, 1990, 『近代日本と德富蘇峰』, 御茶の水書房.

和田守, 2011, 「德富蘇峰と平民主義」, 『聖學院大學總合研究所紀要』第49號, 聖學院大學總合研究所.

# 찾아보기